KB175182

자금세탁방지의 법적 구조

자금세탁방지의 법적 구조

이 명 신 지음

경인문화사

서문

금융산업에 대한 규제로서의 자금세탁방지는 국내외 규제 강화 추세로 인해 그 중요성이 강조되고 있습니다. 그런데 규제법의 영역에는 카지노와 가상자산 등 이질적 요소가 들어와 있을 뿐 아니라, 규제의 내용은 자금세탁을 시도하는 고객의 진입을 막고 고객의 혐의를 당국에 보고하는 것이어서 고객 보호와 금융시스템의 안정성을 도모하는 본연의 금융규제와는 상이한 측면이 있습니다. 이는 자금세탁의 개념과 자금세탁방지의 법적 성격에 대한 의문을 야기하는 것입니다.

따라서 자금세탁의 정의, 자금세탁과 금융거래의 관계, 자금세탁방지의 금융규제법상 지위 및 금융기관에 대한 규제의 성격과 근거 등 이론적 체계를 명확히 정립할 필요가 있습니다. 나아가 자금세탁방지 규제 하에서 금융기관이 직면할 수 있는 구체적인 책임 범위도 규범의 실질적 효력 관점에서 중요한 문제입니다. 그럼에도 국내에서는 자금세탁방지를 행정적·기술적인 제도 정도로 인식하는 경향이 있는 것으로 보이고, 기존 연구는 위와 같은 자금세탁방지와 관련된 근본적 쟁점에 대한 종합적인 이론적 연구보다는 일부 규제의 쟁점에 대한 논의나 제도를 설명하는 데에 그치는 등 한계가 있었습니다.

이에 금융규제법의 관점에서 자금세탁방지 분야의 종합적인 법이론서 생산을 목표로 자금세탁방지의 법적 구조와 쟁점을 체계적으로 연구하였습니다. 자금세탁방지의 금융규제법상 지위와 규제의 근거 등 이론적 틀을 정립하였고, 영미 판례를 중심으로 실제 사례의 분석을 통해 자금세탁의 개념과 기법의 변천 및 이와 결부된 자금세탁방지의 연혁을 정리하였으며, 규제와 관련된 금융기관의 책임이론을 제시하였습니다.

이 책은 필자가 2023년 2월 발표한 서울대학교 법학박사 학위논문을 수정·보완한 것입니다. 필자의 학문적 대부이시며 논문과 이 책의 발간에 이르기까지 모든 과정을 이끌어 주신 서울대학교 정순섭 교수님께 진심으로 경의를 표합니다. 세심하고 따뜻한 지도로 연구의 부족함을 채워주신 서울대학교 송옥렬 교수님과 이정수 교수님, 정준혁 교수님, 연세대학교 심영 교수님께도 고개 숙여 감사의 말씀을 올립니다. 끝으로 이 책이 발간될 수 있도록 물심양면의 지원을 아끼지 않은 아내 홍종희와 항상 따뜻한 말로 응원해 준 대학후배이자 사랑스러운 딸 이현서에게 고마움을 전합니다.

2023년 여름
이명신

차례

서문

제1장

서론

제1절 연구 목적

자금세탁은 범죄로 벌어들인 수익의 향유와 범죄의 확대재생산을 가능하게 해 주는 사회악이라고 할 수 있다. 금융의 관점에서 자금세탁의 폐해는 자금세탁을 실행하는 범죄세력이 금융시스템을 남용함으로써 그 투명성과 신뢰성이 훼손된다는 데에 있다. 마약범죄에 대한 효율적 대응책의 일환으로 시작된 자금세탁방지 제도는 국제적인 협력체계를 구축하고 있고, 각국은 금융기관에 대한 규제를 강화하고 있다.

미국 등 해외에서는 자금세탁에 연루되거나 자금세탁방지시스템이 부실하다는 사유로 해당 금융기관들에 대하여 대규모 제재를 가하고 있다. 국내에서도 최근 가상자산거래소에서 국내 은행들을 경유하여 해외 송금한 수조 원대의 자금이 자금세탁과 관련된 것이라는 의혹이 불거지면서 해당 은행들의 책임 문제가 대두된 바 있다. 이와 같이 자금세탁방지는 금융산업에 대한 규제에서 중요한 부분을 차지하고 있다.

자금세탁방지는 자금세탁의 범죄화와 범죄수익의 환수, 그리고 금융기관에 대하여 고객확인과 의심거래보고 등 자금세탁방지의무를 부과하는 것을 핵심으로 한다. 자금세탁이 주로 금융거래를 통해 이루어지고 있기 때문에 금융기관에 대한 위와 같은 규제는 불법재산이 금융시스템에 진입하는 것을 차단하는 동시에 범죄수익의 환수를 용이하게 하기 위한 것이다.

금융기관은 금융시스템의 운용 주체로서 가장 효율적으로 자금세탁을 막을 수 있는 지위에 있을 뿐 아니라, 수익을 목적으로 자금세탁을 방관하거나 범죄세력과 결탁할 가능성을 배제할 수 없다는 이유로 금융기관에 대한 자금세탁방지 규제는 지지를 받게 된다.

그런데 자금세탁방지 규제법의 영역에는 금융기관 외에도 카지노와 같이 금융시스템과는 직접적인 관련이 없는 분야가 들어와 있다. 그 밖에도 국제적 자금세탁방지 기준은 부동산중개인이나 귀금속상 등 비금융사업자 및 변호사·회계사 등 전문직도 규제 대상에 포함할 것을 요구하고 있으며, 영국 등 해외에서는 이를 입법에 반영하고 있다. 최근에는 가상자산의 등장으로 자금세탁 위험성이 부각되자 가상자산사업자도 규제 대상에 추가되었다.

위와 같은 조치는 자금세탁방지의 효율성 제고를 위한 것이라고 할 수 있으나, 금융시스템 외부의 이질적 요소가 금융기관에 대한 규제법의 영역에 포함됨으로써 자금세탁방지 규제의 법적 성격에 대한 의문을 야기하는 것이다.

또한 자금세탁의 핵심은 불법자금의 금융시스템 유입으로서 금융거래를 통해 이루어지지만, 자금세탁의 개념은 통상 범죄수익의 성질·출처··소재·소유관계 등을 가장하거나 은닉하는 행위 등으로 추상적으로 정의되고 있다. 따라서 자금세탁과 금융거래와의 관계는 어떠한지, 금융거래가 아닌 이질적 행위도 자금세탁에 포함되는 것인지 등 여러 가지 의문이 제기될 수 있으며, 이 역시 자금세탁방지의 법적 성격과 관련되는 문제이다.

뿐만 아니라 자금세탁방지는 금융기관으로 하여금 자금세탁을 시도하려는 고객의 진입을 막고 금융비밀의 원칙을 희생하면서 고객의 범죄혐의를 당국에 보고하게 하는 것이다. 그런데 이는 건전성 규제와 영업행위 규제 등을 통해 금융소비자인 고객을 보호하고 금융시스템의 안정성을 도모하는 본연의 금융규제와는 상이한 측면이 있다.

이와 같이 자금세탁방지의 규제 대상에 금융기관이 아닌 다른 분야가 포함될 뿐 아니라 자금세탁이 포섭하는 범위가 명확하지 않고, 자금세탁방지는 금융규제의 목적 및 수단과는 차이가 있다. 그렇다면 과연 자금세탁은 어떻게 정의될 수 있는지, 자금세탁과 금융거래와의 관계는 어떠한지, 자금세탁방지의 금융규제법상 지위는 어떠한 것인지, 금융기관에 대한 규제의 성격과 그 이론적 근거는 무엇인지를 명확하게 정립할 필요가 있다.

이는 자금세탁방지와 관련하여 규제의 설정과 적용범위 및 그 해석·운용 기준을 제시하는데 필수적인 것이다. 따라서 먼저 자금세탁의 개념이 분명하게 설정되어야 한다. 그리고 ① 자금세탁방지가 금융규제라고 할 수 있는지, ② 금융규제가 아니라면 금융기관을 규제하는 이유는 무엇인지, ③ 금융기관에 대한 규제는 정당한 것인지 등 3가지 관점에서 자금세탁방지의 법적 지위가 검토되어야 한다.

나아가 자금세탁방지 규제 하에서 금융기관이 직면할 수 있는 책임의 범위는 행정책임에 국한되는 것이 아니라 민·형사책임을 포괄하는 것이다. 앞에서 언급한 바와 같이 자금세탁방지의무는 자금세탁이 의심되는 고객의 거래 요청을 거절하거나 의심되는 혐의를 당국에 보고하는 것이다. 이와 같은 의무의 이행은 고객에게 금융상 불이익을 주는 것일 뿐 아니라 고객의 금융비밀을 침해하는 것이 되어 고객에 대한 책임 문제를 초래할 수 있다. 또한 의무를 제대로 이행하지 않음에 따라 자금세탁이 성공하여 범죄피해자가 피해회복 불능의 손해를 입은 경우 그에 대한 책임 문제도 제기될 수 있다. 그리고 거래를 거절하지 않고 자금세탁이 실행된 경우 자금세탁 공범의 형사책임 문제도 발생할 수 있으며, 그 외에도 다양한 책임 이슈가 제기될 수 있다. 실제로 미국 등 해외에서는 범죄피해자를 비롯한 이해관계자가 금융기관을 상대로 적지 않은 소송을 제기하고 있다.

이상에서 살펴본 바와 같이 자금세탁방지법을 둘러싼 주요한 이론적·법률적 쟁점은 자금세탁의 개념, 자금세탁방지의 법적 성격 즉 금융규제법상 지위와 규제의 이론적 근거, 그리고 금융기관의 책임 문제라고 할 수 있다. 이는 체계적인 법리에 대한 이론적 연구를 요하는 법학의 영역으로서 법학에서 자금세탁방지를 다루어야 할 이유이자 목적이 된다고 할 수 있다.

그럼에도 국내에서는 자금세탁방지를 행정적·기술적인 제도 정도로 인식하는 경향이 있는 것으로 보이고, 아직까지 본격적인 이론적 연구는 이루어지지 않고 있다. 자금세탁방지에 관한 선행연구는 자금세탁방지법에 대한 종합적인 이론적 측면보다는 일부 규제의 쟁점에 대한 논의를 진행하여 왔고, 그 외에 대부분의 연구는 제도를 설명하고 개선방안을 제시하는 데에 그치고 있다.

따라서 이 책에서는 앞에서 논한 바와 같은 자금세탁방지와 관련된 근본적인 쟁점을 종합적·체계적으로 분석하여 자금세탁방지의 금융규제법상 지위와 관련 법리를 명확히 정립하고, 이를 통해 자금세탁방지 제도의 운용기준과 함께 금융기관의 법률리스크에 대한 예측가능성을 제시하고자 한다.

제2절 연구의 범위 및 구성

I. 연구의 범위 및 방법

이 책은 금융규제법의 관점에서 자금세탁의 개념과 금융거래와의 관계, 자금세탁방지와 금융규제의 관계, 금융기관에 대한 규제의 성격과 이론적 근거를 분석하여 자금세탁방지의 금융규제법상 지위를 명확히 정립하는 동시에, 자금세탁방지 규제와 관련하여 금융기관이 직면할 수 있는 책임에 관한 체계적인 법리를 제시하는 것을 목표로 한다.

이를 위해 위 쟁점들에 대한 이론적 논의를 전개하면서, 자금세탁방지 제도의 연혁과 발전 과정도 함께 살펴본다. 자금세탁방지의 법적 성격을 정확히 이해하기 위해서는 역사적 고찰이 필수적이기 때문이다.

자금세탁방지와 관련된 규제법은 공중협박자금조달행위의 방지와도 결부되어 있지만, 이는 자금세탁방지와는 그 역사와 성격을 달리하므로 논의에서 제외한다. 본 연구는 금융기관에 대한 규제법으로서의 자금세탁방지에 관한 것이므로, 자금세탁의 전제범죄(predicate offense)나 주관적 요건 등 자금세탁범죄에 대한 형사법적 검토는 논의의 대상이 아니며, 논의의 전개에 필요한 한도 내에서만 서술한다. 또한 본 연구는 자금세탁방지의 근본적인 쟁점에 관한 이론적 연구를 진행하는 것이므로 자금세탁방지의무의 세부적 규정에 대한 상세한 설명은 생략한다.

자금세탁의 개념에 관해서는 국제적으로 자금세탁방지를 주도하고 있는 미국과 영국 및 우리나라와 법제가 유사한 일본을 중심으로 비교법적 검토를 한 후 이를 참고하여 우리 법제를 분석한다. 자금세탁방지와 금융규제의 관계는 미국과 영국 등 외국 학계의 논의를 참조한다. 자금세탁방지의 연혁과 관련해서는 자금세탁의 역사와 궤를 같이하는 것이므로, 자금세탁의 구체적 기법이 발전해 온 과정을 미국 연방법원 판례 및 국제기구에서 제시한 실제 사례를 토대로 함께 살펴본다.

마지막으로 금융기관의 책임에 관해서는 민·형사책임 및 행정책임과 관련된 쟁점을 살펴보되, 논의에 필요한 범위 내에서 불법행위법과 회사법 및 공범론 등 책임이론과 관련된 민·형사법적 논의를 검토한다. 특히 민사책임과 관련해서는 미국과 영국의 판례를 주로 참고한다.

Ⅱ. 연구의 내용 및 구성

이 책은 다음과 같이 4부분으로 구성된다.

제2장에서는 자금세탁방지의 법적 지위와 이론적 근거를 검토한다. 우선 자금세탁방지의 구조를 살펴본 후, 비교법적 검토를 통해 자금세탁의 개념을 분석하여 타당한 정의를 도출한다. 나아가 자금세탁방지와 금융규제와의 관계를 이론적으로 분석함으로써 자금세탁방지의 금융규제법상 지위를 정립한다.

제3장에서는 자금세탁방지의 연혁과 발전 과정을 살펴본다. 우선 자금세탁의 기원과 역사적인 사건들을 살펴본 후, 자금세탁의 기법이 구체적으로 어떻게 진화하여 왔는지 검토하고, 이에 대응하여 자금세탁방지제도가 발전해 왔다는 점을 확인한다. 이러한 역사적 고찰은 자금세탁방지의 법적 성격을 명확히 하는 의미가 있다.

제4장에서는 자금세탁방지 규제와 관련하여 발생할 수 있는 금융기관의 책임과 관련된 쟁점을 검토한다. 우선 민사책임을 고객에 대한 책임, 범죄피해자에 대한 책임, 회사에 대한 책임으로 구분하여 검토한다. 그리고 금융기관이 자금세탁방지 규제 하에서 부담할 위험이 있는 형사책임과 행정책임의 쟁점도 함께 살펴본다.

제5장에서는 이상의 논의를 정리하여 결론을 제시한다.

제2장
자금세탁방지의
법적 지위와 이론적 근거

제1절 자금세탁방지의 구조

Ⅰ. 자금세탁방지 제도의 체계

1. 국제적 기준

자금세탁방지 제도는 1989년 7월 제15차 파리 G7 정상회의를 통해 OECD 산하에 국제자금세탁방지기구(Financial Action Task Force on Money Laundering, 이하 'FATF')가 설립됨으로써 본격화되었다고 할 수 있다. FATF는 각국의 자금세탁방지 정책을 촉진하고 필요한 경우 이를 사실상 강제할 수 있는 기구일 뿐 아니라, 자금세탁방지를 주도하고 있는 미국은 FATF를 통해 국제적 자금세탁방지 체제의 구축을 위한 다각적인 노력을 기울여 왔기 때문이다.[1]

FATF는 자금세탁방지에 관한 국제적 기준으로서 40개 권고사항을 제시하였는데,[2] 우리나라를 비롯한 37개 회원국에서 이를 입법화하여 국제적인 자금세탁방지 체제를 구축하고 있다. 위 권고사항은 법적 구속력은 없으나 주기적으로 각국의 이행 여부를 상호평가하고 미이행 국가에 대해서는 비협조국가 지정 등 제재를 하는 방법으로 조약에 준하는 사실상의 규범력을 확보하고 있을 뿐 아니라,[3] 자금세탁방지와 관련된 전

---

1) Liliya Gelemerova, "On the frontline against money-laundering: the regulatory minefield", Crime, Law and Social Change, vol. 52, no. 1 (2008), p.35.

2) FATF, "International Standards on Combating Money Laundering and the Financing of Terrorism & Proliferation", FATF (2012-2023).
https://www.fatf-gafi.org/content/dam/fatf-gafi/recommendations/FATF%20Recommend ations%202012.pdf.coredownload.inline.pdf (마지막 방문 2023. 5. 18.)

3) Mark Pieth, "The Harmonization of Law against Economic Crime", European Journal of Law Reform, vol. 1, no. 4 (1999), p.533. Guy Stessens, "The FATF Black List of Non-Cooperative Countries or Territories", Leiden Journal of International Law, vol.

반적인 사항을 포괄하고 있다. 따라서 자금세탁방지 제도의 체계적인 이해를 위해서는 위 권고사항을 먼저 살펴볼 필요가 있다.

FATF 권고사항은 ① 자금세탁 및 테러자금조달 방지 정책과 조율, ② 자금세탁과 몰수, ③ 테러·대량살상무기확산 자금조달, ④ 예방조치, ⑤ 법인과 법률관계의 투명성 및 실제소유자, ⑥ 감독당국의 권한과 책임 및 그 외의 제도적 조치, ⑦ 국제협력 등 7개 부문으로 구성되어 있다.

위 권고사항 중 자금세탁방지와 관련된 핵심적인 부분은 자금세탁의 범죄화, 범죄수익의 몰수 및 금융기관 등의 예방조치이며, 나머지 부분은 위 핵심 권고사항을 효율적으로 실행하거나 보강하기 위한 조치라고 할 수 있다. 그 중 금융기관 등의 예방조치는 고객확인, 내부통제 및 의심거래보고 등으로 이루어져 있다. 핵심 권고사항의 주요 내용은 다음과 같다.

① 자금세탁의 범죄화 (권고사항 3)

각국은 전제범죄를 최대한 광범위하게 포함함으로써 모든 중대범죄와 관련된 자금세탁을 범죄화하여야 한다.[4]

② 범죄수익의 몰수 (권고사항 4)

각국은 선의의 제3자의 권리를 침해함이 없이 관할당국으로 하여금 세탁된 재산, 자금세탁 또는 전제범죄로 인한 수익이나 그 범죄에 사용되거나 사용될 목적의 도구 및 그와 동등한 가치를 가진 재산을 동결 또는 몰수할 수 있도록 해야 한다. 이를 위해 관할당국은 해당 재산을 특정·추적·평가할 수 있어야 하며, 유죄판결 없이 위와 같은 재산을 몰수할 수 있는 조치의 도입을 고려하여야 한다.

14, no. 1 (2001), pp.204-207. Arun Srivastava, Ian Mason & Andrew Keltie, A Practitioner's Guide to the Law and Regulation of Financial Crime, Sweet & Maxwell (2010), pp.228-229.

4) 전제범죄(predicate offense)는 자금세탁의 목적물인 범죄수익을 창출하는 범죄로서 자금세탁의 전제가 되는 범죄를 의미한다.

③ 고객확인 (권고사항 10)

금융기관은 익명 또는 허무인 명의의 계좌를 유지해서는 안 된다. 그리고 (i) 거래관계를 창설하는 경우, (ii) 15,000 USD/EUR을 초과하거나 전신송금으로 일회성 거래를 하는 경우, (iii) 자금세탁 의심이 있는 경우, (iv) 기존 고객정보의 진실성이나 충분성에 의심이 있는 경우 고객확인 (customer due diligence, CDD) 절차를 수행하여야 한다.

위와 같은 절차는 고객의 신원을 신뢰성 있고 독립적인 자료를 통해 확인하고, 실제소유자(법인은 소유관계 및 지배구조 포함)를 합리적인 방법으로 확인하며, 거래관계의 목적과 의도된 속성에 관한 정보를 취득하는 방법으로 수행되어야 한다.

고객확인은 위험기반접근법(risk-based approach, RBA)을 활용해야 한다. 일회성 고객에 대해서는 거래관계 창설 전후로 신원 및 실제소유자의 확인이 이루어져야 하며, 고객확인을 할 수 없는 경우에는 계좌의 개설이 금지되고 기존 거래관계는 단절해야 한다. 고객확인은 신규고객 뿐 아니라 기존 고객에 대해서도 중요성과 위험을 고려하여 적절한 시기에 수행되어야 한다.

고객확인과 관련하여 FATF 권고사항 11은 금융기관이 적어도 5년 이상의 기간 동안 고객확인 기록을 보존하고 이를 관할당국에 제공할 의무를 부담할 것을 요구하고 있다.

④ 내부통제(권고사항 18)

금융기관은 자금세탁방지 프로그램을 시행하여야 하고, 금융그룹은 자금세탁방지 목적의 그룹 내부 정보공유 정책과 절차를 포함한 그룹 차원의 자금세탁방지 프로그램을 시행하여야 한다. 해외 지점과 자회사도 위와 같은 자금세탁방지 프로그램을 준수하도록 하여야 한다.

⑤ 의심거래보고(권고사항 20)

금융기관은 해당 자금이 범죄수익이라고 의심되거나 이를 의심할 만한 합리적인 근거가 있는 경우 금융정보분석원(financial intelligence unit,

FIU)에 보고하여야 하며, 이러한 의무는 법률로 규정되어야 한다.

위 의무와 관련하여 FATF 권고사항 21에서는 선의(good faith)로 의심거래보고를 이행한 경우에는 전제범죄를 정확히 알지 못하였거나 위법행위가 실제로 일어나지 않았더라도, 계약이나 법령상의 정보공개 제한을 위반하였다는 이유로 민·형사책임을 부담해서는 안 된다는 점을 명시하고 있다.

한편, 자금세탁방지의무를 부담하는 규제 대상은 위에서 본 바와 같이 원칙적으로 금융기관이나, FATF 권고사항 22, 23은 카지노, 부동산중개업자, 귀금속상과 변호사, 공증인, 회계사 및 신탁업자 등 지정 비금융사업자 및 전문직(designated non-financial businesses and professions, DNFBPs)에 대해서도 자금세탁방지의무가 적용된다고 명시하고 있다.

FATF는 가상자산의 등장에 따른 자금세탁 위험이 대두됨에 따라 2018년 10월 권고사항 15(신기술)를 개정하여 가상자산사업자(virtual asset service providers, VASP)에 대하여 인가·등록 등 진입규제와 함께 자금세탁방지의무를 부과하고 그 이행 여부를 감독하는 내용을 추가하였으며, 2019년 6월 위 권고사항에 대한 주석서(Interpretive note)를 보완하였다.

2. 규제의 구조

가. 예방적 규제와 집행적 규제

FATF 권고사항에서 본 바와 같이 자금세탁방지의 핵심은 자금세탁의 범죄화와 범죄수익의 몰수 및 금융기관 등의 예방조치인데, 규제의 관점에서 이를 2가지로 구분하여 설명할 수 있다.

금융기관 등의 예방조치는 자금세탁을 방지하기 위한 사전적 규제인 반면, 자금세탁의 범죄화와 범죄수익의 몰수는 자금세탁이 이루어진 경우 이를 처벌하고 범죄로 얻은 이득을 박탈하는 사후적 규제이다. 따라서 자금세탁방지는 사전적인 예방적 규제(prevention)와 사후적인 집행적 규제(enforcement)의 2가지 축으로 나눌 수 있다.[5] 전자는 범죄자가 자금세탁을 위해 개인이나 금융기관 등을 이용하는 행위를 차단할 수 있도록 설계되고, 후자는 예방적 규제에도 불구하고 자금세탁이 성공하였을 때 이를 처벌할 수 있도록 설계된다.[6]

예방적 규제의 핵심요소는 범죄수익이 금융시스템 등에 진입하는 것을 제한하는 고객확인, 자금세탁이 실행되고 있다는 사실을 당국에 알리는 거래의 보고, 효율적인 자금세탁방지를 위한 입법 및 위와 같은 의무의 이행을 감시하는 규제와 감독, 그리고 의무 위반에 대한 제재로 구성된다. 집행적 규제는 자금세탁 범죄화의 법률적 근거가 되는 전제범죄의 규정, 자금세탁 및 전제범죄에 대한 수사, 혐의가 규명될 경우 기소 및 처벌, 그리고 범죄수익의 몰수 등 4가지를 핵심요소로 한다.[7] 이상의 내용을 그림으로 나타내면 다음과 같다.

[그림 1] 자금세탁방지의 2가지 축[8]

예방 (Prevention)	집행 (Enforcement)
제재	몰수
규제와 감독	기소와 처벌
보고	수사
고객확인	전제범죄

---

5) Peter Reuter & Edwin M. Truman, Chasing Dirty Money : The Fight Against Money Laundering, Institute for International Economics (2004), p.46.

6) Reuter & Truman(주 5), p.46.

7) Reuter & Truman(주 5), pp.46-47.

8) Reuter & Truman(주 5), p.47.

나. 각국의 자금세탁방지법 구조

1) 미국

미국은 자금세탁방지에 관한 핵심 입법으로서 예방적 규제는 1970년 제정된 은행비밀법(Bank secrecy Act, BSA),[9] 집행적 규제는 1986년 제정된 자금세탁통제법(Money Laundering Control Act of 1986, MLCA)[10]을 중심으로 규율하는 2원적 구조를 취하고 있다.

은행비밀법은 마약남용방지법(Anti-Drug Abuse Act of 1988),[11] Annunzio-Wylie 법(Annunzio-Wylie Anti-Money Laundering Act of 1992),[12] 자금세탁억제법(Money Laundering Suppression Act of 1994),[13] USA PATRIOT 법,[14] 자금세탁방지법(Anti-Money Laundering Act of 2020)[15] 등을 통해 규제 대상인 금융기관의 범위를 확대하고 자금세탁방지의무와 그 위반에 대한 제재를 강화하는 방향으로 개정되어 왔다. 특히 2001년 9·11 테러 이후 제정된 USA PATRIOT 법은 자금세탁방지 규제를 대폭 강화하였고, 그 후 2020년 제정되어 2021년 1월 1일 시행된 자금세탁방지법은 다시 한번 미

---

9) Pub. L. 91-508, 84 Stat. 1114. 31 U.S.C. §§ 5311-5336.

10) Pub. L. 99-570, 100 Stat. 3207. 18 U.S.C. §§ 1956, 1957.

11) Pub. L. 100-690, 102 Stat. 4181. 18 U.S.C. §§ 1956, 1957, 31 U.S.C. §§ 5325, 5326.

12) Pub. L. No. 102-550, 106 Stat. 4044. 위 법은 주택 및 공동체 개발에 관한 법률(Housing and Community Development Act of 1992)의 일부로 입법된 것으로, 연방법전에는 12 U.S.C., 18 U.S.C. 및 31 U.S.C.에 해당 조문이 산재하여 있다.

13) Pub. L. No. 103-325, 108 Stat. 2243. 18 U.S.C. §§ 1960, 3571, 981, 31 U.S.C. §§ 5312, 5312, 5313, 5316, 5318, 5321, 5322, 5324, 5329.

14) Pub. L. No. 107-56, 115 Stat. 272. 위 법의 정식 명칭은 "테러 차단 및 방지에 필요한 적절한 수단의 제공에 의한 미국의 통합 및 강화에 관한 법률(Uniting and Strengthening America by Providing Appropriate Tools Required to Intercept and Obstruct Terrorism Act of 2001, USA PATRIOT Act)"이며, 이에 따라 은행비밀법 및 자금세탁통제법 일부 규정이 개정되었다.

15) Pub. L. No. 116-283, 134 Stat. 4547. Division F, §§ 6001-6511. 위 법은 국방수권법(National Defense Authorization Act for Fiscal Year 2021)의 일부로 제정되었다.

국 자금세탁방지 제도에 중대한 변화를 가져온 것으로 평가되고 있다. 은행비밀법상 금융기관의 자금세탁방지의무는 행정입법인 연방규정 (Federal Regulation) 제31편 제10장에 구체화되어 있다.[16]

자금세탁통제법은 최초로 자금세탁을 정의하면서 이를 연방범죄로 규정하였다.[17] 위 법 역시 자금세탁자의 공범책임 등을 규정한 자금세탁기소개선법(Money Laundering Prosecution Improvement Act of 1988)[18] 및 위에서 본 은행비밀법과 관련된 추가 입법을 통해 보완되어 왔다.

2) 영국

영국은 1986년 제정된 마약거래범죄법(Drug Trafficking Offenses Act 1986, DTA)과 1993년 제정된 형사사법법(Criminal Justice Act 1993, CJA)에서 자금세탁의 처벌과 범죄수익의 몰수 및 의심거래보고 등을 규정하는 한편, 1993년 제정된 자금세탁규정(Money Laundering Regulations 1993, MLR)에서 고객확인과 내부통제 등 금융기관의 자금세탁방지의무를 규정하고 있었다.

그러나 2002년 범죄수익법(Proceeds of Crime Act 2002, POCA)이 제정되면서 마약거래범죄법과 형사사법법의 자금세탁 관련 규정을 통합하여 자금세탁의 처벌과 범죄수익의 몰수 및 의심거래보고 의무를 규정하였다. 이와 함께 자금세탁규정은 의심거래의 적발 및 보고 절차와 함께 고객확인, 내부통제, 기록보존 및 임직원 교육 등 금융기관의 5대 자금세탁방지의무를 규정하고 있다.[19]

---

16) 31 C.F.R. §§ 1010-1060.

17) Kelly Neal Carpenter, "Money Laundering", American Criminal Law Review, vol. 30, no. 3 (1993), p.816. Jason Schuck & Matthew E. Unterlack, "Money Laundering", American Criminal Law Review, vol. 33, no. 3 (1996), p.882.

18) Pub. L. No. 100-690, 102 Stat. 4354. 해당 조문은 연방법전 12 U.S.C.와 31 U.S.C. 에 규정되어 있다.

19) Mark Pieth & Gemma Aiolfi (ed), A Comparative Guide to Anti-Money Laundering : A Critical Analysis of Systems in Singapore, Switzerland, the UK and the USA,

따라서 영국은 법률적으로는 예방적 규제와 집행적 규제가 통합되어 있으나, 행정법규(secondary legislation)로 예방적 규제의 구체적 내용이 추가되는 다소 불완전한 1원적 구조를 취하고 있다고 할 수 있다.

3) 일본

일본은 1991년 제정된 국제적인 협력 하에 규제약물과 관련된 부정행위를 조장하는 행위 등의 방지를 도모하기 위한 마약 및 향정신성의약단속법 등의 특례 등에 관한 법률(国際的な協力の下に規制薬物に係る不正行為を助長する行為等の防止を図るための麻薬及び向精神薬取締法等の特例等に関する法律, 이하 '마약특례법')에서 약물범죄와 관련된 자금세탁의 처벌과 함께 금융기관의 의심거래보고 의무를 규정하고 있었다. 그 후 1998년 조직적인 범죄의 처벌 및 범죄수익의 규제 등에 관한 법률(組織的な犯罪の処罰及び犯罪収益の規制等に関する法律, 이하 '조직적범죄처벌법')이 제정되어 자금세탁의 전제범죄를 일정한 중대범죄로 확대하면서 이를 근거로 자금세탁범죄 및 의심거래보고 의무의 범위를 확장하였다. 금융기관의 고객확인의무와 관련해서는 은행, 증권회사 및 보험회사 등이 업계의 자율적인 가이드라인에 따라 실시하고 있던 것을 2002년 금융기관 등에 의한 고객 등의 본인 확인 등 및 예금계좌 등의 부정한 이용 방지에 관한 법률(金融機関等による顧客等の本人確認等及び預金口座等の不正な利用の防止に関する法律, 이하 '본인확인법')을 제정함으로써 이를 법률상의 의무로 전환하고 그 내용을 명확히 규정하였다.[20]

그 후 2007년 3월 범죄에 의한 수익의 이전방지에 관한 법률(犯罪による収益の移転防止に関する法律, 이하 '범죄수익이전방지법')이 제정되어 금융기관을 포함한 '특정사업자'의 고객확인, 의심거래보고 및 내부통제 등 자금세탁방지 의무를 종합적으로 규정하면서 조직적범죄처벌법상 의

Edward Elgar Publishing (2004), p.313.

20) 도중진, "일본의 해외은닉 부패재산 회복제도에 관한 고찰", 형사법의 신동향 제50호, 대검찰청 (2016), 44면.

심거래보고 의무를 대체하고 본인확인법은 폐지되었다.[21]

따라서 일본은 자금세탁방지에 관한 예방적 규제는 범죄수익이전방지법, 집행적 규제는 조직적범죄처벌법(약물범죄와 관련해서는 마약특례법)이 규율하는 2원적 구조를 취하고 있다고 할 수 있다.

4) 우리나라

우리나라는 1995년 12월 제정된 마약류불법거래방지에 관한 특례법(이하 '마약거래방지법')에서 마약류범죄에 한정하여 이와 관련된 자금세탁의 처벌 및 범죄수익의 몰수를 규정하였고, 금융기관의 자금세탁방지의무는 별도로 입법화되지 않았다.

그 후 2001년 9월 자금세탁방지의 핵심 입법인 범죄수익은닉의 규제 및 처벌 등에 관한 법률(이하 '범죄수익은닉규제법')과 특정 금융거래정보의 보고 및 이용 등에 관한 법률(이하 '특정금융정보법')이 동시에 제정되었다. 범죄수익은닉규제법은 자금세탁의 전제범죄를 특정범죄로 확대하면서 자금세탁에 대한 처벌과 함께 범죄수익의 몰수를 규정하고, 특정금융정보법은 금융회사 등의 자금세탁방지의무를 규정함으로써 자금세탁방지 제도가 본격화되었다.

이와 같이 우리나라도 미국 및 일본과 마찬가지로 자금세탁방지에 관한 예방적 규제는 특정금융정보법, 집행적 규제는 범죄수익은닉규제법(마약류범죄와 관련해서는 마약거래방지법)이 규율하는 2원적 구조를 취하고 있다.[22]

---

21) 범죄수익이전방지법 부칙 제1조 제4항 및 제4조.

22) 성낙인, 권건보, 자금세탁방지법제론, 경인문화사 (2007), 97면은 금융기관을 이용하는 자금세탁은 특정금융정보법, 그렇지 않은 자금세탁은 범죄수익은닉규제법이 규율하는 2원적 구조를 취한다고 설명하고 있다.

II. 예방적 규제

1. 규제 대상

자금세탁방지의 예방적 규제와 관련하여 FATF 권고사항은 앞에서 본 바와 같이 금융기관은 물론 지정 비금융사업자 및 전문직과 가상자산사업자에 대해서도 자금세탁방지의무를 부과할 것을 요구하고 있다. 그러나 각국이 정하는 규제 대상의 범위는 상이하며, 미국, 영국과 일본은 그 범위가 상당히 넓은 반면 우리나라는 제한적이라고 할 수 있다.

가. 미국

은행비밀법은 예방적 규제의 대상을 '금융기관(financial institution)'으로 명시하면서 아래와 같이 정의하고 있는데,[23] 이는 3개 부문으로 구분될 수 있다.

① 금융 관련 사업자 : 은행, 상업은행, 신탁회사, 자산운용사, 미국 소재 외국은행의 대리점이나 지점, 신용조합, 저축기관, 증권거래위원회에 등록된 브로커·딜러, 증권 또는 상품 브로커·딜러, 투자은행 또는 투자회사, 환전사업자, 여행자수표·수표·우편환 발행·상환·교환 사업자, 신용카드회사, 보험회사, 대부업자, 송금업자, 연방우체국

② 비금융사업자 : 귀금속상, 전당포업자, 여행업자, 통신회사, 운송수단 판매사업자, 부동산중개업자, 카지노(매출 100만 달러 이상), 골동품업자

③ 기타 : 이상의 사업을 수행하는 공무원, 재무부장관이 연방규정으로써 이상의 사업과 유사하거나 관련되거나 이를 대체하는 활동이라고 결정한 사업을 수행하는 자, 그 외에 범죄나 조세 기타 규제와 관련하여 활용될

---

23) 31. U.S.C. § 5312(a)(2).

위험이 높은 현금거래를 수행하는 사업자로서 재무부장관이 지정한 자

위 ③과 관련해서는 연방규정에서 카드클럽, 선물브로커, 상품소개브로커 및 뮤추얼펀드가 금융기관의 개념에 포함되는 것으로 규정하고 있다.[24] 그리고 USA PATRIOT 법은 비공식적 은행시스템(underground banking system)을 금융기관의 개념에 포함하여 규제 대상을 대폭 확대하였고,[25] 2020년 제정된 자금세탁방지법 제6003(5)조에서는 전자자금이체망 및 청산결제시스템을 금융기관의 정의에 추가하였다.

이와 같이 미국에서는 예방적 규제의 대상에 매우 넓은 범위의 금융 관련 사업자 및 비금융사업자가 포함되나, FATF 권고사항 22, 23에서 제시하고 있는 바와는 달리 변호사나 회계사 등 전문직은 규제 대상에 포함되어 있지 않다.[26]

한편, 가상자산사업자와 관련해서는 우리나라 금융정보분석원에 해당하는 금융범죄 단속 네트워크(Financial Crimes Enforcement Network, FinCEN)가 2013년 관련 지침을 제정하였다.[27] 이에 의하면 환전 가능한 가상자산을 수수·이전하거나 그 외에 어떤 이유에서든 환전 가능한 가상자산을 매매하는 행위는 송금(money transmission) 또는 자금의 이전(transfer of funds)에 해당하고, 위와 같은 행위를 수행하는 가상자산운영자(virtual currency administrator)와 가상자산거래소(virtual currency exchanger)

---

24) 31 C.F.R. § 1010.100(t).

25) USA PATRIOT 법 제359조 및 31 U.S.C. § 5312(a)(2)(R).

26) Jon Rosenthal, "Stopping Domestic Sources of International Terrorist Financing: Amending the Anti-Money Laundering Act of 2020", Suffolk Transnational Law Review, vol. 44, no. 1 (2021), pp.151-152는 미국에서도 전문직을 자금세탁방지 규제 대상에 포함해야 한다고 주장한다.

27) FinCEN Guidance, "Application of FinCEN's Regulations to Persons Administering, Exchanging, or Using Virtual Currencies" (2013). https://www.fincen.gov/sites/default/files/guidance/FIN-2013-G001.pdf (마지막 방문 2023. 5. 18.)

는 연방규정이 정의하는 '송금업자'[28]에 포함된다. 따라서 가상자산사업자도 등록의무[29] 및 자금세탁방지의무를 부담하게 되었다.[30]

나. 영국

영국은 자금세탁규정(MLR)에서 예방적 규제의 대상을 구체적으로 규정하고 있다. 위 규정은 규제 대상자를 '관계인(relevant persons)'으로 명시하면서 그 범위를 아래와 같이 정의하고 있으며,[31] 이는 크게 2개 부문으로 구분된다.[32]

① 금융기관 : 은행 등 신용기관, 송금업자, 통신·디지털·IT 지급결제서비스 제공업자, 소비자신용기관, 대부업자, 금융리스회사, 여행자수표 발행회사, 보험회사, 투자회사, 집합투자회사, 보험중개업자, 위 각 기관의 지점, 국립저축은행, 저축감독관
② 비금융사업자 및 전문직 : 회계감사인, 파산관재인, 외부회계사, 세무자문사, 독립적인 법률전문가, 신탁회사, 부동산중개업자, 고액거래 딜러, 카지노, 경매플랫폼

영국의 규제 대상 역시 금융기관 외에 다수의 금융 관련 사업자와 비금융사업자를 포괄하는 점에서 상당히 광범위하다. 특히 미국과 달리 변호사와 회계사 등 전문직에 대해서도 자금세탁방지의무를 부과하고 있

---

28) 31 C.F.R. § § 1000.101(t)(3), 1000.101(ff)(5).
29) 31 USC § 5330.
30) Jay B. Sykes & Nicole Vanatko, "Virtual Currencies and Money Laundering: Legal Background, Enforcement Actions, and Legislative Proposals", Congressional Research Service, R45664 (2019), pp.4-5 및 FinCEN Guidance(주 27), p.3.
31) MLR Part 2, Chapter 1 § § 8-14.
32) Robin Booth et al., Money Laundering Law and Regulation: A Practical Guide, Oxford University Press (2011), pp.201-204.

다는 점에서 FATF 권고사항을 보다 충실히 반영하였다고 할 수 있다.

나아가 영국은 2019년 개정된 자금세탁규정에서 가상자산거래소(cryptoasset exchange providers)와 수탁형 지갑 제공업자(custodian wallet providers) 등 가상자산사업자에 대하여 등록 등 진입규제와 함께 자금세탁방지의무를 부과하였다.[33)]

다. 일본

일본은 범죄수익이전방지법 제2조 제2항에서 예방적 규제의 대상을 '특정사업자(特定事業者)'로 명시하면서 그 범위를 아래와 같이 구체적으로 규정하고 있는데, 이 역시 3개 부문으로 구분할 수 있다.

① 금융기관 : 은행, 신용금고, 신용협동조합, 농어수산협동조합, 농림중앙금고, 상공조합중앙금고, 일본정책투자은행, 보험회사, 금융상품거래업자, 증권금융회사, 신탁회사, 대부업자, 자금이동업자, 암호자산교환사업자, 상품선물거래업자, 사채·주식 등 대체기관 및 계좌관리기관, 전자채권기록기관, 환전사업자, 리스사업자, 신용카드업자

② 비금융사업자 : 부동산특정공동사업자, 택지건물거래업자, 귀금속상, 우편사업자

③ 전문직 : 변호사, 법무사, 행정서사, 공인회계사, 세무사 및 그 법인

이와 같이 일본은 넓은 범위의 금융기관은 물론 일정한 비금융사업자와 전문직에 대해서까지 자금세탁방지의무를 부과하고 있다. 그러나 영미와는 달리 비금융사업자 중 카지노는 규제 대상에서 제외하고 있으며, 변호사는 자금세탁방지의무를 부담하지만 일본변호사연합회의 회칙에 의한 자율적 규제에 따르게 된다.[34)] 가상자산사업자와 관련해서는

---

33) MLR §§ 8(2)(j), (k).

2016년 범죄수익이전방지법 개정으로 위와 같이 암호자산교환사업자를 규제 대상에 명시적으로 추가하였다.

라. 우리나라

우리나라는 자금세탁방지의 예방적 규제 대상을 '금융회사 등'으로 명시하면서 그 범위를 특정금융정보법 제2조 제1호, 같은 법 시행령 제2조 및 특정 금융거래정보 보고 및 감독규정[35] 제1조의2, 제2조 제1항에서 구체적으로 규정하고 있다.

이는 은행, 특수은행, 비은행금융기관, 금융투자업자(투자자문업자 제외), 보험회사, 여신전문금융회사, 환전영업자, 소액해외송금업자, 전자금융업자, 자산규모 500억 원 이상의 대부업자 등의 금융기관과 함께 카지노사업자를 포함하며, 2020. 3. 24. 특정금융정보법 개정으로 가상자산사업자도 규제 대상에 추가되었다. 위 금융회사 등의 국내 자회사는 물론 해외 자회사 및 해외 지점도 동일한 규제를 받는다.

위와 같이 우리나라는 예방적 규제 대상에 일정 범위의 금융기관과 함께 카지노 및 가상자산사업자가 포함되나 그 외의 비금융사업자와 전문직은 제외되는 등 미국, 영국 및 일본에 비하여 그 범위가 협소하다고 할 수 있다.

---

34) 범죄수익이전방지법 제12조 제1항.
35) 시행 2021. 3. 25. 금융정보분석원고시 제2021-1호.

2. 자금세탁방지의무의 검토

가. 고객확인

1) 개요

예방적 규제 대상인 금융기관 등의 고객확인의무는 FATF 권고사항 10에서 본 바와 같이 위험기반접근법(RBA)에 따라 ① 금융거래 시 고객의 신원과 실제소유자를 확인하는 일반적 고객확인(CDD), ② 자금세탁 우려가 있는 고위험군에 대해서는 신원과 실제소유자 외에도 거래 목적과 자금의 원천을 확인하는 강화된 고객확인(enhanced due diligence, EDD), 그리고 ③ 고객확인을 할 수 없는 경우 계좌 개설 등 신규거래의 거절 및 기존 거래관계의 종료 등 거래의 단절로 구성된다. 고객확인과 관련된 거래기록은 일정 기간 보존되어야 하며 금융기관은 당국의 요구에 따라 그 기록을 제공해야 한다.[36]

이와 같은 고객확인은 자금세탁을 목적으로 범죄수익을 금융시스템이나 그 밖의 영역에 배치하려는 시도를 차단하기 위한 사전적인 조치로서,[37] 예방적 규제에 있어 가장 중요한 내용이라고 할 수 있다.

그러나 금융기관에 대한 고객확인의무의 부과는 고객의 사업에 관여하지 않고 고객의 비밀을 유지한다는 전통적인 은행 원칙과 충돌하는 것으로 금융산업에 중대한 변화를 초래하는 것이었다.[38] 또한 이는 금융기관을 비롯한 사적 영역 나아가 일반 대중에게 상당한 부담을 주는 것이었다.[39]

---

36) FATF 권고사항 11. FATF(주 2), p.15.
37) Reuter & Truman(주 5), p.46.
38) Michael Levi, "Regulating Money Laundering - The Death of Bank Secrecy in the UK", British Journal of Criminology, vol. 31, no. 2 (1991), p.111.
39) Jason C. Sharman, The Money Laundry: Regulating Criminal Finance in the Global Economy, Cornell University Press (2011), p.28.

그럼에도 고객확인의무는 자금세탁의 폐해인 전제범죄의 확대 재생산을 막고 범죄로 인한 이익을 박탈해야 한다는 정치적 요구에 따라 정당화되었다. 특히 영국에서는 권력형 기업이나 부패한 관료가 부정한 이익을 보유하지 못하도록 해야 한다는 정치적 좌파의 입장과 은행기록에 대한 접근성의 확대를 지지하는 정치적 우파의 이해관계가 일치하여 위와 같은 규제가 도입된 것이라고 한다.[40]

미국, 영국과 일본 및 우리나라의 고객확인의무는 세부적인 내용에서 다소간의 차이는 있지만 대동소이하다고 할 수 있다.[41] 다만, 거래의 단절과 관련해서는 영국과 일본의 특이한 제도를 살펴볼 필요가 있다.

2) 영국의 거래동의 제도

영국에서는 금융거래가 자금세탁을 비롯하여 범죄재산과 관련이 있다고 의심되는 경우에는 의심거래보고를 하고 해당 거래에 대한 당국의 동의(consent)를 얻어야 하며, 이러한 동의를 얻기 전까지는 해당 거래를 진행하는 것이 금지된다.[42] 의심거래보고 및 당국의 동의 없이 거래를 진행하고 그 거래가 자금세탁과 관련된 것임이 밝혀진 경우에는 합리적인 예외 사유가 없는 한 해당 금융기관은 자금세탁범죄의 형사책임을 부담할 수 있다.[43] 따라서 고객확인 단계에서 자금세탁의 의심이 있는 경우에는 일단 거래를 거절하고 당국의 동의를 받아 거래를 진행해야 하는 것이다.

이는 FATF 권고사항이나 이를 반영한 다른 국가들의 입법에서 거래거절 사유를 원칙적으로 고객확인을 할 수 없는 때로 한정하면서, 법령에 따른 고객확인조치는 이루어졌으나 여전히 의심이 남아있는 경우의

---

40) Michael Levi(주 38), p.111.
41) 미국 31 C.F.R. §§ 1010.220, 1010.230, 영국 MLR §§ 27-32, 일본 범죄수익이전방지법 제4조 내지 제7조 및 우리 특정금융정보법 제5조의2.
42) POCA §§ 335, 338.
43) POCA §§ 327(2), 328(2), 329(2). Robin Booth et al.(주 32), p.54.

거래 진행 여부를 금융기관에 일임하는 방식과는 다른 것이다. 즉 영국은 위와 같은 경우 정부가 개입하여 거래의 진행 여부를 결정하게 함으로써 강력한 자금세탁방지 체제를 구축함과 동시에, 금융기관에 대하여 거래 거절에 따른 고객에 대한 책임이나 거래 진행으로 발생할 수 있는 잠재적인 형사책임의 부담을 덜어주는 것이라고 할 수 있다.[44]

3) 일본의 폭력단 배제 제도

일본에서는 야쿠자 등 폭력조직의 폐해가 심각해짐에 따라 이를 근절하기 위해 1992년 3월 폭력단원에 의한 부당행위의 방지 등에 관한 법률(暴力団員による不当な行為の防止等に関する法律)이 시행되었다. 그리고 전국 지방자치단체는 2010년부터 2011년까지 폭력단 배제에 관한 조례를 제정하여 시행하였고, 정부는 2007년 기업의 반사회적 세력에 의한 피해를 방지하기 위한 지침을 공표하였다. 위 법률과 조례 및 지침은 폭력단원에게 이익을 제공하는 행위를 금지하는 등 폭력단의 경제활동을 사실상 봉쇄하는 내용이다.[45] 일본 최고재판소는 위 조례에 대하여 공공복지를 위한 필요성과 합리성이 인정되므로 합헌이라고 판결한 바 있다.[46]

나아가 일본 금융청은 2008년 반사회적 세력과의 거래를 금지하는 내용으로 금융기관 감독지침을 개정하였고, 이에 따라 금융기관들은 폭력단과의 거래를 거절하는 규정을 거래약관에 포함시켰다.[47] 이는 반사회적 세력의 금융시스템 접근 자체를 차단하겠다는 것으로 자금세탁방지의 목적도 포함하고 있으며,[48] 폭력단이 창궐하는 일본의 특수한 상황에

---

44) Robin Booth et al.(주 32), p.22. Arun Srivastava et al.(주 3), pp.218, 238.
45) 조균석, "일본의 조직폭력규제법으로서의 폭력단대책법 연구", 형사정책연구 제3권 제1호, 한국형사정책연구원 (1992), 297, 303면. 한병규, "일본보험법상 '폭력단면책' 법제의 최근 동향 - 약관의 효력을 중심으로", 안암법학 제51권, 안암법학회 (2016), 273-274면.
46) 最高裁 2015. 3. 27. 平成 25年(オ)1655.
47) 한병규(주 45), 274면.
48) 조균석(주 45), 299-302면.

서 고객확인과 거래 거절의 범위가 확장된 것으로 볼 수 있다.

다만, 법원은 위와 같은 거래약관은 "폭력단원의 경제활동의 자유를 크게 제약하는 것이므로 자금세탁 등 위법행위의 개연성이 있는 경우에 한하여 거래 거절을 요구하는 취지로 한정하거나, 예금계좌를 위법행위에 사용할 의도가 없는 경우나 폭력단의 활동과 무관한 사업이나 일상생활에 사용하는 경우에는 그 적용이 없는 것으로 해석해야 한다"고 판시하고 있다.[49]

나. 거래보고

1) 개요

금융시스템에 범죄수익이 진입하는 것을 차단하기 위한 사전적 조치인 고객확인과는 달리, 거래보고는 기본적으로 위와 같은 진입 차단에 실패하여 금융거래가 이루어진 경우 당국에 대한 보고를 통해 범죄수익을 추적하여 몰수할 수 있게 하기 위한 사후적 조치라고 할 수 있다.[50]

이와 같은 금융기관의 보고의무는 은행비밀 원칙과 충돌하는 것으로 그 정당화의 과정과 근거는 고객확인과 관련된 논의에서 살펴본 바와 같다. 그런데 보고의무는 특히 ① 고객비밀 유지가 최우선이라는 은행 이데올로기에 대한 집착, ② 고객 유치와 관련된 은행의 상업적 이해관계, ③ 보고의무와 관련된 법규의 모호성 등에 기인한 공격을 받았다.[51] 그러나 자금세탁을 시도하는 고객의 비밀 보호와 그로 인해 은행이 수익을 창출하는 행위는 허용될 수 없다는 공감대가 형성됨에 따라, 보고의무는 결국 정당한 것으로 받아들여졌다.[52]

보고의무의 유형은 거래 목적물이 자금세탁이나 그 밖에 범죄수익

---

49) 大阪高裁 2013. 7. 2. 平成24(う)1625.
50) Reuter & Truman(주 5), pp.46-48.
51) Michael Levi(주 38), pp.111-112.
52) Michael Levi(주 38), p.112.

등 불법재산과 관련되어 있다고 의심되는 경우의 의심거래보고(suspicious transaction report, STR) 및 일정한 기준금액 이상의 현금거래가 이루어지는 경우의 고액현금거래보고(currency transaction report, CTR)로 대별된다.[53] 전자는 보고 주체의 주관적인 판단에 의존하는 것인 반면, 후자는 이러한 의심거래보고의 한계를 보완하는 것이라고 할 수 있다.

FATF 권고사항에는 고액현금거래보고는 포함되어 있지 않고 각국의 접근법은 상이하였다. 즉 미국은 고액현금거래보고 제도를 먼저 도입한 반면, 영국과 일본 및 우리나라는 의심거래보고 제도를 도입하였다. 이후 미국에서도 기계적인 보고에 따른 고액현금거래보고의 한계와 이에 대비되는 의심거래보고의 효용성이 부각되어 의심거래보고를 규정하기에 이르렀다.[54] 우리나라는 2005년 1월 17일 시행된 개정 특정금융정보법에서 고액현금거래보고 제도를 도입하였다.[55] 현재 미국과 우리나라는 위 2가지 제도를, 영국과 일본은 의심거래보고 제도를 운용하고 있다.[56]

다만, 미국은 의심거래보고와 관련하여 일정한 경우 보고기준금액을 두고 있는데,[57] 이는 고액현금거래보고의 전통을 계승한 것으로 보인다.

그리고 영국에서는 금융기관 뿐 아니라 누구든지 자금세탁이 실행된다는 사실을 알고도 이를 당국에 보고하지 않은 채 거래하면 처벌될 수 있고, 보고와 함께 당국의 동의를 받으면 형사책임을 면하게 된다.[58] 이

---

53) 영미에서는 의심거래보고를 SAR(suspicious activity report)로 지칭하고 있다. Reuter & Truman(주 5), p.54. Robin Booth et al.(주 32), p.93.

54) Michael Levi, "Money Laundering and Its Regulations", Annals of the American Academy of Political and Social Science, vol. 582 (2002), p.187.

55) 특정금융정보법 제4조의2.

56) 미국 31 U.S.C. § 5313, 5318(g), 31 C.F.R. §§ 1010.310-315, 1010.320, 1010.330, 영국 POCA §§ 337-339ZD, 일본 범죄수익이전방지법 제8조, 우리 특정금융정보법 제4조, 제4조의2. 고액현금거래보고 기준금액은 미국은 10,000달러(31 C.F.R. § 311), 우리나라는 1,000만 원이다(특정금융정보법 시행령 제8조의2 제1항).

57) 31 C.F.R. § 1010.320.

58) POCA §§ 327(2), 328(2), 329(2).

러한 의미에서 사실상 주체의 제한 없이 의심거래보고의무를 부담한다
고 볼 수 있다.59) 이에 금융기관은 물론 일반 기업의 의심거래보고 부담
을 경감하기 위해 자금세탁 보고책임자(money laundering reporting officer,
MLRO) 제도를 도입하여 그에 대한 보고로 의심거래보고를 갈음할 수 있
도록 하였다.60) 이로써 당국에 대한 의심거래보고는 대부분 MLRO를 통
하여 이루어지고 있다.61)

2) 보고의무와 관련된 쟁점

보고의무와 관련해서는 2가지 핵심적인 쟁점이 있다. 첫째는 보고 의
무와 보고할 자유의 관계이고, 둘째는 보고가 자금세탁 실행 이후의 사
후적 조치에 그쳐야 하는지 또는 사전적인 보고가 이루어져야 하는지
여부의 문제이다.62)

먼저 금융기관에 보고의 자유를 인정할 것인지 여부는 금융기관의
책임 문제와 관련되어 있다. 금융기관이 자금세탁과 관련된 잠재적인 형
사책임의 위험에서 벗어나기 위해서는 비록 자금세탁 혐의에 대한 근거
가 부족하더라도 의심만 있다면 보고할 필요가 있을 것이다. 그러나 이
는 근거 없이 고객의 금융프라이버시를 침해하고 고객을 무고한 것이
될 수 있어 고객에 대한 민사책임 문제를 야기하므로 신중한 접근을 필
요로 한다.63)

이와 관련하여 미국은 '위법의 개연성(a possible violation of law)'만 있
으면 자발적으로 의심거래보고를 할 수 있도록 하면서 보고를 한 금융

---

59) Michael Hancock, "Money Laundering in England and Wales", Journal of Financial
    Crime, vol. 2, no. 3 (1994), p.205. Robin Booth et al.(주 32), p.100.
60) Michael Hancock(주 59), p.205.
61) Robin Booth et al.(주 32), p.107.
62) Guy Stessens, Money Laundering: A New International Law Enforcement Model,
    Cambridge University Press (2000), pp.162-163.
63) 따라서 금융기관으로서는 일종의 딜레마에 봉착하게 된다고 할 수 있다. Arun
    Srivastava et al.(주 3), p.238.

기관을 면책하는 규정(safe harbor 조항)을 두고 있다.[64] 이는 선의(good faith)나 상당한 근거(probable cause) 없이도 광범위한 보고를 할 수 있도록 허용하는 것으로,[65] 금융기관의 보고를 장려하여 자금세탁과 그 전제범죄의 방지를 도모하고자 하는 것이며,[66] 고객의 금융프라이버시보다는 자금세탁방지의 효율성을 우위에 두는 입장이라고 할 수 있다.

반면, FATF 권고사항 20, 21은 앞에서 본 바와 같이 합리적인 근거(reasonable grounds)가 있는 경우 의심거래보고를 하도록 하면서 면책 요건으로 선의를 요구하고 있고, 영국과 일본 및 우리나라도 이와 대체로 동일하다.[67] 이는 고객의 금융프라이버시와 자금세탁방지의 효율성을 절충하는 입장이라고 할 수 있으나, 금융기관으로서는 의심거래보고를 이행한 경우 고객과의 분쟁에서 합리적 근거와 선의의 존부에 관한 다툼의 리스크가 남아 있다고 할 수 있다.

다음으로 보고의 시기와 관련해서는 의심거래보고의 특성상 거래가 이루어진 이후 그 거래와 관련된 정보를 보고하는 것이 원칙이라고 할 수 있다. 그러나 앞에서 본 바와 같이 영국은 거래를 실행하기 이전에 보고가 이루어져야 하고, 우리 특정금융정보법도 고객확인 과정에서 거래를 거절한 경우 의심거래보고 여부를 검토하도록 하고 있으므로,[68] 의심거래보고는 사전적인 조치로서의 의미도 가지고 있다고 할 수 있다.

나아가 보고 시기와는 별개로 효과의 관점에서 볼 때, 보고는 고객확인과 마찬가지로 범죄수익의 금융시스템 진입을 차단하는 조치라고 할

---

64) 31 U.S.C. §§ 5318(g)(1), (3)(A).
65) Stoutt v. Banco Popular de Puerto Rico, 158 F.Supp.2d 167 (D.Puerto Rico. 2001). Lee v. Bankers Trust Co., 166 F.3d 540 (2d Cir. 1999).
66) Nieman v. Firstar Bank, U.S. District Court (N.D.Iowa. 2005), 2005 WL 2346998.
67) 영국 POCA § 337, 일본 범죄수익이전방지법 제8조, 우리 특정금융정보법 제4조. 다만, 일본 범죄수익이전방지법은 의심거래보고 이행에 대한 면책은 별도로 규정하고 있지 않으며, 우리 특정금융정보법은 고의·중과실에 의한 허위보고의 경우 면책을 배제하고 있다.
68) 특정금융정보법 제5조의2 제5항.

수 있다. 자금세탁을 계획하는 자는 보고 가능성을 인식하여 금융거래를 회피하고, 금융기관 측도 보고의무로 인해 자금세탁에 가담할 유인이 줄어들 수 있기 때문이다.[69] 그러나 이는 보고와 관련된 규제를 회피하기 위한 거래 조작이나, 규제 수준이 약한 국가로의 불법자금 이전 등 국제적인 규제차익 문제를 초래할 수 있다.[70]

3) 면책 제도

금융기관이 의심거래보고를 이행한 경우 고객에 대한 책임과 관련한 면책은 앞에서 살펴본 바와 같다. 따라서 적어도 자금세탁에 대한 합리적인 의심의 근거가 있고 선의로 의심거래보고를 이행한 경우에는 사후에 그 보고 내용이 허위로 판명되더라도 고객에 대한 손해배상책임을 부담하지 않는다고 할 수 있다.

위와 같은 면책 제도는 민사책임에 한정된 것으로서, 의심거래보고를 이행한 후 해당 거래가 자금세탁과 관련된 것임이 밝혀진 경우의 형사책임 문제에 대해서는 별도로 검토할 필요가 있다.

이와 관련하여 영국은 앞에서 본 바와 같이 거래동의 제도를 두고 있는데, 이에 따라 자금세탁 등 범죄재산과 관련이 있다고 의심되는 거래에 대해서는 의심거래보고를 한 후 당국의 동의를 받아 거래를 진행한 경우 자금세탁범죄의 형사책임이 면제된다.[71] 영국은 범죄재산의 단순한 취득이나 보유도 자금세탁범죄로 처벌하고 있기 때문에 자금세탁 관련 거래에 관여한 경우 형사책임을 부담할 가능성이 매우 높으며, 의심거래보고 및 거래동의가 사실상 유일한 방어수단이 될 수밖에 없다.[72] 따라서 영국은 의심거래보고와 거래동의 없이 거래를 진행하면 강하게

---

69) Michael Levi(주 38), pp.112.

70) Wolfgang Hetzer, "Money Laundering and Financial Markets", European Journal of Crime, Criminal Law and Criminal Justice, vol. 11, no. 3 (2003), p.268.

71) POCA §§ 327(2), 328(2), 329(2).

72) Robin Booth et al.(주 32), pp.21-22.

처벌하되, 위와 같은 의무를 이행하기만 하면 형사책임을 면하게 해주는 '당 근과 채찍 접근법(carrot & stick approach)'을 쓰고 있다고 평가할 수 있다.[73]

그러나 위와 같은 거래동의 제도는 물론 민사책임 외의 책임에 대한 면책 규정이 없는 미국과 일본 및 우리나라에서는 자금세탁과 관련된 거래가 이루어진 경우, 의심거래보고를 하였더라도 해당 금융기관은 여전히 잠재적인 형사책임 리스크에 노출되어 있다고 할 수 있다.

다. 내부통제

각국은 FATF 권고사항 18과 같이 예방적 규제 대상에 대하여 자금세탁 방지를 위한 내부통제체계의 구축의무를 부과하고 있고, 이는 위험평가 및 고객확인체계 구축, 거래보고책임자 임명 및 내부 보고체계의 수립, 독립적 검사, 임직원 교육과 임직원 신원사항 확인 등으로 이루어진다.[74]

이와 같은 내부통제는 기본적으로 자금세탁을 방지하고 법집행기관이 효율적으로 범죄수익을 추적할 수 있도록 고객확인과 거래보고 및 이와 관련된 기록보존 의무를 준수하게 하기 위한 것으로서, 건전성 규제의 일환인 지배구조 규제로서의 내부통제와는 상이한 측면이 있다고 할 수 있다.[75]

그럼에도 각국은 감독당국이 금융개입비용을 낮추기 위해 자금세탁 방지 검사와 건전성 감독을 연계하는 경향이 있다.[76] 우리나라도 금융 회사의 지배구조에 관한 법률(이하 '금융사지배구조법')에서 금융회사의 내부통제기준 마련의무를 규정하면서, 그 기준에 위에서 본 자금세탁방

---

73) Pieth & Aiolfi(주 19), p.269.

74) 미국 31 U.S.C. § 5318(h)(1), 31 C.F.R. § 1020.200-230, 영국 MLR § 21, 일본 범죄수익이전방지법 제11조, 우리 특정금융정보법 제5조.

75) Thomas D. Grant, "Towards a Swiss Solution for an American Problem: An Alternative Approach for Banks in the War on Drugs", Annual Review of Banking Law, vol. 14 (1995), p.252. Guy Stessens(주 62), p.178.

76) Reuter & Truman(주 5), pp.131.

지 관련 내부통제체계의 내용을 포함하도록 하여 이를 건전성 규제의
일종인 지배구조 규제 문제로 다루고 있다.[77]

3. 의무 위반에 대한 제재

이상에서 살펴본 바와 같은 자금세탁방지의무를 위반한 경우 각국은
제재 규정을 두고 있는데, 그 수준에는 상당한 차이가 있다.

미국은 고객확인, 거래보고 및 내부통제체계 구축 등 은행비밀법상의
자금세탁방지의무를 위반한 모든 경우에 해당 금융기관과 그 종사자에
대하여 민사벌금과 형사상 제재를 부과할 수 있다.[78] 특히 고액현금거
래보고의무를 회피하기 위하여 거래를 조작하거나 이에 가담하는 행위
를 범죄로 규정함으로써 위와 동일한 제재를 할 수 있다.[79]

또한 은행비밀법을 위반한 행위와 관련된 자금에 대하여 민·형사몰
수가 가능하다.[80] 의심거래보고 누락이나 내부통제시스템의 결함 등 중
대한 위반에 대해서는 연방 금융감독당국에 의하여 위반기간의 1일당
100만 달러 또는 해당 금융기관 자산의 1% 이하의 민사벌금 등 막대한
규모의 제재가 가해질 수 있다.[81] 또한 자금세탁에 연루된 혐의가 밝혀
질 경우 해당 금융기관의 인가나 예금보험의 취소까지 가능하다.[82]

영국도 미국과 마찬가지로 자금세탁방지의무를 위반한 모든 경우에
예방적 규제 대상인 관계인 및 그 종사자에 대하여 민사벌금과 형사상
제재를 부과할 수 있다.[83] 특히 효율적 위험기반절차를 포함한 내부통

---

77) 금융사지배구조법 제24조, 같은 법 시행령 제19조 제1항 제13호, 금융회사 지
    배구조 감독규정 제11조 제2항 제6호.
78) 31 U.S.C. §§ 5321-5322.
79) 31 U.S.C. § 5324.
80) 31 U.S.C. § 5317.
81) 12 U.S.C. § 1818(i).
82) 12 U.S.C. § 3105.
83) MLR §§ 76, 86.

제시스템의 결함 등 중대한 위반이 있는 경우에는 해당 기관에 대하여 인가를 취소하거나 영업정지 명령을 할 수 있으며,[84] 경영진의 경영권을 박탈할 수도 있다.[85]

반면, 일본은 자금세탁방지의무 위반에 대한 별도의 제재 규정은 없으며, 관할 행정청이 시정조치를 명할 수 있고 이에 따른 명령을 위반한 경우 형사처벌되는 것으로 규정하고 있다.[86]

우리나라는 허위로 의심거래보고나 고액현금거래보고를 한 경우에 한하여 형사처벌이 가능하고 그 외의 자금세탁방지의무 위반에 대해서는 과태료 부과로 제재하며,[87] 금융회사 등 기관에 대한 영업정지나 시정명령 또는 기관경고·주의 및 임직원 징계를 규정하고 있다.[88]

이와 같이 미국과 영국은 자금세탁방지의무 위반에 대한 제재가 매우 강한 반면, 우리나라는 그 수준에 미치지 못하며 일본은 매우 약하다고 할 수 있다.

III. 집행적 규제

1. 자금세탁의 범죄화

자금세탁은 범죄로 얻은 수익을 박탈당하지 않고 안전하게 향유하는 동시에 범죄를 확대재생산할 수 있게 할 뿐 아니라, 금융시스템을 남용하여 그 투명성과 신뢰성을 훼손하는 행위라고 할 수 있다.

이에 FATF 권고사항 3은 자금세탁 자체를 범죄화하고 그 전제가 되

---

84) MLR § 77.
85) MLR § 78.
86) 범죄수익이전방지법 제18조, 제25조.
87) 특정금융정보법 제17조 제3항 제1호, 제19조, 제20조.
88) 특정금융정보법 제15조 제2항 내지 제4항.

는 범죄의 범주에 가능한 모든 중대범죄를 포함할 것을 요구하고 있다.
앞에서 본 바와 같이 미국은 자금세탁통제법, 영국은 범죄수익법, 일본
은 조직적범죄처벌법과 마약특례법, 우리나라는 범죄수익은닉규제법과
마약거래방지법에서 자금세탁을 범죄로 규정하고 있다.[89]

  자금세탁의 범죄화는 전제범죄의 혐의에 대한 입증이 부족하더라도
자금세탁 혐의를 근거로 범죄수익의 추적을 가능하게 해 주는 입증부담
의 완화 효과가 있으므로,[90] 자금세탁방지의 집행적 규제에 필수적인 부
분이라고 할 수 있다.

  전제범죄의 규정은 모든 범죄를 포괄하는 방식(all crime approach)과
특정범죄를 열거하는 방식(specific crime approach)으로 구별되는데,[91] 영
국은 전자, 미국과 일본 및 우리나라는 후자의 방식을 취하고 있다. 그
러나 미국은 전제범죄에 거의 모든 범죄를 망라하고 있고,[92] 일본과 우
리나라도 대부분의 중대범죄를 포함하고 있으므로 실질적인 차이는 없
다고 할 수 있다.

  ## 2. 범죄수익의 몰수

  범죄수익의 몰수는 자금세탁방지의 집행적 규제에서 최종적 단계라
고 할 수 있다. 각국은 FATF 권고사항 4와 같이 범죄수익을 몰수할 수
있는 제도를 두고 있고,[93] 특히 미국은 앞에서 본 바와 같이 범죄수익의

---

89) 미국 18 U.S.C. §§ 1956-1957, 영국 POCA § 340(11), 일본 조직적범죄처벌법
    제10조 제1항, 마약특례법 제6조 제1항, 우리 범죄수익은닉규제법 제3조, 마약
    거래방지법 제7조.
90) Guy Stessens(주 62), p.86.
91) Jason C. Sharman(주 39), pp.28-29.
92) Jason C. Sharman(주 39), p.29.
93) 미국 18 U.S.C. §§ 981, 982, 영국 POCA §§ 6-239, 일본 조직적범죄처벌법제3
    조 내지 제7조, 마약특례법 제16조 내지 제18조, 우리 범죄수익은닉규제법 제8
    조 내지 제10조, 마약거래방지법 제13조 내지 제16조.

몰수와는 별도로 은행비밀법상 자금세탁방지의무를 위반한 금융기관에 대하여 그 위반과 관련된 자금을 몰수할 수 있도록 규정하고 있다.[94]

민사몰수 제도를 운영하고 있는 미국과 영국은 범죄수익에 대한 민사몰수가 가능하여 유죄판결 없이 범죄수익 등 불법재산을 몰수할 수 있는 조치의 도입을 요구하는 FATF 권고사항에 부합한다. 반면, 일본과 우리나라는 형사몰수만 가능하므로 범죄자에 대한 기소 및 유죄판결이 필수적이라는 한계가 있다.

---

94) 31 U.S.C. § 5317.

제2절 자금세탁의 개념에 관한 이론적 검토

Ⅰ. 개념 검토의 필요성

1. 자금세탁의 본질

자금세탁은 범죄수익의 원천을 은폐하여 그 수익을 합법적인 상업적 활동에 사용할 수 있게 하는 과정으로서, 자금세탁을 시도하는 자는 '더러운 돈(dirty money)'을 '존중받는 돈(respectable money)'이나 그 밖의 합법적인 자산으로 전환하여 법집행기관의 추적을 피하는 것을 목적으로 한다고 설명된다.[95] 범죄자로서는 범죄수익을 향유하지 못하면 범죄를 통해 많은 수익을 얻을 이유가 없는 것이고, 그 수익의 온전한 사용을 위해서는 적발 위험을 줄여야 하는데 그 수단이 자금세탁이라는 것이다.[96]

현금인 범죄수익은 소량일 때에는 쉽게 사용할 수 있지만, 조직범죄 등으로 대량으로 벌어들인 현금은 보관이 매우 불편할 뿐 아니라 이를 바로 소비하는 것은 의심을 야기할 수 있다.[97] 따라서 범죄수익의 출처를 합법적인 것으로 가장할 효율적인 대안을 찾게 되었는데, 금융시스템의 발전은 이와 같은 요구를 충족시켜 주었고, 특히 금융시스템의 복잡한 구조는 자금세탁에 최적의 수단을 제공하는 것이었다.[98] 이에 자금

---

95) David A. Chaikin, "Money Laundering: An Investigatory Perspective", Criminal Law Forum, vol. 2, no. 3 (1991), p.470. Michael Hancock(주 59), p.196.

96) David McClean, International Judicial Assistance, Oxford University Press (1992), p.184. William C. Gilmore, "Money Laundering: The International Aspect" in Hector L. MacQueen (ed), Money Laundering, Edinburgh University Press (2008), p.1.

97) Jason C. Sharman(주 39), p.15. 콜롬비아 마약카르텔 Medellin의 보스 Pablo Escobar가 마약거래로 벌어들인 현금의 약 10%는 빗물로 훼손되거나 쥐가 갉아먹었다고 한다. 위 단행본 p.15.

98) Jason C. Sharman(주 39), p.16.

세탁과 금융시스템의 결부는 불가피한 것이 되었다.

금융서비스의 도움이 없이도 자금세탁이 성공할 수는 있겠지만, 매년 수조 달러 규모의 범죄수익이 금융기관을 통해 세탁되는 것이 현실이며, 이는 금융산업에 의해 제공되는 금융서비스와 그 산출물의 성격이 자금세탁에 매우 취약하다는 것을 의미한다.[99] 불법한 재산이 금융시스템에 들어오게 되면 금융시스템에 대한 신뢰를 훼손하고 금융기관의 부패를 유발하는 위험을 초래할 수 있다.

따라서 자금세탁방지의 핵심은 범죄수익의 금융시스템 진입을 차단하는 것이라고 할 수 있고, 앞에서 본 것처럼 각국의 예방적 규제 입법도 이러한 부분에 초점이 맞추어져 있다. 이와 같이 자금세탁방지 규제의 관점에서 자금세탁은 금융시스템과 밀접한 관계를 형성하고 있으므로, 자금세탁과 금융거래의 관계를 자금세탁의 개념을 통해 정확히 이해할 필요가 있다.

이와 관련하여 국제협약으로서는 자금세탁을 최초로 정의한 비엔나 협약은 자금세탁을 "범죄로부터 유래한 재산의 출처를 은닉하거나 가장하기 위한 재산의 전환·이전, 위 재산의 성질·출처·소재·소유관계의 은닉이나 가장, 위 재산의 취득·보유·사용"으로 정의하고 있다.[100] FATF는 "범죄수익의 불법적인 원천을 가장하기 위한 과정"을 자금세탁이라고 명시하고 있으며,[101] EU 자금세탁방지지침은 비엔나 협약의 정의를 따르고 있다.[102]

---

99) Lisa Idzikowski (ed), Money Laundering, Greenhaven Publishing LLC (2020), pp.12-13.

100) United Nations Convention Against Illicit Traffic in Narcotic Drugs and Psychotropic Substances of 1988, Article 3(1)(b), (c)(i).
https://www.unodc.org/documents/commissions/CND/Int_Drug_Control_Conventions/Ebook/The_International_Drug_Control_Conventions_E.pdf (마지막 방문 2023. 5. 18.)

101) FATF 웹페이지 참조.
https://www.fatf-gafi.org/en/pages/frequently-asked-questions.html#tabs-36503a8663-item-6ff811783c-tab (마지막 방문 2023. 5. 18.)

102) Directive (EU) 2015/849 of the European Parliament and of the Council of 20 May 2015,

그러나 위와 같은 추상적인 정의만으로는 자금세탁과 금융거래와의 관계를 명확하게 파악하기 어려우며, 자금세탁의 정의에 관하여 각국의 입법도 통일되어 있지 않다.[103] 따라서 우선 금융거래의 의미부터 살펴 볼 필요가 있다.

2. 자금세탁과 금융거래의 관계

금융거래는 자금공급자와 자금소유자 사이에서 현재의 현금과 장래의 현금흐름의 가치를 교환하는 거래인데, 기업의 입장에서 사업에 필요한 자금을 조달하는 방법은 은행으로부터 빌리거나 회사채를 발행하여 조달하는 타인자본에 의한 자금조달, 신주를 발행하여 조달하는 자기자본에 의한 자금조달로 구분될 수 있다.[104]

이와 같이 금융거래를 크게 타인자본조달과 자기자본조달로 나눌 수 있지만, 리스나 자산유동화와 같은 구조화금융이나 이익참가부사채, 전환사채, 신주인수권부사채, 영구채, 후순위채권, 조건부자본증권, 비참가적 무의결권 우선주 등과 같이 타인자본조달 거래와 자기자본조달 거래가 근접하는 새로운 유형의 거래가 생겨나고 있다. 그 이유는 우선적으로는 자금공급자의 위험부담 성향에 기인하는 것이겠으나, 자금수요자의 필요성 또는 조세나 행정규제 등 법제상의 제약이나 혜택과 관련된 측면도 있으며, 최근에는 새로운 금융 형태로 파생상품거래와 집합투자의 역할도 증대하고 있다.[105]

한편, 국내법상으로는 특정금융정보법, 금융실명거래 및 비밀보장에

Article 1, 3.

https://eur-lex.europa.eu/legal-content/EN/TXT/HTML/?uri=CELEX:02015L0849-20210630&fr om=EN (마지막 방문 2023. 5. 18.)

103) Robin Booth et al.(주 32), p.3.

104) 박준, 한민, 금융거래와 법, 박영사 (2019), 1-2면.

105) 박준, 한민(주 104), 2-6면.

관한 법률(이하 '금융실명법'), 전자금융거래법 및 금융거래지표의 관리에 관한 법률에서 각각의 입법 목적에 따라 금융거래를 규정하고 있다.[106] 특히 특정금융정보법은 금융기관 등에 대하여 자금세탁방지의무를 부과하기 위한 규제의 목적에서 규제의 대상이 수행하는 거래를 금융거래 등으로 정의하고 있다.

그런데 위 제1항에서 본 바와 같은 자금세탁의 추상적 정의 하에서는 금융거래의 개념과 관련하여 다음과 같은 의문이 제기될 수 있다.

① 자금세탁이라는 행위는 위와 같은 이론적 의미나 법률상의 정의에 따른 금융거래에 한정되는 것인지 여부

② 특정금융정보법은 규제 대상 거래에 현금과 예금·수표·증권 등 금융자산의 교환 뿐 아니라 현금과 카지노칩과의 교환 및 가상자산 거래 등 금융거래로는 보기 어려운 이질적인 요소를 포함시키고 있는데,[107] 이러한 거래도 자금세탁의 개념에 포섭되는 것인지, 포섭된다면 그 근거는 무엇인지

③ 금융기관은 물론 카지노나 가상자산사업자를 통하지 않는 부동산이나 귀금속의 매매, 탈중앙화금융플랫폼(decentralized finance platform, DeFi)이나 탈중앙화거래소(decentralized exchanges, DEX) 또는 사설교환업자 등을 통한 개인 간 거래(peer to peer, P2P) 방식의 가상자산 거래,[108] 두 당

---

106) 특정금융정보법 제2조 제2호(금융거래 등), 금융실명법 제2조 제3호(금융거래), 전자금융거래법 제2조 제1호(전자금융거래), 금융거래지표의 관리에 관한 법률 제2조 제2호(금융거래지표).

107) 특정금융정보법 제2조 제2호 다목, 라목.

108) 가상자산거래소와 같은 중앙화 조직이 존재하는 가상자산 관련 서비스(centralized finance, CeFi)와 달리 DeFi와 DEX는 중앙조직이 없는 분산된 가상자산거래시스템으로서 개인 간 거래가 가능하다. Alexandra D. Comolli & Michele R. Korver, "Surfing the First Wave of Cryptocurrency Money Laundering", Department of Justice Journal of Federal Law and Practice, vol. 69, no. 3 (2021), pp. 228-230. 임병화, "디파이(DeFi)의 이해와 시사점", 글로벌금융리뷰 제2권 제1호, 글로벌금융학회 (2021), 77-78면. 김협, 권혁준, "디파이(De-Fi) 기술의

사자 사이에서의 화폐수단의 교환, 물리적 이동이나 은닉 등이 자금세탁
의 범주에 포함될 수 있는 것인지 여부

이와 같은 문제는 자금세탁방지 규제의 범위와 관련된 것으로서, 자
금세탁방지의 금융규제법상 지위와도 관계가 있다고 할 수 있다.

따라서 자금세탁의 개념 특히 금융거래와의 관계를 이론적으로 명확
히 정립할 필요가 있다. 이하에서는 국제적으로 자금세탁방지를 주도하
고 있는 미국과 영국 및 우리와 법제가 유사한 일본의 논의를 살펴보고,
이를 참고하여 우리 법제의 자금세탁 개념과 문제점을 검토하기로 한다.

II. 비교법적 검토 및 시사점

1. 미국

가. 용어의 기원

자금세탁(money laundering)이라는 용어는 미국에서 기원한 것으로 알
려져 있으며, 미국의 법집행기관이 마피아의 세탁소 소유를 지칭하기 위
해 자금세탁이라는 용어를 최초로 사용하였다고 설명되고 있다. 즉
1920-1930년대에 Al Capone와 Bugsy Moran 등 미국 마피아가 밀주제조,
도박, 매춘 등 각종 범죄로 벌어들인 수익을 합법적인 수익인 것처럼 위
장할 목적으로, 그들에게 협조적인 이탈리아 기업들이 보유한 세탁소를
인수하여 그로부터 나오는 합법적인 수익과 범죄수익을 혼합한 데서 자
금세탁이라는 용어가 유래하였다는 것이다.[109]

이해와 활용 - 금융 서비스를 중심으로", 지급결제학회지 제12권 제2호, 한국
지급결제학회 (2020), 2-3면.

그러나 위와 같은 설명에 대해서는 그 근거가 부족하다는 주장이 제기되는 등 논란이 있으며,110) 보다 정확히 자금세탁이라는 용어가 최초로 사용된 것은 1972년 발생한 닉슨 대통령의 워터게이트 사건이라고 할 수 있다. 당시 민주당 전국위원회 본부에 도청장치 설치를 위해 침입하였다가 강도 혐의로 체포된 자들이 사용한 자금을 추적한 결과, 그 자금이 정보당국 수뇌부 및 닉슨 선거캠프와 연결되어 있었고 멕시코 등을 통해 세탁된 선거자금의 일부라는 사실이 밝혀져 그때부터 자금세탁이라는 용어가 대중적으로 통용되었다고 설명된다.111)

사법적으로는 1982년 연방법원이 U.S. v. $4,255,625.39 판결112)에서 최초로 자금세탁이라는 용어를 사용하였다.113) 위 사건에서 콜롬비아인은 코카인 거래로 얻은 수익을 콜롬비아의 유명 환전상을 통해 미국 달러로 교환하고 이를 소규모의 현금으로 나누어 여행용 가방 등에 담아 미국에 입국한 후 미국 은행에 입금하였다. 연방법원은 이와 같은 행위를

---

109) Ramona-Mihaela Urziceanu, "Money Laundering", AGORA International Journal of Juridical Sciences, 2008 (2008), p.306. David A. Chaikin(주 95), p.468. United Nations, Economic and Social Council, "Strengthening Existing International Cooperation in Crime Prevention and Criminal Justice, including Technical Cooperation in Developing Countries, with Special Emphasis in Combating Organized Crime, Note by the Secretary-General, Appendum: Money Laundering and Associated Issues: The Need for International Cooperation", E/CN.15/1992/4/Add.5 (23 Mar 1992), p.4.

110) Jason C. Sharman(주 39), p.16.

111) Friedrich Schneider & Ursula Windischbauer, "Money laundering: some facts", European Journal of Law and Economics, vol. 26, no. 3 (2008), p.392. William C. Gilmore(주 96), p.1. Jason C. Sharman(주 39), p.16.

112) 551 F.Supp. 314 (S.D.Fla. 1982).

113) James D. Harmon, "United States Money Laundering Laws: International Implications", New York Law School Journal of International and Comparative Law, vol. 9, no. 1 (1998), p.3, fn.5. Jesse S. Morgan, "Dirty Names, Dangerous Money: Alleged Unilateralism in U.S. Policy on Money Laundering", Berkeley Journal of International Law, vol. 21, no. 3 (2003), p.776. Jason C. Sharman(주 39), p.16. William C. Gilmore(주 96), p.1.

자금세탁이라고 명명하고 위 범죄수익에 대한 민사몰수를 명하였는데,
다만 자금세탁의 정의에 관해서는 명확히 설시하지 않았다.

입법적으로 자금세탁을 최초로 정의한 것은 1986년 제정된 자금세탁
통제법(MLCA)으로서,[114] 이하에서 그 구체적 내용을 살펴보기로 한다.

나. 법률상 정의

1) 자금세탁통제법의 규정

자금세탁통제법은 연방형법전 제18편 제1956조 (a)항에서 아래와 같
이 자금세탁(laundering of monetary instruments)을 정의하면서 이를 연방
범죄로 규정하고 있다.

> (1) 금융거래(financial transaction)와 관련된 재산이 특정범죄로 인한 수익이
> 라는 점을 알면서 그 금융거래를 실행하거나 미수에 그친 행위로서 다음
> 의 어느 하나에 해당하는 경우
> (A) (i) 특정범죄를 조장할 목적을 가진 경우
>   (ii) 조세포탈을 구성하는 행위에 관여할 목적이 있는 경우
> (B) 해당 거래의 전부나 일부가 아래 목적으로 고안된 경우
>   (i) 특정범죄로 인한 수익의 성질, 소재, 출처, 소유·지배관계를 은닉 또
>   는 가장하거나,
>   (ii) 주법 또는 연방법상 거래보고의무를 회피하기 위한 경우
> (2) 국내로부터 국외로 또는 국외를 경유하거나 국외에서 국내로 또는 국내
> 를 경유하여 화폐수단 또는 자금을 운송, 전송, 이체하거나 미수에 그친
> 행위로서 다음의 어느 하나에 해당하는 경우
> (A) 특정범죄를 조장할 목적을 가진 경우

---

114) Kelly Neal Carpenter(주 17), p.816. Jason C. Sharman(주 39), p.16. William C.
Gilmore(주 96), p.1.

(B) 운송, 전송, 이체와 관련된 화폐수단 또는 자금이 특정범죄로 인한 수익으로서 그 운송, 전송, 이체가 아래의 목적으로 고안된 것이라는 정을 알고 있는 경우

　　(i) 특정범죄로 인한 수익의 성질, 소재, 출처, 소유·지배관계를 은닉 또는 가장하거나,

　　(ii) 주법 또는 연방법상 거래보고의무를 회피하기 위한 경우

(3) 특정범죄로 인한 수익이나 특정범죄를 실행 또는 용이하게 하기 위한 목적으로 사용되는 재산과 관련된 금융거래를 실행하거나 미수에 그친 행위로서 다음의 어느 하나에 해당하는 경우

(A) 특정범죄를 조장할 목적을 가진 경우

(B) 특정범죄로 인한 수익이라고 생각되는 재산의 성질, 소재, 출처, 소유·지배관계를 은닉 또는 가장할 목적을 가진 경우

(C) 주법이나 연방법상 거래보고의무를 회피하기 위한 경우

한편, 자금세탁통제법은 위와 같은 자금세탁의 정의와는 별도로 연방형법전 제18편 제1957조에서 범죄수익으로부터 유래된 일정 금액 이상의 재산과 관련된 거래를 아래와 같이 연방범죄로 규정하고 있다.

(a) 고의로 특정범죄로부터 유래된 10,000달러 상당을 초과하는 불법재산과 관련된 금전거래(monetary transaction)에 관여하거나 미수에 그친 행위로서 아래 (d)항의 어느 하나에 해당하는 경우

(d) (i) 위 행위가 미국 내 또는 특별해사구역 및 미국의 관할영토 내에서 발생한 경우

　　(ii) 위 행위가 미국 및 특별관할권 외에서 발생하였으나 행위자가 미국인인 경우

자금세탁통제법은 위와 같이 자금세탁범죄(제1956조)와 불법금전거

래범죄(제1957조)를 도입하였는데, 그 중 후자는 자금세탁과는 직접적인
관련이 없는 거래라고 하더라도 거래 목적물인 재산의 원천이 불법적이
라는 점만 인식하면 성립할 수 있다.[115]

제1957조 소정의 불법금전거래범죄는 매우 광범위하게 적용되는 것
으로 금융기관과의 거래에 한정되지 않고 외관상 범죄와 관련이 없는
합법적 거래나 일상적인 상업적 거래도 포섭할 수 있다.[116] 또한 제1956
조와 달리 해당 재산이 특정범죄로부터 유래한 재산이라는 점에 대한
고의를 요하지 않으며, 그 출처가 범죄로 인한 것이라는 점에 대한 일반
적인 인식(general knowledge) 또는 의도적인 무관심(willful blindness)이
인정되면 충분하다.[117]

이와 같은 광범위한 적용은 일상적 거래라고 하더라도 범죄에 관여
되었다고 의심받는 자와의 거래는 단념하도록 만들겠다는 의회의 의지
를 반영한 것이라고 설명된다.[118] 다만, 제1957조에서의 '금전거래'는 금
융기관을 상대로 하거나 이를 경유하는 자금 또는 화폐수단의 예금, 인
출, 이체, 환전 및 제1956조 소정의 금융거래가 될 수 있는 일체의 거래
를 의미한다고 규정하고 있으므로 거래행위의 형태 자체는 자금세탁범
죄와 다르지 않다고 할 수 있다.[119]

이와 같이 제1957조의 불법금전거래범죄는 자금세탁을 요소로 하거
나 이와 직접적인 관련성을 요구하지 않으며, 자금세탁의 개념은 이를

---

115) Kelly Neal Carpenter(주 17), p.820.
116) Aileen Chang & Andrew M. Herscowitz, "Money Laundering", American Criminal
    Law Review, vol. 32, no. 2 (1995), p.504. James D. Harmon(주 113), pp.12-13.
117) Chang & Herscowitz(주 116), p.507.
118) Charles Thelen Plombeck, "Confidentiality and Disclosure: The Money Laundering
    Control Act of 1986 and Banking Secrecy", International Lawyer (ABA), vol. 22, no.
    1 (1988), p.80. Chang & Herscowitz(주 116), p.504.
119) 18 U.S.C. § 1957(f)(1). 이 규정은 수정헌법 제6조가 보장하는 변호인의 조력
    을 받을 권리 즉 변호인 선임계약과 관련된 거래는 제외하는 내용으로 1988
    년 개정되었다. Schuck & Unterlack(주 17), p.886, fn.41.

정의하고 있는 제1956조로부터 도출되므로 이하에서는 이 조항을 중심으로 자금세탁에 관하여 검토하기로 한다.

2) 자금세탁의 구성요소

자금세탁통제법 제1956조에서 규정하는 자금세탁은 ① 거래형 자금세탁(transaction money laundering),[120] ② 운송형 자금세탁(transportation money laundering),[121] ③ 수사기관의 함정수사에 의한 자금세탁(money laundering by sting operation)[122]으로 구분된다.[123] 그 중 함정수사에 의한 자금세탁은 거래형 및 운송형 자금세탁의 특수한 유형이라고 할 수 있으므로, 자금세탁통제법상 자금세탁은 크게 거래형 자금세탁과 운송형 자금세탁으로 나눌 수 있다.

자금세탁은 주관적 요소인 고의 및 목적과 객관적 요소인 전제범죄의 존재, 거래 행위 및 목적물로 구성된다.[124]

고의는 거래 행위의 대상이 특정범죄로 인한 수익과 관련된 재산이라는 사실을 인식하는 것을 의미하나 구체적인 범죄 유형에 대한 인식까지 요하는 것은 아니며,[125] 고의의 수준은 제1957조와 마찬가지로 일반적 인식이나 의도적인 무관심이면 충분하다고 본다.[126]

목적은 거래 행위가 특정범죄 조장 또는 조세포탈 관여, 범죄수익의 성질·소재·출처·소유·지배관계의 은닉 또는 가장, 거래보고의무의 회피

---

120) 18 U.S.C. § 1956(a)(1).

121) 18 U.S.C. § 1956(a)(2).

122) 18 U.S.C. § 1956(a)(3).

123) Mitchell McBride, "Money Laundering", American Criminal Law Review, vol. 57, no. 3 (2020), p.1047. Kelly Neal Carpenter(주 17), pp.820-824. Schuck & Unterlack(주 17), pp.883-884. Chang & Herscowitz(주 116), pp.502-503.

124) Chang & Herscowitz(주 116), p.505. Schuck & Unterlack(주 17), p.886.

125) 18 U.S.C. § 1956(c)(1).

126) U.S. v. Campbell, 977 F.2d 854 (4th Cir. 1992). James D. Harmon(주 113), p.14. Chang & Herscowitz(주 116), pp.507.

중 어느 하나를 위한 경우를 의미한다. 그 중 범죄수익의 성질 등의 은 닉·가장은 자금세탁의 전형적인 행위태양이라고 할 수 있으나, 자금세 탁통제법은 이를 행위유형이 아닌 목적으로 규정하고 있는 점에서 특색 이 있다.

그리고 전제범죄는 조직범죄법(RICO법)[127] 위반을 비롯하여 제1956조 (c)(7)항에서 구체적으로 규정하는 특정범죄로서, 자금의 출처가 그 중 어느 하나의 범죄이기만 하면 자금세탁범죄를 구성하게 된다.[128]

위와 같은 구성요소 외에 자금세탁의 개념과 관련하여 핵심적인 부 분은 거래 행위와 목적물이라고 할 수 있다. 즉 무엇을 대상 내지 수단 으로 하여 어떤 행위를 하여야 자금세탁에 해당하게 되는지를 명확히 검토할 필요가 있다. 이를 자금세탁의 유형별로 살펴보면 다음과 같다.

가) 거래형 자금세탁(Transaction ML)

자금세탁통제법 제1956조 (a)(1) 소정의 거래형 자금세탁은 '금융거래 (financial transaction)'를 요건으로 하는데, 자금세탁통제법은 금융거래를 "전신 그 밖의 다른 수단에 의한 자금의 이동과 관련되거나, 하나 이상 의 화폐수단과 관련되거나, 부동산·자동차·선박·항공기의 소유권이전과 관련된 거래 또는 금융기관의 이용과 관련된 거래"로 정의하고 있다.[129]

위 금융거래의 하위 요소인 '거래(transaction)'는 "매매, 대출, 담보, 증 여, 이전, 배송 그 밖의 처분 또는 금융기관과 관련해서는 이를 상대로 하거나 경유하는 예금, 인출, 계좌 간 이체, 환전, 대출, 신용연장, 주식· 채권·예금증서 또는 그 밖의 화폐수단의 매매, 대여금고의 이용, 지급결 제, 배송"을 의미한다.[130] 그리고 '화폐수단(monetary instrument)'은 "미국

---

127) 정식 명칭은 Racketeer Influenced and Corrupt Organizations Act로서 해당 조문은 18 U.S.C. §§ 1961-1968에 규정되어 있다.

128) U.S. v. Stavroulakis, 952 F.2d 686 (2d Cir. 1992).

129) 18 U.S.C. § 1956(c)(4).

130) 18 U.S.C. § 1956(c)(3).

또는 그 밖의 국가에서 발행한 주화 또는 통화, 여행자수표, 개인수표, 은행수표, 우편환, 무기명이나 인도에 의하여 소유권이 이전되는 투자증권 및 양도성상품"을 말한다.[131] '금융기관'은 앞에서 살펴본 바와 같은 은행비밀법상 예방적 규제의 대상인 금융기관을 의미한다.[132]

그리고 위와 같은 금융거래의 발단이 되는 '범죄수익'은 "범죄행위로 얻은 총수입을 포함하여 직간접적으로 범죄행위로부터 유래하거나 이를 통해 획득·보유한 일체의 재산"으로서,[133] 그 형태나 범위에 특별한 제한이 없다. 따라서 범죄수익은 현금이나 그 등가물에 한정되지 않고 그 밖의 경제적 가치를 가진 재산 일체를 의미한다고 설명되며,[134] 연방법원도 같은 입장을 취하고 있다.[135]

이상과 같이 거래형 자금세탁은 금융거래를 요건으로 하고 있지만, 이는 금융기관과의 거래를 필수적인 요소로 하고 있지 않을 뿐 아니라 단순한 자금의 이동이나 부동산 등의 소유권이전 등 금융시스템의 이용과는 무관한 거래까지 포괄한다는 점에서 본래적 의미의 금융거래보다는 훨씬 광범위하다고 할 수 있다. 나아가 위와 같은 금융거래는 화폐수단이나 자금 또는 부동산 등과 관련되기만 하면 성립할 수 있다는 점에서, 자금세탁의 목적물은 거래의 쌍방향 즉 범죄수익 뿐 아니라 그와 교환 등 거래의 대상이 되는 매개체 내지 수단의 측면에서도 그 범위가 크게 확장될 수 있는 것으로 보인다.

---

131) 18 U.S.C. § 1956(c)(5).

132) 18 U.S.C. § 1956(c)(6) 및 31 U.S.C. § 5312(a)(2).

133) 18 U.S.C. § 1956(c)(9).

134) William G. Phelps, "Validity, construction, and application of 18 U.S.C.A. § 1956, which criminalizes money laundering", American Law Reports Federal, vol. 121 (2022), p.42.

135) U.S. v. Werber, 787 F.Supp. 353 (S.D.N.Y. 1992). U.S. ex. rel. Barajas v. U.S., 258 F.3d 1004 (9th Cir. 2001). U.S. v. Estacio, 64 F.3d 477 (9th Cir. 1995).

나) 운송형 자금세탁(Transportation ML)

자금세탁통제법 제1956조 (a)(2) 소정의 운송형 자금세탁은 거래형 자금세탁과 달리 금융거래를 요건으로 하지 않으며, 화폐수단 또는 자금의 국가 간 운송·전송·이체가 있으면 성립할 수 있다.

화폐수단의 개념은 거래형 자금세탁과 동일하며, 자금(fund) 및 운송·전송·이체의 개념은 법률에서 별도로 정의하고 있지 않으므로,[136] 적어도 문언상으로는 어떤 형태의 범죄수익이든 이를 옮기는 행위가 있게 되면 그 방식 여하를 묻지 않고 운송형 자금세탁이 성립할 여지가 있다. 다만, 운송형 자금세탁은 국가 간 이동을 요건으로 한다는 점에서 그와 같은 요건을 필요로 하지 않는 거래형 자금세탁과 구분된다.

다. 자금세탁의 정의에 관한 이론적 논의

1) 거래형 자금세탁에서의 '금융거래'의 해석

자금세탁통제법에서 정의하는 거래형 자금세탁에서의 금융거래는 앞에서 본 바와 같이 ① 자금의 이동, ② 화폐수단과 관련한 거래, ③ 부동산·운송수단의 소유권 이전, ④ 금융기관을 이용한 거래 등 4가지 유형으로 분류되며, 본래적 의미의 금융거래와는 차별되는 매우 광범위한 개념이다.

따라서 이는 범죄수익 또는 그로부터 유래된 불법재산을 단순히 수령하거나 이동하는 행위는 물론 마약구입대금의 지급과 같이 범죄 자체와 관련된 거래에서 그 대가를 지급하는 행위에도 적용될 수 있다고 한다.[137] 그러나 이에 대해서는 금융거래의 정의에서 금융기관과 관련된 거래 외의 거래는 '매매, 대출, 담보, 증여, 이전, 운반 그 밖의 처분'으로서 모두 '처분(disposition)'을 전제하므로 범죄수익을 처분하는 행위가 없

---

136) Schuck & Unterlack(주 17) p.885, fn.29.
137) Chang & Herscowitz(주 116), pp.511-512.

이 단순히 범죄수익을 운반하거나 수령하는 행위는 거래형 자금세탁에서의 금융거래에 해당하지 않는다는 반론이 있다.[138]

자금세탁통제법 제1956조의 입법 과정을 보면 의회는 불법재산을 이전 또는 운반하는 모든 행위를 자금세탁으로 규율하고자 하는 의도는 아니었던 것으로 보이지만, 법원은 금융거래의 개념을 넓게 해석함으로써 매우 다양한 거래를 자금세탁으로 포섭하고 있다.[139]

특히 거래형 자금세탁에서의 금융거래는 금융기관과의 거래에 한정되지 않으므로 두 당사자 사이에서 일어나는 금전의 교환도 자금세탁에 해당할 수 있는 것이라고 한다.[140] 다만, 자금세탁통제법은 금융거래의 정의에서 자금의 이동 또는 화폐수단과 부동산 등 소유권이전 및 금융기관의 이용과 관련된 거래가 어떠한 방식과 수준이든 주간 또는 해외 상거래(interstate or foreign commerce)에 영향을 미칠 것을 요구하므로,[141] 이와 같은 요건에 의하여 금융거래의 범위는 제한된다.[142]

2) 운송형 자금세탁에서의 '운송 등'의 해석

운송형 자금세탁은 금융거래를 요건으로 하지 않고 객관적 행위요소

---

138) Alexander Egbert & Lizet Steele, "Money Laundering", American Criminal Law Review, vol. 53, no. 4 (2016), pp.1539-1540. U.S. v. Puig-Infante, 19 F.3d 929 (5th Cir. 1994).

139) Egbert & Steele(주 138), p.1539. U.S. v. Gotti, 459 F.3d 296 (2d Cir. 2006). U.S. v. Hall, 434 F.3d 42 (1st Cir. 2006).

140) Daniel H. April & Angelo M. Grasso, "Money Laundering", American Criminal Law Review, vol. 38, no. 3 (2001), p.1066. Emily Wood, "Money Laundering", American Criminal Law Review, vol. 58, no. 3 (2021), p.1238. Kevin Scura, "Money Laundering", American Criminal Law Review, vol. 50, no. 4 (2013), p.1288. Egbert & Steele(주 138), p.1539.

141) 18 U.S.C. § 1956(c)(4).

142) G. Richard Strafer, "Money Laundering: The Crime of the '90s", American Criminal Law Review, vol. 27, no. 1 (1989), p.195. U.S. v. Mattson, 671 F.2d 1020 (7th Cir. 1982).

가 '운송·전송·이체'로 구성되어 있는데, 이에 대해서는 법률상 명시적인 정의가 없으므로 그 해석이 중요하다고 할 수 있다.

1986년 자금세탁통제법 제정 당시에는 운송형 자금세탁의 행위요소가 '운송(transport)'에 한정되었으나 1988년 개정으로 '전송(transmit)' 및 '이체(transfer)'가 추가되면서 거래형 자금세탁 행위태양과의 중복 문제가 발생하게 되었다.[143]

위 개정 이전에는 자금세탁의 방식이 금융거래인 경우에는 거래형 자금세탁, 화폐수단의 운송인 경우에는 운송형 자금세탁 규정이 배타적으로 적용된다고 할 수 있었고,[144] 법원은 운송형 자금세탁에서의 '운송'을 통상적인 사전적 의미로서의 물리적인 이동으로 해석하고 있었다.[145]

이러한 법원의 입장에 따르면 운송형 자금세탁의 목적물이 '화폐수단 또는 자금'으로 규정되어 있음에도 '자금'의 물리적인 이동은 불가능하므로 그 목적물은 화폐수단으로 한정되고, 따라서 전신송금(wire transfer)은 운송형 자금세탁을 구성할 수 없게 된다.

그러나 자금세탁통제법 개정으로 운송형 자금세탁의 행위태양에 전송과 이체가 추가됨에 따라 전신송금도 운송형 자금세탁으로 포섭할 수 있게 되었으므로, 적어도 전신송금에 관한 한 거래형 자금세탁과의 명확한 구분은 사라졌다고 할 수 있다.[146]

3) '화폐수단' 및 '자금'의 해석

자금세탁의 2가지 유형은 모두 화폐수단(monetary instrument) 또는 자금(fund)을 그 구성요소로 하고 있는데, 이는 거래형 자금세탁에서는 금융거래의 일환인 화폐수단과 관련된 거래 또는 자금의 이동과 결부되고,

---

143) G. Richard Strafer(주 142), p.163.
144) G. Richard Strafer(주 142), pp.163-164, fn.86.
145) H.J. Inc. v. Northwestern Bell Tel. Co., 109 S. Ct. 2893 (1989).
146) U.S. v. Piervinanzi, 23 F.3d 670 (2d Cir. 1994). G. Richard Strafer(주 142), pp.163-164, fn.86.

운송형 자금세탁에서는 운송·전송·이체 행위의 목적물이 된다.

먼저 '화폐수단'의 의미에 관해서는 자금세탁통제법에서 명확히 법정통화 및 각종 수표와 투자증권을 비롯한 무기명 또는 양도성 상품이라고 정의하고 있으므로 위와 같은 유형물에 한정된다. 따라서 범죄수익인 현금 자체를 이동시키는 것이 아니라 전자적 방법으로 그 가치를 이전하는 전신송금은 화폐수단의 이동이 아니므로 운송형 자금세탁에서의 화폐수단의 운송에는 해당하지 않는다고 설명된다.[147] 다만, 범죄수익인 현금을 카지노 칩으로 교환하는 것은 화폐수단인 통화와 관련된 거래이므로 거래형 자금세탁에서의 금융거래에 해당한다.[148]

반면, '자금'의 의미에 관해서는 명확한 정의가 없고 학계에서도 이에 대한 실질적인 논의는 찾기 어려우나, 화폐수단보다는 넓은 개념으로서 은행예금을 비롯하여 재산적 가치를 가지는 일체의 유·무형물이라는 의미로 사용되는 것으로 보인다.

금융기관을 이용하는 거래는 그 자체로 거래형 자금세탁에서의 금융거래에 해당할 뿐 아니라 운송형 자금세탁의 전송·이체 개념에 포섭될 수 있다. 따라서 자금의 개념은 금융기관을 이용하지 않는 거래, 특히 가상자산을 DeFi나 DEX 등을 이용한 개인 간 거래(P2P)를 통해 거래하는 행위를 자금세탁으로 볼 수 있는지 여부와 관련하여 논의의 실익이 있다.

가상자산은 화폐수단은 아니지만 자금에 해당하므로 위와 같이 금융기관을 이용하지 않는 가상자산 거래를 이용하여 범죄수익을 은닉하거나 그 출처 등을 가장하는 행위도 금융거래로서 거래형 자금세탁에 해당할 수 있다고 설명된다.[149] 그러나 이에 대해서는 가상자산의 특성을 고려할 때 위와 같이 해석하는 것은 부적절하며, 가상자산을 자금세탁에

---

147) G. Richard Strafer(주 142), pp.163-164, fn.86.

148) April & Grasso(주 140), p.1067. U.S. v. Manarite, 44 F.3d 1407 (9th Cir. 1995).

149) Michael Bednarczyk, "Money Laundering", American Criminal Law Review, vol. 59, no. 3 (2022), p.1143. Sykes & Vanatko(주 30), pp.6-9. U.S. v. Ulbricht, 31 F.Supp.3d 540 (S.D.N.Y. 2014).

서의 자금의 개념에 포함시키기 위해서는 자금세탁통제법을 개정해야 한다는 취지의 견해가 있다.[150]

라. 연방법원 판례

1) 금융거래성의 존부

연방법원은 앞에서 언급한 바와 같이 거래형 자금세탁에서의 금융거래 개념을 폭넓게 해석하여 매우 다양한 형태의 거래 내지 행위를 금융거래로 포섭하고 있다. 다만, 대체로 범죄수익을 운반하거나 수령하는 행위와 관련해서는 처분행위가 있을 것을 요구하는 한편, 일상적인 거래에 대해서는 금융거래성을 부정하는 등 일정한 제한을 두고 있다. 이하에서 금융거래의 해석과 관련된 주요 판결을 살펴본다.

가) U.S. v. Blackman

U.S. v. Blackman 사건[151]은 자금세탁통제법 제정 이후 연방법원이 최초로 금융거래의 개념에 대한 해석을 제시하고, 자금세탁 혐의에 대하여 유죄를 인정한 사건이다.

이 사건에서 피고인 Blackman은 코카인이 담겨 있는 가방을 들고 택시로 이동하던 중 피고인이 코카인을 운반할 계획이라는 정보를 입수한 경찰에 체포되었고, 위 택시와 피고인의 주거지에 대한 압수수색 결과 시가 100만 달러를 넘는 코카인이 발견되었다. 또한 피고인은 Western Union Bank를 통해 코카인 판매수익을 피고인이 관리하는 차명계좌로 송금하였고, 자동차판매상과 사이에 피고인이 차명으로 보유하는 픽업트럭을 담보 설정 후 역시 피고인이 사용하는 다른 명의로 이전하는 것에 합의하고 관련 서류 작성 대가로 4,000달러를 지급한 사실이 확인되

---

150) Kevin V. Tu & Michael W. Meredith, "Rethinking Virtual Currency Regulation in the Bitcoin Age", Washington Law Review, vol. 90, no. 1 (2015), pp.327-328.
151) 904 F.2d 1250 (8th Cir. 1990).

었다. 이에 피고인은 마약 소지 및 자금세탁 혐의로 기소되었다.

피고인은 위 차량의 소유권 이전은 자금세탁통제법 제1956조(a)(1)이 규정하는 금융거래에 해당하지 않는다고 주장하였으나, 연방법원은 아래와 같이 판시하면서 피고인의 주장을 배척하였다.

"위 조항이 정의하는 금융거래의 개념은 매우 넓은 것으로서 화폐수단과 관련되는 한 어떤 종류의 재산이라도 이를 구입, 판매 또는 처분하는 행위는 금융거래에 해당하며, 따라서 예컨대 은행에 예금한 후 그 돈을 주택 구입을 위해 인출하여 사용할 경우 2개의 금융거래가 성립한다. 이 사건에서 피고인은 자동차판매상과 사이에 차량 소유권 이전을 위한 거래를 하면서 이를 실행하기 위해 돈을 지급하였으며, 이는 의회가 범죄화하고자 한 행위 유형과 정확히 일치한다."

위 연방법원 판결은 화폐수단과 관련된 금융거래의 개념을 명확히 정립하는 한편, 금융기관을 통하지 않은 개인 간 거래에 대하여 거래형 자금세탁에서의 금융거래성을 인정하였다는 점에서 중요한 의미가 있다고 할 수 있다.

위 판결 이후 같은 취지로 U.S. v. Meshack 사건[152]에서는 향후 마약거래를 위해 이용할 의도로 마약판매수익을 픽업트럭 구입과 아파트의 임차에 사용한 행위는 금융거래에 해당한다고 판시하였다. 또한 U.S. v. Davis 사건[153]에서는 피고인이 불법도박으로 인한 채무변제에 갈음하여 은행대출을 받아 피고인 명의로 자동차를 구입한 후 이를 채권자로 하여금 사용하게 한 행위에 대하여 금융거래성을 인정하였다. U.S. v. Henry 사건[154]에서도 범죄수익인 현금을 자기앞수표로 교환한 후 그 수

152) 225 F.3d 556 (5th Cir. 2000).
153) 205 F.3d 1335 (4th Cir. 2000).
154) 325 F.3d 93 (2d Cir. 2003).

표로 자동차를 구입한 행위는 2개의 금융거래에 해당한다고 판시하였다. 특히 U.S. v. Werber 사건[155]에서는 피고인이 위조된 자기앞수표로 자동차를 구입한 후 이를 다시 매도한 행위와 관련하여 위 거래로 인해 자동차 매수인의 자금이 피고인에게 이전되었으므로 이는 금융거래에 해당한다고 설명하고 있다.

나) U.S. v. Gotti

U.S. v. Gotti 사건[156]에서는 범죄수익인 현금을 다른 사람에게 전달 내지 교부한 행위가 거래형 자금세탁에서의 금융거래에 해당할 수 있는지 여부가 다루어졌다.

이 사건에서 Brooklyn과 Staten Island 지역의 노동조합과 기업들에게 불법적인 영향력을 행사하면서 각종 범죄를 저지른 Gambino Family의 조직원 17명이 RICO법 위반 및 자금세탁 등 68개 혐의로 기소되었다.

피고인들 중 위 Family의 행동대장인 Peter Gotti는 위 Family에서 벌어들인 범죄수익을 헌금(tribute) 형식으로 수령하여 보관하고 있었다. 이에 대하여 연방검찰은 위와 같은 행위는 특정범죄 조장 및 범죄수익 은닉 등 목적의 자금세탁에 해당한다고 주장한 반면, 피고인은 범죄수익을 단순히 전달받았을 뿐 어떤 금융거래를 한 것이 없으므로 자금세탁은 성립하지 않는다고 주장하였다.

연방법원은 단순한 현금의 운반은 금융거래에 해당하지 않지만, 현금을 다른 사람에게 이전하거나 교부하는 행위는 그 자금의 처분을 구성하므로 이는 금융거래에 해당한다고 판시하면서 피고인의 주장을 배척하고 자금세탁 혐의를 인정하였다.

이와 같은 취지로 연방법원은 U.S. v. Reed 사건[157]에서 피고인이 제3자 소유의 범죄수익을 그 제3자의 주거지에서 찾아 피고인의 차량에 넣

---

155) 787 F.Supp. 353 (S.D.N.Y. 1992).
156) 459 F.3d 296 (2d Cir. 2006).
157) 77 F.3d 139 (6th Cir. 1996).

고 운전해 간 행위에 대하여 금융거래성을 인정하였다. 또한 U.S. v. Pitt 사건[158]에서는 임금 기타 비용 지급을 위해 마약판매수익을 남아메리카로 운반한 행위는 금융거래에 해당한다고 판시하였다. U.S. v. Garcia Abrego 사건[159]에서도 자금세탁에서의 금융거래는 돈을 다른 사람에게 넘겨 그가 관리하거나 소유하도록 하는 행위를 포함한다고 판시하면서 마약판매수익을 실은 승합차를 공범에게 교부한 행위에 대하여 금융거래성을 인정하였다.

다만, 범죄수익인 현금의 단순한 운반과 처분을 수반하는 이전·교부의 구분이 언제나 명확한 것은 아니며, 이에 따라 금융거래성의 인정 여부에 대하여 연방법원 판례는 다소 혼란스러운 면이 있다. 이와 관련해서는 아래에서 다시 살펴보기로 한다.

다) U.S. v. Paramo

U.S. v. Paramo 사건[160]에서는 금융기관과 관련된 자금세탁에서의 금융거래 개념에 관하여 다루었다.

이 사건에서 피고인 Paramo는 국세청(IRS) 영업세 심사관 Vega와 공모하여 국세환급수표를 횡령하기로 계획한 후, Vega는 가공의 인물을 수취인으로 한 국세환급수표를 발행하여 이를 뉴욕에 있는 피고인 친구의 주소지로 송부하였다. 피고인은 위 수표를 되찾아 이를 필라델피아 소재 은행 계좌를 보유하고 있던 피고인의 동생에게 교부하였다. 피고인의 동생은 위 수표를 위 계좌에 일시 예치하였다가 20만 4,000달러 상당의 현금으로 인출하였고, 피고인과 공범들은 위 현금을 분배하였다. 이에 연방검찰은 피고인을 우편사기와 횡령 및 자금세탁 등 혐의로 기소하였다.

피고인은 우편사기와 횡령 등 혐의에 대해서는 유죄인정협상에 동의하였으나 자금세탁 혐의는 부인하였다. 피고인은 횡령한 수표가 1장에

158) 193 F.3d 751 (3d Cir. 1999).
159) 141 F.3d 142 (5th Cir. 1998).
160) 998 F.2d 1212 (3d Cir. 1993).

불과하고 범죄 목적은 공과금 기타 비용을 납부하기 위한 것으로서 특정범죄의 추가 실행 등 이를 조장 또는 용이하게 하기 위한 것이 아니었을 뿐 아니라, 은행에서의 수표 교환은 단순히 범죄수익을 얻기 위한 과정이었을 뿐 거래형 자금세탁에서의 금융거래에 해당하지 않는다고 주장하였다.

그러나 연방법원은 자금세탁 요건인 목적과 관련해서는 횡령한 수표를 현금화하는 것은 이미 공모 당시에 계획되어 있던 것으로서 이로써 우편사기를 용이하게 한 것이므로 특정범죄를 조장 또는 용이하게 하기 위한 목적이 인정되고, 나아가 은행에서 수표를 현금화한 행위는 금융거래에 해당한다고 판시하면서 피고인의 주장을 배척하였다.

위 판결은 화폐수단인 수표를 현금으로 교환하는 행위 자체를 거래형 자금세탁에서의 금융거래로 파악한 것으로, 이와 같은 취지에서 연방법원은 U.S. v. Valuck 사건161)에서 사기범죄의 수익인 자기앞수표를 은행에서 현금화한 행위를 금융거래로 인정하였다. 또한 연방법원은 U.S. v. Baker 사건162), U.S. v. Jolivet 사건,163) U.S. v. Haun 사건,164) U.S. Reynolds 사건165) 등에서 범죄수익을 은행에 예금한 행위 자체를 금융거래로 보았다. 특히 연방법원은 U.S. v. Arditti 사건166)에서 자기앞수표는 명백히 자금세탁의 목적물인 재산이고 이를 송금하는 것은 자금의 이동에 해당하므로 금융거래가 성립한다고 판시하였다.

나아가 U.S. v. Stephenson 사건167) 및 U.S. v. Short 사건168)에서는 피고인이 마약판매수익을 부인이나 친척 명의의 은행 대여금고에 예치하

---

161) 286 F.3d 221 (5th Cir. 2002).
162) 227 F.3d 955 (7th Cir. 2000).
163) 224 F.3d 902 (8th Cir. 2000).
164) 90 F.3d 1096 (6th Cir. 1996).
165) 64 F.3d 292 (7th Cir. 1995).
166) 955 F.2d 331 (5th Cir. 1992).
167) 183 F.3d 110 (2d Cir. 1999).
168) 181 F.3d 620 (5th Cir. 1999).

는 행위에 대해서도 금융거래성이 인정되었다. 또한 U.S. v. Cavalier 사건169)과 U.S. v. France 사건170)에서 연방법원은 허위의 도난보험금 청구서를 보험회사에 제출한 행위와 보석보증금을 우편송부한 행위에 대하여 각각 금융거래가 성립한다고 판시하였다.

라) U.S. v. Jackson

U.S. v. Jackson 사건171)은 수표 발행 행위의 금융거래성 인정 여부에 관하여 다루었다.

이 사건에서 Jackson을 비롯한 피고인 3명은 코카인 50g을 유통시킨 혐의로 기소되었고, 그 중 Davis는 범죄기업을 운영한 혐의172) 및 자금세탁 혐의로도 기소되었다. Davis는 1980년대 중반에 침례교회의 설교자가 된 후 2채의 주택에서 코카인을 제조하여 이를 판매하는 영업을 총괄하면서 그 수익인 현금을 위 주택에 보관하여 왔다. 그 현금 중 일부는 침례교회개발공사 및 침례교회 명의의 계좌에 예치되었고 그 계좌에는 건물철거공사 등 합법적인 사업으로 얻은 수익도 입금되었다. Davis는 위 계좌 예치금을 재원으로 수표를 발행한 후 일부는 현금화하여 개인적인 용도나 교회를 위해 사용하고, 나머지 수표는 휴대전화 서비스를 제공하는 지역 상인들에게 교부하는 등으로 사용한 사실이 확인되었다.

피고인 Davis는 위 계좌에는 합법적 사업수익이 포함되어 있어 자신이 발행한 수표의 재원이 마약판매수익이라고 단정할 수 없을 뿐 아니라, 수표를 현금화한 것이 아닌 수표를 발행하거나 이를 제3자에게 교부한 행위만으로는 자금세탁 요건인 금융거래에 해당하지 않는다고 주장하였다.

이에 대하여 연방법원은 자금세탁통제법에서는 범죄수익과 다른 재

---

169) 17 F.3d 90 (5th Cir. 1994).
170) 164 F.3d 203 (4th Cir. 1998).
171) 935 F2d 832 (7th Cir. 1991).
172) 21 U.S.C. § 848.

산이 혼화되어 있는 경우에도 이를 범죄수익으로 간주하고 있으므로 피고인의 첫 번째 주장은 이유 없고, 나아가 자금세탁에서의 금융거래 개념은 매우 광범위한 것으로 수표를 발행하는 행위는 자금세탁통제법 제1956조 (c)(4)(B) 소정의 화폐수단과 관련된 거래로서 그 수표를 현금화할 목적 뿐 아니라 이를 일정한 서비스를 제공한 상인에게 교부하기 위한 것이라고 하더라도 금융거래에 해당한다고 판시하면서 피고인의 주장을 배척하였다.

앞에서 본 바와 같이 범죄수익을 은행에 예치하는 행위 및 수표를 은행에서 현금화하는 행위는 거래형 자금세탁에서의 금융거래에 해당한다. 그런데 이 사건에서는 금융기관을 이용하는 거래가 아닌 피고인 자신이 수표를 발행한 행위 및 이를 제3자에게 교부한 행위 자체가 금융거래에 해당하는지 여부가 문제된 것이나, 이 역시 금융거래성이 인정되었다.

위 판결과 같은 취지로 연방법원은 U.S. v. Cancelliere 사건[173]에서 은행을 기망하여 대출을 받은 후 이자를 변제하기 위하여 그 대출금을 재원으로 수표를 발행한 행위는 금융거래에 해당한다고 판시하였다. U.S. v. Isabel 사건[174]에서도 코카인 판매상이 마약판매수익의 출처를 임금으로 가장하기 위해 그의 총임금 명목으로 합법적 사업체 운영자에게 마약판매수익인 현금을 교부하고, 위 운영자는 그 현금에서 소득세 등을 공제한 나머지를 재원으로 수표를 발행하여 위 코카인 판매상에게 교부한 사안에서 위와 같은 수표 발행의 금융거래성이 인정되었다.

다만, 연방법원은 특정범죄 조장, 범죄수익 은닉·가장 등 자금세탁의 목적이 없는 자동차 구입, 계좌 간 이체, 수표 발행 등 일상적인 상거래만으로는 이를 금융거래에 해당한다고 볼 수 없다는 입장을 취함으로써 금융거래의 범위를 주관적 요소에 의하여 제한하고 있다.[175]

---

173) 69 F.3d 1116 (1th Cir. 1995).
174) 945 F.2d 1193 (1th Cir. 1991).
175) U.S. v. Dvorak, 617 F.3d 1017 (8th Cir. 2010).

마) U.S. v. Manarite

U.S. v. Manarite 사건176)에서는 카지노칩을 현금으로 교환한 행위가 금융거래에 해당하는지 여부가 검토되었다.

이 사건은 FBI의 함정수사로 진행되었는데, FBI는 피고인들을 대상으로 카지노칩 절취 후 현금화, 카지노에 대한 신용사기 및 보트 절도 등 3가지 범죄와 관련된 함정수사를 계획하였다. 이에 따라 FBI 정보원은 피고인들에게 라스베가스 소재 카지노의 블랙잭 테이블에서 카지노칩을 빼돌리는 딜러가 있는데 그 칩을 현금화해 줄 사람이 필요하다며 범행을 제안하였다. 피고인들은 이에 동의한 후 위 정보원으로부터 받은 17,925달러 상당의 카지노칩을 마치 도박으로 딴 것처럼 가장하면서 위 카지노에서 현금과 교환하였다. 그리고 피고인들은 역시 위 정보원의 제의로 위 카지노를 상대로 허위 신용서류를 작성하여 5,000달러 상당의 신용을 받는 한편, 18,300달러 상당의 카지노칩과 현금 및 보석 3점이 실려 있는 보트(그 카지노칩 등과 보트는 모두 FBI 소유)에 올라 위 카지노칩 등을 빼내던 중 FBI에 체포되었고, 사기, 장물운반·수수 및 자금세탁 등 혐의로 기소되었다.

자금세탁 혐의와 관련하여 피고인들은 단순히 훔쳐왔다는 카지노칩을 받아 현금화한 것일 뿐 범죄수익인 카지노칩의 성질, 출처, 소재나 소유지배관계를 은닉·가장한 바가 없고, 또한 카지노칩을 현금으로 교환한 것은 소비에 해당할 뿐 자금세탁이 아니라고 주장하였다.

이에 대하여 연방법원은 피고인들이 카지노칩을 현금화한 행위는 그 카지노칩이 블랙잭 테이블에서 빼돌려졌다는 사실을 감추기 위한 것으로 자금세탁 목적이 인정되며, 카지노칩을 현금으로 교환하는 행위는 자금세탁의 구성요건인 금융거래에 해당한다고 판시하여 피고인들의 주장을 배척하였다.

---

176) 44 F.3d 1407 (9th Cir. 1995).

위 사건에서 범죄수익은 절취된 카지노칩으로서 이를 법정통화인 현금과 교환하는 행위는 거래형 자금세탁의 금융거래 유형 중 '화폐수단과 관련된 거래'라고 할 수 있고, 위 판결은 이러한 점을 명확히 한 것이라고 할 수 있다. 마찬가지로 범죄수익인 현금을 카지노칩과 교환하는 행위 역시 화폐수단과 관련된 거래로서 금융거래성이 인정될 것이다.

위 판결과 같은 취지로 연방법원은 U.S. v. Febus 사건[177]에서 bolita로 불리는 불법복권을 발매하는 사업의 운영자가 그 사업에서 벌어들인 범죄수익을 재원으로 복권 당첨자에게 당첨금을 지급하는 행위 즉 범죄수익인 현금과 복권을 교환하는 행위 역시 금융거래로 보기 충분하다고 판시하였다.

바) U.S. v. Puig-Infante

U.S. v. Puig-Infante 사건[178]에서는 범죄수익을 운반하는 행위가 거래형 자금세탁에서의 금융거래에 해당하는지 여부를 다루면서 그 기준을 제시하였다.

이 사건에서 피고인 Puig는 멕시코로부터 공급받은 마리화나를 미국 내에서 유통하기로 계획하고, 공급책으로부터 교부받은 마리화나를 플로리다주에 있는 호텔룸에서 2명의 구매자에게 47,000달러에 판매한 후 그 수익인 현금을 피고인의 자동차에 싣고 텍사스주 라레도로 이동하였다. 연방검찰은 피고인을 범죄기업 운영과 마리화나 유통 혐의로 기소하는 동시에, 위와 같이 범죄수익을 자동차로 운반한 행위가 자금세탁에 해당한다고 판단하여 자금세탁 혐의도 기소하였다.

피고인은 자금세탁 혐의에 대하여 자신은 범죄수익을 단순히 옮긴 것일 뿐 금융거래를 한 것이 아니므로 자금세탁에 해당할 수 없으며, 연방검찰은 금융거래의 존재를 입증하지 못하였으므로 위 혐의는 성립할

---

177) 218 F3d 784 (7th Cir. 2000).
178) 19 F.3d 929 (5th Cir. 1994).

수 없다고 주장하였다.

연방법원은 "자금세탁의 요건인 금융거래가 성립하기 위해서는 자금세탁통제법 제1956조 (c)(4)(A)의 정의에 따라 적어도 같은 조 (c)(3)이 규정하는 '거래(transaction)'가 있어야 하고, 이는 매매, 대출, 담보, 증여, 이전, 배송 그 밖의 처분 또는 금융기관과 관련된 어떤 행위를 의미한다. 그런데 법률의 문언상 금융기관과 관련된 경우가 아닌 한 위와 같은 거래는 '처분(disposition)'을 전제로 하는 것으로서, 이때 처분은 '다른 장소에 배치하거나 다른 사람의 관리 또는 소유로 이전하는 것(a placing elsewhere, a giving over to the care or possession of another)'을 의미한다. 따라서 피고인의 행위가 금융기관과 관련되어 있다거나 범죄수익에 대하여 위와 같은 처분이 있었다는 점에 대한 입증이 없이 단순히 자동차로 범죄수익을 운반한 이 사건에서는 금융거래가 인정될 수 없다"고 판시하였다.

위 판결은 거래형 자금세탁에서의 금융거래 개념을 하위요소인 '거래'를 매개로 금융기관과 관련된 행위와 그렇지 않은 행위로 구분하면서, 후자에 대해서는 처분성을 요구하고 그 기준을 명확히 제시하였다는 점에서 의의가 있다.

그 후 연방법원은 위와 같은 취지에서 단순히 범죄수익을 수령하거나 운반하는 행위에 대해서는 금융거래성을 인정할 수 없다는 입장을 취해왔다. 즉 U.S. v. Heaps 사건[179]에서 단순히 이체된 자금을 수령하거나 마약딜러의 주거지에 있는 박스에 현금을 보관하는 행위는 금융거래로 볼 수 없다고 판시하였다. 또한 U.S. v. Oleson 사건,[180] U.S. v. Samour 사건[181]에서도 범죄수익인 현금을 단순히 운반하거나, 자동차 또는 신체에 은닉하여 운반하는 행위에 대하여 금융거래성이 부정되었다.

그러나 이와 같은 연방법원의 태도에 대해서는 처분성의 개념이나

---

179) 39 F.3d 479, 486 (4th Cir. 1994).
180) 44 F.3d 381 (6th Cir. 1995)
181) 9 F.3d 531 (6th Cir. 1993).

그 존부를 인정하는 기준이 모호하여 설득력이 약하다는 비판이 제기된 바 있다.[182] 다만, 연방법원은 범죄수익을 운반하는 경우라고 하더라도 그 성질을 가장 또는 은닉하기 위한 것인 경우에는 금융거래성이 인정될 수 있다고 판시한 경우가 있다.[183] 그리고 연방법원은 대체로 운반을 목적으로 범죄수익을 배달원(courier)에게 교부하는 경우에는 그 행위 자체로 거래의 한 태양인 이전(transfer) 또는 배송(delivery)에 해당하여 금융거래가 성립할 수 있다는 입장을 취하고 있다.[184]

2) 자금의 개념

자금세탁의 목적물이 되는 화폐수단 및 자금의 개념과 관련해서는 앞에서 본 바와 같이 화폐수단은 법률적으로 정의되어 있는 반면, 자금은 명확한 정의가 없고 화폐수단에 대한 보충적 성격을 가지는 것으로 볼 수 있다.

자금의 개념을 어떻게 파악할 것인가는 주로 전신송금과 가상자산 거래에서 문제될 수 있는데, 전신송금과 관련해서는 앞에서 살펴본 바 있으므로 이하에서는 가상자산 거래와 관련된 연방법원 판결을 검토하기로 한다. 아래의 연방법원 판결은 가상자산으로 물품을 거래하는 온라인 마켓플레이스 및 가상자산을 이용한 지급결제시스템과 관련된 것이다.

---

182) Jimmy Gurule, "The Money Laundering Control Act of 1986: Creating a New Federal Offense or Merely Affording Federal Prosecutors an Alternative Means of Punishing Specified Unlawful Activity?", American Criminal Law Review, vol. 32, no. 3 (1995), pp.835-836.

183) U.S. v. Dimeck, 24 F.3d 1239 (10th Cir. 1994).

184) U.S. v. Silva, 356 Fed.Appx. 740 (5th Cir. 2009). U.S. v. Garcia Abrego, 141 F.3d 142 (5th Cir. 1998). U.S. v. Gough, 152 F.3d 1172 (9th Cir. 1998). U.S. v. Reed, 77 F.3d 139 (6th Cir. 1996). April & Grasso(주 140), pp.1067-1068. Egbert & Steele (주 138), p.1540.

가) U.S. v. Ulbricht

U.S. v. Ulbricht 사건[185]에서는 마약 등 각종 불법 물품을 구입하면서 그 대금을 가상자산인 비트코인으로 결제할 수 있도록 설계된 온라인 마켓플레이스에서의 물품 구입 및 비트코인 결제가 거래형 자금세탁의 요건인 금융거래에 해당할 수 있는지 여부가 문제되었다.

이 사건에서 온라인 마켓플레이스인 Silk Road 사이트는 이를 통해 불특정 다수의 이용자가 마약과 악성 소프트웨어를 비롯한 불법적인 물품과 서비스를 구매하고 그 대금을 비트코인으로 결제할 수 있도록 하였고, 연방검찰은 위 사이트 개발자를 자금세탁 공모 혐의로 기소하였다.

피고인은 비트코인은 자금세탁통제법 제1956조가 규정하는 화폐수단이 아니므로 Silk Road 사이트에서 이루어지는 거래에 수반한 결제는 금융거래가 될 수 없다고 주장하였다.

그러나 연방법원은 "자금세탁통제법에서의 금융거래는 화폐수단과 관련된 거래 뿐 아니라 자금의 이동(transfer of funds)을 포함하는데, 이때의 자금은 '물품을 구매할 수 있는 수단(an object used to buy things)'을 의미하고 비트코인은 물품 구매에 사용될 수 있으므로, 이 사건과 같은 비트코인 거래는 금융거래에 해당한다"고 판단하면서 피고인의 주장을 배척하였다.

위 판결은 자금세탁통제법이 규정하는 '자금'의 의미를 제시하면서 비트코인과 같은 가상자산도 이에 해당한다는 점을 명확히 한 데 의의가 있다고 할 수 있다.

이와 같은 취지로 U.S. v. Decker 사건[186]에서는 피고인이 마약판매수익의 출처를 은닉하기 위해 다크웹(dark web)을 통해 익명으로 마약을 판매하면서 그 대금을 비트코인으로 받은 후 그 비트코인을 다시 익명으로 법정통화와 교환한 사실이 적발되어 자금세탁으로 기소되었는데,

---

185) 31 F. Supp.3d 540 (S.D.N.Y. 2014).
186) 832 Fed.Appx. 639 (11th Cir. 2020).

연방법원은 위 거래에서 자금의 이동이 있었으므로 금융거래가 인정된
다고 판시하였다. 특히 위 사건에서 연방법원은 다크웹을 이용한 개인
간 P2P 교환거래의 자금세탁 위험성을 지적하였다.

　나) U.S. v. E-Gold, Ltd.

　U.S. v. E-Gold, Ltd. 사건[187]에서는 불법거래와 범죄수익의 세탁을 용
이하게 하기 위한 목적으로 설계된 가상자산 지급결제시스템 상의 거래
가 등록을 요하는 송금업(money transmitting business)에 해당하는지 여부
가 쟁점이 되었는데, 이는 자금의 개념과 관련된 것이다.

　이 사건에서 연방검찰은 E-Gold라는 가상자산 지급결제시스템이 실
물 금과 가치가 연동되도록 설계된 가상자산에 의한 지급결제를 통해
신용카드사기, 보이스피싱, 투자사기 및 아동착취 등 각종 범죄 및 그로
인해 얻은 범죄수익의 세탁을 용이하게 하였을 뿐 아니라, 등록하지 않
고 송금업을 영위한 것으로 판단하였다. 이에 위 지급결제시스템의 개발
자와 운영자는 무등록 송금업 및 자금세탁 혐의로 기소되었다.

　피고인들은 등록을 요하는 송금업은 현금거래를 수행하는 사업자로
한정되므로 위 가상자산 지급결제시스템의 운영과 관련해서는 등록의무
가 없다고 주장하였다. 그러나 연방법원은 "18 U.S.C. § 1960이 규정하는
송금(money transmitting)은 불특정다수를 위한 자금의 이전으로 정의되
며, 그 대상은 현금에 한정되지 않고 가상자산을 이용한 지급결제도 자
금의 이전에 포함되므로, 이와 같은 행위를 영업으로 하는 위 가상자산
지급결제시스템은 송금업에 해당한다"고 판시하면서 피고인들의 주장을
배척하였다.

　위 판결은 자금세탁의 요건인 금융거래성에 대하여 직접적으로 판단
하지는 않았으나, 가상자산이 자금(funds)에 해당한다는 점을 다시 한 번
명확히 함으로써 가상자산을 이용한 거래가 거래형 자금세탁에 해당할

---

187) 550 F.Supp.2d 82 (D.D.C. 2008).

수 있다는 점을 확인한 데 의의가 있다고 할 수 있다. 한편, 앞에서 본 바와 같이 위 판결 이후 2013년 제정된 FinCEN 지침에 의하여 가상자산 사업자는 등록 및 자금세탁방지 의무를 부담한다.

다) U.S. v. Budovsky

U.S. v. Budovsky 사건[188]에서도 위에서 본 U.S. v. E-Gold, Ltd 사건과 마찬가지로 연방검찰은 불법거래를 용이하게 하는 가상자산 지급결제시스템의 설립자 등을 무등록 송금업 및 자금세탁 혐의로 기소하였다.

이 사건에서 Liberty Reserve라는 가상자산 지급결제시스템은 이용자들이 가명 계좌를 개설할 수 있도록 하는 한편, 추가 수수료를 내면 그 계좌의 번호도 노출되지 않도록 하는 서비스를 제공하였다. 이를 통해 이용자들은 신원도용, 신용카드사기, 컴퓨터해킹, 아동음란물과 마약 거래 등 각종 범죄를 저지르면서 그 수익으로 가상자산을 취득한 사실이 확인되었다.

피고인들은 가상자산은 18 U.S.C. § 1960 및 자금세탁통제법이 규정하는 자금(funds)에 해당하지 않는다고 주장하였으나, 연방법원은 "가상자산은 일반적인 통화로 쉽게 구입할 수 있을 뿐 아니라 가치의 수단으로서의 역할을 할 수 있으며 금융거래를 할 때에도 사용될 수 있으므로 자금에 해당한다"고 판시하면서 피고인들의 주장을 배척하였다.

위 판결은 가상자산이 금융거래의 대상인 자금에 해당한다는 연방법원의 일관된 입장을 재확인한 것으로, U.S. v. Faiella 사건[189] 및 U.S. v. Murgio 사건[190]에서도 연방법원은 같은 태도를 취하였다.[191]

---

188) U.S. District Court (S.D.N.Y. 2015), 2015 WL 5602853.
189) 39 F.Supp.3d 544 (S.D.N.Y. 2014).
190) 209 F.Supp. 698 (S.D.N.Y. 2016).
191) William G. Phelps(주 134), p.9, fn.70.

2. 영국

가. 법률상 정의

영국은 범죄수익법(POCA)에서 자금세탁을 정의하고 있으며, 기존의 형사사법법(CJA) 및 마약거래범죄법(DTA) 상 자금세탁 정의는 위 범죄수익법의 규정으로 대체되었다.[192]

1) 범죄수익법 제340조 제11항

범죄수익법은 제340조 제11항에서 자금세탁(money laundering)을 아래와 같이 정의하면서 이를 범죄로 규정하고 있다.

(a) 제327조, 제328조, 제329조가 규정하는 범죄

(b) 위 (a)항의 범죄에 대한 미수, 공모 또는 교사

(c) 위 (a)항의 범죄에 대한 방조, 조언 또는 커미션 수수

(d) 영국에서 실행된다면 위 (a), (b), (c)항의 범죄를 구성하는 행위

위와 같이 자금세탁을 구성하는 행위는 기본적으로 제327조 내지 제329조 소정의 범죄로서 이는 다음과 같이 3가지 유형으로 구분된다.[193]

① 범죄재산의 은닉, 가장, 전환, 이전 또는 국외 반출 (제327조)

② 타인을 위하거나 대리하여 그 정을 알거나 의심하면서 어떤 수단에 의해서든 범죄재산의 취득, 보유, 사용 또는 지배를 용이하게 하는 일을 주선하거나 이에 관여하는 행위 (제328조)

---

192) Paul Marshall, "Risk and Legal Uncertainty under the Proceeds of Crime Act 2002 - the Result of Legislative Oversight", Company Lawyer, vol. 25, no. 12 (2004), p.356.
193) POCA § § 327(1), 328(1), 329(1).

③ 범죄재산의 취득, 사용, 보유 (제329조)

제327조의 '은닉·가장'은 범죄재산의 성질, 출처, 소재, 처분, 이동 또는 소유권이나 이와 관련되는 권리를 은닉하거나 가장하는 행위를 의미한다.[194]

다만, 예금수취기관, 전자금융기관 또는 지급결제기관은 위와 같은 자금세탁에 관여되더라도 그 기관에 개설되어 있는 계좌를 운영하는 경우로서 거래와 관련된 범죄재산의 가치가 £250 미만[195]인 경우에는 형사책임을 부담하지 않는다.[196]

2) 범죄재산의 개념

위에서 본 바와 같이 범죄수익법상 자금세탁의 핵심요소는 '범죄재산(criminal property)'이라고 할 수 있는데, 이는 범죄행위로부터 유래한 이익 또는 그와 같은 이익과 일부라도 직간접적으로 관계된 것을 의미한다.[197] 범죄행위의 주체나 수익자가 누구인지는 범죄재산의 성립과 관계가 없다.[198]

이때 범죄재산을 구성하는 '재산(property)'은 그 소재와 관계없이 ① 금전, ② 부동산·동산 등 상속·양도 가능한 모든 형태의 재산, ③ 소구 가능한 물건 및 그 밖의 무형의 재산을 포함한 일체의 재산으로 규정된다.[199]

위와 같은 범죄재산의 출처가 되는 범죄행위(criminal conduct)는 영국 내에서 발생한 모든 범죄 또는 영국에서 발생했다면 범죄를 구성할 수 있는 모든 행위를 의미한다.[200]

---

194) POCA § 327(3).
195) POCA § 339A(1).
196) POCA §§ 327(2C), 328(5), 329(2C).
197) POCA § 340(3)(a).
198) POCA § 340(4).
199) POCA § 340(9).
200) POCA § 340(2).

나. 자금세탁의 정의에 관한 이론적 논의

자금세탁의 정의에 관하여 미국은 앞에서 본 바와 같이 객관적 요소로서 행위 유형을 금융거래와 운송 등으로 대별하고 화폐수단과 자금을 위 행위의 목적물로 규정하면서, 은닉·가장 등 자금세탁의 태양은 주관적 요소인 목적으로 포섭하고 있다. 반면, 영국은 위와 같은 자금세탁 태양을 목적이 아닌 객관적 요소인 행위로 규정하고 그 목적물은 범죄재산을 기준으로 파악하는 형식을 취하고 있다.

나아가 영국은 미국과 달리 전제범죄에 제한이 없고, 자금세탁의 행위 유형에 범죄재산의 은닉·가장·전환·이전 등 전형적인 방식은 물론 단순한 취득·사용·보유까지 포함됨으로써 범죄재산과 관련된 모든 법률적·사실적 행위를 망라할 수 있다.[201] 뿐만 아니라 자금세탁의 목적물인 범죄재산도 경제적 가치를 가진 일체의 유·무형물로서 그 범위에 제한이 없다. 따라서 영국의 자금세탁 개념은 매우 넓은 것으로 보인다.

이와 같이 영국은 범죄수익법에서 자금세탁을 매우 폭넓게 정의함으로써 FATF 권고사항이나 EU 자금세탁방지지침 등 국제적인 기준보다 한 발 더 나아갔다.[202] 자금세탁 정의의 핵심적 요소는 '범죄재산'과 '범죄행위'인데, 위 법에서 이 2가지 개념을 제한없이 포괄적으로 규정함으로써 자금세탁의 범위가 확대되었다.[203]

범죄수익법이 정의하는 자금세탁은 ① 범죄행위(전제범죄), ② 범죄재산, ③ 범죄재산에 대한 인식, ④ 범죄재산을 취급하는 행위 등 4가지 요소로 구성된다.[204] 그 중 범죄행위는 중대범죄로 한정되지 않고 모든

201) Fred Hobson, "Introduction: Banks and Money Laundering" in William Blair & Richard Brent (ed), Banks and financial crime : The International Law of Tainted Money, Oxford University Press (2008), p.4.
202) Bowman v Fels [2005] EWCA Civ 226.
203) Paul Marshall(주 192), p.357. Robin Booth et al.(주 32), p.17.
204) Robin Booth et al.(주 32), p.54.

범죄 및 영국에서 발생했다면 범죄를 구성할 수 있는 모든 행위를 포괄
한다. 이에 따라 범죄행위의 범위에 관해서는 국내법적인 논의보다는 주
로 해외에서 발생한 전제행위와 관련하여 자금세탁범죄의 성립 여부 및
범죄인인도 등 국제사법공조의 문제로 논의되고 있다.[205]

범죄재산은 상속·양도가 가능한 모든 형태의 재산은 물론 무형 재산
까지 포함되므로 실제 범죄수익 뿐 아니라 명목상 수익이나 경제적 이
익도 포괄하는 것이며, 이와 같이 자금세탁의 대상을 현금 등으로 한정
하지 않음으로써 자금세탁은 모든 형태의 '가치 이전(value transfer)'을 포
섭할 수 있게 되는 것이라고 설명된다.[206] 즉 영국법 하에서는 범죄재산
이 어떤 가치를 표상하고 그 가치가 이전되기만 하면 자금세탁의 기본
적인 요건은 충족된 것으로 이해할 수 있다.

자금세탁의 행위 태양도 광범위하여 금융거래에 한정되지 않고, 범죄
재산의 불법적인 원천을 가장하기 위해 고안된 과정 뿐 아니라 단순히
보유·사용하는 행위를 포함하여 범죄재산을 취급하는 모든 행위를 포괄
한다는 점에서 미국 등 다른 국가나 국제적 기준과는 상당한 차이가 있
으며, 이러한 점에서 영국의 자금세탁방지 체계는 매우 강력한 것이라고
설명된다.[207] 즉 범죄재산에 대한 인식만 있으면 이와 관련된 어떠한 행
위라도 자금세탁에 해당될 가능성이 있는 것이다.

특히 범죄수익법 제329조는 범죄재산의 취득·보유·사용을 자금세탁
으로 규정하면서 범죄재산에 대한 인식 외에는 별도의 주관적 요소를
요구하지 않으므로, 금융기관도 £250 미만의 계좌거래 외에는 언제든지

205) Peter Alldridge, "Money Laundering and Globalization", Journal of Law and Society, vol.
　　35, no. 4 (2008), pp.461-462, Arun Srivastava et al.(주 3), p.217. Paul Marshall, "Part
　　7 of the Proceeds of Crime Act 2002: Double Criminality, Legal Certainty, Proportionality
　　and Trouble Ahead", Journal of Financial Crime, vol. 11, no. 2 (2004), pp.113-120.
206) Elizabeth Baker & Paul Napper, "UK Part I: UK money laundering - typological
　　considerations" in Arun Srivastava, Mark Simpson & Richard Powell (ed), International
　　Guide to Money Laundering Law and Practice, Bloomsbury Professional (2019), p.6.
207) Robin Booth et al.(주 32), p.54. Arun Srivastava et al.(주 3), p.218.

형사책임을 부담하게 될 위험에 노출되어 있다. 책임을 면하기 위한 유일한 방어수단은 범죄재산과 관련되어 있다고 의심되는 거래를 실행하기 전에 당국에 의심거래보고(SAR)를 하고 해당 거래에 대하여 당국의 동의(consent)를 받는 것이다.[208] 이는 금융기관 뿐 아니라 일반 개인이나 기업도 동일하며, 이러한 점에서 영국에서는 모든 개인과 법인이 의심거래보고의무를 부담한다고 할 수 있다.

다만, 자금세탁방지의무를 부담하는 금융기관 등 예방적 규제의 대상에 대해서는 의심거래보고의무 위반에 대한 제재로 형사처벌 규정이 있는 반면,[209] 그 외의 자에 대해서는 위와 같이 의심거래보고 등이 자금세탁 혐의를 피하기 위한 방어수단일 뿐 제재 규정은 없다.[210]

이하에서는 자금세탁의 개념과 관련된 영국 법원의 주요 판결을 살펴본다.

다. 관련 판례

1) R. v Fazal

R. v Fazal 사건[211]에서는 범죄재산의 입출금을 위해 예금계좌를 제공한 행위가 범죄수익법 제327조의 자금세탁에 해당하는지 여부를 다루면서, 예금과 관련하여 자금세탁이 성립하는 근거 및 기준을 제시하였다.

이 사건에서 피고인은 Barclays 은행 Slough 지점에 개설된 피고인 명의의 은행 예금계좌를 B가 사용하도록 허락하였는데, 그 당시 피고인은 B가 위 계좌를 이용하여 범죄를 저지를 지도 모른다는 의심을 하였다.

---

208) POCA §§ 335, 338 및 POCA §§ 327(2), 328(2), 329(2). Robin Booth et al.(주 32), p.22.

209) POCA §§ 330-332.

210) Rudi Fortson, "Money Laundering Offenses Under POCA 2002" in William Blair & Richard Brent (ed), Banks and financial crime : The International Law of Tainted Money, Oxford University Press (2008), p.159.

211) [2009] EWCA Crim 1697; [2010] 1 W.L.R. 694.

B는 인터넷 물품판매사기 행위를 하여 피해자로부터 위 예금계좌로 물품대금을 받아 편취한 후 이를 인출하였고, 피고인은 범죄재산을 전환(conversion)하는 행위에 가담하였다는 이유로 범죄수익법 제327조 (1)(c) 위반으로 기소되었다.

피고인은 자신은 예금계좌를 제공한 것일 뿐 범죄재산을 전환하는데 가담한 사실이 없고 예금계좌의 입출금만으로는 범죄재산의 전환에 해당하지 않는다고 주장하였다. 또한 피고인은 가사 피고인의 행위가 범죄수익법 제328조에서 정하는 '타인을 위하여 범죄재산의 취득 등을 용이하게 하는 형태'의 자금세탁에 해당할 수는 있다고 하더라도 그 혐의로 기소된 바 없으므로 공소사실이 성립할 수 없다고 주장하였다.

이에 대하여 법원은 "은행계좌의 소유자는 자금을 예치, 수령, 보유 또는 인출할 수 있고 그 각각의 행위는 자금의 '전환'에 해당하며, 따라서 범죄 발생을 인식한 피고인의 협조 하에 이 사건 범죄수익이 피고인의 계좌에 예치, 보유된 후 인출된 이상 범죄재산의 전환은 완성되었다. 또한 이와 같은 피고인의 행위는 범죄수익법 제328조에도 해당할 수 있다"고 판시하면서 피고인의 주장을 배척하였다.

특히 법원은 "은행계좌에 현금이 입금되면 여러 단계에서 돈의 성격이 변화할 수 있는 것으로, 입금된 현금은 은행의 소유자금이자 입금자에 대한 은행의 채무로 그 성격이 변경되고, 이체는 수령은행의 소유자금 겸 이체받는 자에 대한 은행의 채무로 변화하는 것이며, 현금으로 인출될 경우에도 위와 같은 자금의 성격이 변경되는 것이므로 은행계좌를 통하는 범죄재산은 전환되는 것이다"라며 범죄재산이 은행계좌와 관련될 경우 전환에 의한 자금세탁이 성립하는 이유를 설명하였다.

위 판결은 범죄재산인 현금이 은행계좌에 입금되는 시점에 자금세탁이 성립할 수 있다는 점과 그 근거를 제시한 데 의의가 있다고 할 수 있다. 이러한 논리에 따르면 범죄재산이 금융시스템에 진입하는 순간 추가적인 세탁 행위가 없더라도 자금세탁이 완성되는 것이므로 자금세탁의 범위는 매우 확장될 것이다.

앞에서 본 바와 같이 미국 연방법원도 범죄수익을 예금한 행위 자체를 자금세탁으로 인정하면서 그 근거로 자금세탁통제법상 거래형 자금세탁의 요건인 '금융거래성'을 제시하였는데, 영국 범죄수익법은 위와 같은 요건을 규정하지 않았으므로 법원은 은행계좌에 입금된 자금의 법적인 성격을 자금세탁의 근거로 제시한 것으로 보인다.

2) R. v K (I)

R. v K (I) 사건[212]은 범죄수익법 제328조의 자금세탁 혐의로 기소된 사안으로서 자금세탁의 목적물이 범죄재산에 해당하는지 여부가 쟁점이 되었는데, 송금 행위가 자금세탁에 해당하는지 여부도 판단하였다.

이 사건에서 KME라는 상호의 송금업체 대표와 그 아들인 피고인들은 합법적인 식료품 사업을 하는 MR로부터 과일박스에 담긴 £200,000의 현금을 파키스탄에 송금해 줄 것을 요청받고 이를 수락한 후 위 현금을 MR이 지정하는 파키스탄 은행 계좌로 송금해 주었다. 그런데 위 현금은 MR이 세무관서에 소득신고를 누락하고 빼돌린 자금이라는 사실이 확인되었고, 피고인들은 MR의 범죄재산 보유·사용·지배를 용이하게 하는 계약을 체결하거나 이에 관여하였다는 이유로 범죄수익법 제328조 위반으로 기소되었다.

1심 법원은 위와 같이 해외 송금된 자금은 합법적인 사업으로 발생한 소득이므로, 비록 그 부분에 대하여 조세포탈이 이루어졌다고 하더라도 이를 범죄재산으로는 볼 수 없으며 그 외에 범죄재산으로 볼 만한 다른 출처가 입증되지 않았다는 이유로 피고인들의 자금세탁 혐의에 대하여 무죄를 선고하였다.

그러나 항소법원은 조세포탈은 세무관서를 기망함으로써 포탈된 세액만큼의 금전적 이익을 얻는 행위이므로 포탈세액 상당의 자금은 범죄

---

212) [2007] EWCA Crim 491; [2007] 2 Cr. App. R. 10.

재산으로 볼 수 있고, 피고인들은 이와 같은 범죄재산의 보유·사용·지배를 용이하게 하였으므로 자금세탁의 형사책임을 부담한다고 판시하면서 1심 판결을 파기하였다.

위 판결은 범죄재산의 개념을 매우 넓게 파악하는 동시에, 송금 행위가 자금세탁에 해당할 수 있다는 점을 명확히 하였다는 데에 의의가 있다고 할 수 있다.

3) Bowman v Fels

Bowman v Fels 사건[213]은 변호사의 소송업무와 관련하여 범죄수익법 제328조의 자금세탁 혐의가 적용될 수 있는지 여부를 다루었다.

이 사건에서 원고인 Bowman은 남편인 피고인 Fels와의 이혼에 따른 재산분할 소송에서 피고 명의의 주택에 대한 지분을 요구하였는데, 그 과정에서 원고 측 변호사는 피고가 사업용 계좌를 통해 위 주택의 공사비용을 허위 계상한 것으로 의심하고 범죄정보국(NCIS)에 의심거래보고를 한 후 위 소송 업무를 중단하였다. 위 의심거래보고는 재판기일 3일 전에 이루어진 관계로 원고 측 변호사는 법원에 이유에 대한 설명 없이 기일 연기를 요청하였으나 피고 측 변호사의 이의로 기각되었다. 그 후 NCIS는 원고 측 변호사의 거래 진행에 동의하였고, 위 소송은 당사자 간 합의로 종결되었다.

그럼에도 항소법원은 변호사의 소송업무와 자금세탁의 관계라는 이슈의 중요성을 고려하여 사건을 진행하였다. 쟁점은 합의 절차를 포함한 변호사의 소송업무에 대하여 범죄수익법 제328조가 적용될 수 있는지 여부 및 위 조항이 변호사의 비밀유지의무보다 우위에 있는지 여부였다.

위 쟁점에 대하여 항소법원은 "입법자의 의도가 법률전문직이 수행하는 통상의 소송활동 일체에 대해서 범죄수익법 제328조를 적용하겠다는 것으로 볼 수는 없으며, 가사 위 조항이 적용되는 경우가 있다고 하

---

213) [2005] EWCA Civ 226; [2005] 1 W.L.R. 3083.

더라도 이는 소송 상대방이 제출한 서류를 통해 얻은 정보를 공개하지 않아야 할 변호사의 묵시적인 비밀유지의무보다 우선될 수는 없는 것"이라고 판시하였다.

위 사건은 범죄수익법 제328조가 규정하는 자금세탁 유형인 '범죄재산의 취득·보유·사용·지배를 용이하게 하는 행위의 주선에 관여'라는 개념의 불명확성에서 비롯된 것이다. 위 판결은 변호사의 통상적인 소송업무에는 위 조항의 적용을 배제하고 비밀유지의무와의 충돌 문제에 관한 기준을 제시하였다는 데에 의의가 있다고 할 수 있다.

앞에서 본 바와 같이 영국에서 변호사는 자금세탁방지의무를 부담하는 예방적 규제 대상이나, 위 판결에 따라 적어도 소송업무에 관해서는 위와 같은 부담을 면하게 된 것으로, 위 판결을 적극 환영하면서 중재업무에 대해서도 위 판결의 입장이 관철되어야 한다는 주장이 있다.[214]

4) R. v Griffiths (Philip)

R. v Griffiths (Philip) 사건[215]은 범죄재산과 관련된 계약체결 행위에 대하여 범죄수익법 제328조 및 제329조, 그 계약을 주선한 변호사에 대하여 위 법 제330조(의심거래보고의무 위반)가 적용된 사안이다.

이 사건에서 마약상인 Davis는 마약판매수익으로 구입한 주택에 대한 몰수를 피하기 위해 피고인 Griffiths에게 시가 £150,000 상당의 주택을 그보다 현저히 낮은 가격인 £83,000에 매도하되 Davis 명의로 £43,000의 근저당을 설정하는 계약을 제안하였다. 위 피고인은 이를 수락하였으며 피고인 Pattison은 위 주택 매매계약을 주선하였다.

이에 따라 피고인 Griffiths는 Davis가 범죄재산을 보유·지배하는 것을 용이하게 하는 계약을 체결하고 범죄재산을 취득하는 자금세탁 행위를 하였다는 이유로 범죄수익법 제328조 및 제329조 위반 혐의로 기소되었

---

214) Sophie Nappert&Emma Velkova, "Bowman v Fels - Money Laundering and Dispute Resolution", International Arbitration Law Review, vol. 8, no. 5 (2005), p.63.
215) [2006] EWCA Crim 2155; [2007] 1 Cr. App. R. (S.) 95.

다. 그리고 피고인 Pattison은 위 주택 매매계약이 자금세탁을 위한 것이라는 사실을 알면서도 당국에 의심거래보고를 하지 않았다는 이유로 범죄수익법 제330조 위반 혐의로 기소되었다. 법원은 피고인들에 대한 위 공소사실을 모두 유죄로 인정하였다.

위 판결은 부동산 매매도 자금세탁 범주에 포함될 수 있다는 점 및 매수인의 행위는 매도인의 자금세탁을 용이하게 하는 것(범죄수익법 제328조)인 동시에 범죄재산을 취득한 것(위 법 제329조)으로 2개의 자금세탁 행위가 각각 성립한다는 점을 확인한 데에 의의가 있다. 한편, 미국 연방법원 판례의 사안에서 본 것처럼 위와 같이 범죄재산에 담보를 설정하고 그 소유 명의를 이전하는 것은 전형적인 자금세탁 수법이라고 할 수 있다.[216)]

3. 일본

가. 법률상 정의

일본은 입법적으로 자금세탁이라는 용어를 사용하지는 않고, 조직적 범죄처벌법 제10조 제1항 및 마약특례법 제6조 제1항에서 아래와 같이 자금세탁에 해당하는 행위 및 이에 대한 처벌을 규정하고 있다.

① 범죄수익 등의 취득 또는 처분에 관한 사실을 가장하는 행위
② 범죄수익 등을 은닉하는 행위
③ 범죄수익의 발생원인에 관한 사실을 가장하는 행위

그리고 범죄수익 등이라는 정을 알면서 이를 수수한 행위도 처벌되는데,[217)] 이는 자금세탁과는 별도의 행위 유형이라고 할 수 있다.

---

216) U.S. v. Blackman, 904 F.2d 1250 (8th Cir. 1990).

자금세탁 행위의 목적물인 '범죄수익 등'은 특정범죄에 의하여 발생하거나 해당 범죄행위로 얻거나 해당 범죄행위의 보수로 얻은 재산 또는 특정범죄와 관련되어 제공되거나 공여된 자금(이상 '범죄수익') 및 범죄수익의 과실이나 대가로 얻은 재산과 범죄수익의 보유·처분에 기초하여 얻은 재산(이상 '범죄수익에서 유래한 재산'), 그리고 이상의 재산과 그 이외의 재산이 혼합된 재산을 의미한다.[218]

이와 같이 일본에서는 자금세탁의 법률적인 정의와 관련하여 전제범죄를 특정한 범죄로 규정하는 한편, 객관적 요소를 범죄수익의 취득·처분·발생원인에 관한 사실의 가장 및 범죄수익의 은닉이라는 2가지 행위로 명시하면서 이에 대한 고의 외에는 목적 등 특별한 주관적 요소를 요건으로 하지 않는다. 그리고 범죄수익의 요소인 '재산'에 관해서도 이를 정의하는 특별한 규정은 없다.

따라서 일본법 하에서의 자금세탁은 전제범죄와 행위요소로 제한되는 반면, 추상적인 정의 방식을 통해 다양한 목적물과 행위를 포섭할 수 있는 여지가 있다. 그러나 법문 상으로는 어떤 목적물과 행위를 통해 자금세탁이 성립하는지를 정확히 알기는 어렵다고 할 수 있다.

다만, '재산'의 개념과 관련하여 조직적범죄처벌법 제13조는 몰수 대상인 범죄수익 등을 부동산과 동산 및 금전채권으로 열거하고 있으나, 자금세탁 목적물로서의 재산은 이에 한정되지 않고 사회통념상 경제적인 가치를 가지는 일체의 유·무형의 재산적 이익이라고 해석되고 있다.[219]

---

217) 조직적범죄처벌법 제11조, 마약특례법 제7조.
218) 조직적범죄처벌법 제2조 제2항 내지 제4항, 마약특례법 제2조 제3항 내지 제5항.
219) 三浦守ほか共著, 組織的犯罪対策関連三法の解説, 法曹会 (2001), 71面. 広大橋本, "改正組織的犯罪処罰法における「犯罪収益」概念とその前提犯罪に関する考察", 法學政治學論究 : 法律·政治·社会 vol. 119 (2018), 385面.

나. 관련 판례

자금세탁이라는 용어를 규정하지 않은 법률과 달리 일본 하급심법원은 資金洗淨 또는 マネーロンダリング(money laundering)라는 용어를 사용하고 있다.[220]

1) 埼玉地裁 2008. 2. 14. 平成19(わ)1334

이 사건에서 피고인들은 조직적으로 국제적 사기 범행을 저지르면서 그 범죄수익을 입금받기 위한 용도로 다수의 차명계좌를 개설하기로 공모하고, 정상적인 사업에 이용하는 것처럼 은행직원을 기망하여 보통예금계좌를 반복적으로 개설하였다. 피고인들은 위 차명계좌를 통해 사기 범행으로 인한 수익을 입금받았으며, 그 과정에서 입금된 자금의 출처를 묻는 은행직원에게 정상적인 사업소득이라고 답변하였다.

사이타마지방재판소는 위와 같은 피고인들의 행위는 송금되어 온 범죄수익의 취득에 관하여 사실을 가장한 자금세탁(資金洗淨, マネーロンダリング)에 해당한다고 판시하였다.

2) 福岡地裁 2021. 6. 2. 令和1(わ)1181

이 사건에서 피고인은 저작권자의 허락 없이 만화를 자동으로 송신할 수 있는 인터넷 사이트를 개설하고 그 사이트에 접속한 불특정다수의 이용자가 광고를 클릭하면 광고회사로부터 지급받기로 한 보수를 세이셸공화국 국적의 법인 명의 계좌로 입금받았다. 이에 따라 피고인은 저작권법 위반 및 범죄수익 은닉 내지 취득사실 가장에 의한 조직적범

---

220) 福岡地裁 2021. 6. 2. 令和1(わ)1181. 東京高裁 2019. 5. 16. 平成29(ネ)2968. 名古屋地裁 2017. 12. 27. 平成25(ワ)4755. 大阪高裁 2013. 7. 2. 平成24(う)1625. 大阪地裁 2011. 5. 25. 平成20(わ)1689. 埼玉地裁 2008. 2. 14. 平成19(わ)1334. 東京地裁 2007. 12. 10. 平成18(ワ)28336. 名古屋地裁 2007. 3. 22. 平成17(行ウ)47. 岐阜地裁 2006. 9. 28. 平成17(ワ)82. 大阪地裁 2006. 2. 22. 平成15(ワ)4290.

죄처벌법 위반으로 기소되었다.

후쿠오카지방재판소는 "피고인은 일본에서 개설된 자신의 계좌가 자금세탁 혐의로 동결되자 피고인과의 관계가 불명확한 법인 명의로서 은닉성이 높은 해외 계좌로 위 보수를 송금받은 것으로, 이러한 행위는 범죄수익의 소재를 불명하게 하는 은닉 및 범죄수익의 취득에 관한 사실을 가장하는 행위에 해당한다"고 판시하였다.

3) 最高裁 2008. 11. 4. 平成20(あ)865

일본 최고재판소는 아동포르노 DVD 판매대금을 차명계좌로 입금받은 사안에서 '범죄수익 등'의 개념을 제시하였다.

이 사건에서 피고인은 아동포르노 DVD를 판매하면서 그 대금을 피고인이 관리하는 차명으로 개설된 9개의 보통예금계좌로 입금받았다. 이에 피고인은 아동포르노법 위반 및 범죄수익 등의 취득에 관한 사실가장에 의한 조직적범죄처벌법위반으로 기소되었다.

피고인은 DVD 판매대금은 DVD를 배송하기 전에 입금받은 것으로서 전제범죄의 실행 착수 전이므로 위 판매대금은 범죄수익에 해당하지 않고, 따라서 위 입금만으로는 범죄수익의 취득에 관한 사실을 가장한 것이 아니라고 주장하였다.

그러나 최고재판소는 "범죄수익 등을 정의하는 조직적범죄처벌법 제2조 제2항이 말하는 '범죄행위에 의하여 얻은 재산'이란 그 문리, 입법목적 등에 비추어 보면 해당 범죄행위에 의하여 취득한 재산이면 되고, 그 취득시기가 해당 범죄행위의 성립 전인지 후인지를 묻지 않는다고 해석해야 하므로 전제범죄의 실행에 착수하기 전에 취득한 선불대금 등이라도 후에 전제범죄가 성립하는 한 '범죄수익'에 해당하며, 그 취득에 대하여 범죄사실을 가장하면 충분하다"고 판시하면서 피고인의 주장을 배척하였다.

이상의 판례는 모두 차명계좌를 통해 범죄수익을 입금받은 사안과 관련된 것으로, 자금을 계좌에 예치한 행위 자체가 자금세탁의 범주에 포함된다는 점을 명확히 한 데 의의가 있다고 할 수 있다. 다만, 사안의 성격상 위와 같은 행위 외에 어떠한 행위가 자금세탁에 해당하는지 및 범죄수익의 요소인 '재산'의 개념에 대해서는 별도로 설시하지 않은 한계가 있다.

4. 정리 및 시사점

이상에서 살펴본 각국의 자금세탁 정의를 객관적 행위를 기준으로 정리하면 아래 표와 같다.

[표 1] 미국·영국·일본의 자금세탁 정의

구분	자금세탁 정의	행위 유형
미국	① 거래형 자금세탁 : 범죄수익과 관련된 금융거래	① 자금 이동 ② 화폐수단 관련 거래 ③ 부동산·운송수단의 소유권이전 ④ 금융기관 이용 거래
	② 운송형 자금세탁 : 범죄수익과 관련된 화폐수단이나 자금의 국가 간 운송·전송·이체	① 물리적 이동 ② 자금 전송·이체
영국	① 범죄재산의 은닉·가장·전환·국외반출 ② 범죄재산 취득·보유·사용·지배 조력 ③ 범죄재산 취득·사용·보유	
일본	① 범죄수익 등의 취득·처분·발생원인에 관한 사실 가장 ② 범죄수익 등 은닉	

자금세탁방지의 예방적 규제와 집행적 규제 입법의 2원적 구조를 취하고 있는 미국은 집행적 규제법인 자금세탁통제법에서 자금세탁을 정의하면서 '금융거래' 요건을 설정하는 방식으로 금융기관에 대한 예방적

규제법인 은행비밀법과의 접목을 도모하고 있다.

즉 금융거래는 자금세탁 개념의 핵심으로서 이를 연결고리로 하여 예방적 규제와 집행적 규제의 목적물은 동일해지며, 이러한 점에서 미국에서의 자금세탁의 개념 정의는 자금세탁과 금융거래의 관계를 명쾌하게 제시해 준다고 할 수 있다. 다만, 자금세탁 요건인 금융거래의 개념을 본래적인 의미의 금융거래보다 넓게 확장함으로써 집행적 규제의 공백을 방지하고 있다.

반면, 영국의 자금세탁 정의는 목적물인 '범죄재산'을 핵심적인 요소로 설정하면서 금융거래를 포함하고 있지 않다. 이는 예방적 규제와 집행적 규제를 통합한 1원적 입법 구조 하에서 피규제자가 예방적 규제 대상인 금융기관 등에 한정되지 않는 점에 기인하는 것으로 보이며, 예방적 규제 내용인 의심거래보고의무의 주체 또한 모든 개인과 기업으로 확대되어 있는 것과도 관련이 있다고 할 수 있다. 이와 같은 자금세탁의 정의로는 금융거래와의 관계를 파악하기 어려운 단점이 있으나, 범죄재산과 관련된 일체의 행위를 자금세탁으로 포섭할 수 있는 유연성을 제공한다.

일본은 미국과 같이 2원적 입법 구조를 취하여 집행적 규제법인 조직적범죄처벌법 등에서 자금세탁을 정의하면서도 그 요소로 금융거래를 포함하고 있지는 않다. 이는 영국과 마찬가지로 자금세탁의 범주에 범죄수익과 관련된 행위나 거래를 광범위하게 포괄할 수 있는 여지를 부여하는 것이라고 볼 수 있지만, 자금세탁과 금융거래의 관계는 물론이고 예방적 규제 대상이 방지해야 할 자금세탁의 범위를 알기 어렵게 하는 것이다.

자금세탁의 목적물은 미국에서는 '자금(funds)', 영국과 일본에서는 '재산(property)'으로 규정하면서 이를 가치의 수단으로 기능할 수 있는 일체의 유·무형물로 해석하고 있는 점에서는 공통되므로 매우 광범위하다고 할 수 있다.

자금세탁의 행위 유형에 대해서는 미국 자금세탁통제법이 구체적으로 제시하고 있는데, 이는 자금의 이동, 화폐수단과 관련한 거래, 부동산 및 운송수단의 소유권 이전, 금융기관을 이용한 거래 등 4가지로 구성된다. 이는 다시 금융거래 여부를 기준으로 아래와 같이 분류할 수 있다.

① 금융기관을 이용한 거래(금융거래)
② 금융기관을 이용하지 않고 가치의 이전을 수반하는 거래
③ 그 밖에 자금을 이동하는 행위

그 중 위 ①의 금융거래가 핵심적인 자금세탁 행위라고 할 수 있고, 위 ②의 거래에는 부동산이나 자동차·귀금속·미술품을 비롯한 동산 등 비금융자산의 거래는 물론 현금과 카지노칩과의 교환, 가상자산 거래(DeFi 등을 통한 P2P 거래 포함) 등이 포함된다. 그리고 위 ③의 행위는 가치 이전을 수반하지 않고 범죄수익의 성질이나 출처 등을 가장하기 위한 단순한 화폐수단의 상호 교환, 또는 범죄수익의 물리적 이동이나 은닉 등을 포괄한다고 할 수 있을 것이다.

이와 같이 금융거래를 기준으로 한 미국의 자금세탁 정의는 앞에서 살펴 본 바와 같은 자금세탁의 본질을 가장 잘 반영하면서 금융거래와의 관계를 명확하게 정립하고 있다고 평가할 수 있다.

위와 같은 분류에 따라 자금세탁은 "범죄수익의 성질, 출처, 소재, 소유·지배관계를 은닉하거나 가장하기 위해 금융기관을 이용하는 금융거래(협의)나 가치의 이전을 수반하는 거래(광의) 또는 그 밖에 자금을 이동하는 일체의 행위(최광의)"로 정의할 수 있을 것이다.

III. 국내법상 자금세탁의 정의와 문제점

1. 법률상 정의

가. 자금세탁의 정의

우리나라는 특정금융정보법 제2조 제4호에서 자금세탁 행위를 아래와 같이 정의하고 있다.

> ① 범죄수익 등의 취득·처분·발생원인에 관한 사실을 가장하거나, 특정범죄의 조장 또는 적법하게 취득한 재산으로 가장할 목적으로 범죄수익 등을 은닉하는 행위[221]
> ② 마약류범죄의 발견 또는 불법수익 등의 출처에 관한 수사를 방해하거나 불법수익 등의 몰수를 회피할 목적으로 불법수익 등의 성질, 소재, 출처 또는 귀속 관계를 숨기거나 가장하는 행위[222]
> ③ 조세·관세의 포탈 또는 탈루 목적으로 재산의 취득·처분·발생원인에 대한 사실을 가장하거나 그 재산을 은닉하는 행위

그 외에 범죄수익 등이라는 정황을 알면서 이를 수수한 행위도 처벌되는데,[223] 이는 자금세탁과는 별도의 행위 유형으로서 특정금융정보법은 이를 자금세탁 행위에서 제외하고 있다.

자금세탁의 목적물인 '범죄수익 등'은 특정범죄에 의하여 생긴 재산이나 그 범죄행위의 보수로 얻은 재산 또는 그와 관계된 자금이나 자산(이상 '범죄수익')과 범죄수익의 과실이나 대가로 얻은 재산 및 이들 재

---

221) 범죄수익은닉규제법 제3조.
222) 마약거래방지법 제7조.
223) 범죄수익은닉규제법 제4조, 마약거래방지법 제8조.

산의 대가로 얻은 재산 그 밖에 범죄수익의 보유나 처분에 의하여 얻은 재산(이상 '범죄수익에서 유래한 재산') 및 이들 재산과 그 외의 재산이 혼화된 재산을 의미한다.[224]

자금세탁의 전제가 되는 특정범죄는 재산상의 부정한 이익을 취득할 목적으로 범한 사형, 무기 또는 장기 3년 이상의 징역이나 금고에 해당하는 죄와 유가증권위조예비·음모, 음화반포·제조, 배임증재 등 별표에 규정된 범죄(이상 '중대범죄') 및 성매매알선, 범죄단체이용·지원, 재산국외도피, 테러자금조달 등 범죄와 마약류범죄를 말한다.[225]

범죄수익 등의 요소인 '재산'의 개념에 관해서는 직접적인 정의 규정은 없다. 그러나 범죄수익은닉규제법 시행령 제2조 제2항에서 범죄수익의 몰수·추징과 관련하여 '은닉재산'이란 몰수·추징 판결이 확정된 자가 은닉한 현금, 예금, 주식, 그 밖에 재산적 가치가 있는 유형·무형의 재산을 말한다고 규정하고 있으므로, 범죄수익 등을 구성하는 재산은 이와 같은 의미로 볼 수 있을 것이다.

특정금융정보법은 자금세탁의 행위태양과 전제범죄 및 범죄수익 등을 정의함에 있어 특정범죄의 조장, 수사방해, 몰수회피 또는 조세포탈 등의 목적을 요구하는 외에는 일본 조직적범죄처벌법과 매우 유사한 형식을 취하고 있다. 다만, 우리나라는 미국이나 일본과 같이 자금세탁방지 규제의 2원적 입법 구조를 취하면서도, 집행적 규제 입법에서 자금세탁을 정의하고 있는 위 국가들과는 달리 예방적 규제 입법인 특정금융정보법이 자금세탁을 정의하고 있다는 점에서 특색이 있다.

나. 금융거래 등의 정의

한편, 특정금융정보법은 금융회사 등이 자금세탁방지의무를 부담하

---

224) 범죄수익은닉규제법 제2조 제2호 내지 제4호, 마약거래방지법 제2조 제3항 내지 제5항.

225) 범죄수익은닉규제법 제2조 제1호, 마약거래방지법 제2조 제2항.

는 경우와 관련된 행위 유형을 '금융거래 등'으로 규정하고 있다.[226] 이
는 자금세탁의 정의와는 별개이기는 하나, 적어도 금융시스템과 관련된
자금세탁에 있어서는 위 규정으로부터 구체적인 자금세탁 행위의 유형
을 도출할 수 있을 것이므로 이를 살펴볼 필요가 있다.

특정금융정보법이 정의하는 금융거래 등은 아래와 같이 4개 유형으
로 구분된다.

① 금융회사 등이 예금·적금·부금·계금·예탁금·출자금·신탁재산·주식·채권·
   수익증권·출자지분·어음·수표·채무증서 등 금전 및 유가증권(이상 '금융
   자산')[227]을 수입·매매·환매·중개·할인·발행·상환·환급·수탁·등록·교환하
   거나 그 이자·할인액 또는 배당을 지급하는 것과 이를 대행하는 것
② 파생상품거래 및 대출·보증·보험·공제·팩토링·보호예수·금고대여, 신용
   카드·직불카드·선불카드·시설대여·연불판매·할부금융·신기술사업금융
   관련 거래, 외국환거래, 전자금융거래, 대부·대부채권매입추심거래, 온라
   인투자연계금융거래[228]
③ 카지노칩과 현금·수표를 교환하는 거래[229]
④ 가상자산거래

가상자산은 "경제적 가치를 지닌 것으로서 전자적으로 거래·이전될
수 있는 전자적 증표 및 그에 관한 일체의 권리"로서, 화폐·재화·용역 등
으로 교환될 수 없거나 발행인이 사용처와 용도를 제한한 것, 게임 결과
물, 선불전자지급수단, 전자화폐, 전자등록주식, 전자어음, 전자선하증
권, 전자채권, 모바일상품권 등은 제외한 자산을 의미한다.[230] 가상자산

---

226) 특정금융정보법 제2조 제2호.
227) 금융실명법 제2조 제2호.
228) 특정금융정보법 시행령 제3조 제1항.
229) 특정금융정보법 시행령 제3조 제2항.
230) 특정금융정보법 제2조 제3호, 같은 법 시행령 제4조.

거래는 가상자산사업자가 수행하는 가상자산의 매도·매수, 다른 가상자산과의 교환, 고객의 요청에 따른 가상자산의 매매·교환·보관·관리 등을 위한 가상자산의 이전, 가상자산의 보관·관리, 이상과 같은 행위의 중개·알선·대행으로 정의된다.[231]

위 4가지 거래 유형 중 ①, ②는 금융시스템의 이용과 관련된 본래적 의미의 금융거래라고 할 수 있으나, ③과 ④는 금융시스템의 이용과는 직접적인 관련이 없음에도 자금세탁의 위험성에 따른 FATF 권고사항을 반영하여 이를 규정한 것이다. 다만, 가상자산의 매매 등과 관련하여 가상자산거래소에서 법정통화가 결제수단이 되는 경우에는 은행에 개설된 계좌를 이용하게 되므로 그 범위 내에서 금융시스템을 이용하게 된다.

그리고 위와 같은 금융거래 등과 관련되는 목적물은 이를 자금세탁의 목적물로 파악할 수 있을 것이므로, 범죄수익은 물론 자금세탁을 위한 거래의 상대 매개체는 일정한 금융자산 등과 카지노칩 그리고 가상자산을 포괄하는 것으로 볼 수 있다. 즉 범죄수익인 카지노칩을 현금과 교환하는 행위는 물론 그 반대의 거래도 자금세탁에 해당할 수 있고, 가상자산의 경우에도 마찬가지이다. 다만, 특정금융정보법 상으로는 가상자산사업자의 관여 없이 DeFi 등을 통한 P2P 방식의 가상자산 거래가 자금세탁에 해당할 수 있는지 여부는 명확하지 않다.

2. 자금세탁의 정의에 관한 이론적 논의

국내 학계는 자금세탁의 정의에 관하여 대체로 금융적 측면에서 접근하는 견해와 금융거래 등에 한정하지 않고 포괄적으로 정의하는 견해로 구분되는 것으로 보인다.

---

231) 특정금융정보법 제2조 제2호 라목, 제1호 하목 1) 내지 6), 같은 법 시행령 제1조의2.

가. 금융적 측면에서 접근하는 견해

이 견해는 자금세탁의 금융적 측면 즉 불법자산을 합법자산으로 전환하는 과정에서 자금세탁범죄자들이 궁극적으로는 금융시스템을 이용하고 있다는 점에 주목한다. 이에 따라 자금세탁을 "범죄자가 범죄행위로부터 취득한 불법재산을 합법재산으로 전환하기 위해 혹은 탈세 목적으로 재산의 취득·처분 사실을 숨기기 위해 금융기관을 이용하여 위법한 출처를 숨기고 적법한 수입으로 가장하는 일련의 과정"으로 규정한다.[232]

이와 유사하게 자금세탁을 "범죄수익을 합법적 또는 불법적으로 사용하기 위하여 금융거래를 통하여 가장하는 과정"으로 정의하거나,[233] "불법적인 활동을 통하여 얻은 수익을 금융기관 등 제도권 금융권을 통하여 합법적인 자금으로 전환하는 일련의 과정"이라고 파악하는 견해도 있다.[234] 또한 "범죄로부터 얻은 수익에 관하여 그 불법한 출처를 은폐하여 그 수익을 합법적인 재화로 위장하여 정규의 금융경로로 유통시키는 행위"로 자금세탁을 정의하는 견해도 같은 입장인 것으로 보인다.[235]

나. 포괄적으로 정의하는 견해

이 견해는 FATF 등 국제기구의 정의와 마찬가지로 자금세탁을 "불법활동으로부터 얻은 수익을 합법적인 자금으로 전환하는 일련의 과정 혹

---

232) 함정호, 김두환, "우리나라의 자금세탁 방지제도와 정책과제 - 금융기관의 역할 강화 방안을 중심으로", 한국부패학회보 제17권 제3호, 한국부패학회 (2012), 118-119면.
233) 고철수, 최규진, 글로벌 자금세탁방지론, 지코사이언스 (2021), 30면.
234) 이진국, "자금세탁과 형법적 대응방안", 비교형사법연구 제12권 제2호, 한국비교형사법학회 (2010), 631면. 전한덕, "자금세탁방지제도 상의 실제소유자 확인의무에 관한 연구", 법학논문집 제40집 제1호, 중앙대학교 법학연구원 (2016), 240면.
235) 김성규, "자금세탁의 형법적 규제에 관한 문제점과 전망", 비교형사법연구 제5권 제1호, 한국비교형사법학회 (2003), 368면.

은 자금의 위법한 출처를 숨겨 적법한 것으로 위장하는 과정" 을 의미한
다고 하면서 포괄적으로 정의하고 있다.[236]

자금세탁을 "범죄행위로부터 얻은 불법재산을 합법재산인 것처럼 위
장하는 과정"이라거나,[237] "불법 활동으로 얻은 수익을 합법적인 자금으
로 전환하는 일련의 과정",[238] 또는 "범죄수익의 불법 원천을 가장하기
위한 과정"[239]이라고 정의하는 견해도 같은 입장으로 보인다.

다. 비판적 검토

금융적 측면에서 접근하는 견해는 자금세탁이 주로 금융시스템을 이
용하여 이루어진다는 점에 착안한 것이나, 이는 범죄수익의 물리적 이동
이나 은닉은 물론 부동산 매매나 카지노칩과 현금의 교환 등 금융거래
와 직접적인 관련이 없는 자금세탁 행위를 포괄할 수 없는 한계가 있다.

이와 반대로 자금세탁을 포괄적으로 정의하는 견해는 다양한 행위를
자금세탁으로 포섭할 수 있는 장점이 있다. 그러나 어떤 행위가 자금세
탁에 해당하는지 개념적으로 파악하기 어려울 뿐 아니라, 자금세탁 행위
의 핵심 부분이라고 할 수 있는 금융거래와의 관계를 분명하게 설정하
지 못하는 문제가 있다.

따라서 앞의 비교법적 검토에서 살펴본 바와 같이 자금세탁은 "범죄
수익의 성질, 출처, 소재, 소유·지배관계를 은닉하거나 가장하기 위해 금

---

236) 성낙인, 권건보(주 22), 25면.
237) 박상기, "돈세탁행위의 유형과 특정금융정보법 종사자의 책임", 형사법연구
    제9권, 한국형사법학회 (1998), 285면. 최승필, "자금세탁방지제도에 대한 법적
    검토", 중앙법학 제13집 제1호, 중앙법학회 (2011), 158면.
238) 이병기, 이경재, 돈세탁행위의 범죄화에 관한 연구, 한국형사정책연구원 (1994),
    19면. 이보영, "자금세탁방지법제에 대한 형법적 검토", 형사법연구 제21권 제1
    호, 한국형사법학회 (2009), 443면
239) 김양곤, "자금세탁방지법상의 위험기반접근법에 관한 소고", 은행법연구 제8
    권 제2호, 은행법학회 (2015), 228면.

융기관을 이용하는 금융거래(협의)나 가치의 이전을 수반하는 거래(광의) 또는 그 밖에 자금을 이동하는 일체의 행위(최광의)"로 정의하는 것이 타당할 것이다.

3. 관련 판례

자금세탁 및 그 구성요소의 개념에 대하여 직접적으로 설시한 판례는 없으나, 판례에 나타난 사례를 통해 자금세탁에 해당할 수 있는 행위 내지 거래의 유형을 확인할 수 있다.

가. 수표를 현금으로 교환한 행위

피고인이 갑으로부터 액면금 합계 19억 2,370만 원인 수표를 현금으로 교환해 주면 대가를 주겠다는 제안을 받고 그 수표가 을 등이 불법 금융다단계 유사수신행위에 의한 사기범행을 통해 취득한 범죄수익이라는 사실을 알면서도 교부받아 그 일부를 현금으로 교환해 준 사안에서, 대법원은 위와 같이 범죄수익 등에 해당하는 수표를 현금으로 교환하여 그 특정, 추적 또는 발견을 현저히 곤란하게 하는 은닉행위는 자금세탁에 해당한다고 판단하였다.[240]

나. 차명계좌에 범죄수익을 입금하여 보관한 행위

피고인 1은 갑과 함께 중국 소재 은행에 계좌를 개설한 후 갑 등의 금융다단계 범죄수익금 400만 위안을 입금해 두었는데, 경찰 조사가 진행되자 피고인 2, 3에게 순차로 그들 명의의 계좌를 개설하여 위 범죄수익금을 보관해 줄 것을 부탁하여 승낙을 받은 후 피고인 1 명의 계좌에

---

240) 대법원 2017. 4. 26. 선고 2016도18035 판결.

서 위 범죄수익금을 현금으로 출금하여 피고인 2, 3에게 전달하였고 피고인 2, 3은 이를 본인들 명의로 개설된 계좌로 입금하여 보관한 사안에서, 원심은 위와 같은 행위는 범죄수익금을 단순히 임치시킨 것에 불과하여 자금세탁에 해당하지 않는다는 취지로 판단하였으나, 대법원은 자금세탁의 성립을 인정하였다.[241]

다만, 대법원은 회사의 대표이사와 경리이사가 변칙회계처리로 법인자금을 인출하여 차명계좌에 입금·관리한 사안에서, 중대범죄의 범죄행위가 기수에 이르러 범죄행위에 의하여 생긴 재산이라는 범죄의 객체가 특정 가능한 상태에 이르러야 비로소 범죄수익이라 할 수 있는데, 자금의 관리 상태에 비추어 위 행위만으로는 불법영득의사가 명백히 표현되었다고 볼 수 없고 따라서 업무상횡령죄가 기수에 이르지 않았으므로 위 법인자금은 범죄수익에 해당하지 않는다는 이유로 자금세탁 성립을 부정한 바 있다.[242]

다. 송금받은 범죄수익을 투자금 보전에 사용한 행위

미국 육군공병대 소속 군무원인 미국인 A가 내연녀인 피고인 1을 통해 미국 회사로부터 보안영상 연결망 계약 체결 대가로 뇌물을 받기로 하면서 이를 마치 피고인 1이 적법하게 취득하는 것처럼 가장하기 위해, 피고인 2가 미리 자금을 마련하여 그 중 일부를 수회에 걸쳐 투자금 명목으로 피고인 1에게 지급하고, 나머지는 피고인 1 명의로 취득하기로 한 커피숍의 인수와 관련하여 커피숍 매도인과 상가임대인에게 매수대금 및 임차보증금 명목으로 지급한 후, 위 미국 회사는 피고인 2가 운영하는 회사 계좌로 적법한 거래대금인 것처럼 100만 달러를 송금함으로써 피고인 2는 위와 같이 지출한 투자금을 보전받은 사안에서, 대법원은

---

241) 대법원 2017. 4. 26. 선고 2017도1270 판결.
242) 대법원 2006. 8. 24. 선고 2006도3039 판결.

자금세탁의 성립을 인정하였다.[243)]

라. 수표 인출 후 현금화 또는 수표 재발행

회사 대표이사 A는 해외도피자금 마련 목적으로 회사 계좌에서 33억 3,000만 원을 1억 원권 내지 2,000만 원권 수표로 인출하여 횡령한 후 이를 세탁해 줄 것을 고향친구인 B에게 부탁하였고, B는 위 수표를 현금화하거나 소액 수표로 재발행한 후 그 중 19억 4,800만 원은 A의 장모 C에게, 4억 원은 A의 누나 D에게 전달하였으며, C는 전달받은 돈을 자신의 주거지 보일러실에, D는 아파트 베란다에 각각 보관한 사안에서 자금세탁 행위가 인정되었다.[244)]

4. 자금세탁의 정의와 관련된 문제점

우리나라는 미국이나 일본과 같은 2원적 자금세탁방지 입법구조를 취하면서도 위 국가들과 달리 집행적 규제법이 아니라 예방적 규제법인 특정금융정보법에서 자금세탁을 정의하고 있다. 다만, 자금세탁에 해당하는 행위의 구체적인 내용은 집행적 규제법인 범죄수익은닉규제법과 마약거래방지법을 원용하고 있는데, 이는 일본 조직적범죄처벌법 및 마약특례법의 규정과 대동소이하다. 그리고 이와 별도로 특정금융정보법은 예방적 규제 대상인 금융회사 등이 자금세탁방지의무를 이행해야 할 대상으로서의 '금융거래 등'을 정의하고 있다.

그러나 이와 같은 특정금융정보법의 규정 방식은 자금세탁의 범위를 이해하는데 혼선을 야기할 수 있다. 즉 미국과 달리 자금세탁에 금융거래라는 요소를 포함하지 않고 추상적으로 자금세탁을 정의하였음에도,

---

243) 대법원 2018. 10. 25. 선고 2016도11429 판결. 사실관계는 항소심인 서울중앙지법 2016. 7. 7. 선고 2015노4304 판결 참조.
244) 대법원 2016. 4. 12. 선고 2013다31137 판결.

동시에 같은 법률에서 금융회사 등의 자금세탁방지의무와 관련된 금융거래 등을 한정적으로 정의함으로써 자금세탁이 이와 같은 금융거래 등의 범위 내로 제한되는 것이 아닌가 하는 오해를 불러일으킬 수 있는 것이다.

예컨대 DeFi나 DEX 등을 통한 P2P 방식의 가상자산 거래는 특정금융정보법이 규정하는 금융거래 등에 포함되지 않는데, 그렇다면 위와 같은 거래는 자금세탁의 범주에서 배제되는 것이 아닌지 의문이 제기될 수 있다. 그 외에도 위 법률에서 규정하는 금융거래 등의 범위에 포섭되지 않는 다양한 방식의 거래에 대해서 같은 주장이 제기될 소지가 있다.

앞의 비교법적 검토에서 살펴본 바와 같이 위와 같은 P2P 거래 또한 자금세탁의 정의에 포섭될 수 있고, 우리 법제 하에서도 앞에서 본 바와 같이 자금세탁의 목적물은 재산적 가치가 있는 일체의 유·무형물로 해석되므로 위 거래를 자금세탁의 개념에서 배제할 이유가 없다.

다만, 위와 같은 혼선을 방지하기 위해서는 미국과 같이 금융거래를 자금세탁의 요소로 포함하고 금융거래의 개념을 보다 넓게 정의하는 방안을 고려할 필요가 있다.

제3절 자금세탁방지의 금융규제법상 지위

Ⅰ. 논의의 필요성

자금세탁의 개념에서 살펴본 바와 같이 자금세탁의 핵심적인 부분은 금융거래와 결부되고, 이에 따라 자금세탁방지 제도는 범죄수익이 금융시스템에 진입하는 것을 막는데 주력하게 된다. 이를 위해 금융기관에 대하여 고객확인과 거래보고 등 자금세탁방지의무를 부과하는 예방적 규제를 하고 있다.

그런데 위와 같은 규제는 자금세탁과 관련된 고객의 거래를 차단하는 한편, 금융비밀의 원칙을 희생하면서 고객의 범죄혐의를 적발하는 수사기관의 역할을 금융기관에 맡기는 것으로,[245] 고객 보호라는 전통적인 금융규제 본연의 목적과는 상이한 면이 있다고 할 수 있다.

또한 자금세탁은 앞에서 살펴본 바와 같이 금융거래 뿐 아니라 금융거래와는 직접적인 관련이 없는 거래나 행위의 영역도 포괄하는 것으로, 이에 대해서도 자금세탁방지 규제가 가해지고 있다.

이와 같이 자금세탁방지 규제가 전통적인 금융규제와는 차이가 있고 금융규제 영역 외의 다른 부분도 포함하는 것이라면, 과연 자금세탁방지의 금융규제법상 지위는 어떠한 것인지, 금융기관에 대한 규제의 성격과 그 이론적 근거는 무엇인지를 명확하게 정립할 필요가 있다. 이는 자금세탁방지와 관련하여 규제의 설정과 적용 범위 및 그 해석·운용 기준을 제시하는데 필수적이라고 할 수 있다.

이하에서 우선 금융규제의 내용을 살펴본 후 자금세탁방지의 금융규제법상 지위와 규제의 이론적 근거를 검토한다.

---

245) Guy Stessens(주 62), p.179.

II. 금융규제

1. 금융규제의 목적과 수단

금융규제의 목적은 금융소비자 보호와 금융시스템의 안정성 유지 및 경쟁의 유지라고 설명되며,[246) 그 수단은 진입규제, 건전성규제, 영업행위규제와 퇴출 및 조직변경 규제로 구성된다.[247)

이와 같은 금융규제의 핵심은 건전성 규제와 영업행위 규제라고 할 수 있다. 건전성 규제는 개별 금융기관의 지배구조와 재무건전성 등 미시건전성 및 시스템리스크와 관련된 거시건전성에 대한 것으로, 금융기관의 지배구조, 업무범위, 재무건전성 및 경영건전성에 대한 규제로 이루어지며, 이는 과도한 위험인수를 방지하고 재무건전성을 유지하여 예금자와 투자자 등 금융소비자를 보호하기 위한 것이다.[248) 그리고 영업행위 규제는 영업행위를 위한 적절한 기준을 제시하여 부적절한 영업행위나 이해상충 행위에 의한 금융소비자의 손해 발생 가능성을 방지하는 것이다.[249)

최근 금융산업은 금융회사의 업무범위 확대에 따른 전통적인 권역별 경계 구분의 모호성, 금융그룹화의 진행, 파생상품 등 복잡한 구조의 새로운 금융상품 개발, 금융거래의 국제화와 정보통신기술의 발달로 특징지을 수 있다.[250) 이는 금융규제에 새로운 패러다임을 요구하는 것일 뿐 아니라, 위와 같은 특징으로 인하여 자금세탁도 첨단화·복잡화되는 경

---

246) Charles Goodhart et al., Financial regulation: why, how, and where now?, Routledge (1998), pp.4-9. 김종민, 정순섭, 금융규제와 시장원리에 관한 연구, 한국금융연구원 (2009), 13-14면.
247) 김종민, 정순섭(주 246), 18면. 박준, 한민(주 104), 13면.
248) 정순섭, 은행법, 지원출판사 (2017), 126면. 김건식, 정순섭, 자본시장법, 두성사 (2013), 721면. 박준, 한민(주 104), 13면.
249) 김건식, 정순섭(주 248), 759면.
250) 박준, 한민(주 104), 21-22면.

향을 보이고 있어 자금세탁방지 제도도 중대한 도전을 받고 있다고 할
수 있다.

2. 자금세탁방지 규제와 관련된 문제

가. 금융규제 목적 관련

자금세탁방지 제도가 위에서 본 바와 같은 금융규제의 목적에 부합
하는지 여부에 의문이 제기될 수 있다. 먼저 금융소비자 보호와 관련해
서는 자금세탁은 범죄수익의 향유를 위한 것으로 이로 인해 금융소비자
에게 어떠한 직접적인 피해를 발생시킨다고 보기는 어려운 면이 있다.
자금세탁으로 인해 범죄피해자가 피해회복의 불능 내지 곤란이라는 손
해를 입더라도 이는 고객 또는 금융소비자의 보호와는 다른 문제일 뿐
아니라 자금세탁 외의 다른 금융범죄에서도 범죄피해자의 손해는 발생
할 수 있다. 다만, 금융기관이 자금세탁에 연루되어 신뢰성 저하 및 제
재로 부실해질 경우 금융소비자가 피해를 입을 가능성이 있다. 그러나
이는 자금세탁방지 규제 자체로 인한 것이므로 위와 같은 피해를 막는
것이 규제의 근거가 된다면 모순이나 순환론이라는 비판의 소지가 있다.
자금세탁방지가 금융시스템의 안정성 유지와 관련성이 있는지 여부
에 대해서도 의문이 제기될 수 있다. 이에 대해서는 불법자금이 금융시
스템에 들어오게 되면 지배력을 형성하여 금융정책의 의사결정에 영향
을 미침으로써 금융시스템의 안정성과 투명성을 훼손할 수 있다는 반론
이 있을 수 있다.
금융규제 목적인 경쟁 유지와 관련해서도 자금세탁방지 규제는 금융
기관의 경쟁을 촉진하는 것이 아니라 오히려 경쟁을 저해하는 것이라는
지적이 있을 수 있다. 미국에서의 강력한 자금세탁방지 규제는 국제지급
결제수단으로서의 달러의 매력을 떨어뜨리고 자금의 유입을 막아 북미

금융기관들의 경쟁력을 저하시켰다는 주장이 있다.[251]

나. 금융규제 수단 관련

금융기관이 부담하는 자금세탁방지의무의 내용이 금융규제의 수단인 건전성 규제나 영업행위 규제와 관련이 있는지 여부에 대해서도 의문이 제기될 수 있다.

즉 고객확인이나 거래보고는 자금세탁을 시도하려는 고객의 거래를 막고 그의 범죄혐의를 당국에 보고하기 위한 것으로, 과도한 위험인수나 이해상충의 방지 및 불건전한 영업행위 규제를 통한 금융소비자의 보호와는 관련이 있다고 보기 어려울 수 있다. 특히 은행법상 영업행위 규제에는 정당한 사유 없는 거래거절의 금지도 포함되는데,[252] 이와 반대로 자금세탁방지 규제는 의심스러운 고객과의 거래를 거절할 것을 요구하고 있다.

내부통제체계의 구축도 금융규제 수단과 일치한다고 보기 어려운 면이 있다. 자금세탁방지에서의 내부통제는 고객확인과 거래보고를 충실히 효율적으로 수행하기 위한 것인 반면, 금융규제에서의 내부통제는 원칙적으로 지배구조 규제의 내용으로서[253] 지배구조 규제는 건전성 규제의 일환이기 때문이다.[254] 금융소비자 보호에 관한 법률(이하 '금융소비자보호법')에서 규정하는 내부통제기준 역시 이해상충 방지와 영업 관련 준수사항 등에 관한 것으로서 금융소비자 보호를 위한 것이므로 자금세탁방지의 내부통제와는 차이가 있다.[255]

---

251) Guy Stessens(주 62), p.268.
252) 정순섭(주 248), 241-247면.
253) 정순섭, "금융회사의 조직규제: 금융회사 지배구조의 금융규제법상 의미를 중심으로", 상사판례연구 제24집 제2권, 한국상사판례학회 (2011), 10-11면. 정순섭, "금융회사의 지배구조와 금융규제", BFL 제79호, 서울대학교 금융법센터 (2016), 14면.
254) 김건식, 정순섭(주 248), 722면.

따라서 자금세탁방지의 금융규제법상 지위와 규제의 이론적 근거는
① 자금세탁방지가 금융규제라고 할 수 있는지, ② 금융규제가 아니라면
금융기관을 규제하는 이유는 무엇인지, ③ 금융기관에 대한 규제는 정당
한 것인지 등 3가지 관점에서 검토되어야 한다.

이하에서는 먼저 자금세탁방지와 금융규제의 관계에 대한 해외에서
의 논의를 살펴본 후, 이를 참고하여 국내법상 자금세탁방지의 금융규제
법상 지위를 검토하기로 한다.

III. 해외에서의 논의 및 시사점

1. 개요

미국 은행비밀법은 자금세탁의 방지와 범죄로부터의 금융시스템 보
호를 목적으로 규정하고 있다.[256] 영국의 통합적 금융규제법인 금융서
비스시장법(Financial Services and Markets Act 2000, FSMA)은 자금세탁에
해당하는 범죄수익의 취급을 금융범죄로 규정하면서, 금융범죄 차단을
금융감독청(Financial Conduct Authority, FCA)의 일반적 의무이자 금융시스
템의 무결성(integrity)의 요소로 규정하고 있다.[257] 일본 범죄수익이전방
지법은 범죄수익의 이전 방지 및 경제활동의 건전한 발전에 기여하는
것을 목적으로 규정하고 있다.[258]

이와 같이 자금세탁방지와 관련하여 금융기관을 규제하고 있는 각국
의 규제법은 기본적으로 자금세탁을 포함한 범죄의 방지와 함께 그 범

---

255) 금융소비자보호법 제16조 제2항, 같은 법 시행령 제10조, 금융소비자 보호에
관한 감독규정 제9조.
256) 31 U.S.C. §§ 5311(2), (4)(A).
257) FSMA Part 1A §§ 1B(5), 1D(2)(b), 1H(3)(c).
258) 범죄수익이전방지법 제1조.

죄로부터 금융시스템을 보호하는 것을 목적으로 삼고 있다고 할 수 있다.

그런데 앞에서 본 바와 같이 자금세탁방지 규제는 전통적인 금융규제와는 그 목적과 수단에서 상이한 면이 있을 뿐 아니라, 자금세탁방지가 금융시스템의 보호와 어떻게 결부되는 것인지에 관해서도 논란이 있을 수 있다. 이에 따라 해외에서는 자금세탁방지와 금융규제의 관계 즉 자금세탁방지의 금융규제법상 지위에 대하여 ① 자금세탁방지는 금융규제와는 다른 별도의 규제라는 견해, ② 금융규제의 일환이라는 견해 및 ③ 전통적인 금융규제와는 다르지만 금융규제의 성격도 가지고 있다는 견해 등 다양한 주장이 제기되고 있으며,259) 각자의 논거에 따라 규제의 이론적 근거와 정당성 그리고 규제의 적정한 수준에 대하여 상이한 결론을 도출하고 있다.

2. 자금세탁방지의 법적 성격에 관한 견해

가. 비금융규제설

이는 자금세탁방지가 범죄의 예방이나 진압을 위한 것으로서, 금융시스템과 금융기관의 건전성 및 고객의 보호를 목적으로 하는 금융규제와는 다른 별도의 규제라는 입장이며, 범죄 예방의 관점에서 접근하기 때문에 그 효과를 기준으로 자금세탁방지 규제의 정당성과 수준을 논하고 있다.

1) 범죄 진압을 위한 별도의 규제라는 견해

이 견해는 우선 자금세탁방지의 모델을 예방적(preventive)인 것과 진압적(repressive)인 것으로 구분한다. 전자는 범죄의 방지와 함께 금융기

---

259) 편의상 위와 같은 견해들 중 ①을 '비금융규제설', ②를 '금융규제설', ③을 '절충설'로 부르기로 한다.

관이 범죄에 남용되는 것을 막는 데 주된 목적이 있는 반면, 후자는 범죄의 처벌 및 범죄수익의 몰수를 주된 목적으로 하고 있다고 한다. 그러나 예방적 모델에서도 예방적 규제는 진압을 달성하기 위한 수단인 동시에 규제 위반에 대한 형사처벌 등 진압적 규제에 의하여 그 목적을 달성할 수 있는 것이라고 한다. 따라서 자금세탁방지의 핵심은 범죄의 진압으로서, 이를 위해 금융기관을 규제하는 것이라고 설명하고 있다.[260]

나아가 금융기관에 대한 규제를 규정하고 있는 예방적 입법은 금융기관에 건전성 문제가 발생하였을 때 예금자와 금융시장을 보호하기 위한 금융규제법과는 차원이 다른 것으로, 그 목적은 광범위한 금융거래정보 제공 등을 통해 효율적으로 범죄자와 그 수익을 추적할 수 있도록 하는 데에 있다고 한다. 따라서 원칙 중심의 규제가 아니라 규정 중심의 상세한 규제 입법을 하게 되는 것이며,[261] 자금세탁의 정의도 자금세탁을 범죄화하는 집행적 규제 입법과 동일하게 규정하는 것을 선호하는 것이라고 한다.[262]

자금세탁방지를 위해 금융기관을 규제하는 근거와 관련해서는 이는 자금세탁 현상의 특성에 기인한 것으로, 금융기관은 자금세탁의 실행에 중요한 역할을 하므로 모든 금융기관이 자금세탁의 표적이 될 수 있을 뿐 아니라, 범죄수익이 금융기관에 투입되면 의심을 피하고 국제적 유통이 가능해지며 은행비밀에 의한 보호를 받기 때문이라고 설명한다.[263]

자금세탁방지 규제의 핵심 내용인 고객확인과 의심거래보고는 고객의 사업에 관여하지 않고 고객의 비밀을 유지해야 한다는 은행 원칙을 훼손하는 것이나, 위와 같은 규제 근거에 의해 정당화될 수 있다고 한다.[264] 그리고 자금세탁방지 규제를 통해 금융기관으로 하여금 범죄의

---

260) Guy Stessens(주 62), pp.110-111.
261) Guy Stessens(주 62), pp.111-112.
262) Guy Stessens(주 62), p.140.
263) Guy Stessens(주 62), pp.133-134.
264) Guy Stessens(주 62), pp.143.

적발 기능을 담당하도록 하는 것은 금융기관에게 부담을 줄 수 있으나, 금융기관은 정부의 보호로 인한 독점 효과로 그 부담을 충분히 상쇄할 수 있을 뿐 아니라 법적인 불확실성을 제거하는 편익을 얻는 것이라는 점을 지적하고 있다.[265]

2) 자금세탁방지의 정당성 근거를 비판하는 견해

이 견해는 자금세탁방지와 관련하여 FATF가 제시하는 예방적 규제의 정당성에 대한 근거를 비판하는 방법을 통해, 자금세탁방지가 본래적인 의미의 금융규제와는 무관한 것이라는 결론을 도출하고 있다.[266]

즉 FATF는 자금세탁이 범죄수익이 침투된 개별 금융기관은 물론 금융시스템 나아가 국가경제시스템의 건전성을 저해하는 동시에, 범죄의 재생산을 가능하게 한다는 점을 금융기관 규제를 정당화하는 근거로 내세우고 있으나, 이는 타당하지 않다는 것이다.

먼저 건전성 이슈에 대해서는, 범죄는 이미 발생한 것으로 개별 금융기관이나 금융시스템 등 범죄수익이 세탁되는 영역은 범죄 발생 지점과 관련이 없기 때문에 금융기관은 자금세탁에 관용적일 뿐 아니라, 영리를 목적으로 하는 금융기관으로서는 수익 창출을 위해 자금세탁을 유치할 가능성이 높은데, 이는 금융기관의 건전성을 해치는 것이 아니라 수익성 제고로 이어져 오히려 건전성에 도움이 된다는 것이다.

그렇기 때문에 금융기관들은 오랜 기간 동안 별다른 해를 입지 않고 자금세탁에 적극 관여해 왔고 특히 자금 유치가 절실한 개발도상국의 경우 범죄수익의 반입은 국가경제 발전에 기여할 수 있는 것으로, 금융기관의 규제는 선진국에서 개발도상국으로의 국제적인 자금 이전을 가로막아 개발도상국 경제에 부정적 영향을 끼칠 수 있다고 한다.

FATF가 건전성 이슈의 논거로 드는 범죄조직의 금융기관 침투 문제

---

265) Guy Stessens(주 62), pp.180.
266) Peter Alldridge(주 205), p.446-451.

에 대해서도, 만약 범죄조직이 금융기관의 주주가 된다고 하더라도 해당 금융기관이 금융규제법상의 건전성 규제를 준수하면 건전성 문제는 발생하지 않는 것이므로, 역시 건전성과 자금세탁은 무관한 것이라고 한다.

나아가 범죄의 재생산 이슈와 관련하여, 범죄자는 현금거래 등을 통해 얼마든지 범죄를 반복할 수 있고 따라서 범죄의 재생산이 금융시스템을 이용한 자금세탁과 필연적으로 연결되는 것은 아니므로, 위 논거 역시 금융기관 규제를 정당화할 수는 없다고 한다. 결국 FATF가 내세우는 금융기관 규제의 근거는 일종의 맹신(leap of faith)일 뿐이라는 것이다.

그럼에도 금융기관을 규제하는 이유는 금융기관에게 자금세탁을 적발하는 역할을 맡기기 위한 것으로, 자금세탁방지 비용은 매우 높기 때문에 일반국민이 부담하게 되면 효율성 논란이 제기될 수 있는 반면, 금융기관은 그 비용을 고객에게 전가할 수 있기 때문이라고 설명한다.[267]

3) 규제의 완화나 폐지를 주장하는 견해

이 견해 역시 자금세탁방지는 범죄의 예방을 위한 것일 뿐 본래적인 의미의 금융규제와는 관련이 없다는 것을 전제하면서, 범죄 예방효과의 관점으로 접근하여 규제의 완화 내지 폐지를 주장하고 있다.

즉 고객확인과 정부당국 보고 및 기록보존 의무 등 금융기관에 대한 자금세탁방지 규제는 범죄 예방을 위한 것으로서 건전성 등 금융규제의 목적과는 직접적인 관련이 없고, 자금세탁방지에서 규정하는 내부통제도 위와 같은 의무를 준수하기 위한 것일 뿐이라고 한다.[268] 그런데 이와 같이 정부가 직접적으로 규제하는 것은 금융기관에게 과도한 부담을 지우는 반면 실제 범죄예방 효과가 있는지 의문이므로, 비용편익 분석의 관점에서 자율규제를 도입하는 것이 훨씬 효율적이라고 주장한다.[269]

나아가 자금세탁 자체는 누구에게도 피해를 입히지 않는 것으로, 그

---

267) Peter Alldridge(주 205), p.460.

268) Thomas D. Grant(주 75), p.252,

269) Thomas D. Grant(주 75), p.260-268,

로 인한 피해의 규모가 불명확하고 전제범죄의 예방 효과가 있는지 여부도 의문이며, Posner의 비용편익 분석에 의할 때 자금세탁에 대한 규제는 사회적 효율을 가져오는 것이 아니므로, 규제 자체를 폐지해야 한다는 급진적인 주장도 제기되고 있다.[270]

나. 금융규제설

이는 자금세탁방지가 금융기관 나아가 금융시스템의 건전성 보호를 위한 금융규제의 일환이라는 입장으로서, 그 논거에 대해서는 아래와 같이 2가지 견해로 나눌 수 있다.

1) 금융규제의 목적으로 접근하는 견해

이 견해는 자금세탁방지를 금융규제의 목적에 포함되는 것으로 설명하면서 금융규제의 일환으로 파악하는 입장이다.

즉 금융규제는 시장의 실패를 개선하여 금융시스템이 원활하게 작동할 수 있도록 정부가 개입하는 작용으로서,[271] 금융규제의 목적은 크게 투자자 등 금융시스템 이용자의 보호, 소매금융에서의 투자자 보호, 금융의 안정성, 시장의 효율성, 경쟁의 촉진 및 금융범죄의 방지 등으로 구성된다고 한다.[272]

그 중 금융범죄의 방지는 기본적으로 위에서 열거한 다른 금융규제의 목적을 달성하기 위한 수단이라고 할 수 있겠으나, 이와 달리 자금세탁방지는 독자적인 금융규제의 목적이 될 수 있다고 한다. 그 이유는 금

---

270) Loek Groot, "Money Laundering, Drugs and Prostitution as Victimless Crimes" in Brigitte Unger & Daan Van Der Linde (ed), Research Handbook on Money Laundering, Edward Elgar Publishing (2013), p.59.

271) John Armor et al., Principles of Financial Regulation, Oxford University Press (2016), p.51.

272) John Armor et al.(주 271), pp.61-69.

융시스템이 자금세탁과 같은 사회적 해악을 끼치는 행위에 이용되는 것은 금융시스템을 운용하는 과정에서 나타나는 외부효과 내지 공공재에 대비되는 공공악(public bads)으로서, 이를 감소시키는 것은 시장 실패를 개선하는 금융규제 본연의 목적에 부합하기 때문이며, 이로써 금융기관에 대한 자금세탁방지 규제가 정당화될 수 있다고 한다.273)

2) 금융시스템 건전성을 위한 규제라는 견해

이 견해는 자금세탁이 금융시스템의 건전성을 훼손하는 행위이므로 이를 방지하기 위해 금융기관을 규제해야 한다는 것으로, 자금세탁방지를 건전성 규제의 일환으로 파악하는 입장이라고 할 수 있다.

즉 자금세탁은 범죄조직이 국가구조의 모든 차원을 부패시킬 수 있도록 하는데, 특히 범죄수익이 금융기관으로 광범위하게 들어오게 되면 금융기관의 신뢰성과 안정성이 훼손될 수 있을 뿐 아니라, 금융기관 종사자의 과실 또는 범죄자와의 결탁에 의하여 금융기관이 금융범죄의 직접적인 피해를 입을 수 있다고 한다.274)

따라서 자금세탁이 금융 분야에 미치는 부정적인 영향은 매우 크다고 할 수 있으므로, 자금세탁방지를 위한 금융기관 규제는 건전성 보호를 위해 필수적이라고 한다.275)

또한 자금세탁은 범죄수익이 지하경제에서 합법적 경제시스템으로 들어오는 작용으로서 금융기관에게 매우 유용하고 매력적이기 때문에 금융기관의 도움으로 쉽게 이루어질 수 있고, 이를 통해 범죄조직이 해당 금융기관 나아가 국가경제정책의 의사결정에 관여할 수 있게 됨으로써 금융시스템의 위험을 초래할 수 있다고 한다.276) 나아가 자금세탁은

---

273) John Armor et al.(주 271), p.69.
274) William C. Gilmore, "International Efforts to Combat Money Laundering", Commonwealth Law Bulletin, vol. 18, no. 3 (1992), p.1130.
275) William C. Gilmore(주 96), p.2. William C. Gilmore(주 274), p.1130.
276) Ramona-Mihaela Urziceanu(주 109), p.307.

사회·경제·정치적 영향을 미치는 것으로, 인플레이션이나 금융기관의
파산으로 이어질 수도 있는 것이라고 한다.[277]

이상과 같이 자금세탁방지는 금융시스템의 건전성을 보호하기 위한
규제이며,[278] 이를 위해 전통적인 은행비밀의 원칙은 희생된 것이라고
설명된다.[279]

다. 절충설

이 견해는 자금세탁방지와 관련된 금융기관 규제의 주된 목적은 범
죄 방지에 있으나, 금융기관 및 금융시스템의 건전성 보호라는 금융규제
의 성격도 가지고 있는 것으로 파악하는 입장이다.

즉 자금세탁방지 규제는 금융기관으로 하여금 무상으로 범죄 예방의
첨병 역할을 하게 하는 것으로 이는 전통적인 금융규제와는 상이하며,
특히 자금세탁방지와 관련된 금융기관의 내부통제는 건전성 규제가 아
니라 위와 같은 범죄 예방 역할을 위한 것이므로 금융산업은 중대한 이
데올로기적 변화를 요구받게 되었다고 한다.[280]

그러나 자금세탁은 범죄세력의 확장을 용이하게 하는 동시에 금융기
관에도 부정적 영향을 끼치는 것이므로 적어도 이러한 점에서는 금융규
제의 성격이 포함되어 있으며, 다만 후자와 관련해서는 역설이 있다고
한다. 수세기 동안 국내외 은행들은 자금세탁이 자신들에게 이익이 되는
것이었기 때문에 이를 용인해 왔고, 이러한 부패와 고의적인 방조를 제
지하기 위해 자금세탁을 범죄로 규정하였는데, 이러한 규정은 자금세탁

---

277) Nkechikwu Valerie Azinge-Egbiri, Regulating and Combating Money Laundering and
　　 Terrorist Financing : The Law in Emerging Economies, Routledge (2021), p.25.

278) Michael Hancock(주 59), p.195.

279) Jonathan Kirk & James Ross, Modern Financial Regulation, Jordans Publishing
　　 Limited (2013), pp.119-129. Michael Hancock(주 59), p.195.

280) Michael Levi & Peter Reuter, "Money Laundering", Crime and Justice, vol. 34 (2006),
　　 p.309.

에 연루된 금융기관에게 심각한 평판 리스크를 야기하는 것으로서 건전성 문제로 연결되었다는 것이다.[281] 이는 다시 말하면, 자금세탁은 본래 금융기관의 건전성과는 무관한 것이었으나, 자금세탁을 범죄화하면서 건전성 리스크가 대두되어 자금세탁방지가 금융기관에 대한 규제로 이어졌다는 설명으로 이해할 수 있다.

이 견해는 위와 같이 건전성 규제로서의 자금세탁방지의 성격을 신뢰성 문제로 접근하는데, 자금세탁에 연루되거나 적절한 내부통제체계를 구축하지 못한 금융기관은 고객의 신뢰를 상실하여 뱅크런(Bank run)을 유발할 수 있을 뿐 아니라 법적·금융적인 책임의 부담으로 건전성이 훼손될 수 있다는 것이다.[282] 그리고 감독당국이 금융개입비용을 낮추기 위해 자금세탁방지 검사와 건전성 감독을 연계하는 것도 이상에서 설명한 절충적 입장의 근거가 될 수 있다.[283]

3. 검토

가. 논의의 정리

비금융규제설은 자금세탁방지가 범죄 방지를 위한 규제로서 금융시스템이나 금융기관의 건전성과는 무관한 것으로 이해하므로, 주로 범죄 방지의 효율성 측면으로 접근하여 그 정당성을 설명하거나 자율규제 내지 규제 폐지까지 주장하는 것으로 볼 수 있다.

반면, 금융규제설은 자금세탁방지를 전통적인 금융규제와 동일하게 파악하므로 규제 수준의 적절성도 건전성 규제의 관점에서 바라보게 된다. 그리고 절충설은 주된 목적을 범죄 방지의 관점에서 접근하므로 이를 위주로 규제 수준의 적절성을 제시하겠지만, 금융시스템 보호와의 조

---

281) Michael Levi(주 54), pp.183-184.
282) Reuter & Truman(주 5), pp.130-131.
283) Reuter & Truman(주 5), pp.131.

화도 고려하게 될 것이다.

나. 절충설의 타당성

자금세탁방지의 주된 목적이 자금세탁 및 그 전제범죄의 예방과 범죄수익의 몰수에 있다는 점은 부정할 수 없을 것이다. 고객확인과 거래보고는 이러한 목적을 달성하기 위한 것이고, 내부통제 역시 위와 같은 조치를 충실하고 효율적으로 수행하기 위한 것이기 때문이다. 또한 자금세탁방지를 금융규제로만 파악하게 되면 금융시스템 외부에 있는 영역에 대한 예방적 규제를 설명하기 어렵게 될 뿐 아니라, 이러한 영역은 건전성 감독을 받지 않는 관계로 규제의 실효성이 없으므로 규제를 하지 말자는 주장도 제기될 수 있다.[284]

그러나 자금세탁을 통해 불법자금이 금융시스템에 진입하고 범죄세력이 금융시스템을 악용하게 되면, 그들이 해당 금융기관은 물론 국가의 금융정책과 관련된 의사결정에 부정적인 영향을 미치고 금융시스템의 투명성과 안정성이 침해되어 건전성 리스크로 연결될 수 있으며, 이는 뒤에서 보는 바와 같이 역사적으로도 증명된 바 있다. 자금세탁방지를 범죄 방지의 관점에서만 파악하는 비금융규제설은 이와 같은 위험을 고려하지 않은 것으로 타당하다고 하기 어렵다.

따라서 자금세탁방지의 주된 목적을 범죄 방지로 파악하면서도 이를 건전성 규제와 결부시켜 이해하는 절충설이 가장 적절한 입장이라고 할 수 있을 것이다.

다. 자금세탁방지 규제의 정당성

이상에서 본 바와 같이 자금세탁방지는 건전성 규제의 일환이라고

---

284) Guy Stessens(주 62), p.137.

할 수 있으므로 이 점에서 규제의 정당성을 인정받을 수 있다고 할 것이다.

나아가 금융기관은 금융시스템에 불법재산이 진입하는 것을 가장 효과적으로 차단할 수 있는 지위에 있을 뿐 아니라, 자금세탁이 수익원이 될 수 있어 범죄세력과 결탁하거나 자금세탁을 방관할 유인이 충분하므로, 이러한 점에서도 금융기관에 대한 규제는 정당성을 가진다고 할 수 있다.

John Armor et al.의 지적처럼 자금세탁은 금융시스템 운용에 따른 외부효과 내지 공공악이므로,285) 이로 인한 사회적 비용을 내부화하고 비용 부담을 통해 과다 생산을 억제할 필요가 있다. Calabresi의 사고법이론에 따라 사회적 후생의 극대화를 위해서는 사고 발생을 가장 적은 비용으로 회피할 수 있는 자에게 책임을 부담시켜야 하고,286) 자금세탁에 있어서는 금융기관이 이에 해당한다고 할 수 있으므로 금융기관이 범죄예방비용을 부담하는 자금세탁방지 규제는 정당성을 가진다.

진입규제를 통한 독점의 이익과 금융거래에 따른 수익을 향유하는 금융기관이 위와 같은 비용을 부담하지 않는 것은 부당할 뿐 아니라 범죄예방 유인의 결여로 사회적 효율에도 반하는 것이다. 비록 규제로 인해 금융기관이 부담하는 비용이 크더라도 자금세탁방지에 의한 사회적 편익을 능가할 수는 없다.287)

---

285) John Armor et al.(주 271), p.69.

286) 박세일, 법경제학, 박영사 (2013), 79면.

287) Duncan E. Alford, "Anti-Money Laundering Regulations: A Burden on Financial Institutions", North Carolina Journal of International Law, vol. 19, No. 3 (1993), p.438.

IV. 국내법상 자금세탁방지의 지위

1. 규제법 체계

국내 금융규제법은 은행, 보험, 금융투자업, 비은행금융기관 등 업권별로 동일 기능에 대한 동일 규제 원칙에 따라 규제를 하고 있는데, 특정금융정보법상 자금세탁방지 규제는 업권의 구별 없이 광범위한 금융기관을 대상으로 적용되는 것이다.

나아가 금융사지배구조법은 자금세탁방지를 건전성 규제의 일종인 지배구조 규제로 취급하고 있다. 위 법은 금융회사의 내부통제기준 마련 의무를 규정하면서 그 기준에 ① 금융거래에 내재된 자금세탁 위험을 식별·분석·평가하여 위험도에 따라 관리 수준을 차등화하는 자금세탁 위험평가체계의 구축·운영, ② 자금세탁방지 업무를 수행하는 부서로부터 독립된 부서 또는 외부전문가가 그 업무수행의 적절성, 효과성을 검토·평가하고 이에 따른 문제점을 개선하기 위한 독립적 감사체계의 마련 및 운영, ③ 소속 임직원이 자금세탁행위 등에 가담하거나 이용되지 않도록 하기 위한 임직원의 신원사항 확인 및 교육·연수 등 특정금융정보법이 규정하는 자금세탁방지 관련 내부통제체계의 내용을 포함하고 있다.[288]

2. 검토

자금세탁방지의 금융규제법상 지위에 관한 국내에서의 이론적 논의는 찾아보기 어렵다. 다만, 자금세탁방지를 규정한 특정금융정보법을 영업행위 규제에 관한 법으로 파악하는 견해가 있다.[289] 그러나 앞에서 본

---

288) 금융사지배구조법 제24조, 같은 법 시행령 제19조 제1항 제13호, 금융회사 지배구조 감독규정 제11조 제2항 제6호.

바와 같이 영업행위 규제는 부적절한 영업행위나 이해상충 행위로부터 고객을 보호하기 위한 것인 반면, 자금세탁방지는 고객에 대하여 진입장벽을 만들고 고객의 거래정보를 당국에 제공하는 것이므로 이를 영업행위 규제라고 보기는 어려울 것이다.

특정금융정보법의 목적과 관련된 판례는 없으나, 대법원은 금융실명법과 관련하여 "불법·탈법적 목적에 의한 타인 실명의 금융거래를 처벌하는 것은 이러한 금융거래를 범죄수익의 은닉이나 비자금 조성, 조세포탈, 자금세탁 등 불법·탈법행위나 범죄의 수단으로 악용하는 것을 방지하는 데에 목적"이 있다고 판시함으로써,[290] 간접적으로 자금세탁방지 규제가 범죄의 방지를 위한 것이라는 입장을 취하고 있다고 유추할 수 있다.

그러나 앞에서 검토한 절충설의 타당성 및 특정금융정보법 제1조가 범죄행위 예방과 건전하고 투명한 금융거래질서 확립을 목적으로 규정하고 있는 점, 금융사지배구조법이 자금세탁방지를 건전성 규제의 일환으로 취급하고 있는 점 등을 종합할 때, 우리 법제에서도 자금세탁방지 규제는 주된 목적이 범죄 방지이지만 건전성 규제로서의 금융규제의 성격도 가지고 있는 것으로 보아야 할 것이다.

3. 건전성 규제로서의 자금세탁방지 강화 필요성

자금세탁방지의 금융규제법상 지위를 절충설로 파악하게 되면 다음과 같은 실익이 있다.

우선 자금세탁방지는 금융규제에 한정되지 않고 범죄 방지를 주된 목적으로 하는 규제이므로 금융시스템 외부 영역을 포섭할 수 있다. 따라서 특정금융정보법에서 카지노와 가상자산사업자를 규제하는 이유를

---

289) 박준, 한민(주 104), 13면.
290) 대법원 2017. 12. 22. 선고 2017도12346 판결.

설명할 수 있고, 그 외의 비금융사업자와 전문직에 대한 규제 도입 필요
성의 근거를 제시할 수 있게 된다.[291]

또한 자금세탁방지는 건전성 규제의 성격을 가지므로 금융기관 규제
에 대한 정당성을 확보할 수 있다. 특정금융정보법이 규정하는 내부통제
체계의 구축의무는 단순히 고객확인과 거래보고를 효율적으로 이행하기
위한 것에 그치지 않고 건전성 규제의 관점에서 바라보아야 한다.

따라서 금융사지배구조법에서 위와 같은 내부통제체계의 구축의무를
건전성 규제의 일환인 지배구조 규제로서의 내부통제기준에 포함시킨
것은 적절하다고 할 수 있다. 특히 자금세탁방지를 통한 건전성의 확보
를 위해서는 이사회와 경영진의 역할과 책임이 중요하므로, 이를 명시한
지배구조법 체계를 통해 자금세탁방지 내부통제 사항을 규율하도록 한
것은 매우 타당한 조치이다.[292]

이와 같이 자금세탁방지는 건전성 규제로서 기능하는 것이므로 금융
기관에 대한 규제는 더욱 강화될 필요가 있으며, 현행법 체계에서 아래
2가지 사항이 검토되어야 한다.

첫째, 지배구조 규제로서의 대주주 변경승인과 임원의 자격제한,[293]
인가·등록·신고 제한 및 법령 위반에 따른 행정처분 등의 준거법이 되는
'금융 관련 법령'에 자금세탁방지 법령이 빠짐없이 포함되도록 정비할
필요가 있다.

따라서 금융사지배구조법, 금융지주회사법, 자본시장과 금융투자업
에 관한 법률(이하 '자본시장법'), 여신전문금융업법, 대부업 등의 등록

---

291) 비금융사업자와 전문직에 대한 규제 도입방안에 대해서는 안형도, 김종혁, 전
    문직 및 비금융업의 자금세탁방지의무: 주요국 운영사례와 제도 도입방안, 대
    외경제정책연구원 (2005), 118-129면. 변호사에 대한 자금세탁방지의무 부과와
    비밀유지의무의 조화 방안에 관한 국내 논의는 노혁준, "변호사의 비밀유지
    의무와 의심거래보고에 관한 연구", 법제연구 제56호, 한국법제연구원 (2019),
    196-205면.
292) 장일석, 자금세탁 방지제도의 이해, 박영사 (2021), 372면.
293) 김건식, 정순섭(주 248), 722면.

및 금융이용자 보호에 관한 법률 등에서 정의하는 금융 관련 법령에 범죄수익은닉규제법을 추가하고,[294] 기업구조조정투자회사법, 신용협동조합법 등에서는 특정금융정보법 및 범죄수익은닉규제법을 금융 관련 법령으로 명시함이 상당하다.[295]

둘째, 가상자산과 관련된 고객확인의무를 더욱 강화할 필요가 있다. 서론에서 언급한 것처럼 가상자산거래소가 국내 은행들을 통해 수조 원대의 자금을 해외로 불법 송금한 사건에서 해당 은행들의 자금세탁 관련 책임 문제가 제기된 바 있고,[296] 이와 같은 막대한 불법자금의 유입은 금융기관의 건전성을 심각하게 저해할 수 있다.

2021. 3. 25. 시행된 개정 특정금융정보법에서는 가상자산사업자에 대하여 진입규제 및 자금세탁방지의무를 부과하는 한편, 금융회사 등에 대해서도 가상자산사업자와 거래하는 경우 신원과 실소유자 및 거래목적과 자금원천은 물론 신고 여부를 확인하고, 미신고 또는 공중 등 협박목적 및 대량살상무기확산을 위한 자금조달행위의 금지에 관한 법률(이하 '테러자금금지법')상 금융거래 제한대상자와 금융거래를 한 가상자산사업자 고객에 대해서는 거래를 단절하도록 하였다.[297]

이와 같은 자금세탁방지 규제는 더욱 유지·강화될 필요가 있으며, 특히 해외송금의 경우 고객확인의 수준이 제고되어야 할 것이다. 다만, 이러한 규제의 강화는 가상자산사업자를 통하지 않는 DeFi나 DEX 등으로

---

294) 금융사지배구조법 제2조 제7호, 같은 법 시행령 제5조, 금융지주회사법 제57조 제1항, 같은 법 시행령 제31조의2, 자본시장법 제12조 제3항, 같은 법 시행령 제16조 제8항 제2호, 여신전문금융업법 제6조 제1항 제4호, 같은 법 시행령 제6조, 대부업 등의 등록 및 금융이용자 보호에 관한 법률 제4조 제2항 제2호, 같은 법 시행령 제2조의12.

295) 기업구조조정투자회사법 제4조 제2항 제3호, 제5호, 제6호, 같은 법 시행령 제5조 제1항, 신용협동조합법 제28조 제1항 제5호, 같은 법 시행령 제15조 제1항.

296) 국민일보 2022. 8. 15.자 사설, "국제 돈세탁 놀이터 우려되는 국내 은행들" 참조. https://news.kmib.co.kr/article/view.asp?arcid=0924259155&code=11171111&cp=nv (마지막 방문 2023. 5. 18.)

297) 특정금융정보법 제5조의2 제1항 제3호, 제4항 제2호, 제3호, 제7조.

불법자금이 이동하는 풍선효과를 야기할 수 있으므로,[298) 이에 대한 보완책의 강구가 향후 과제로 남는다.

---

298) 김현태, "탈중앙화금융 관련 자금세탁 예방을 위한 향후 과제", 주간금융브리프 제31권 제8호, 한국금융연구원 (2022), 6면.

제3장

자금세탁방지의
연혁과 발전 과정

제1절 개요

제2장에서 살펴본 바와 같이 자금세탁방지는 전통적인 금융규제의 관점에서만 접근하기는 어려우며, 자금세탁의 전제가 되는 범죄 및 그로 인한 수익의 향유를 방지하는 동시에 금융시스템을 범죄에 이용하는 행위를 차단함으로써 금융시스템의 안정성과 신뢰성을 확보하는 이중적인 목적을 가지고 있는 것이다.

자금세탁은 Al Capone 사건에서 보듯이 현대적인 금융시스템이 본격적으로 구축되기 전에 이미 시작되었고, 이후 금융시스템의 발전과 더불어 자금세탁 행위자들이 범죄수익의 불법적인 원천을 합법적인 것으로 위장하기 위한 가장 효율적인 방법으로 금융기관을 이용하게 되었다. 이에 따라 자금세탁이 주로 금융거래와 결부되면서 자금세탁방지의 핵심은 금융기관에 대한 규제로 이어졌다.

그러나 금융시장의 자유화와 규제완화 및 국제화에 따른 자금의 자유로운 국제적 이동은 자금세탁을 용이하게 하였을 뿐 아니라, 미국 등 선진국에서 진행된 금융기관에 대한 자금세탁방지 규제의 강화는 그와 같은 규제가 미약한 국가의 금융시스템으로 불법자금이 이동하는 결과를 초래하였다.[1] 또한 금융기관 규제의 강화로 인해 자금세탁은 카지노나 자동차판매딜러, 부동산중개인 등 비금융사업자는 물론 변호사·회계사 등 전문직을 이용하는 방식으로 그 범위가 확장되었다. 특히 탈중앙화와 익명성으로 자금세탁 위험이 수반되는 가상자산이 등장함에 따라 자금세탁은 더욱 복잡한 양상으로 전개되고 있다.

이에 자금세탁방지 제도는 전통적인 국내 금융기관에 대한 규제를 넘어 국제협력은 물론 비금융사업자와 전문직 및 가상자산에 대한 규제

---

1) Wolfgang Hetzer, "Money Laundering and Financial Markets", European Journal of Crime, Criminal Law and Criminal Justice, vol. 11, no. 3 (2003), p.264.

를 강조하는 방향으로 발전되어 왔다.

이와 같이 자금세탁방지의 연혁과 발전 과정은 자금세탁의 역사와 궤를 같이 하는 것으로, 자금세탁방지는 금융기관에 대한 규제에 한정되지 않고 자금세탁 행위가 침투할 수 있는 모든 범주를 포괄할 수 있다. 그러나 자금세탁의 주축은 금융시스템의 이용으로서 자금세탁방지의 핵심은 이를 차단하는 데에 있다는 점은 부정할 수 없다.

따라서 제2장에서 검토한 자금세탁방지의 금융규제법상 지위를 더욱 명확히 정립하기 위해서는 자금세탁과 그 방지 제도의 역사를 구체적으로 검토할 필요가 있다. 이하에서는 자금세탁의 기법이 어떻게 변화하여 왔는지 그리고 이에 대응하여 국제적인 자금세탁방지 체계와 각국의 입법이 어떻게 발전되어 왔는지를 중심으로 자금세탁방지의 연혁과 변천 과정을 살펴보기로 한다.

제2절 자금세탁의 역사

I. 자금세탁의 기원

범죄수익의 원천을 위장하는 자금세탁은 금융시스템이 생성되기 시작한 근현대에서 비로소 발생한 현상이 아니라, 인류 문명의 일부분이라고 할 만큼 역사적으로 매우 오래된 것이라고 설명된다.[2]

즉 2,000년 이전에 고대 중국 상인들은 그들이 쌓은 부를 정부가 가져가지 못하도록 하기 위해 은닉이 용이한 상품을 구입하면서 그 대금을 해외로 이전하는 등 다양한 방법으로 소득을 은닉하거나 그 출처를 위장하였다.[3] 중세 유럽의 고리대금업자들은 가톨릭교회가 고리대금을 불법으로 규정한 법률의 적용을 회피하기 위하여 자금 흐름을 숨기는 다양한 금융기법을 개발하였는데, 이는 오늘날 자금을 복잡하게 순환시키는 자금세탁 기법과 유사한 것이라고 한다.[4]

또한 지중해의 해적들은 로마의 보급품을 약탈하고 이를 숨겨왔는데 기원전 67년 폼페이우스에 진압되었고, 16세기부터 18세기까지는 유럽 상선을 공격하면서 그 약탈품을 은닉하거나 출처를 위장하여 소위 '금세탁의 개척자'가 되었다고 한다.[5] 그리고 스위스 비밀은행은 적어도 프랑스혁명 무렵부터 조세 회피를 위한 자금세탁을 해 왔다고 한다.[6]

그러나 자금세탁이라는 용어의 기원에서 본 바와 같이 현대적인 의

---

2) Jason C. Sharman, The Money Laundry: Regulating Criminal Finance in the Global Economy, Cornell University Press (2011), p.16.

3) Liliya Gelemerova, "On the frontline against money-laundering: the regulatory minefield", Crime, Law and Social Change, vol. 52, no. 1 (2008), p.34.

4) Ramona-Mihaela Urziceanu, "Money Laundering", AGORA International Journal of Juridical Sciences, 2008 (2008), p.305. Liliya Gelemerova(주 3), p.34.

5) Liliya Gelemerova(주 3), p.34.

6) Liliya Gelemerova(주 3), p.34.

미에서의 본격적인 자금세탁은 논란이 있기는 하지만 1920-1930년에 활동한 Al Capone 등 미국 마피아로부터 시작되었다고 할 수 있고, 1972년 워터게이트 사건에서 최초로 자금세탁이라는 용어가 공식적으로 사용되었다. 사법적으로는 1982년 미국 연방법원이 U.S. v. $4,255,625.39 판결에서 최초로 자금세탁이라는 용어를 사용하였다.

그 후 1980년대에 자금세탁과 관련되어 Franklin National Bank를 붕괴시킨 Sindona 사건이 발생하였고, 1990년대에는 대형 은행 자체가 전문적으로 자금세탁에 가담한 BCCI 사건이 발생하였다. 그리고 2000년 이후 최근까지 Wachovia Bank,[7] Standard Chartered Bank[8] 등 대형 금융기관이 자금세탁에 연루되는 스캔들이 계속 불거져 왔다.

이하에서는 Al Capone부터 BCCI에 이르기까지 자금세탁과 관련된 역사적 사건을 차례로 살펴본다.

---

7) Deferred Prosecution Agreement in U.S. v. Wachovia Bank, No. 10-20165-CR-LENARD (S.D. Fla. Mar 12, 2010).

8) Deferred Prosecution Agreement in U.S. v. Standard Chartered Bank, No. 12-CR-262 (JEB) (Apr 9, 2019). Alex Psilakis & Bruce Zagaris, "Economic Sanctions", International Enforcement Law Reporter, vol. 35, no. 4 (2019), p.128.

Ⅱ. 자금세탁과 관련된 역사적 사건

1. Al Capone 사건

가. 사건의 개요[9]

　1925년부터 1931년까지 미국 시카고에서 밀주제조, 도박, 매춘 등 각종 불법 사업을 운영한 마피아 두목 Al Capone는 위와 같은 범죄로 벌어들인 수익을 합법적인 것처럼 위장하기로 하였다. 이에 그는 협조적인 이탈리아 기업들이 보유한 세탁소를 인수하고 이와 함께 세차장과 내기 당구클럽을 운영하면서 그 업소들에서 나오는 합법적인 수익과 범죄수익을 혼합하여 모두 합법적인 수익인 것처럼 장부상 관리하여 왔다.

　Al Capone는 은행 계좌를 전혀 보유하지 않았고, 자신의 명의로 부동산을 구입한 적도 없으며, 범죄수익인 현금을 자신의 주거지 침대 밑에 숨겨놓은 금고에 보관하면서 모든 비용을 위 현금으로 지출하였다. 국세청(IRS) 특수정보팀은 Al Capone의 의류와 가구 구입비용, 세탁비, 전화요금, 파티비용, 호텔 숙박비 등 개인 지출 목록을 수집하여 그의 순자산을 계산하였고, 이를 분석한 정보와 Al Capone가 운영하는 도박장 종업원의 협조로 Al Capone가 소득세를 탈루한 사실을 밝혀내었다. Al Capone는 1931년 조세포탈 혐의로 기소되어 징역 11년과 50,000달러의 벌금을 선고받고 Alcatraz 교도소에서 사망하였다.

---

9) Martin Short, Crime Inc: The Story of Organized Crime, Thames Methuen (1984), pp.103-104. David A. Chaikin, "Money Laundering: An Investigatory Perspective", Criminal Law Forum, vol. 2, no. 3 (1991), pp.468, 502. Jason C. Sharman(주 2), p.16. Ramona-Mihaela Urziceanu(주 4), p.306. Brigitte Unger, "Money laundering regulation: from Al Capone to Al Qaeda" in Brigitte Unger & Daan Van Der Linde (ed), Research Handbook on Money Laundering, Edward Elgar Publishing (2013), p.19.

나. 관련 판결

연방검찰은 Al Capone를 1927년부터 1929년까지의 과세기간 동안 소득세를 포탈한 조세포탈 중범죄 및 1928년과 1929년의 세금신고서를 제출하지 않은 경범죄 혐의로 기소하였다. Al Capone는 1심 법원에서 유죄를 인정하였으나 앞에서 본 바와 같이 중형이 선고되자 유죄 인정 진술을 취소하고 항소를 제기하였다.

연방항소법원은 Capone v. U.S. 사건에서 위 항소에 대하여 심리하였다.[10] 이 재판에서 Al Capone의 변호인은 기소된 조세포탈 혐의와 관련하여 피고인에게 소득세 납부의무가 있다고 하기 어려울 뿐 아니라, 연방검찰은 피고인이 세금 납부를 회피하거나 거부하려고 시도한 방법을 공소장에 구체적으로 명시하지 않았으므로 피고인에 대한 기소는 무효라고 주장하였다.

그러나 연방항소법원은 피고인의 소득세 납부의무가 인정될 뿐 아니라 공소장은 조세포탈과 관련된 충분한 사실관계를 적시하였으므로 피고인 측 주장은 이유 없다며 항소를 기각하였고, 이에 대하여 피고인은 상고하였으나 연방대법원에서 상고기각판결로 확정되었다.[11]

다. 사건의 의의

이 사건은 자금세탁 용어의 기원이 되었다고 알려져 있으나 당시에는 자금세탁 행위를 처벌하는 규정이 없었기 때문에 조세포탈로 의율되었다. Al Capone의 자금세탁 방식은 금융기관을 전혀 이용하지 않고 범죄수익인 현금을 물리적으로 은닉하였다는 점에서 원시적인 것이라고 할 수 있다. 그러나 합법적인 사업체를 인수하는 방법으로 범죄수익의

---

10) 56 F.2d 927 (7th Cir. 1932).
11) Capone v. U.S., 286 U.S. 553 (52 S.Ct. 503. 1992).

출처를 가장한 행위는 오늘날에도 많이 활용되는 자금세탁 기법으로서 적어도 이 점에서는 선구적인 자금세탁 사건이라고 할 수 있을 것이다.

2. 워터게이트 사건

가. 사건의 개요

워터게이트 사건의 전체적인 개요는 당시 New York Times 사설[12]과 연방하원의회보고서[13] 및 특별검사보고서[14] 등을 통해 확인할 수 있는데, 이하에서는 범죄와 관련된 자금을 중심으로 살펴본다.

1972년 6월 17일 워싱턴 D.C. 소재 워터게이트 빌딩에 위치한 민주당 전국위원회 본부에 괴한 5명이 침입하는 사건이 발생하였고 그들은 강도 혐의로 체포되었다. 침입의 목적은 도청장비를 설치하기 위한 것이었고, 그들이 지급받은 자금과 지출 경비의 출처가 당시 공화당 대통령후보인 현직대통령 닉슨의 선거캠프였으며, 닉슨 재선위원장 Mitchell과 닉슨의 비서실장 겸 수석보좌관 Halderman이 연루된 사실이 드러나면서 특별검사의 수사가 개시되었다.

수사 결과 다음과 같은 사실이 확인되었다.

닉슨 선거캠프는 주요 기부자들로부터 170만 달러의 자금을 모집하

---

12) David Rosenbaum, "An Explanation: How Money That Financed Watergate Was Raised and Distributed", New York Times (May 17, 1974).
   https://www.nytimes.com/1974/05/17/archives/an-explanation-how-money-that-financed-watergate-was-raised-and.html (마지막 방문 2023. 5. 18.)

13) United States, "Minority Memorandum on Facts and Law: Hearings before the Committee on the Judiciary - Watergate Case", House of Representatives, Ninety-Third Congress, Second Session, Pursuant to H. Res. 803 (1974).

14) Watergate Special Prosecution Force Final Report (1977).
   https://babel.hathitrust.org/cgi/pt?id=mdp.39015002642273&view=1up&seq=7 (마지막 방문 2023. 5. 18.)

여 그 중 50만 달러를 침입 괴한들의 도청장비 구입 등 경비와 보수 명목으로 지급하고 19만 9,000달러를 이 사건의 기획자에게 지급하였다.

위 괴한들이 체포된 이후에는 선거캠프의 연루 혐의를 은폐하기 위해 그들이 사건의 실체를 증언하지 못하도록 입막음하는데 사용할 목적으로 추가 자금이 모집되었다. 이는 방위비 명목으로 합법적인 정치자금을 모집하는 것처럼 위장하여 기업 등으로부터 23만 달러 이상을 수수하는 방법으로 이루어졌다. 이와 같이 마련된 자금은 위 괴한들의 가족과 변호인들에게 전달되었다.

나아가 닉슨이 이 사건에 연루되어 있는 것으로 추정되는 녹취록이 공개되었고, 위 Mitchell 등이 기소된 사건과 관련하여 1974년 2월 연방대배심이 닉슨을 공범으로 지목하고 1974년 8월 연방하원 사법위원회가 닉슨에 대한 탄핵을 가결하자 닉슨은 사임하였다.

이 사건과 관련해서는 U.S. v. Mitchell,[15] U.S. v. Halderman[16] 등 다수의 연방법원 판결이 있다.[17]

나. 자금세탁과 관련된 사실관계[18]

민주당 전국위원회 본부 내 도청장비 설치 공작을 위한 자금과 범죄 혐의 은폐를 위한 입막음용 자금은 주로 기업들로부터 모금하는 방법으로 조성되었다. 해당 기업들은 해외 자회사와의 가공거래나 납품업체로

---

15) 397 F.Supp. 166 (D.D.C. 1974).
16) 559 F.2d 31 (D.C.Cir. 1976).
17) U.S. v. Mitchell, 377 F.Supp. 1326 (D.D.C. 1974). U.S. v. Mitchell, 377 F.Supp. 1312 (D.D.C. 1974). U.S. v. Halderman, 559 F.2d 31 (D.C.Cir. 1976). U.S. v. Mardian, 546 F.2d 973 (D.C.Cir. 1976). Enrichman v. U.S., 431 U.S. 933 (U.S.D.C. 1977). U.S. v. Nixon, 418 U.S. 683 (U.S.D.C. 1974).
18) Ronald P. Kane, "Improper Corporate Payments: The Second Half of Watergate", Loyola University of Chicago Law Journal, vol. 8, no. 1 (1976), pp.6-8. Watergate Special Prosecution Force Final Report(주 14), pp.8-12. David Rosenbaum(주 12).

부터 대량구매에 따른 할인을 받고 그 할인금을 빼돌리는 방식으로 비자금을 조성한 후 이를 현금으로 닉슨 선거캠프에 전달하였다.[19] 대표적으로 Ashland 정유회사는 해외 자회사와의 가공거래를 통해 10만 달러의 비자금을 조성하고 이를 스위스 소재 은행에 예치한 후 인출하여 직접 선거캠프 관계자에게 교부하였다.

이와 같이 마련된 자금 중 일부는 은행계좌에 예치되고 나머지는 백악관 금고나 대여금고에 보관하는 방식으로 관리되었다. 워터게이트 빌딩을 침입한 괴한들에 대한 보수 및 경비 명목으로 지급된 돈은 위와 같이 보관하던 현금 및 멕시코 은행을 경유하여 세탁한 자금이었다.

특히 위 괴한들이 체포된 이후 입막음을 위하여 조성된 자금은 100달러짜리 지폐로 여러 다발을 만들어 전직 경찰관인 배달원을 통해 공항 사물함, 공중전화 부스, 모텔 로비 등에 놓아두는 방식으로 위 괴한들의 가족이나 변호인들에게 전달되었다.

다. 사건의 의의

이 사건에서는 공식적으로 자금세탁이라는 용어가 최초로 사용되었고, Al Capone 사건과 마찬가지로 당시 자금세탁 행위를 처벌하는 규정이 없었던 관계로 자금세탁에 대한 사법적 판단이 이루어지는 않았다.

그러나 이 사건에서 자금세탁이 해외에 소재한 자회사와 금융기관을 통해 이루어지는 등 금융시스템과 국제적인 네트워크를 이용하였다는 사실은 중요한 의미가 있다. 또한 현금을 금고에 은닉하거나 소액으로 분할한 행위 역시 전형적인 자금세탁 수법이라고 할 수 있다.

이 사건 이후 포드 대통령은 기업의 해외 거래를 통한 비자금 조성 등 불법행위를 막기 위해 1976년 기업의 해외 의심지급 방지기구(Task

---

19) 위와 같은 방식으로 닉슨 선거캠프에 자금을 전달한 일부 기업 관계자들은 뇌물공여 혐의로 기소되었다. Ronald P. Kane(주 18), p.6. Watergate Special Prosecution Force Final Report(주 14), pp.11-12.

Force on Questionable Corporate Payments Abroad)를 설립하였고, 위 기구
는 상무부장관의 지휘 하에 의심스러운 해외 지급과 관련된 사안에 대
하여 광범위한 조사를 수행하게 되었다.[20]

3. U.S. v. $4,255,625.39

가. 판결 내용

U.S. v. $4,255,625.39 사건[21]은 정부가 은행에 예치된 자금 및 현금을
압수하고 이를 마약거래로 인한 범죄수익이라고 주장하면서 민사몰수를
구한 사안이다.

1) 사실관계

콜롬비아에서 여행업체와 Sonal이라는 상호의 환전업체를 운영하던
콜롬비아인 Ghitis는 미국 마이애미에 소재한 Capital Bank에 예치금에 대
한 월 1%의 계좌수수료를 납부하는 조건으로 위 Sonal 명의의 계좌를 개
설하였다. 이후 Ghitis는 출처 불명의 자금을 콜롬비아의 유명 환전상
Molina를 통해 미국달러로 교환한 후 불상의 콜롬비아인들로 하여금
1980년 3월부터 5월까지 위 계좌에 5, 10, 20, 50, 100달러짜리 지폐로 된
현금으로 입금하게 하였다. 환전업체를 운영하는 Ghitis가 굳이 Molina를
통해 환전한 것은 Molina의 명성을 이용하여 위 자금의 출처를 의심받지
않기 위한 것이었다.

그 후 1980년 5월경 Capital Bank 지점장 Pozo는 더 이상 위와 같이 현
금을 입금받을 수 없다는 거부의사를 표시하였다. 이에 Ghitis는 미국인
Eisenstein을 월 1,500달러에 고용하여 현금을 입금하도록 하는 한편, 위

---

20) Ronald P. Kane(주 18), p.2, fn.8. William E. Simon, "U.S. Cracks Down on Foreign
    Payoffs, Illegal Acts", Treasury Papers (April, 1976), p.26.
21) 551 F.Supp. 314 (S.D.Fla. 1982).

은행의 은행장 Holtz를 만나 입금 문제를 상의하였는데 Holtz는 계좌수수
료를 월 1.5%로 올리는 조건으로 입금을 받아주기로 합의하였다.

이에 Eisenstein은 그때부터 1980년 7월까지 1주일에 2-3회씩 Ghitis의 자
금을 여행용 가방, 더플백, 항공용 가방에 담긴 현금으로 위 은행 계좌에
입금해 왔다. 그 현금은 Ghitis가 Molina에게서 환전한 미국달러로서
Molina의 대리인 Alberto가 콜롬비아인 배달원들을 통해 전달한 것이었다.

1980년 8월에는 Ghitis의 자금을 입금할 Capital Bank 지점을 기존의 시
내 지점에서 도심 외곽에 있는 North Bay Village 지점으로 변경하고
Eisenstein은 주거지를 위 지점 근처로 옮긴 후 계속 현금을 입금하였다.
위 지점 은행원은 Ghitis가 구입해 준 지폐계수기로 입금되는 현금을 계
산하였다.

그런데 Eisenstein은 1981년 3월에 이르러 자신이 입금한 자금의 출처
를 의심하면서 걱정하기 시작하였고, 이에 Ghitis는 농산물·원자재 수출
입과 관련된 환전거래 및 판매 수수료라고 안심시켰다.

Eisenstein은 국외로부터 5,000달러 이상의 현금을 수취할 경우 Forms
4790에 따른 국제지급수단이송보고(CMIR)를 해야 할 의무가 있지만[22] 이
를 이행하지 않았다. Capital Bank는 위와 같은 현금 입금거래와 관련하
여 고액현금거래보고(CTR)[23]를 해오다가 이를 변경하여 국제지급수단이
송보고를 하였다. 그러나 이는 반출국가를 명시하지 않은 불충분한 것이
었고, 해당 보고는 보고 수취기관인 관세청이 아니라 국세청을 상대로
이루어진 것이었다.

이후 Ghitis는 위 계좌에 예치된 자금이 압수될 가능성을 우려하면서
1981년 8월 은행장 Holtz를 다시 만나 입금 문제를 상의하였다. 그 자리
에서 Ghitis는 마약거래와의 관련성을 부정하면서도 일부 자금은 마약거
래에 연루된 의심이 있다는 점을 언급하였다. 이에 Holtz는 위 계좌의 수

22) 31 U.S.C. § 5316, 31 C.F.R. § 1010.340.
23) 31 U.S.C. § 5313, 31 C.F.R. §§ 1010.310-315.

수료를 기존의 월 1.5%에서 월 30만 달러의 정액으로 인상하면서 이를 1981년 5월부터 소급적용할 것을 요구하였고 Ghitis는 이를 승낙하였다.

그러나 결국 Eisenstein은 심리적 동요를 일으켜 관세청에 협조하기로 하였다. 이에 따라 관세청은 Eisenstein의 주거지로 배달된 종이가방이나 카드보드박스에 담긴 현금 3,686,639달러 및 Captial Bank의 Sonal 명의 계좌에 예치되어 있는 4,255,625.39달러를 압수하였고, 미국 법무부는 위 자금에 대한 민사몰수를 구하였다.

당시 콜롬비아 환전상 Molina로부터 환전한 미국달러로서 위 계좌에 예치되었던 자금은 총 1억 9,100만 달러에 이른다.

2) 연방법원의 판단

연방법원은 이 사건에서 Ghitis가 운영하는 Sonal이나 콜롬비아 환전상 Molina 등 사건관계인이 마약거래에 연루되었다는 점에 대한 직접적인 증거는 없으나, 해당 자금이 유명 환전상을 경유하여 합법적인 금융기관에 예치되는 일련의 과정 및 그 금융기관이 계속하여 수수료를 인상하면서 엄청난 액수의 수수료를 받은 사실을 종합하면, 이는 범죄수익의 출처를 합법적인 것처럼 위장하기 위한 '자금세탁'으로 인정하기에 충분하다고 판시하였다.

나아가 연방법원은 위와 같은 사정에 비추어 원고인 정부는 Capital Bank에 예치된 자금이 불법 마약거래로부터 유래한 것이라는 상당한 근거를 제시한 것이라고 보아야 하고, 따라서 입증책임이 전환되어 몰수를 면하려는 자가 위 자금이 범죄수익이 아니라는 점을 우월한 증거로써 증명해야 하는데 이에 이르지 못하였다고 판시하면서, 압수된 계좌 예치금 및 현금에 대한 민사몰수를 인용하였다.

나. 사건의 의의

이 사건은 사법적으로 자금세탁이라는 용어가 최초로 사용되었다는 점 뿐 아니라, 자금세탁의 기법이나 규모는 물론 금융기관의 역할과 관련하여 매우 중요한 역사적 의미를 가진다고 할 수 있다.

이 사건에서는 마약거래의 수익으로 추정되는 한화 2,000억 원이 넘는 막대한 규모의 현금이 은행에 입금되었고, 그 자금의 출처를 합법적인 것처럼 위장하기 위하여 ① 유명 환전상에서의 환전, ② 현금 입금을 담당할 제3자인 일반인의 고용, ③ 합법적 금융기관을 상대로 현금의 입출금 반복이라는 일련의 과정을 통해 자금세탁이 이루어졌다. 현금 입금과 관련해서는 현금 분할 및 다수 배달원의 이용이 병행되었다. 이러한 자금세탁 기법은 금융시스템을 본격적으로 이용하였다는 점에서 중요한 의미가 있으며, 합법적인 환전상도 자금세탁에 적극적으로 활용될 수 있다는 점을 보여주고 있다.

특히 은행은 자금의 출처가 불법적이라는 것을 인식하고 있으면서도 입금을 거부하는 대신 오히려 지속적인 수수료 인상 요구를 통해 상당한 이득을 취하고 거래와 관련된 은행비밀법상 보고의무도 제대로 이행하지 않는 등으로 자금세탁에 적극 조력하는 행태를 보였다. 이는 금융기관이 자금세탁에 가담할 유인이 크고 자신의 이익을 위해 어떻게 행동하는지를 잘 보여주는 단적인 사례로서, 자금세탁방지를 위한 금융기관의 규제 필요성을 선명하게 보여준다고 할 수 있다.

4. Sindona 사건

가. 사건의 개요[24]

이 사건은 이탈리아 출신 금융가인 Michele Sindona가 자금세탁을 통해 마련한 자금으로 미국 은행을 인수한 후 은행자금을 횡령하는 등 각종 금융범죄를 저지르고 은행을 파산에 이르게 한 사안이다.

미국 증권거래위원회(SEC)는 1974년 10월 Franklin National Bank (FNB)가 파산하자 그 경위에 대한 조사에 착수하였고, 조사 결과 위 은행 및 Franklin New York Corporation(FNYC)의 이사이자 위 회사의 국제집행위원회 의장인 Sindona의 위 은행과 회사에 대한 사기, 은행자금 횡령, 회계조작, SEC에 대한 위증 등 혐의를 규명하였다. 이에 연방검찰은 Sindona와 그 공범인 FNYC 이사 겸 위 위원회 위원 Carlo Bordoni, FNB 부행장이자 FNYC 부사장 겸 이사 Peter R. Shaddick 등을 위와 같은 혐의로 기소하였다.

연방법원은 기소된 혐의를 모두 인정하고 Sindona에게 징역 25년 및 벌금 207,000달러, Bordoni에게 징역 7년 및 벌금 20,000달러, Shaddick에게 징역 3년을 각각 선고하였다.

나. 관련 판결

Sindona의 공범들은 1심에서 혐의를 인정하여 판결이 확정되었고, Sindona는 항소를 제기하여 U.S. v. Sindona 사건[25]에서 심리되었다.

---

24) Securities and Exchange Commission Litigation Release No. 9134, "United States of America v. Michele Sindona, S75 Cr. 948 (S.D.N.Y.) (TPG)", 20 S.E.C. Docket 829, 1980 WL 21923. James D. Harmon, "United States Money Laundering Laws: International Implications", New York Law School Journal of International and Comparative Law, vol. 9, no. 1 (1998), p.3, fn.4.

1) 사실관계

1970년대 초 국제적으로 은행과 기업 집단을 지배하여 온 Sindona는 1972년 아래와 같은 과정을 통해 미국 은행인 FNB의 지분 21.6%를 4,000만 달러에 인수하였다.

① Sindona가 사실상 지배하는 이탈리아 소재 은행인 Banca Privata Finan-ziaria(BPF)와 Banca Unione(BU)에서 일반 예금자들의 자금이 예치되어 있는 수탁예금시스템(fiduciary deposit system)을 이용하여 4,000만 달러의 자금을 인출

② BPF와 BU는 위 자금을 스위스 취리히 소재 은행인 Privat Kredit Bank와 Amincor Bank에 예치

③ 위 스위스 은행들은 위와 같이 예치받은 자금을 Sindona가 설립한 명목상 회사(shell company)인 Fasco International로 이체

④ Sindona는 Fasco International에서 자금을 인출하여 FNB 지분을 인수

위 과정에서 위 이탈리아 은행들은 스위스 은행들에 이체한 자금 내역을 그 은행들에 대한 정기예금채권으로 회계처리하였다. 그러나 위 스위스 은행들은 Sindona와 사이에, Sindona의 회사인 Fasco International이 위 자금을 상환하지 않는 이상 자신들은 위 이탈리아 은행들에 대하여 자금의 상환의무가 없다는 내용의 비밀계약을 체결하였다.

또한 Sindona는 Bordoni와 공모하여 1973년 FNB를 인수한 것과 같은 방법으로 미국의 대형 금융회사인 Talcott를 2,700만 달러에 인수하였다.

그런데 1972년 위 이탈리아 은행들 중 BU의 자금이 경색되는 상황이 발생하였다. 이에 Sindona와 Bordoni는 FNB와 Talcott를 인수한 것과 유사한 방식으로 자금을 마련하여 BU에게 지급하기로 계획하고, FNB의 자금 1,500만 달러를 이탈리아 소재 은행인 Interbanca로 정기예금 명목으로 이

---

25) 636 F.2d 792 (2d Cir. 1980).

체하도록 하고 Interbanca는 위 자금을 Amincor라는 회사에 전송하고 Amincor는 이를 BU에 지급하였다. 이때에도 Interbanca는 앞에서 본 스위스 은행들의 경우와 마찬가지로 Sindona와 사이에 Amincor가 자금을 상환하지 않는 이상 자신은 FNB에 대하여 위 자금의 상환의무가 없다는 취지의 비밀계약을 체결하였다. 그리고 Sindona는 자금 이체를 신속하게 하기 위하여 Interbanca의 지배인 Gino Uglietti의 비밀계좌로 10만 5,000달러의 뇌물을 송금하였다.

그리고 Sindona는 가공의 해외환전거래를 통해 FNB의 수익을 부풀려 이를 횡령할 목적으로 부행장 Shaddick을 이용하기로 하고 그에게 뇌물을 제공할 것을 계획하였다. 이에 Sindona는 Banque de Financement에서 비밀리에 'Mr. New'라는 명의의 계좌를 개설하고 10만 달러를 '무이자 대출' 명목으로 입금하였고, Shaddick은 위 자금을 인출하여 사용한 후 무이자로 상환하였다. 또한 Sindona는 Shaddick이 원금보장 조건으로 외환거래에 투자할 수 있도록 하여 Shaddick은 47만 6,000달러의 수익을 얻었다. 이와 같이 뇌물을 받은 Shaddick은 Sindona의 의도대로 가공의 해외환전거래 및 분식회계를 실행하였다.

그 외에도 Sindona는 Manufactueres Hanover 신탁회사로부터 3,500만 달러의 대출 및 신용연장을 얻기 위해 재무상태를 허위로 기재한 진술서를 위 신탁회사에 제출하였고, FNB 주식의 매매와 관련하여 주가 조작을 시도하였다.

그 후 FNB는 1974년 10월 유동성 부실로 인하여 파산하였고, 1975년 연방예금보험공사와 FNB는 Interbanca를 상대로 앞에서 본 바와 같이 FNB가 Interbanca에 이체한 1,500만 달러의 상환을 구하는 민사소송을 제기하였다. 이 소송은 합의로 종결되고 Interbanca는 1,300만 달러를 상환하였다.

한편, Sindona는 SEC 조사 과정에서 FNB와 Talcott 인수자금의 출처가 이탈리아 은행들이라는 사실을 숨기고, 자신이 개인적으로 보유한 자금으로 위 회사들을 인수한 것이라고 허위 진술하였다.

2) 연방법원의 판단

Sindona는 FNB 등의 인수자금은 사실상 스위스 은행들을 통해 이탈리아 은행들로부터 대출받은 것에 해당하고 이는 자신의 자금으로 볼 수 있으므로 SEC에 허위 진술을 한 것이 아니며, FNB 자금 1,500만 달러는 Interbanca로부터 상환받았으므로 횡령이 성립하지 않는다고 주장하였다.

그러나 연방항소법원은 SEC 조사와 관련하여 FNB 등의 인수자금의 출처는 핵심적인 사항으로서 이를 은닉하거나 위장한 이상 허위 진술에 해당하고, FNB 자금의 일부 상환은 횡령 이후의 사후적인 사정에 불과하여 횡령죄의 성립에 장애가 없다고 판단하였으며, 그 밖에 증거능력 등을 다투는 Sindona 측의 주장도 모두 배척하고 항소를 기각하였다.

나아가 연방항소법원은 Sindona는 불법적으로 마련한 자금으로 은행을 인수하고 횡령 행위를 통해 은행을 붕괴시킨 것으로, 이는 실로 거대하고 복잡하며 파렴치한 금융 사기극으로서 금융기관에게 비극을 초래한 사건이라고 판시하였다.

다. 사건의 의의

이 사건은 국제적인 금융네트워크를 이용한 자금세탁의 기법은 물론 자금세탁이 금융시스템에 미치는 부정적인 영향을 잘 보여주고 있다. 특히 불법적인 자금세탁을 통해 금융기관을 인수한 범죄세력이 해당 금융기관의 의사결정을 좌우하면서 각종 금융범죄를 저지르고 금융기관 임직원을 부패하게 하였으며 결국 그 금융기관을 파탄에 이르게 하였다는 점에서 중요한 역사적 의미가 있다.

이 사건에서 자금세탁은 아래와 같은 방식으로 3가지 영역에서 이루어졌으며, 이는 주요한 자금세탁의 기법이라고 할 수 있다.

① 은행 인수와 관련하여 인수자금을 마련하기 위해 자신이 지배하는 다른 은행의 자금을 횡령하면서 중개은행을 끼워 넣고 그 은행에 정기예금으로 예치한 것처럼 위장하는 동시에, 명목상 회사를 설립하여 최종적으로 자금을 수령하는 방식

② 횡령한 자금의 상환과 관련하여 다시 위와 같은 방식의 자금세탁 실행

③ 은행자금의 횡령 및 회계조작을 위한 뇌물 제공과 관련하여 차명계좌를 이용하고 자금의 출처를 대출로 위장하는 방식의 자금세탁

한편, Sindona는 자금세탁과 관련하여 유명한 어록을 남겼는데, "자금세탁의 진정한 악질적 요소는 범죄수단인 더러운 돈이 아무런 방해 없이 경제의 주류로 들어가 경제의 중요한 영역을 갉아먹고 그 영역을 국제적인 범죄재벌의 지배하에 놓이게 하는 힘이며, 그 범죄재벌은 돈을 이해하지 못하는 자들이 만든 법 위에 있다"면서 방해받지 않는 자금세탁이 초래할 피할 수 없는 결과를 설명하고 있다.[26]

5. BCCI 사건

가. 사건의 개요[27]

사상 최대의 금융스캔들로 지칭되는 Bank of Credit and Commerce International(BCCI) 사건은 글로벌 금융네트워크를 구축하고 국제적인 금융서비스 업무를 수행하던 대형 금융회사가 회계부정, 횡령, 자금세탁 등 각종 금융범죄에 연루되고 결국 파산으로 이어져 폐쇄된 사건이다.

---

26) James D. Harmon(주 24), pp.2-3.

27) Nikos Passas, "The Genesis of the BCCI Scandal", Journal of Law and Society, vol. 23, no. 1 (1996), pp.57-59, 62-63. Richard Dale, "Reflections on the BCCI Affair: A United Kingdom Perspective", International Lawyer (ABA), vol. 26, no. 4 (1992), pp.959-961.

BCCI는 1972년 아부다비 통치자 Sheikh Zayed와 Bank of America가 자본을 투입하여 설립된 금융회사로서, 위 설립자들이 제공한 신용으로 급속하게 규모를 확장하여 룩셈부르크에 지주회사를 두고 룩셈부르크, 그랜드케이만을 비롯한 72개 국가에 은행, 자회사 및 지점 등을 보유한 세계적인 금융그룹으로 성장하였다.

특히 BCCI는 세계적으로 영향력 있는 조직들과 개인들에게 다양한 금융서비스를 제공하여 왔는데, 그 중에는 Willy Grant, Jimmy Carter와 같은 전·현직 정부 수장, 미국 CIA 등 각국 정보기관, UN 등 국제기구, 고위 정치인들 및 세계적인 기업가와 은행가들이 포함되어 있었다.

또한 BCCI를 위해 활동하는 미국 내 변호사와 로비스트들은 연방준비은행 임원, 연방검사, 고위급 장교, 상원의원, 대통령 고문 출신 인사 등으로 구성되어 있었고, BCCI의 주주 중에도 위와 같은 영향력 있는 인물들이 포함되어 있었으며, BCCI는 주요 정치인들의 선거운동에 대한 후원자이기도 하였다. 뿐만 아니라 BCCI는 Ernst & Whinney나 Price Waterhouse와 같은 세계적으로 명성이 있는 회계법인으로부터 감사를 받아왔다.

그러나 BCCI는 1970년대부터 최고위층이 손실 은폐를 위한 회계조작, 장부상 예금 누락, 미국 금융기관에 대한 불법 투자 은폐, 가공이익 계상 등 각종 부정을 저질러 왔다. 1980년대 들어와서는 Gulf Group에 대한 대출이 부실화되어 BCCI 자본을 초과하는 1조 달러 이상의 손실을 입게 되었고, 재무부서에서 1조 달러의 추가적인 손실이 발생하였다. 그 외에도 회계감사 과정에서 수조 달러 규모의 자금 행방이 규명되지 않는 등 총체적인 건전성 부실이 문제되어 BCCI는 결국 파산에 이르게 되었다.

나아가 BCCI는 전 세계적으로 마약판매상, 무기판매상, 밀수업자, 조세포탈범, 정치범, 독재자 및 정보기관에 금융서비스를 제공하면서 그들의 자금세탁에 적극 조력하여 왔고, 각국의 정치지도자나 고위공무원들에게 예금 유치나 은행 개설 및 각종 특혜 제공 등을 대가로 뇌물을 제공하였다는 의혹까지 받게 되었다.

이에 영국 정부는 BCCI에 대한 조사에 착수하여 1991년 7월 5일 영란은행이 BCCI의 인가를 취소함으로써 은행이 폐쇄되었다.[28] 미국 정부는 BCCI의 자금세탁 혐의를 수사하여 BCCI 법인에 대해서는 유죄인정협상으로 기소 대신 5억 5,000만 달러의 벌금을 부과하였고,[29] BCCI 임직원 5명을 자금세탁 혐의로 기소하였다.

나. 관련 판결

위와 같이 BCCI 임직원 5명은 자금세탁통제법 제1956조 소정의 자금세탁 혐의로 기소되었는데, 1심에서는 모두 유죄가 인정되었으나 항소심인 U.S. v. Awan 사건[30]에서는 피고인 1명에 대해서는 무죄를 선고하고 나머지 피고인들에 대해서는 항소를 기각하였다. 이하에서 위 항소심 판결을 살펴본다.

1) 사실관계

피고인 Amjad Awan, Akbar Bilgrami는 BCCI 남미·캐리비안 지역 사무소 임원이고, 피고인 Ian Howard는 BCCI 파리지점 매니저, 피고인 Sibte Hassan은 BCCI 파리지점 마케팅책임자, 피고인 Syed Aftab Hussain은 BCCI 파나마의 운영책임자로 근무하였다.

미국 관세청과 국세청은 공동으로 1986년부터 1988년까지 'C-Chase'라는 작전명으로 콜롬비아 마약상들과 자금세탁자들을 검거하기 위하여 함정수사를 진행하여 왔다. 그 과정에서 1987년 2월 undercover인 연방요

---

28) 영란은행은 Banking Act 1987 section 11(1)(a), (d)에 근거하여 BCCI의 은행 인가를 취소하였다. Richard Dale(주 27), p.955.

29) New York Times, "B.C.C.I. Agrees to Plead Guilty And Will Forfeit $550 Million" (Dec 20, 1991).
https://www.nytimes.com/1991/12/20/business/bcci-agrees-to-plead-guilty-and-will-forfeit-550-million.html (마지막 방문 2023. 5. 18.)

30) 966 F.2d 1415 (11th Cir. 1992).

원 Mazur는 국제적인 은행을 이용하는 것이 수사에 도움이 된다고 판단하고 마침 BCCI가 국제적인 금융서비스를 제공한다는 광고를 본 후 플로리다주 소재 BCCI Tampa 지점에 계좌를 개설하였다.

그 후 Mazur는 위 지점의 책임자 Argudo를 만나 파나마에 계좌를 가진 남미 고객과 수월하게 자금을 주고받을 수 있는 은행서비스가 필요하다고 말하였다. 그런데 Argudo는 "미국과 파나마 사이에는 미국 수사기관이 파나마 은행의 금융거래정보에 접근할 수 있는 조약이 체결되어 있지 않기 때문에 비밀을 위해서는 남미 고객이 BCCI 파나마에 계좌를 개설하는 것이 좋겠다. 그리고 당신이 파나마 회사를 설립하면 BCCI는 고액현금거래보고나 의심거래보고를 할 필요가 없다"고 설명하였다. 이에 Mazur는 BCCI가 자금세탁에 관여되어 있을 가능성이 있다고 판단하고 이를 수사하기로 결정하였다.

Mazur는 콜롬비아 마약카르텔 Medellin의 자금세탁 총책인 Mora를 만나 Argudo의 설명과 같이 파나마를 통한 자금세탁 시스템을 개발하였다고 말하였다. 그 과정은 ① 미국 도시들에서 마약상들로부터 마약판매수익인 현금을 수령하여, ② 이를 Florida National Bank(FNB)에 개설된 Mazur가 운영하는 현금창출업체의 계좌에 입금한 후, ③ 그 자금을 Mazur의 BCCI Tampa 지점 계좌로 이체하고, ④ 다시 그 자금을 BCCI 파나마에 개설된 IDC라는 상호의 파나마 법인 계좌로 이체한 후, ⑤ 위 IDC 계좌에서 발행한 수표를 마약판매수익의 원 소유자인 마약상들에게 전달하는 것이었다. 1987년 10월까지 콜롬비아 최대 코카인 제조판매조직의 하나인 Don Chepe의 마약판매수익 220만 달러가 위와 같은 방식으로 세탁되었다.

그런데 1987년 11월 BCCI 파나마 운영책임자인 피고인 Hussain은 Mazur에게 전 세계적인 차원에서 계좌의 비밀을 더욱 안전하게 지키면서 자금을 전송하는 방법이 있다고 제안하고, 118만 5,000달러를 FNB 계좌에서 뉴욕 소재 BCCI 환거래은행을 거쳐 BCCI 파나마 계좌로 송금하도록 해 주었다. 이와 관련하여 위 피고인은 Mazur에게 비밀 유지를 위해서는 가명을 사용하고 계좌번호는 기재하지 말라는 지침을 주었다.

그리고 위 피고인은 Mazur에게 "위 자금을 송금받은 BCCI 파나마는 양도성예금증서(CD) 담보부 대출금 명목으로 당신에게 돈을 줄 것인데, 그 대출의 원천을 가장하기 위해 위 CD와 대출의 관계는 BCCI 장부에 기록되지 않고 대신 다른 담보 내역이 기재될 것이다. 통상 법집행기관의 금융거래정보 요구는 결제계좌에 대한 것이기 때문에 위와 같은 시스템을 통해서 은행은 거래기록 제공을 회피할 수 있다"고 설명해 주었다.

1988년 1월경 피고인 Hussain은 Mazur에게 BCCI 남미·캐리비안 지역 사무소 임원인 피고인 Awan과 피고인 Bilgrami를 소개하였다. 피고인 Bilgrami는 Mazur가 스위스 소재 BCP Geneva 은행에 계좌를 개설하여 Mazur가 설립한 파나마 법인 명의 계좌를 통해 400만 달러의 마약판매수익금을 위 스위스 은행에 송금할 수 있도록 도와주었다.

그 무렵 Mazur는 피고인 Awan에게 자신이 거래하는 사람들은 콜롬비아에서 가장 힘 있고 규모가 큰 마약상들이라고 말해주었으나, 위 피고인은 "당신의 고객이 누구인지는 제가 상관할 일이 아닙니다"라고 답하였다.

1988년 2월 Mazur는 자신의 변호사로 하여금 프랑스, 스위스, 영국 및 룩셈부르크에 있는 회사를 인수하도록 하여 그 회사를 통해 자금의 관리 및 이체를 하고 싶다는 의사를 피고인 Awan, Bilgrami에게 표시하였다. 이에 위 피고인들은 런던과 파리에서 안심하고 접촉할 수 있는 자들을 알려주면서 스위스 은행에는 사업의 성격을 말하지 않는 것이 좋다고 조언하였다.

이후 1988년 5월 Mazur는 BCCI 파리 지점을 방문하여 피고인 Awan 등으로부터 소개받은 BCCI 지역매니저 Chinoy와 위 지점 매니저인 피고인 Howard, 위 지점 마케팅책임자인 피고인 Hassan을 만났다. 그들은 Mazur가 3개의 법인 계좌를 개설하고 그 중 1개 계좌로 100만 달러의 마약판매수익을 BCP Geneva를 경유하여 입금하는 것을 도와주었다. 그 과정에

서 Mazur는 Chinoy와 피고인 Howard에게 그의 고객이 콜롬비아 마약상
이라는 것을 말해주었다.

1988년 6월 피고인 Bilgrami는 제네바부터 런던, 룩셈부르크, 파리, 파
나마까지 너무 많은 은행이 관여되어 있어 한 군데로 모으는 것이 좋겠
다는 우려를 Mazur에게 전달하였다. 이에 Mazur는 런던에 있는 BCCI 기
업부 매니저 Baakza를 만나 새로운 계좌 개설에 대하여 상의하면서 그에
게 자신의 고객이 마약상이라는 것을 말해주었다.

이후 피고인 Bilgrami는 Mazur에게 새로운 자금세탁 시스템을 소개하
였다. 이는 마약판매수익을 미국의 FNB 계좌에 입금한 후 룩셈부르크에
개설된 새로운 계좌로 이체하고, 그곳에서 당시 마이애미나 런던 또는
스위스의 CD 계좌로 이전한 후 그 CD를 담보로 BCCI의 어느 지점에서든
대출을 일으켜 바하마 나소, 프랑스 파리, 우루과이에 개설된 Mazur의
명목상 회사 계좌로 대출금을 송금해 주는 것이었다. 이와 같은 방식으
로 수백만 달러가 세탁되었다.

1988년 10월 8일 밤 Mazur의 약혼녀로 위장한 연방요원 Ertz는 결혼식
을 명분으로 피고인들과 그 가족들을 플로리다주 소재 리조트골프클럽
으로 초대하였고, 그 자리에서 연방요원들이 피고인들을 체포함으로써
'C-Chase' 작전은 종료되었다.

2) 연방법원의 판단

피고인들은 자금세탁통제법 제1956조의 구성요건은 불명확하고 너무
광범위하여 적법절차를 보장한 수정헌법 제5조에 위반하는 무효의 조항
이라고 주장하는 외에 함정수사의 위법성 및 녹음테이프의 증거능력을
비롯한 각종 소송법상 주장을 개진하였으나, 연방항소법원은 이를 모두
배척하였다.

이 사건에서 피고인 Awan은 징역 12년과 벌금 10만 달러, 피고인
Bilgrami은 징역 12년, 피고인 Hussain은 징역 7년 3월, 피고인 Howard는

징역 4년 9월을 각각 선고받았다.

다. 사건의 의의

이상의 사실관계를 보면 BCCI는 합법적인 금융회사가 아니라 종합적인 자금세탁 서비스를 제공하는 자금세탁 전문기업이라고 생각될 정도로 대담하고 전문적으로 자금세탁을 실행하여 왔음을 알 수 있다.

BCCI 임직원들은 범죄자의 자금세탁 행위에 조력하거나 관여하는 수준을 넘어 BCCI가 구축한 국제적인 금융네트워크를 활용하여 자금세탁 시스템을 적극적으로 설계하여 주었고, 그 과정에서 근무지나 지위고하를 막론하고 마치 영업의 일환인 것처럼 경쟁적으로 불법자금을 유치하여 그 자금의 세탁을 주도하였다. 이는 내부통제 시스템의 총체적인 부재를 보여줄 뿐 아니라, 금융회사 자체가 수익 창출을 위해 임직원들의 자금세탁 행위를 장려한 것이라고 추정할 수 있다.

BCCI 임직원들이 설계한 자금세탁 기법은 용이하게 범죄수익의 출처를 가장하는 동시에 법집행기관의 추적을 회피할 수 있는 국제적인 금융네트워크를 적극 활용하였다는 점에서 중요한 의미가 있다. 이 사건에서 자금세탁은 ① 국내외 다수 계좌를 통한 자금이체의 반복, ② 환거래은행 및 자금세탁방지 규제 수준이 낮은 외국의 계좌 이용, ③ 최종 이체된 자금을 CD로 전환하고 이를 담보로 대출을 발생시켜 합법적인 대출금으로 위장, ④ 명목상 회사 설립 및 그 회사 명의의 계좌를 경유하여 합법적 수익으로의 가장 등이 복합된 방식으로 이루어졌다. 이는 가히 현대적인 자금세탁 기법의 종합판이라고 할 수 있을 것이다.

BCCI의 파산과 은행의 폐쇄는 자금세탁 때문이 아니라 고객자금의 횡령에 기인하는 것이라거나,[31] 정치적 파워게임의 산물이라는 주장도

---

31) Peter Alldridge, "Money Laundering and Globalization", Journal of Law and Society, vol. 35, no. 4 (2008), p.450.

있다.[32] 그러나 범죄세력과 결탁하여 기업적으로 자금세탁을 적극 실행하여 온 사실로 인해 BCCI의 국제적인 명성과 신뢰성이 심각하게 훼손되는 결과가 초래되어 파탄의 주요한 원인이 되었다는 점은 부정할 수 없을 것이다.

이 사건은 국제적으로 금융기관에 대한 자금세탁방지 규제를 본격적으로 도입하는 계기를 제공하였다.[33] 나아가 금융시스템에 불법재산이 축적되면 금융정책이나 국제적인 범죄수사의 협력체계에 부정적인 영향을 끼쳐 투명성과 신뢰성의 약화를 초래하게 되는데, 그 극단을 보여준 사건이라고 평가된다.[34]

또한 이 사건은 국제적 자금세탁방지 체계의 허술함을 잘 드러낸 것으로 국가 간 자금이전에 대한 감독당국의 감독 부실과 함께 각 국가의 감독당국 간 협력이 원활하지 않았다는 점을 보여주었다. 따라서 국제적인 은행과 관련해서는 정보공유 등 국제협력을 강화하는 동시에 각국에서는 인가 등 진입규제, 금융그룹의 지배구조 등 건전성 감독 및 퇴출규제를 강화해야 한다는 주장이 제기되었다.[35]

한편, 영국과 달리 미국에서는 앞에서 본 바와 같이 BCCI의 자금세탁 혐의가 인정되었음에도 연방당국이 미국 내 BCCI 은행을 폐쇄할 법적인 근거가 없었던 관계로 논란이 되었다. 이를 계기로 자금세탁에 연루된 혐의가 밝혀진 금융기관에 대해서는 인가 또는 예금보험을 취소할 수 있는 근거를 마련한 Annunzio-Wylie 법이 제정되었다.[36]

---

32) Nikos Passas(주 27), pp59-61.

33) Hector L. MacQueen (ed), Money Laundering, Edinburgh University Press (2008), Introduction pp.9-12.

34) Peter Reuter & Edwin M. Truman, Chasing Dirty Money : The Fight Against Money Laundering, Institute for International Economics (2004), p.131.

35) Scott B. MacDonald, "Frontiers for International Money Regulation after BCCI: International Cooperation or Fragmentation", American Society of International Law, vol. 86 (1992), pp.191, 193.

36) Duncan E. Alford, "Anti-Money Laundering Regulations: A Burden on Financial Institutions",

제3절 자금세탁 기법의 변천 과정

Ⅰ. 자금세탁 기법의 분류

1. 자금세탁의 3단계

자금세탁은 앞에서 살펴본 역사적 사건에서와 같이 물리적 은닉부터 국제적인 금융네트워크의 활용 등 복잡한 과정에 이르기까지 매우 다양한 방법으로 이루어지고 있다.

자금세탁의 기법은 일반적으로 불법재산이 적발되지 않도록 이를 금융시스템 등에 투입하는 배치(placement), 자금의 출처를 위장하기 위해 거래를 반복하는 전개(layering) 및 세탁된 자금을 정상적인 경제영역에 재투입하여 합법화하는 통합(integration)의 과정으로 진행된다는 소위 '3단계 모델 이론'으로 설명되고 있다.[37]

그런데 3단계 모델 이론은 자금세탁의 기법을 제대로 설명하기에는 취약하다는 비판이 있다. 즉 자금세탁 과정은 매우 복잡한 것으로, 자금세탁방지의 기술적 접근은 배치 단계에 집중하는 경향이 있지만 소규모의 불법재산은 위 단계를 거치지 않는 경우가 많을 뿐 아니라, 첨단화된 결제·자본이전시스템의 등장으로 위 3단계에 맞지 않는 새로운 기법이 발전되어 왔기 때문이라는 것이다.[38]

North Carolina Journal of International Law, vol. 19, No. 3 (1993), p.460.

37) Robin Booth et al., Money Laundering Law and Regulation: A Practical Guide, Oxford University Press (2011), pp.3-4. Reuter & Truman(주 34), p.25. Michael Hancock, "Money Laundering in England and Wales", Journal of Financial Crime, vol. 2, no. 3 (1994), p.96. Jason C. Sharman(주 2), pp.17-18.

Board of Governors of the Federal Reserve System, "A Report to Congress in Accordance with Section 356(c) of the USA PATRIOT Act", Washington (2002), p.7. https://www.fincen.gov/sites/default/files/shared/356report.pdf (마지막 방문 2023. 5. 20.)

물론 모든 자금세탁 행위가 위와 같은 3단계로 이루어진다고 보기는 어렵다는 점에서 위 비판은 일리가 있다. 그러나 3단계 모델 이론은 자금세탁 기법의 기본적인 구조를 이해하는 데에는 여전히 효용성이 있다고 할 수 있으므로,[39] 이를 살펴볼 필요가 있다.

가. 배치(placement)

자금세탁의 1단계인 배치는 범죄수익인 현금 등의 자금을 물리적으로 이동시키거나 법집행기관의 의심을 피할 수 있는 곳으로 소재를 이전하거나 그 의심을 피할 수 있도록 범죄수익의 형태를 전환하는 과정이다.[40] 대량의 현금은 사용이 어렵고 법집행기관의 의심을 받을 수 있기 때문에 이를 주로 금융시스템에 투입하는 방식이 이용된다. 하지만 엄격한 자금세탁방지 규제를 받고 있는 금융기관들의 의심이나 당국에 대한 보고를 피하기 위해서는 현금을 분할하거나, 현금창출기업을 이용하여 그로부터 나온 합법적인 소득인 것처럼 위장하는 등 부가적인 행위가 필요하게 된다.[41]

이러한 배치는 자금세탁에 있어 1차적으로 가장 중요한 과정이라고 할 수 있다. 그러나 이 단계에서는 범죄수익이 노출될 위험이 크기 때문에, 금융기관에 예치(직접배치)하는 경우에는 현금 분할 뿐 아니라 금융기관 종사자의 매수를 시도하고, 제3자를 이용하는 경우(간접배치)에는 합법적 사업체나 개인을 내세우는 방법을 사용하게 된다.[42]

---

38) Wolfgang Hetzer(주 1), p.268.

39) Michael Levi & Peter Reuter, "Money Laundering", Crime and Justice, vol. 34 (2006), p.311.

40) Board of Governors of the Federal Reserve System(주 37), p.7.

41) Robin Booth et al.(주 37), p3. Board of Governors of the Federal Reserve System(주 37), p.7.

42) Friedrich Schneider & Ursula Windischbauer, "Money laundering: some facts", European Journal of Law and Economics, vol. 26, no. 3 (2008), pp.394-395.

앞에서 본 바와 같이 Al Capone 사건에서는 물리적 은닉과 함께 합법적 사업체를 활용하였고, 워터게이트 사건에서는 현금 분할과 물리적 은닉 및 해외 계좌 예치, U.S. v. $4,255,625.39 사건에서는 유명 환전상을 통해 통화 형태를 전환한 후 제3자를 내세워 이를 분할하여 입금, Sindona 사건에서는 해외 은행을 통해 정기예금으로 위장 및 차명계좌 입금, BCCI 사건에서는 명목상 회사의 활용 등이 이루어졌다. 이는 모두 배치 단계에서의 행위라고 할 수 있다.

나. 전개(layering)

자금세탁의 2단계인 전개는 최대한 범죄수익의 출처를 불명확하게 만드는 동시에, 그 출처로부터 자금과 실제 소유자를 분리시켜 법집행기관의 추적이 불가능하도록 거래를 반복하는 과정이다.[43]

이는 금융기관 간의 반복적인 이체나 국적을 달리하는 금융기관 간 자금 전송, 특히 자금세탁방지 규제 수준이 낮은 외국으로의 송금 등을 반복하는 방식으로 이루어진다. 이때 매우 다양한 형태의 복수 거래는 물론 위장 회사를 내세우고 복잡한 기업구조를 설계하여 이를 활용하는 등의 방식이 병행된다.[44]

Sindona 사건과 BCCI 사건에서도 국제적인 금융네트워크와 명목상의 회사를 활용하여 매우 복잡한 단계를 거쳐 금융거래를 반복하였는데, 이는 자금세탁의 2단계인 전개에 해당한다고 할 수 있다.

다. 통합(integration)

통합은 배치와 전개 과정을 거쳐 세탁된 외관상 깨끗한 자금을 합법

---

43) Robin Booth et al.(주 37), pp.3-4.
44) Schneider & Windischbauer(주 42), pp.395-396. Robin Booth et al.(주 37), p.4.

적인 경제 영역에 재투입하는 최종 단계로서, 이를 통해 범죄자는 당초 얻은 범죄수익에 따른 경제적 이익을 투자나 소비 등으로 향유할 수 있게 된다.[45]

이 단계에서는 금융상품이나 부동산, 주식 등 자산의 매입이 이루어지는데, 이는 주로 자금세탁방지 규제 수준이나 조세부담이 낮은 국가에서 실행될 수 있다.[46] 특히 이와 같은 통합을 통해 범죄세력은 경제에서 중요한 지위를 차지할 수 있기 때문에 국가경제에 대한 위협이 될 수 있으며,[47] Sindona 사건과 BCCI 사건은 그 단면을 잘 보여주고 있다.

2. 자금세탁 기법의 유형별 분류

자금세탁은 앞에서 언급한 바와 같이 매우 다양한 기법으로 이루어질 수 있는데, 이는 금융시스템을 이용하는 방식과 그렇지 않은 방식으로 구분하거나 자금세탁에 활용되는 기관 등을 기준으로 금융기관, 비금융사업자나 전문직 중 어느 하나와 관련된 방식으로 구분하는 방법을 생각할 수 있다.

그러나 자금세탁의 기법은 여러 가지 방식이 혼합될 수 있고 3단계 중 어느 단계에서든 금융시스템과 결부될 수 있다는 점에서, 위와 같은 구분보다는 통상 아래와 같은 유형으로 분류되고 있다.[48] 아래에 열거

---

45) Robin Booth et al.(주 37), p.4.
46) Schneider & Windischbauer(주 42), p.396.
47) Wolfgang Hetzer(주 1), p.268.
48) Gal Istvan Laszlo, "The Techniques of Money Laundering", Studia Iuridica Auctoritate Universitatis Pecs Publicata, vol. 138 (2005), pp.131-138. Jason C. Sharman(주 2), pp.17-18. Reuter & Truman(주 34), pp.27-32. David A. Chaikin(주 9), pp.477-491. Michael Levi, "Money Laundering and Its Regulations", Annals of the American Academy of Political and Social Science, vol. 582 (2002), pp.184-185. Levi & Reuter (주 39), pp.312-317. Siong Thye Tan, "Money Laundering and E-Commerce", Journal of Financial Crime, vol. 9, no. 3 (2002), pp.277, 280. Mark D. Schopper, "Internet

하는 순서는 대체로 자금세탁의 기법이 변화해 온 역사적 과정에 부합한다고 할 수 있으며, 모든 유형은 복합적으로 이용될 수 있다.

① 현금거래조작

② 현금밀수

③ 사업체의 활용

④ 국제적 상업거래 활용

⑤ 금융회사 활용

⑥ 환전·송금업자 활용

⑦ 비공식 송금시스템 이용

⑧ 금융자산 거래

⑨ 비금융자산 거래

⑩ 도박장 활용

⑪ 전문직 활용

⑫ 온라인 상거래 및 지급결제시스템 이용

⑬ 가상자산 거래

이하에서는 위와 같은 자금세탁 기법의 구체적인 내용과 실제 사례를 검토하되, 자금세탁 사례는 미국 연방법원 판례 및 FATF 발간자료에 제시된 주요 사례를 중심으로 살펴보기로 한다.[49]

Gambling, Electronic Cash & Money Laundering: The Unintended Consequences of a Monetary Control Scheme", Chapman Law Review, vol. 5 (2002), pp.324-327. Stefan Mbiyavanga, "Cryptolaundering: Anti-Money Laundering Regulation of Virtual Currency Exchanges", Journal of Anti-Corruption Law, vol. 3, no. 1 (2019), pp.5-7.

49) FATF는 각국 금융정보분석기구(FIU)의 국제적 협력체계를 구축하고 있는 Egmont Group을 유관기구로 두고 있는데, FATF가 제시하는 사례는 주로 Egmont Group을 통해 각국 FIU로부터 수집한 정보에 기반한 것이다.

II. 자금세탁의 구체적 기법 및 사례

1. 현금거래조작

가. 자금세탁 방식

가장 원시적이고 초보적인 자금세탁 방법으로서 앞에서 살펴본 U.S. v. $4,255,625.39 사건과 같이 대량의 현금을 소액으로 분할하여 반복적으로 계좌에 분산 입금하는 현금분할이 이용되며, 이때 차명계좌와 다수의 제3자들이 입금에 동원된다.[50]

이는 은행의 고액현금거래보고(CTR)를 회피하기 위해 보고기준에 미달되도록 거래를 조작하는 것으로서, 분산 입금을 위해 여러 은행을 돌아다니는 행태가 마치 어디에서나 나타나는 만화 캐릭터 스머프와 같다고 하여 이를 스머핑(smurfing)이라고 부른다.[51] 이와 반대로 소액 지폐로 된 현금을 큰 단위의 지폐로 바꾸는 방법도 사용되는데, 이는 마약판매수익이 주로 거리에서 얻은 소액 지폐인 관계로 마약의 흔적을 없애고 물리적 이동을 용이하게 하기 위한 것이며, 이러한 행위를 리파이닝(refining)이라고 한다.[52] 계좌에 예치된 범죄수익 관련 자금을 인출하는 과정에서도 고액현금거래보고를 회피하기 위해 소액으로 분할하여 인출하는 방법을 사용할 수 있다.

또한 현금을 여행자수표, 우편환이나 외국은행이 발행한 은행어음 등으로 교환하여 계좌에 입금하는 방식을 취하기도 하는데, 입금자원이 현금이 아니므로 이를 통해서도 고액현금거래보고를 회피할 수 있다.[53]

---

50) Michael Levi(주 48), pp.185. Gal Istvan Laszlo(주 48), p.131.

51) Sarah N. Welling, "Smurfs, Money Laundering, and the Federal Criminal Law: The Crime of Structuring Transactions", Florida Law Review, vol. 41, no. 2 (1989), p.297, fn.58.

52) David A. Chaikin(주 9), pp.478-479.

53) Gal Istvan Laszlo(주 48), p.131. Sarah N. Welling(주 51), p.296.

다만, 미국 은행비밀법은 여행자수표와 양도성증권을 고액현금거래보고 대상으로 규정하고 있다.[54] 반면, 우리 특정금융정보법은 현금 외의 보고 대상을 권면액이 100만 원을 초과하는 카지노수표에 한정하고 있으므로,[55] 위와 같은 방식의 고액현금거래보고 회피가 가능하다.

나. 사례

1) U.S. v. Thompson

U.S. v. Thompson 사건[56]은 고액현금거래보고의 회피를 목적으로 금융기관 종사자가 직접 현금거래를 조작한 사안으로서, 연방법원에서 최초로 현금거래조작이 다루어진 사건이다.[57]

이 사건에서 Ridglea 은행의 이사회 의장인 피고인 Thompson은 야심 있는 재즈뮤지션인 Welch가 악기를 구입할 수 있도록 대출해 주었다. 그런데 Welch는 그 대출금 상환에 어려움을 겪고 있던 중, 피고인에게 추가 대출을 해주면 그 대출금으로 마리화나를 구입한 후 되팔아 그 수익으로 대출금을 갚겠다는 제의를 하였다.

피고인은 위 제의를 수락하고 계좌 입금 대신 현금을 지급하는 방법으로 Welch에게 추가 대출을 해주었다. 그런데 Welch는 다시 피고인에게 코카인 장사를 하면 훨씬 더 많은 수익을 얻을 수 있고 그 수익으로 기존 대출금을 모두 갚을 것이니 한번만 더 추가 대출을 해 달라고 요청하였다. 이에 피고인은 Welch에게 고액현금거래보고를 하지 않기 위해서는 10,000달러 미만으로 거래를 해야 한다고 설명하고, 지급기한이 모두 다른 일자로 기재된 액면금 9,000달러짜리 수표 5장을 개인적으로 발행

---

54) 31 U.S.C. §§ 5313(a), 5312(a)(3).
55) 특정금융정보법 제4조의2 제1항, 같은 법 시행령 제8조의3.
56) 603 F.2d 1200 (5th Cir. 1979).
57) Sarah N. Welling, "Money Laundering: The Anti-Structuring Laws", Alabama Law Review, vol. 44, no. 3 (1993), p.789.

하였다. 그 직후 피고인은 위 수표를 위 은행 출납원을 통해 현금 45,000 달러로 교환하고 그 현금을 Welch에게 교부하였다.

위 은행 출납원은 법정에서 "Welch는 위 은행에 일체의 계좌를 개설한 사실이 없고, 위와 같은 수표와 현금의 교환거래에 대하여 고액현금 거래보고를 해야 한다고 생각했지만, 피고인은 일체의 정보를 주지 않았을 뿐 아니라 위 은행 이사회 의장이라는 권위 때문에 별다른 문제가 없을 것이라고 생각하여 고액현금거래보고를 하지 않은 것"이라고 증언하였다.

피고인은 고액현금거래보고(CTR) 의무 위반에 의한 은행비밀법(31 U.S.C. § 5313) 위반 혐의가 인정되어 징역 3년 및 벌금 2만 달러를 선고받았다. 당시는 CTR 의무 회피를 위한 거래조작을 독립적인 범죄로 처벌하는 31 U.S.C. 5324(a) 제정 이전이었으므로 위와 같이 CTR 의무 위반 죄로만 기소되어 처벌되었다.

2) U.S. v. Farese

U.S. v. Farese 사건[58]은 대량의 소액 지폐를 해외 밀반출이 용이한 큰 단위의 지폐로 교환하는 방법 즉 refining을 통해 자금세탁이 이루어진 사안이다.

이 사건에서는 연방 마약단속국(Drug Enforcement Agency, DEA)이 피고인 DeRosa가 수수료를 받고 자금세탁을 해 준다는 정보를 입수하고 함정수사를 개시하였다. DEA 비밀요원 2명은 코카인 유통책인 것처럼 위장하고 위 피고인에게 접근하여, 코카인 판매수익인 소액 지폐가 있는데 이를 숨겨서 해외로 들고 나가기 쉽도록 큰 단위의 지폐로 바꾸어 줄 수 있는지 문의하였다. 이에 대하여 위 피고인은 수수료를 주면 요구하는 대로 해줄 수 있다고 답하였다.

이에 따라 위 피고인은 위 DEA 요원들로부터 소액 단위 지폐인 현금

---

58) 248 F.3d 1056 (11th Cir. 2001).

과 수수료를 받은 후 큰 단위의 지폐를 봉투에 담아 그들에게 우편으로 송부하였다. 이와 같이 교환된 현금 총액은 1,062,000달러에 달하였고, 위 피고인이 챙긴 수수료는 95,080달러였다.

이 사건에서 위 피고인과 공범인 피고인 Farese는 자금세탁 및 RICO 법 위반 혐의로 기소되었는데, 피고인들은 1심에서 유죄를 인정하였으나 항소하였다. 연방항소법원은 위와 같이 소액 지폐를 큰 단위의 지폐로 교환하는 것은 범죄수익과 관련된 자금의 '소재'를 은닉하는 것으로 자금세탁에 해당한다고 판시하면서도, RICO법 위반 여부에 대한 추가 심리가 필요하다는 이유로 파기환송 판결을 하였다.

3) U.S. v. $134,972.34 Seized from FNB Bank

U.S. v. $134,972.34 Seized from FNB Bank 사건[59]은 고액현금거래보고를 회피하기 위하여 계좌에 예치된 자금을 소액으로 분할하여 인출한 사안이다.

이 사건에서 Edwards는 자신의 서명 하에 FNB Bank에 C.W.E. Enterprise, Inc. 명의로 계좌를 개설하였는데, Edwards는 위 계좌에서 상당한 액수의 자금을 빈번하게 인출해 온 관계로 위 은행은 그를 고액현금거래보고 면제 대상으로 등록하였다. 이는 Edwards의 10,000달러가 넘는 현금의 예치나 인출과 관련하여 위 은행의 부담을 경감해 주는 것이었다.

그런데 Edwards의 예금 인출 규모와 빈도가 감소하자 위 은행은 그를 고액현금거래보고 면제 대상에서 제외하였다. 이를 알게 된 Edwards는 그때부터 234일 동안 68회에 걸쳐 10,000달러 미만의 소액 단위로 총 603,000달러의 현금을 인출하였는데, 해당 기간 동안 소득신고는 전혀 하지 않았다. 이에 국세청(IRS)은 위 계좌에 남아 있는 Edwards의 자금 134,972.34달러를 압수하였다.

---

59) 94 F.Supp.3d 1224 (N.D.Ala. 2015).

이 사건은 연방검찰이 FNB Bank에 예치된 Edward의 자금이 고액현금
거래보고 회피를 위한 거래조작에 제공된 자금이라고 주장하면서 민사
몰수를 구한 사안으로서, 연방법원은 검찰의 주장을 인정하고 민사몰수
를 인용하였다.

2. 현금밀수

가. 자금세탁 방식

해외에서 취득한 범죄수익인 현금을 물리적으로 또는 우편송부 등의
방식으로 국내에 밀반입하여 계좌에 입금하는 방법이 사용될 수 있다.[60]
입금 시에는 위 1.항에서 본 바와 같은 현금거래조작 및 차명계좌의 개
설이 수반된다.

이와 반대로 범죄수익을 해외로 밀반출하여 세탁하는 방법도 사용된
다. 이는 ① 현금을 물리적으로 또는 Hawala와 같은 비공식 자금전송시
스템이나 가공무역거래 등을 통해 해외로 반출하여 해외 금융기관에 예
치한 후(배치), ② 다수의 복잡한 금융거래를 반복하여 추적을 곤란하게
만들고(전개), ④ 다시 국내로 자금을 송환하는 과정(통합)으로 구성된
다. 자금 송환과 관련해서는 위와 같이 세탁한 자금을 담보로 금융기관
으로부터 대출을 받는 방식(Back-to-back-loan)이 이용될 수 있다.[61]

나. 사례

1) U.S. v. Golb

U.S. v. Golb 사건[62]은 해외에서 취득한 범죄수익인 현금을 국내로 밀

---

60) Jason C. Sharman(주 2), p.17. Reuter & Truman(주 34), p.28.
61) David A. Chaikin(주 9), p.485.
62) 69 F.3d 1417 (9th Cir. 1995).

반입한 사안이다.

이 사건에서 오클라호마 소재 항공기 중개업체 Downtown Airpark 직원인 피고인 Morales는 조종사 Aizprua를 비행 1회당 80,000달러에 고용한 후, 코카인을 미국으로 들여오려는 남미 마약조직들을 상대로 마약판매대금의 2% 상당 수수료를 받는 조건으로 항공기로 마약을 운반해 주는 서비스를 제공하여 왔다. 위 피고인은 이와 같은 방법으로 2회 비행에 700kg이 넘는 코카인을 운반하기도 하였다.

그 과정에서 위 피고인은 남미 마약조직들로부터 코카인 뿐 아니라 마약판매수익인 현금을 미국으로 반입하여 세탁해 줄 것을 요청받았다. 이에 위 피고인은 Aero Executive International(AEI)이라는 항공기 중개업체를 직접 설립한 후 항공기로 남미 마약조직들이 교부하는 코카인과 현금을 미국으로 운반하고 현금은 Andonian이라는 자금세탁업자를 통해 세탁하였다. 귀금속상인 Andonian은 위 피고인으로부터 1회에 수백만 달러씩의 마약 성분이 묻어 있는 소액지폐를 받은 후 그 현금으로 고가에 금을 구입하고 이를 다시 저가에 판매하였다. 그 판매대금은 수표로 받거나 전신송금을 통해 Andonian이 관리하는 남미 국가에 개설된 은행 계좌로 송금된 다음 다시 AEI 계좌로 이체되었다.

그 후 조종사 Aizprua가 LA에서 체포되자 피고인 Golb가 위와 같은 자금세탁 영업을 인수받았다. 위 피고인은 Air North Aviation이라는 항공기 중개업체를 설립한 후 남미 마약조직들로부터 받은 마약판매수익인 현금을 Sharir라는 자금세탁업체를 통해 세탁하였고, 그 방법은 역시 금을 매매한 후 그 자금을 남미 국가에 개설된 은행 계좌를 통해 Air North Aviation 계좌로 이체하는 것이었다.

피고인들은 마약밀수 및 자금세탁 혐의로 기소되어 연방법원에서 모두 유죄가 인정되었다.

2) U.S. v. Castaneda-Cantu

U.S. v. Castaneda-Cantu 사건[63]은 범죄수익인 현금을 해외로 밀반출하여 세탁한 후 그 자금을 다시 국내로 들여온 사안이다.

이 사건에서 관세청은 멕시코 환전업체인 Casa de Cambio가 텍사스주 McAllen 공항을 통해 매주 수백만 달러의 현금을 미국에 들여온 후, 미국에서 개설된 다수의 은행 계좌에 입금하는 점에 착안하여 위 업체의 자금세탁 혐의에 대한 함정수사를 개시하였다.

연방요원들은 마약·무기 밀수조직원으로 위장하여 멕시코 Monterry 소재 Casa de Cambio 영업소로 전화하였고, 이에 따라 텍사스주 Rio Grande에서 연방요원들과 Casa de Cambio 직원인 피고인 Castaneda 및 위 업체 측 변호사 Golzalez가 회합하였다. 그 자리에서 피고인은 75,000달러까지는 5%, 150,000달러까지는 4%, 150,000달러가 넘는 금액은 3%의 수수료를 지급받는 조건으로 마약과 무기 판매대금을 세탁해 주기로 합의되었다. 그 후 자금세탁은 아래와 같은 3가지 방식으로 진행되었다.

① Casa de Cambio 직원이 연방요원으로부터 현금을 수령한 후 멕시코에 있는 피고인에게 연락하면, 피고인은 First City Texas Bank에 개설된 위 환전업체 계좌에서 연방요원이 Barclays 은행 런던지점 등에 개설한 비밀계좌로 위 현금과 동일한 액수를 이체

② 위와 같이 수령한 현금을 국경을 넘어 멕시코로 밀반입하여 멕시코 소재 은행에 개설된 Casa de Cambio 계좌에 입금한 후 동일한 액수를 연방요원의 위 비밀계좌로 이체

③ 연방요원으로부터 받은 현금을 First City Texas Bank의 Casa de Cambio 계좌에 입금한 후 그 계좌에서 위 비밀계좌로 이체

그 과정에서 Casa de Cambio는 그 명의의 계좌에 입금된 위 현금이

---

63) 20 F.3d 1325 (5th Cir. 1994).

마치 달러와 멕시코 페소의 환전거래에서 발생한 수익인 것처럼 허위의 영수증을 발행함으로써 입금자원의 출처를 위장하였다. 피고인은 자금세탁 혐의로 기소되어 유죄 판결을 선고받았다.

3) FATF 제시 사례

스페인과 콜롬비아의 이중 국적을 가진 여성이 운영하는 네덜란드 및 콜롬비아 소재 자금세탁조직은 마약판매조직을 대상으로 자금세탁 서비스를 제공하여 왔다. 이는 주로 에콰도르, 콜롬비아 및 베네수엘라 등 남미 출신의 빈곤한 여성들을 배달원으로 고용하여 여행용 가방 등에 마약판매수익인 현금을 담아 스페인 및 복수의 남미 국가들로 밀반출하는 방법으로 이루어졌다. 이를 통해 5,000만 유로 이상의 마약판매 수익이 세탁되었으며, 위 자금세탁 조직은 550만 유로 이상의 수수료를 벌었다.[64]

유럽의 한 자금세탁조직은 스페인이나 네덜란드 등에서 마약판매수익인 현금을 수령하여 배달원을 통해 독일 등 복수의 유럽 국가로 반출해 왔다. 구체적으로는 매주 4-5만 유로(때로는 100만 유로)의 현금을 자동차로 운반하면서 검문에서 적발되면 중고차나 건축기계 구입자금이라고 설명하는 것이었다. 실제로 독일에서는 배달원이 현금을 자신이 운영하는 다수의 중고차판매업체 계좌로 입금하여 합법적인 수익과 혼화하였다. 그 과정에서 중고차를 중동으로 수출하면서 그 수출대금을 중동에 개설된 해외 계좌에 예치하는 방식으로 합법적 수익과 범죄수익의 구분 및 추적을 곤란하게 만들기도 하였다.[65]

---

64) FATF & MENAFATF, "Money Laundering through the Physical Transportation of Cash", FATF (2015), pp.46-48.
https://www.fatf-gafi.org/media/fatf/documents/reports/money-laundering-through-transportation-cash.pdf (마지막 방문 2023. 5. 20.)
65) FATF & MENAFATF(주 64), pp.55-56.

3. 사업체 활용

가. 자금세탁 방식

Al Capone 사건과 같이 현금을 창출하는 합법적 사업체를 인수하여 그 사업체의 소득과 범죄수익을 혼화하는 것은 빈번하게 활용되는 자금세탁 기법이다. 이를 통해 범죄수익을 위 사업체의 운영에서 나온 소득으로 위장할 수 있고, 범죄수익의 투입으로 위 사업체의 수익성이 높아진 것처럼 보이게 함으로써 인위적으로 주가를 부양하는 효과도 얻을 수 있을 뿐 아니라, 위 사업체를 이용하여 합법적으로 범죄조직원들을 고용할 수 있다.[66]

나아가 인수한 사업체를 전방기업(front company)으로 삼아 이를 통해 호텔, 식당, 자동차판매딜러나 채권추심회사 등 각종 현금창출사업에 투자하는 방법으로 범죄수익의 출처를 위장할 수도 있다.[67]

반면, 부실기업을 인수한 후 그 기업의 수익성이 높은 것처럼 회계를 조작하고 그로부터 나온 합법적 수익인 것처럼 범죄수익의 출처를 위장할 수도 있다.[68] 인수 대상은 주로 회계조작이 용이한 부동산회사나 여행업체 또는 보험회사 등이라고 할 수 있다.[69] 그러나 이와 같은 방법은 비용이 많이 들고 외부감사 등으로 노출될 위험이 있기 때문에 단기적으로만 이용될 것이다.[70]

또한 위와 같이 기존의 사업체를 인수하는 방식 대신 Sindona 사건 및 BCCI 사건에서 본 바와 같이 스스로 명목상 회사(shell company)를 설립하여 그 회사로부터 나온 수익으로 위장하거나 그 회사를 통해 현금

---

66) David A. Chaikin(주 9), pp.481-482. Reuter & Truman(주 34), p.30.

67) Michael Levi(주 48), pp.185. David A. Chaikin(주 9), pp.482.

68) Gal Istvan Laszlo(주 48), pp.134-135.

69) David A. Chaikin(주 9), pp.482.

70) Michael Levi(주 48), pp.185. David A. Chaikin(주 9), pp.482.

창출사업에 투자하여 그 수익으로 위장할 수도 있다.[71] 자금세탁 목적
이 달성된 후에는 폐업함으로써 범죄수익의 추적을 곤란하게 만든다.[72]
  이상과 같이 사업체를 인수하거나 설립하는 대신 신탁회사를 활용하
는 방법도 있다. 신탁회사는 고객과 금융기관의 중개자 역할을 하는 특
성상 이를 통해 자금의 출처나 실제 소유자를 용이하게 위장할 수 있기
때문이다. 이때 유망한 인물을 수익자로 내세워 실제 소유자를 은닉하거
나, 신탁회사에 신탁재산에 대한 완전한 재량권을 부여한 후 신탁회사
관계자를 매수하여 자금세탁을 위한 거래를 실행하게 하거나, 또는 신탁
회사로 하여금 명목상 회사를 설립하게 하여 이를 통해 자금세탁을 하
는 방법 등이 있을 수 있다.[73]

나. 사례

1) U.S. v. Majors

  U.S. v. Majors 사건[74]은 범죄수익을 합법적인 기업으로 투입한 후 기
업들 간의 거래관계를 가장하여 범죄수익을 은닉한 사안이다.
  이 사건에서 피고인 F.O. Majors와 피고인 Gareth Majors는 부자지간으
로서 투자자들을 상대로 우편사기와 증권사기를 실행하여 330만 달러
상당의 이익을 취득하였다.
  피고인들은 제3자 명의를 내세워 AFC, Virex, IRM 등 다수의 회사를
실질적으로 보유하고 있었는데, 위와 같이 취득한 범죄수익을 합법적인
영업수익인 것처럼 가장하여 AFC와 Virex의 사업용 계좌에 입금하였다.

---

71) David A. Chaikin(주 9), pp.481-482. Reuter & Truman(주 34), p.30.
72) Gal Istvan Laszlo(주 48), pp.135.
73) FATF, "Money Laundering Using Trust and Company Service Providers", FATF (2010),
    pp.24-25.
    https://www.fatf-gafi.org/media/fatf/documents/reports/Money%20Laundering%20Using
    %20Trust%20and%20Company%20Service%20Providers..pdf (마지막 방문 2023. 5. 20.)
74) 196 F.3d 1206 (11th Cir. 1999).

그 후 다시 위 자금을 거래상대방에 대한 비용을 지급하는 것처럼 위장하여 IRM의 사업용 계좌에 입금하였고, 이와 같은 방법으로 다시 위 범죄수익을 피고인들이 개인적으로 관리하는 차명계좌로 이체하였다.

피고인들은 우편사기, 증권사기 및 자금세탁 혐의로 기소되었는데, 위와 같은 자금이체는 합리적이고 필요한 사업경비의 지급일 뿐 자금세탁과는 무관하다고 주장하였으나, 연방법원은 이를 배척하고 유죄를 인정하였다.

2) U.S. v. Saccoccia

U.S. v. Saccoccia 사건[75]은 현금창출업체를 전방기업으로 활용하여 자금세탁을 실행한 사안이다.

이 사건에서 피고인 Saccoccia는 표면상으로는 로드아일랜드, 뉴욕 및 캘리포니아에 소재한 Trend, IMM 등 여러 회사를 보유하면서 금을 비롯한 귀금속 매매 및 가공업을 운영하고 있었으나, 실제로는 콜롬비아 마약카르텔을 상대로 마약판매수익을 세탁해 주는 영업을 하였다.

피고인의 자금세탁 영업은 1987년부터 시작되었다. 그 당시에는 콜롬비아 마약카르텔로부터 현금을 받으면 이를 뉴욕에 있는 자금세탁업자 Slomovitz에게 전달하고, Slomovitz가 그 현금으로 은밀하게 금을 구입한 후 이를 공개시장에서 되팔아 그 판매대금을 피고인이 운영하는 회사들의 계좌로 송금해 주는 방식으로 자금세탁이 이루어졌다. 이 과정에서 피고인은 Slomovitz가 위 회사들로부터 금을 구입한 것처럼 가장하기 위하여 Slomovitz를 상대로 허위의 청구서를 발행하였다.

피고인은 위와 같은 영업으로 많은 수익을 얻어 사업이 확장되자 1990년부터는 독립적으로 자금세탁 영업을 하기로 결정하였다. 이에 피고인이 고용한 배달원들은 콜롬비아 마약카르텔로부터 소액지폐로 되어

---

75) 823 F.Supp. 994 (D.R.I. 1993), 58 F.3d 754 (1th Cir. 1995), 18 F.3d 795 (9th Cir. 1994).

있는 대량의 현금을 수령하여 피고인의 아파트로 전달하였고, 그곳에서 피고인과 공범들은 금액을 계산한 후 이를 나누어 무장차량에 싣고 피고인의 회사인 Trend, IMM 및 로드아일랜드 소재 주화(coin) 제조회사 등으로 운반하였다. 위 회사들로 옮겨진 현금은 다시 10,000달러 미만의 현금다발로 분리된 후 매우 많은 상이한 은행들에서 수취인을 Trend로 한 수표로 교환되었는데, 이는 고액현금거래보고(CTR)를 피하기 위한 것이었다. 다만, 10,000달러 이상의 수표로 교환할 때에는 수취인을 피고인이 차명으로 운영하는 회사들 명의로 기재하였다.

이와 같이 교환된 수표 중 수취인이 Trend로 된 것은 Trend 명의의 사업용 계좌에 입금되고, 수취인이 다른 회사들로 된 것은 그 회사들 계좌에 입금된 후 Trend 계좌로 이체되었다. 수표로 교환하지 않고 IMM으로 보내진 일부 현금은 은밀하게 금을 구입하고 이를 공개시장에서 손실을 보고 되팔아 다시 현금화한 후 Trend의 계좌로 이체되었다.

이상의 방법을 통해 마약판매수익은 피고인이 운영하는 귀금속업체의 합법적인 수익인 것처럼 위장되었으며, 1990년 1월부터 1991년 4월까지 피고인이 실행한 자금세탁 규모는 총 136,344,231.86달러에 이른다.

피고인은 RICO법 위반 및 자금세탁 혐의로 기소되어 징역 660년 및 벌금 1,570만 달러를 선고받았는데, 이는 미국 연방법원의 재판 역사상 비폭력범죄로는 최고 수준의 선고형이라고 한다.[76]

3) Boston Boys 사건

일명 'Boston Boys' 사건으로 불리는 이 사건은 매우 복잡한 다국적 기업구조와 조세피난처에 소재한 기업 및 역외 금융기관들을 활용하여 국제적인 자금세탁 시스템을 설계한 사안이다.[77]

---

76) Charles Hill, "Money laundering methodology" in Richard Parlour (ed), International Guide to Money Laundering : Law and Practice, Butterworths (1995), p.4.

77) 이 사건의 사실관계는 Charles Hill(주 76), pp.5-7 및 이 사건과 관련된 조세소송인 McNichols v. C.I.R., 13 F.3d 432 (1th Cir. 1993) 참조.

Frederick Carroll과 Thomas McNichols는 미국 보스턴에서 함께 자라고 보스턴 대학을 졸업한 친구 사이이다. 그들은 보스턴을 기반으로 마약유통 사업을 해오면서 국내외에 다수 회사를 설립한 후 그 회사들과 국제적 금융네트워크를 활용하여 마약판매수익을 세탁하기로 하였는데, 각자 별도로 설립한 회사를 이용하였으나 자금세탁 구조는 동일하였다.

우선 국내에는 자금의 종착지로 삼을 완구회사를 설립하여 세탁되어 온 자금이 위 회사의 판매수익인 것처럼 위장하기로 하고, 이와 동시에 버진아일랜드에는 지주회사, 홍콩과 파나마에는 투자회사, 바하마 나소와 스위스에는 무역회사, 리히텐슈타인에는 법률재단을 설립하고 위 회사들 명의의 계좌를 위 각 소재지 국가의 은행에 개설하였다. 특히 리히텐슈타인에 설립된 법률재단(Stiftung)은 신탁회사처럼 운용되어 자금추적이 곤란한 것으로 유명하였다.[78]

Carroll과 McNichols는 마약판매수익인 현금을 먼저 버진아일랜드의 지주회사 계좌로 입금한 후, 이를 홍콩의 투자회사와 바하마 나소의 무역회사 및 스위스의 무역회사 계좌를 순차적으로 경유하여 리히텐슈타인의 재단 계좌로 이체하였고, 다시 그 자금을 바하마 나소의 무역회사 계좌로 송금한 후 이를 파나마의 투자회사 계좌를 거쳐 최종적으로 미국의 완구회사 계좌로 이체하였다. 이상의 자금세탁 시스템은 아래 그림과 같다.

---

78) Charles Hill(주 76), p.5.

[그림 2] Boston Boys 사건 자금세탁 구조[79)]

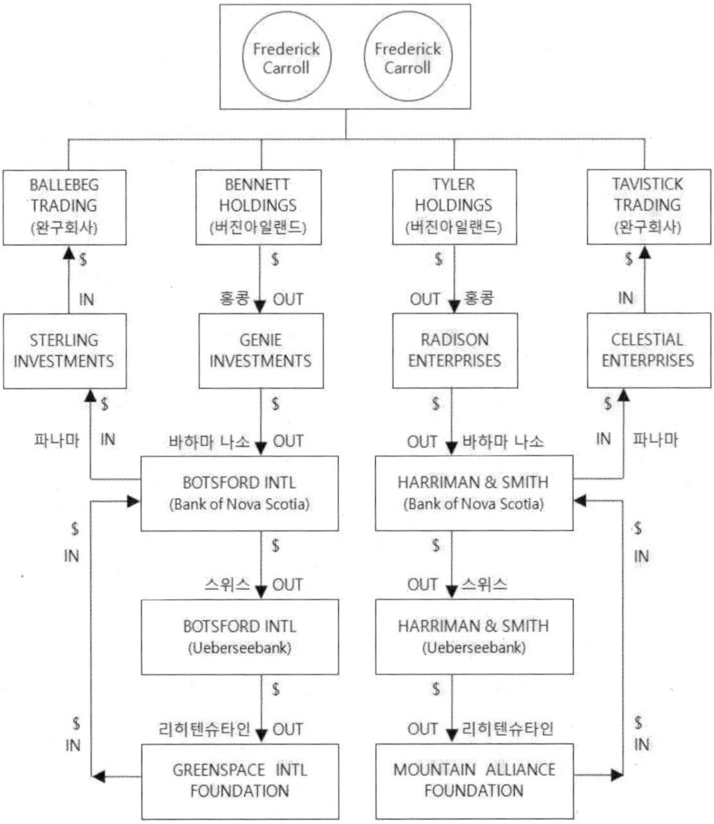

이 사건에서 Carroll과 McNichols는 마약판매, RICO법 위반 및 조세포탈 등 혐의로 기소된 후 연방검찰과의 유죄인정협상을 통해 혐의를 모두 인정하였다.

---

79) Charles Hill(주 76), p.6.

4) FATF 제시 사례

가) 명목상 회사 이용 (White Whale 사건)[80]

스페인 말라가 소재 법률회사인 R사 소속 변호사 H는 300개가 넘는 명목상 회사를 설립하였다. 그 중 1개는 스페인 국적의 부동산회사 Re.Es 이고 나머지는 모두 남미 등 역외에 설립되었으며, Re.Es의 지분 중 99%는 역외 회사들이, 나머지 1%는 H가 보유하였다. H는 위 모든 회사들의 단독관리인으로서 그 회사들 명의로 개설된 계좌 및 Re.Es의 부동산 관련 업무를 관리하고 있었다.

H의 고객들은 스페인과 해외에서 중대범죄를 저질러 온 범죄집단의 구성원들로서 H가 설립한 회사들은 그 범죄집단의 범죄수익을 세탁해 주기 위한 수단이었다. 구체적으로는 범죄집단이 자금세탁업자 LAU를 통해 Re.Es가 보유하는 비거주자 계좌로 범죄수익을 송금하면, 이를 다시 Re.Es 법인계좌로 이체한 후 마치 Re.Es가 역외에서 대출을 받은 것처럼 위장하고 그 자금으로 Re.Es는 단기간에 다수의 부동산을 구입하는 것으로, 이를 통해 범죄수익의 출처와 실제 소유자를 은닉하는 것이었다.

그 과정에서 R사는 언론이나 재판을 통해 H의 고객들이 범죄집단 구성원이라는 것을 충분히 인식하고 있었을 뿐 아니라, 익명성이 보장되는 기업구조 설계 서비스를 제공한다는 광고를 한 사실도 있었다. Re.Es의 부동산 구입과 관련해서는 3명의 공증인이 계약서류를 공증하였는데, 그들은 해당 거래에 대하여 자금세탁을 의심할 수 있는 상황이었고 스페인 자금세탁방지법상 공증인은 의심거래보고의무가 있음에도 의심거래보고는 이루어지지 않았다.

이상의 자금세탁 구조를 그림으로 나타내면 아래와 같다.

---

80) FATF, "The Misuse of Corporate Vehicles, including Trust and Company Service Providers", FATF (2006), pp.7-8.
https://www.fatf-gafi.org/media/fatf/documents/reports/Misuse%20of%20Corporate%20Vehicles%20including%20Trusts%20and%20Company%20Services%20Providers.pdf (마지막 방문 2023. 5. 20.)

[그림 3] White Whale 사건 자금세탁 구조[81]

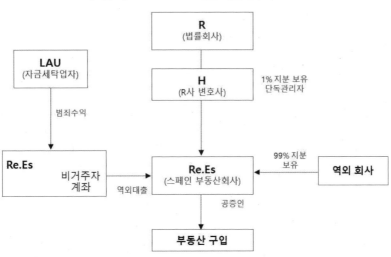

나) 신탁회사 이용[82]

X은행은 자금세탁방지 규제 수준이 낮고 은행비밀이 엄격히 보장되는 국가에 설립된 금융기관으로서, 위 은행에 계좌를 개설한 고객들을 위해 신탁회사를 설립해 주는 서비스를 제공하는 계열사를 보유하고 있었다.

영국인 K는 주로 미국인들을 상대로 사기적인 고수익 보장 투자 프로그램을 운영하고 있었는데, 투자사기로 인한 범죄수익을 세탁하기 위해 X은행에 신탁회사 설립을 의뢰하였다. X은행은 계열사를 통해 International Business Corporation(IBC)를 비롯한 복수의 신탁회사를 설립해 주는 동시에 그 회사들 명의로 위 은행에 계좌를 개설해 주었다.

그 후 K는 위 신탁회사들 중 일부 회사의 계좌를 통해 피해자들로부터 투자금을 받아 편취한 후, 그 자금을 나머지 신탁회사들 명의의 계좌

---

81) FATF(주 80), p.7.
82) FATF(주 73), p.32.

를 순차적으로 경유하면서 이체하는 방법으로 범죄수익의 소재 및 실제 소유자를 은닉하였다.

4. 국제적 상업거래 활용

가. 자금세탁 방식

국제적인 상업거래도 자금세탁에 이용될 수 있는데, 이는 가공무역이나 무역대금의 과다·과소청구 또는 복잡한 다국적 기업구조 설계 등의 방식으로 이루어진다.

가공무역은 역외에 소재한 수입업자와 공모하여 물품을 수출한 것처럼 꾸며 범죄수익을 허위의 수출대금으로 위장하는 것인데, 이 과정에서 수출입 및 통관 관련 서류를 조작하기 때문에 그 적발이 쉽지 않다.[83]

이와 관련하여 허위 신용장을 이용할 수도 있다. 역외의 수입업자와 공모하여 그 수입업자가 자신의 거래은행에서 신용장을 개설한 후 실제 무역거래가 없음에도 수입물품을 수령하였다는 증서를 교부하고, 이에 따라 수출거래은행은 자금세탁을 시도한 허위 수출업자의 환어음을 매입함으로써 수출대금을 지급하게 된다. 이를 통해 범죄수익은 수출대금으로 위장되며, 허위 수출업자는 수입업자에게 수출대금 상당 및 자금세탁을 도와준 대가인 수수료를 합산한 금액을 지급하게 된다. 다만, 신뢰할 만한 역외 수입업자를 구하기가 쉽지 않기 때문에 중개은행을 이용하게 되는데, 그 수수료가 30%에 달하는 등 매우 비싼 것이 단점이라고 한다.[84]

---

83) FATF-Egmont Group, "Trade-based Money Laundering: Trends and Developments", FATF (2020), pp.11-12.
   https://www.fatf-gafi.org/media/fatf/content/Trade-Based-Money-Laundering-Trends-and-Developments.pdf (마지막 방문 2023. 5. 20.)
84) Gal Istvan Laszlo(주 48), p.133.

위와 같이 실물교역과 관련하여 이를 가공하는 것은 적발 위험성이
크고 비용이 많이 드는 관계로, 그 대신 실제로 물품을 수출하면서 그
대금이나 수량을 부풀리는 방법 또는 지적재산권이나 용역을 제공한 것
처럼 꾸며 허위의 수출대금을 지급받는 방법도 많이 사용된다.[85]

예를 들어 개당 2달러 상당의 제품 100만 개를 개당 3달러에 수출한
것처럼 가장하여 수입자로부터 300만 달러를 받고, 실제 가액과의 차액
100만 달러는 수입자가 지정하는 계좌에 입금해 둔 후 수입자의 지시에
따라 인출하는 것이다. 이를 통해 위 차액만큼 범죄수익을 수출대금으로
전환할 수 있게 된다.[86] 이를 그림으로 나타내면 아래와 같다.

[그림 4] 수출가격 조작에 의한 자금세탁 구조[87]

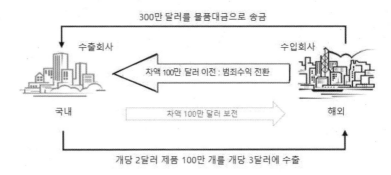

또한 수출 물량을 부풀려 수출대금을 실제 수출가액보다 많이 수령
함으로써 수출대금과 실제 가액과의 차액을 범죄수익의 출처로 위장할

---

85) Michael Levi(주 48), pp.185. Gal Istvan Laszlo(주 48), p.136.

86) John S. Zdanowicz, "Trade-Based Money Laundering and Terrorist Financing", Review of
Law and Economics, vol. 5, no. 2 (2009), p.858. FATF, "Trade Based Money Laundering",
FATF (2006), p.4.
https://www.fatf-gafi.org/media/fatf/documents/reports/Trade%20Based%20Money%20
Laundering.pdf (마지막 방문 2023. 5. 20.)

87) FATF(주 86), p.4 참조.

수 있다.[88] 이때 수입자에 대하여 차액을 보전해 주는 방법은 가격 조작의 경우와 동일할 것이다.

나아가 자금세탁방지 규제 수준이 낮은 국가에 계열회사를 설립하는 등 복잡한 다국적 기업구조를 설계하여 이전가격(transfer price)을 조작하는 등의 방법으로 자금세탁을 실행할 수도 있다.[89]

나. 사례

1) U.S. v. Ahmad

U.S. v. Ahmad 사건[90]은 무역거래에서 수출대금을 과다 청구하는 방법의 자금세탁과 관련된 사안이다.

이 사건에서 Ahmad는 환전업체를 운영하면서 주로 모국의 가족들에게 송금하기를 원하는 미국 거주 파키스탄인들을 상대로 환전 서비스를 제공하여 왔다. 그 과정에서 Ahmad는 First Virginia Bank에 계좌를 개설한 후 고액현금거래보고(CTR)를 피할 목적으로 모든 입금거래액을 10,000달러 미만으로 조작하기로 위 은행 간부와 합의하였고, 이에 따라 Ahmad가 위 은행 계좌에 입금한 액수는 총 560만 달러에 달하였다.

Ahmad는 파키스탄 무역규정에 따른 환율우대를 적용받기 위해 파키스탄인 고객들로부터 예치받은 자금을 이용하여 복수의 파키스탄 회사들을 상대로 브릿지론 영업을 하였다. 브릿지론의 상환은 위 회사들이 현지에서 직접 Ahmad 고객들의 가족에게 파키스탄 통화인 루피를 지급하는 방식으로 이루어졌다.

그러던 중 파키스탄의 의료장비 제조회사는 외과용 의료장비를 미국 Falcon Instrument(이하 'Falcon')에 수출하는 거래와 관련하여 Falcon 및 Ahmad와의 공모 하에, 수출대금을 과다 청구하여 Falcon이 그 대금을 위

---

88) FATF(주 86), p.4.
89) Jason C. Sharman(주 2), p17. FATF(주 86), p.3.
90) 213 F.3d 805 (4th Cir. 2000).

파키스탄 회사에 지급하고 Ahmad는 과다 지급된 수출대금과 실제 수출
대금과의 차액을 First Virginia Bank에 예치된 고객들의 자금으로 Falcon에
보전해 주었다. 위 파키스탄 회사는 위에서 본 브릿지론의 상환 방식과
마찬가지로 위 차액 상당을 Ahmad 고객들의 가족에게 직접 지급하였다.

이와 같은 수출대금 부풀리기와 차액 보전 구조는 범죄수익을 합법
적인 수출대금으로 전환하는 동시에 그 추적을 곤란하게 하는 것이라고
할 수 있다.

이 사건에서는 Ahmad가 은행 계좌에 예치한 자금이 위와 같이 파키
스탄 수출회사 요청으로 수입회사 Falcon의 손실을 보전해 주기 위한 목
적의 자금이라는 이유로 관세청에 압수되었고, 연방법원에서 그 자금에
대한 민사몰수가 인용되었다. 다만, 파키스탄 수출업체가 구체적으로 어
떤 범죄로부터 얻은 수익을 세탁하기 위하여 이와 같은 거래구조를 설계
하였는지는 명확히 밝혀지지 않았으며, Ahmad는 자금세탁 혐의로 기소되
었으나 고의를 입증할 증거가 부족하다는 이유로 무죄가 선고되었다.[91]

2) Fares v. Smith

Fares v. Smith 사건[92]은 가공의 무역거래를 통해 자금세탁을 실행한
사안이다.

Fares는 파나마 최대 자금세탁조직 Waked의 운영자로서, Waked는 파
나마 콜론 자유무역지대에 설립된 Grupo Wisa, Vida Panama 등 무역회사
와 부동산·건설·소매·언론 사업과 관련된 지주회사, La Riveria 등 남미
전역의 면세점 체인, 명품판매점과 부동산개발회사, 은행과 신탁회사 등
금융서비스회사를 지배하는 지주회사 등을 소유하거나 이와 연계되어
있었다. Waked는 수백 개에 이르는 명목상 회사를 설립하고, 1980년대
초부터 위 회사들을 통해 콜롬비아 Medellin 카르텔을 비롯한 국제적 마

---

91) U.S. v. Ismail, 97 F.3d 50 (4th Cir. 1996).
92) 249 F.Supp.3d 115 (D.D.C. 2017).

약카르텔의 마약판매수익을 세탁해 주는 영업을 해 왔다.

　Waked가 고용한 배달원들은 해외에서 마약카르텔로부터 마약판매수익인 대량의 현금을 받은 후 이를 여행용 가방에 담아 파마나로 밀반입하였고 Waked는 그 현금을 위 회사들에 배분하여 자금세탁을 하였다. 특히 무역회사인 Grupo Wisa, Vida Panama 등을 통해서는 일단 현금을 파나마 소재 은행에 개설된 위 회사들의 계좌에 입금한 후, 위 회사들이 무역거래를 한 사실이 없음에도 콜롬비아 수입회사들에게 상품을 수출한 것처럼 허위의 송장과 청구서를 작성하여 이를 위 입금자원의 출처로 가장하였다.

　그 외에도 마약판매수익인 현금을 La Riveria 등 면세점들로 전달하여 그 면세점들의 수익인 것처럼 위장하고, 명목상 회사를 내세워 현금으로 부동산을 구입한 후 이를 담보로 은행에서 대출을 받는 방법으로 마약판매수익을 대출금으로 전환하기도 하였다.

　미국 해외자산통제국(OFAC)은 2016년 5월 Kingpin Act(21 U.S.C. §§ 1903(b), 1907(7))에 의하여 Fares와 Waked 및 그 조직원들을 특별지정마약거래자(SDNTs)로 지정하였다.[93] 이 사건은 Fares 등이 해외자산통제국장을 상대로 위 지정처분이 적법절차를 위반한 것이라고 주장하면서 그 취소를 구한 사안으로서, 연방법원은 위와 같이 원고들이 마약판매수익의 자금세탁을 실행한 혐의가 있다는 이유로 청구를 기각하였다.

3) FATF 제시 사례

　국제적 상업거래를 활용한 자금세탁과 관련하여 FATF에서 제시하는 주요 실제 사례는 다음과 같다.[94]

---

93) U.S. Department of the Treasury Press Release, "Treasury Sanctions the Waked Money Laundering Organization" (May 5, 2016).
　https://home.treasury.gov/news/press-releases/jl0450 (마지막 방문 2023. 5. 20.)
94) FATF(주 86), pp.9-20.

① 브라질 회사는 독일 회사와 콩을 수출하는 계약을 체결한 후 실제로 콩을 선적함이 없이 독일 회사로부터 수출대금을 선불로 지급받아 이를 위 계약과 관련 없는 제3자에게 이체

② 캐나다 범죄조직은 소량의 고철만 수출하면서 수백 톤의 고철을 수출하는 것처럼 허위 선적서류를 작성하여 범죄수익을 수출대금으로 위장

③ 미국 송금업자는 방글라데시로 자금을 이전하기 위해 전화카드를 통신회사로부터 구입한 후 그 PIN 번호를 방글라데시 업자에게 알려주고 방글라데시 업자는 이를 판매하여 현금화

④ 콜롬비아 마약카르텔은 콜롬비아 수입업자로 하여금 캐나다로부터 곡물을 수입하게 하여 미국에서 벌어들인 마약판매수익으로 그 대금을 지급하고, 콜롬비아 수입업자는 위 곡물을 판매한 대금으로 위 마약카르텔에 수입대금 상환

⑤ 콜롬비아 마약카르텔은 미국 내 마약판매대금으로 금괴를 구입하여 가정용 공구로 변환한 후, 이를 콜롬비아에 수출하여 다시 금괴로 만들고 그 금괴를 미국으로 역수출한 후 판매하여 현금화

⑥ 콜롬비아 마약카르텔은 미국으로 마약을 밀반입하여 판매하고 그 판매대금으로 금 조각을 구입하여 골드바를 제조한 후, 우루과이로부터 골드바를 수입하는 것처럼 위장하여 납을 들여와 이를 골드바로 대체하고 공개시장에서 판매함으로써 범죄수익을 수입한 골드바 판매대금으로 전환하고, 우루과이 수출업자는 지급받은 골드바 대금을 제3국을 거쳐 반납(다음 그림 참조)

[그림 5] 골드바 수입을 위장한 자금세탁 구조[95]

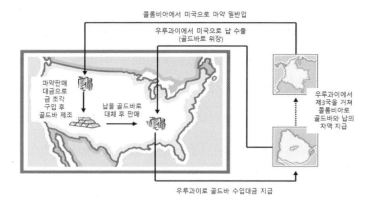

⑦ 노르웨이 A사는 독일 회사로부터 제품을 수입하면서 이를 제3의 노르웨이 B사가 수령하게 한 후, B사에 실제보다 과다한 대금을 청구하여 수령함으로써 실제 대금과의 차액으로 범죄수익을 전환

⑧ 일본 범죄조직은 마약판매수익을 프랑스로 밀반출하여 유명 디자이너 패션숍에서 명품을 구입한 후, 이를 일본에 설립한 명목상 회사에 수출하여 일본에서 판매하고 그 대금을 계좌에 예치

⑨ 브라질 회사는 범죄수익인 현금을 밀반출하여 역외에 설립한 명목상 회사 명의의 계좌에 예치한 후, 청량음료 시럽을 부풀린 가격으로 위 명목상 회사로 수출하여 실제 대금과의 차액으로 범죄수익 전환

5. 금융기관 활용

가. 자금세탁 방식

위에서 살펴본 방법을 비롯하여 자금세탁 기법 대부분이 금융기관과

---

95) FATF(주 86), p.13.

직·간접적으로 관계되는 것이나, 이에 그치지 않고 자금세탁의 수단으로 금융기관을 적극 활용하는 방법이 사용되기도 한다. 이때에는 해당 금융기관의 조력이 필수적이므로 그 금융기관의 종사자가 자금세탁 시도를 인식하면서 이에 관여할 소지가 크다고 할 수 있다.

먼저 BCCI 사건에서 본 것처럼 다수의 역외 은행을 반복적으로 경유하는 매우 복잡한 국제적 금융거래를 설계하여 자금세탁을 실행하는데, 이 과정에서 환거래은행(correspondent bank)이 이용된다.

또한 국제적인 보증 내지 담보부 대출을 활용함으로써 자금의 출처를 위장하는 Back-to-back-loan 방식이 주로 사용되는데,[96] 이는 아래와 같이 3가지 유형으로 구분할 수 있다.

① 범죄수익을 해외 은행에 예치하고 그 은행의 보증 하에 신용도가 높은 은행(주로 해외 소재)으로부터 대출을 받아 부동산 등 자산을 구입한 다음, 대출을 상환하지 않고 당초 범죄수익을 예치한 은행으로 하여금 보증채무를 상환하게 함으로써 범죄수익의 출처를 대출금으로 위장[97]

② 범죄수익을 해외 은행에 예치하여 CD를 발행한 후 이를 담보로 다른 해외 은행으로부터 대출을 받고, 그 대출금을 상환하지 않고 위 담보를 실행하게 하여 범죄수익을 합법적인 대출금으로 전환

③ 스스로 조세피난처에 은행을 설립하여 그 은행에 범죄수익을 예치한 후 위 ①, ②와 같은 방법으로 보증 내지 담보부 대출을 통해 범죄수익을 위장하거나 조세피난처 은행이 직접 대출 실행[98]

앞에서 본 바와 같이 BCCI 사건에서 위 ②의 기법이 사용되었으며, 위 ③의 기법은 ①, ②에 비해 의심을 받을 위험이 높은 반면 이자 등 거

---

96) 이를 'Holland Sandwich'라고 부르기도 한다. Gal Istvan Laszlo(주 48), p.132.
97) Michael Levi(주 48), pp.185. Gal Istvan Laszlo(주 48), p.132. David A. Chaikin(주 9), p.482.
98) Gal Istvan Laszlo(주 48), p.131.

래비용을 절약하는 장점이 있다고 한다.[99] 어느 경우든 당국의 의심이나 추적을 피하기 위해서는 금융기관 측의 적극적인 조력이 필요하다고 할 수 있다.

신용카드대금을 실제 사용액보다 과다하게 결제한 다음 신용카드회사로부터 실제 사용액과의 차액을 수표 등으로 환급받아 이를 은행에 예치하는 방법도 사용될 수 있다. 다만 이 방법은 의심거래에 대한 금융기관의 감시 수준이 높아진 최근에는 잘 활용되지 않는다고 한다.[100]

그리고 금융기관 종사자를 매수하여 자금세탁에 적극 활용할 수 있다. 러시아 지하그룹은 인신매매와 조세포탈 등 각종 범죄로 벌어들인 대규모 자금을 세탁해 주는 대가로 Bank of New York 임원에게 뇌물을 제공하여 실제로 자금세탁이 이루어진 바 있다.[101] 이와 반대로 금융기관 측에서 자금세탁 대가로 높은 수수료를 요구할 수도 있음은 U.S. v. $4,255,625.39 사건에서 본 바와 같다.

나아가 Sindona 사건에서 본 것처럼 아예 금융기관 자체를 인수할 수도 있다.[102] 이는 상당한 비용이 드는 대신 자금세탁을 가장 용이하게 할 수 있는 방법이라고 할 것이다.

나. 사례

1) U.S. v. Alaniz

U.S. v. Alaniz 사건[103]은 Back-to-back-loan 방식을 통해 범죄수익을 합법적인 대출금으로 전환한 사안이다.

---

99) Gal Istvan Laszlo(주 48), p.131.
100) Reuter & Truman(주 34), pp.31.
101) David Chaikin & Jason C. Sharman, Corruption and Money Laundering: A Symbiotic Relationship, Palgrave (2009), pp.75-77. Jason C. Sharman(주 2), p.17.
102) Gal Istvan Laszlo(주 48), p.137.
103) 726 F.3d 586 (5th Cir. 2013).

이 사건에서 Salas는 텍사스 주 Laredo에서 자동차판매사원인 것처럼 행세하면서 멕시코 마약카르텔 Los Zetas 및 Gulf Cartel과 연계하여 코카인과 마리화나를 대규모로 유통해 왔다. 그의 아내인 Lopez, 모친인 Galaviz와 여동생 Magana는 Salas가 취득한 마약판매수익을 세탁하는 역할을 담당하였다.

자금세탁에 활용할 목적으로 Salas는 LC Contractors라는 유령 건설회사, Lopez는 Via Italia Devine이라는 유령 무역회사를 설립하였고, Galaviz는 주로 부동산 매매, Magana는 자동차 매매를 통해 자금세탁을 실행하였는데, 세탁된 마약판매수익은 1,913,937달러에 이른다.

Lopez는 위 무역회사 명의로 IBC Bank에 개설한 계좌에 마약판매대금을 입금해 둔 후 그 중 35,000달러를 인출하여 양도성예금증서(CD)로 전환하고, 그 CD를 담보로 제공하여 위 은행으로부터 위 무역회사 앞으로 동일 액수의 대출을 받음으로써 마약판매수익을 합법적인 대출금으로 전환하였다.

그리고 Galaviz는 Salas 소유 주택을 매수하는 계약을 체결하였는데, 매도인 명의는 Salas가 아닌 'Daniel Obregon'이라는 가명을 기재하였다. 매매대금 지급과 관련해서는 Wells Fargo Bank 계좌에서 BBVA Bank로 33,000달러를 송금하고 이를 인출하여 Laredo National Bank에서 수표로 교환한 후 그 수표를 계약금으로 지급하고 잔금은 은행에서 대출받은 120,000달러로 지급하였다. 그러나 Galaviz는 그로부터 2년이 지나지 않은 시점에 위 주택을 매도하여 당초 매매대금 액수에 가까운 140,071달러의 수익을 얻었다. 이는 저가에 매수하여 시가에 매도하는 방식을 취함으로써 그 차액 상당을 범죄수익의 출처로 위장한 것이었다.

또한 Magana는 Salas로부터 마약판매대금을 받아 New Ford 픽업트럭과 Jeep SUV 및 벤츠 SUV를 자신의 명의로 구입하고 이를 되파는 방법으로 마약판매수익을 세탁하였다.

이 사건에서 Salas는 마약거래와 자금세탁 혐의, Lopez, Galaviz와 Magana

는 자금세탁 혐의, Salas의 지시를 받아 마약거래를 해 온 Alaniz는 마약거래 혐의로 각각 기소되었고, 연방법원에서 모두 유죄가 인정되었다.

2) Koop Fraud 사건

이 사건은 1997년부터 1999년까지 미국에서 투자사기로 수백만 달러를 편취한 William H. Koop이 그 범죄수익을 주로 역외 은행 및 이와 연계된 환거래은행을 활용하는 방법으로 세탁한 사안이다.[104]

Koop은 도미니카에 소재한 Overseas Development Bank & Trust (ODBT), British Trade & Commerce Bank(BTCB) 및 과테말라 안티구아에 소재한 Hanover Bank 등 3곳의 역외 은행과 그 은행들이 이용하는 미국 내 환거래은행들을 활용하는 방법으로 사기 범죄수익을 세탁하였는데, 자금세탁 규모는 총 1,300만 달러에 이른다.

위 역외 은행들은 자금세탁에 적극 조력하였다. Koop이 최초로 이용한 은행은 ODBT로서 ODBT는 Koop을 위해 직접 도미니카 법인으로 International Financial Solutions Ltd, Info-Seek Ltd, Charity-Seek International Ltd, Professional Fund Raisers International Ltd 등 4개의 유령회사를 설립해 주는 동시에 위 회사들 명의로 계좌를 개설해 주었다. 이후에도 위 은행은 계속하여 계좌 1개당 300달러의 수수료를 받고 위 회사들 명의로 60개의 계좌를 개설해 주었다.

Koop이 사기로 편취한 자금은 ODBT의 미국 내 환거래은행인 Bank of New York 등의 환거래계좌에 예치된 후 ODBT로 전신송금되어 위 유령회사들 명의 계좌에 입금되는 방법에 의하여 해외로 반출되었다. 이와 같이 역외 은행 계좌에 입금된 자금은 다시 Koop과 공범들이 관리하는 두바이 소재 Arab Bank 등에 개설된 별도의 차명계좌로 이체된 후 인출

---

104) 이 사건의 사실관계는 미국 연방상원의회 보고서(U.S. Senate, "Role of U.S. Correspondent Banking in International Money Laundering" (March 2001), pp.646-654) 참조.

되었다.

그 후 1998년에 ODBT에 유동성 위기가 발생하자 Koop은 거래은행을 BTCT와 Hanover Bank로 변경하였다. 위 은행들 역시 ODBT와 마찬가지로 Koop을 위해 직접 도미니카 및 안티구아의 현지법인으로 Info-Seek Asset Management S.A, Hanover B Ltd, Atlantic Marine Bancorp Ltd, Starfire Asset Management S.A 등 유령회사를 설립하고 그 회사들 명의의 계좌를 개설해 주었다. 사기 범죄수익은 ODBT의 경우와 마찬가지로 미국 은행의 환거래계좌를 거쳐 위 유령회사들 명의 계좌에 입금된 후 다시 차명계좌로 이체하는 방법으로 세탁되었다.

Koop은 사기와 자금세탁 혐의로 기소되어 2000년 2월 1심에서 자백하고 유죄를 선고받았다.[105)]

3) Pizza Connection 사건

이 사건은 1980년대에 마피아 조직이 뉴욕을 기반으로 피자가게 등과 연계하여 대규모 마약을 유통하면서 명목상 회사와 다수의 국내외 금융기관을 활용하여 자금세탁을 실행한 사안으로 일명 'Pizza Connection' 사건으로 불리며, 이에 대한 미국 연방법원의 재판은 U.S. v. Casamento 사건이다.[106)]

이 사건에서 이탈리아 마피아는 세계 생아편의 약 70%를 공급하는 동남아시아 황금의 삼각지대(Golden Triangle)에서 생아편을 구입하여 시칠리아에서 헤로인을 제조한 후 이를 뉴욕에 거주하는 시칠리아 출신 마피아 조직 La Cosa Nostra에 공급하였고, La Cosa Nostra는 위 헤로인을 주로 피자가게나 식료품 소매점을 통해 유통하였다. 헤로인 판매수익은 25억 달러에 이르고 그 중 10억 달러가 이탈리아 마피아에게 분배되었으며, 이와 같은 범죄수익에 대하여 자금세탁이 이루어졌다.

---

105) U.S. v. Koop, U.S. District Court (D.N.J. 2000), Criminal Case No. 00-CR-68.
106) 887 F.2d 1141 (2d Cir. 1989).

초기에는 주로 소액 지폐인 마약판매대금은 전용기를 이용하여 버뮤다로 밀반출하거나 10,000달러 미만의 전신송금 방식으로 세탁되었으나, 이탈리아 마피아의 스위스 지역 조직원인 Della Torre는 금융기관을 적극 활용하여 자금세탁을 실행하기로 계획하였다.

이에 Della Torre는 메릴린치 뉴욕지점을 통해 Bankers Trust에 명목상 회사인 부동산 개발업체 명의로 무역거래계좌를 개설하는 동시에 스위스 취리히 은행에서도 같은 방법으로 무역거래계좌를 개설한 후, 1달 동안 5회에 걸쳐 현금 390만 달러를 메릴린치 뉴욕지점을 통해 Bankers Trust 계좌에 입금하고 이를 취리히 은행 계좌로 전신송금하였다. 그 직후 Della Torre는 앞으로는 메릴린치를 통하지 않고 직접 Bankers Trust 계좌에 현금을 입금하기로 메릴린치 측과 협의하였다. 그런데 그 실행을 위해 Della Torre가 메릴린치 직원과 함께 Bankers Trust를 방문하였을 때 보안카메라를 의식하여 내부로 들어가지 않으려는 등 수상한 행동을 하자 메릴린치는 Della Torre와의 거래를 중단하였다.

이에 따라 Della Torre는 다시 EF Hutton 뉴욕지점을 통해 위 부동산 개발회사 명의로 Bankers Trust에 계좌를 개설하는 한편, 스위스에서 PGK Holding이라는 상호로 귀금속 무역회사를 설립하고 취리히 은행에 그 회사 명의로 계좌를 개설하였다. 그런 다음 그는 Bankers Trust 계좌에 1,830만 달러를 입금한 후 그 중 1,300만 달러를 허위의 상품선물 거래대금 명목으로 취리히 은행의 PGK Holdings 계좌로 이체하였다.

EF Hutton 측은 Della Torre가 대량의 현금을 직접 Bankers Trust 계좌에 입금할 수 있도록 주선하였고, 이에 Della Torre는 스포츠백에 담아온 현금을 Bankers Trust 계좌에 직접 입금하였다. 이와 관련하여 EF Hutton 관계자는 위와 같은 입금 방식에 난색을 표하는 Bankers Trust 담당자에게 "모든 책임은 EF Hutton이 부담하는 것이고 Bankers Trust는 아무런 책임이 없다"며 안심시키는 한편, Bankers Trust의 다른 지점에서도 현금이 입금될 수 있도록 주선해 주기도 하였다.

Della Torre 외에 마피아 조직원 Adriano Corti도 자금세탁을 담당하였다. 그는 주로 마약판매대금인 현금을 스포츠백, 카드보드박스, 여행용 가방에 담아 전용기로 버뮤다에 옮긴 후 그곳에 개설된 은행 계좌에 입금하고, 이를 스위스 은행을 경유하여 시칠리아 은행 계좌로 이체하는 방법을 사용하였다.

이상과 같은 방법 외에도 해외 계좌로의 전신송금도 병행되었다. 송금액수는 고액현금거래보고를 피하기 위해 10,000달러 미만으로 분할하면서 Barclays, Chase Manhattan, Chemical Bank, Citibank, American Express, Thomas Cook 등 다수의 은행이 이용되었다.

또한 역외 은행을 이용한 복잡한 거래도 이루어졌다. 이는 뉴욕에서 파나마로 자금이 송금된 후 이를 1/2씩 나누어 다시 뉴욕과 캐나다 몬트리올로 이체되고, 그 자금이 합쳐져서 다시 채널제도로 송금된 후 5개 계좌로 분할 이체되었으며 그 자금이 모두 스위스 계좌로 이체되는 방식이었다.

이 사건에서 38명이 연방법원에 마약거래 및 자금세탁 혐의로 기소되어 모두 유죄가 인정되었다. 한편, 이탈리아에서 이 사건을 수사한 Giovanni Falcone 검사와 그의 아내 및 경호원 3명은 1992년 5월 23일 이탈리아 마피아에게 암살되었다.[107]

4) Bank of New York 사건

이 사건은 은행 임원이 러시아 범죄조직으로부터 거액의 뇌물을 받고 대규모 자금세탁을 실행하여 준 사안으로서, 범죄조직과 연계된 러시아 은행, 미국 은행의 환거래계좌, 역외 유령회사 및 유령은행, 자동 전신송금 소프트웨어 등이 자금세탁의 수단으로 활용되었다. 이 사건과 관련된 미국 연방법원의 재판은 U.S. v. Berlin 사건,[108] U.S. v. Kudryavtsev

---

107) Charles Hill(주 76), pp.3-4.
108) U.S. District Court (S.D.N.Y. 2000), Criminal Case No. S1-99-CR-914 (SWK) (Bank of New York 임원 및 공범에 대한 형사사건).

사건,[109] U.S. v. $15,270,885.69 on Deposit in Account No. 8900261137 사건,[110] In re Bank of New York Derivative Litigation 사건[111] 등이 있다.[112]

이 사건에서 밝혀진 바에 의하면, Bank of New York(이하 'BONY')은 1990년대 초부터 러시아 은행들의 범죄조직 연계 가능성과 부패를 우려한 정부와 업계의 만류에도 불구하고, 러시아 금융계로 사업을 확장하여 동유럽지사를 설치하고 180여개 러시아 은행들과 환거래계약을 체결하여 환거래 서비스를 제공해 왔다. 그런데 BONY는 동유럽지사 및 환거래 서비스를 통해 사실상 러시아 범죄조직의 자금을 전 세계로 반출하는 도관 역할을 하였고, 그 일환으로 BONY 동유럽지사장은 Inkombank 등 러시아 은행과 함께 자금의 우회(spinning around) 전략을 설계하고 비밀통신을 할 수 있는 암호화된 시스템을 구축하기도 하였다.

한편, BONY 동유럽지사 부사장 Lucy Edwards는 남편 Peter Berlin 및 위 동유럽지사 직원 Svetlana Kudryavtsev와 공모하여, 러시아 지하그룹이 인신매매와 조세포탈 등 각종 범죄로 벌어들인 자금을 세탁하여 주었다. 이와 관련하여 Berlin은 Benex International Co.(Benex), Becs International L.L.C.(Becs), Lowland Inc.(Lowland) 등 사업 실체가 전혀 없는 3개의 명목상 회사를 설립하고 그 회사들 명의로 BONY에 계좌를 개설하였으며, 구체적인 자금세탁 과정은 아래와 같다.

① Depositamo-Kliringovy Bank, Commercial Bank Flamingo, Sobin Bank 등 러시아 은행 3곳은 러시아 지하그룹으로부터 범죄수익을 입금받은 후 이를

---

109) U.S. District Court (S.D.N.Y. 2000), Criminal Case No. S1-00-CR-75 (JSR) (Bank of New York 직원에 대한 형사사건).

110) U.S. District Court (S.D.N.Y. 2000), 2000 WL 1234593 (러시아은행의 Bank of New York 환거래계좌에 예치된 자금에 대한 민사몰수 사건).

111) 173 F.Supp.2d 193 (S.D.N.Y. 2001), 320 F.3d 291 (2d Cir. 2003) (Bank of New York 경영진에 대한 주주대표 소송).

112) 이 사건의 사실관계는 위 사건들의 판결 내용 및 U.S. Senate(주 104), pp.644-645 참조.

BONY 환거래계좌로 송금

② 위 자금은 BONY 환거래계좌에서 명목상 회사인 Benex, Becs, Lowland 계
   좌로 이체(그 이체 지시는 위 러시아 은행들이 태평양제도 Nauru 및
   Vanuatu 공화국에 설립한 명목상 은행인 Sinex Bank 명의로 실행)

③ 다시 위 자금은 전자적 방식의 자동송금 소프트웨어를 이용하여 러시아
   지하그룹이 관리하는 수천 개의 해외은행 계좌로 전신송금

Edwards 부부는 위와 같이 자금세탁을 해 주는 대가로 러시아 지하그
룹으로부터 러시아 은행을 통해 180만 달러의 뇌물을 받았다. 1995년부
터 1999년까지 4년 동안 그들이 세탁한 자금 규모는 70억 달러에 이르며,
자금세탁을 위해 총 16만 회의 전신송금이 실행되었다.

이 사건에서 Edwards, Berlin, Kudryavtsev은 자금세탁 혐의로 기소되어
1심에서 모두 유죄가 인정되었고, 러시아 Sobinbank가 BONY 환거래계좌
에 예치한 $15,270,885.69의 자금에 대한 민사몰수가 인용되었다. 다만,
BONY 경영진에 대한 주주대표소송은 원고의 주식 취득 시점이 자금세
탁 행위 이후라는 이유로 각하되었다.

한편, 이 사건으로 BONY는 연방검찰과의 기소유예합의를 통해 벌금
3,800만 달러의 제재를 받았고 180여개 러시아 은행과의 환거래계약을
종료하였다.[113]

5) FATF 제시 사례

FATF는 신탁회사와 Back-to-back-loan을 활용한 자금세탁 사례를 제시
하고 있다.[114]

---

113) U.S. Senate(주 104), p.645. New York Times, "Bank Settles U.S. Inquiry Into
    Money Laundering" (Nov 9, 2005)
    https://www.nytimes.com/2005/11/09/business/bank-settles-us-inquiry-into-money-la
    undering.html (마지막 방문 2023. 5. 20.)
114) FATF, "Money Laundering & Terrorist Financing through the Real Estate Sector",

이 사건에서 네덜란드 국적의 X는 신탁회사를 내세워 A사를 소유하면서 3,500만 유로 상당의 범죄수익을 S은행에 개설된 A사 계좌에 입금하는 한편, 합법적인 부동산회사인 B사를 Y 명의를 빌려 차명으로 소유하면서 부동산을 구입하여 임대사업을 해 왔다.

그 과정에서 X는 범죄수익을 이용하여 B사에서 부동산을 추가 구입하기로 결정하고 S은행의 보증 하에 N은행으로부터 총 3,500만 유로를 대출받았다. S은행은 기존에 입금된 범죄수익을 위 보증에 대한 담보로 설정하였기 때문에 기꺼이 위 대출에 대한 보증을 제공하였다. 이후 X는 위 대출금을 상환하지 않고 이에 따라 S은행은 N은행으로부터 보증채무를 변제받으며, N은행은 담보로 설정된 범죄수익에 대하여 구상권을 행사하게 된다.

이로써 X 자신은 공식적 거래관계에서 전혀 노출되지 않고, 부동산 구입자금의 원천은 실제로는 범죄수익임에도 불구하고 합법적인 대출금으로 부동산을 구입한 것처럼 위장되었다. 이상과 같은 자금세탁 구조를 그림으로 나타내면 다음과 같다.

FATF (2007), pp.39-40.
https://www.fatf-gafi.org/media/fatf/documents/reports/ML%20and%20TF%20through%20the%20Real%20Estate%20Sector.pdf (마지막 방문 2023. 5. 20.)

[그림 6] Back-to-back loan을 이용한 자금세탁 구조[115]

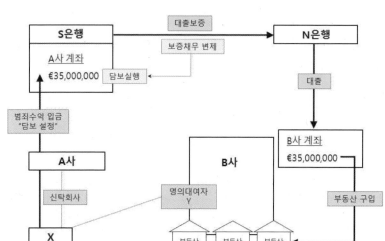

6. 환전·송금업자 활용

가. 자금세탁 방식

금융기관보다는 규제 강도가 낮은 환전업자나 송금업자를 통해 환전 또는 국제적인 자금이체를 실행함으로서 자금세탁을 하는 방법도 자주 활용된다.

환전과 관련해서는 범죄수익으로서 국내통화인 대규모 현금을 작은 단위의 외국통화로 환전한 후 외국으로 밀반출하여 외국은행의 계좌에 예치하는 방법이 주로 사용된다.[116] 이때 U.S. v. $4,255,625.39 사건에서와 같이 유명 환전상을 통함으로써 의심을 피하거나, 외국은행에 개설된 차명계좌에 소액으로 분산 입금하는 방법이 동원될 수 있다. 환전업자는 환전 외에도 전자자금이체 등을 통해 환전한 자금의 해외 밀반출에 조

---

115) FATF(주 114), p.39 참조.
116) Reuter & Truman(주 34), p.31.

력할 수 있다.[117] 환전은 일단 실행되면 자금의 출처를 추적하기가 매우 어렵기 때문에 자금세탁의 3단계 중 배치와 관련하여 중요한 의미를 가진다.[118]

송금업자를 통해서는 전신송금 또는 전자자금이체 방식으로 주로 국제적인 자금 이전을 통해 자금세탁이 이루어진다. 이때 복수의 국가에 소재한 다수 은행에 계좌를 개설한 후 그 계좌들을 전전하여 송금거래를 반복함으로써 자금의 출처를 불명하게 만들거나, 소액으로 분산하여 다수 은행에 송금한 후 최종 은행 계좌로 모으는 방법 등이 이용된다.[119]

환전업자와 송금업자는 영업 특성상 현금을 취급할 뿐 아니라 거래의 단순성, 금융회사에 비해 낮은 수준의 고객확인, 주로 영세한 규모로서 수익을 위해 자금세탁을 시도하는 자와 쉽게 결탁할 수 있는 점 등을 고려할 때 자금세탁 위험에 대하여 매우 취약하다고 할 수 있다.[120]

나. 사례

1) U.S. v. Breque

U.S. v. Breque 사건[121]은 환전업자가 범죄수익인 미국 달러를 멕시코 페소로 환전해 주는 방법으로 자금세탁을 실행한 사안이다.

이 사건에서 국세청과 관세청은 피고인 Breque가 텍사스 주 Laredo 소재 El Centenario 환전소를 통해 자금세탁을 하고 있다는 첩보를 입수하고 함정수사를 개시하였다. 연방요원 Rangel은 위 피고인에게 접근하

---

117) Gal Istvan Laszlo(주 48), p.137. Reuter & Truman(주 34), p.31.
118) FATF, "Money Laundering through Money Remittance and Currency Exchange Providers", FATF (2010), p.21.
    https://www.fatf-gafi.org/media/fatf/ML%20through%20Remittance%20and%20Currency%20Exchange%20Providers.pdf (마지막 방문 2022. 10. 13.)
119) Reuter & Truman(주 34), p.30. David A. Chaikin(주 9), pp.489-491.
120) FATF(주 118), p.21.
121) 964 F.2d 381 (5th Cir. 1992).

여 20,000달러를 페소로 환전해 줄 수 있는지 문의하였고, 위 피고인은 10% 수수료 조건으로 환전이 가능하다고 답하였다.

이에 위 피고인과 연방요원은 함께 El Centenario 환전소를 방문하여 그곳에서 15,000달러를 페소로 환전하였다. 위 환전소를 운영하는 피고인 Castiglioni는 연방요원으로부터 받은 달러를 세어본 후 이를 페소로 교환하여 건네주었을 뿐, 환전의뢰인의 신분은 전혀 확인하지 않았으며 고액현금거래보고(CTR)도 이루어지지 않았다.

계속하여 연방요원은 피고인 Breque와 함께 위 환전소를 방문하여 60,000달러를 페소로 환전하였는데, 이번에도 피고인 Castiglioni는 연방요원의 신분을 확인하지 않았고 CTR을 하지 않았으며, 연방요원이 CTR을 회피하려고 한다는 사실을 알고 있었다.

그 후 연방요원은 피고인 Breque를 동행하지 않고 위 환전소를 방문하여 미국 달러를 페소로 환전하였는데, 그 과정에서 피고인 Castiglioni에게 마약판매로 취득한 자금을 세탁하는 것이라고 알려주었다. 그러자 위 피고인은 환전에 위험이 따른다며 2%의 추가 수수료를 요구하였다. 또한 연방요원이 100,000달러를 긴급하게 환전해 줄 것을 요청하자 위 피고인은 수수료를 인상하여 5%를 요구하기도 하였다.

피고인들은 고액현금거래보고의무 위반 및 자금세탁 혐의로 기소되어 모두 유죄가 인정되었다.

2) U.S. v. Rivas-Estrada

U.S. v. Rivas-Estrada 사건[122]은 합법적 송금업체가 범죄수익의 자금세탁에 적극 조력한 사안이다.

이 사건에서 Rivas-Estrada는 2010년대에 미국에서 마약유통조직인 Estrada를 운영해 왔다. Estrada는 Valencia 및 Lozano와 함께 미국의 3대 마약유통조직으로서 이들은 멕시코 Michoacán으로부터 순도 93%의 메스

---

122) 761 Fed.Appx. 318 (5th Cir. 2019).

암페타민을 밀수하여 미국에서 판매하였고, 이는 미국 내 메스암페타민 유통량의 99%를 차지하는 것이었다.

위 마약유통조직들은 마약판매수익을 멕시코로 보내기 위해 자금세탁을 계획하였다. 그 방법은 마약판매수익인 현금을 안전가옥으로 옮겨 선물상자, 신발상자, 여행용가방에 담은 후 배달원이 그 현금을 합법적인 송금업체로 가지고 가서 그 업체를 통해 멕시코로 송금하는 것이었다. 송금 과정에서 송금인은 가명으로 하고 고액현금거래보고를 피하기 위해 모든 송금은 1,000달러 미만으로 분할하여 실행하기로 하였다.

Lopez는 Cumbia Records라는 합법적인 송금업체를 운영하고 있었고 자금세탁 위험성을 인지할 수 있는 교육을 받은 상태였다. 그러나 그는 위 마약유통조직들의 배달원이 가명 송금인으로서 1,000달러 미만의 분할 송금을 실행할 당시 신분을 전혀 확인하지 않았을 뿐 아니라, 송금인의 성명을 허위로 기재하는 것을 도와주고 배달원이 드러나지 않도록 보안카메라를 돌려놓기까지 하였으며, 고액현금거래보고나 의심거래보고는 이행하지 않았다. 그 과정에서 Lopez의 영업을 도와주던 그의 아들 Tlaseca는 자금세탁을 의심하였으나, Lopez의 부인으로부터 아무런 질문도 하지 말 것을 지시받았고 나중에 결국 Valencia의 배달원이 되었다.

한편, Herrera는 Rizo와 Variedades Esperanza라는 상호로 합법적인 송금업체 2곳을 운영하고 있었다. 그도 역시 Lopez와 마찬가지로 자금세탁 위험성에 대한 교육을 받았음에도 위 마약유통조직들이 자금세탁을 위해 의뢰한 송금 과정에서 가명 송금인의 기재를 도와주고 분할 송금과 관련한 고액현금거래보고나 의심거래보고는 일체 이행하지 않았다.

이 사건에서는 마약유통조직 운영자 Rivas-Estrada 및 송금업자 Lopez와 Herrera를 비롯한 31명이 마약거래 및 자금세탁 혐의로 기소되었고, 연방법원에서 모두 유죄가 인정되었다.

3) FATF 제시 사례

영국의 환전업자 K는 마약판매대금을 비롯한 범죄수익인 소액 단위의 파운드를 고액 단위의 파운드나 미국 달러로 환전해 주었고, 이와 같이 환전된 자금은 물리적 이동이나 은닉이 용이하여 해외로 밀반출되었다. K는 그의 부인 및 아들과 함께 이와 같은 자금세탁에 가담하였는데, 그 자금세탁 규모는 1억 9,000만 파운드에 달하였다.[123]

불가리아 소재 회사는 단기간에 송금업체를 통해 해외 여러 국가에 소재한 다수의 법인 및 개인들에게 상당한 규모의 자금을 송금하였다. 그 후 일정 기간 동안 송금을 중단하였다가 다시 동일한 방법으로 많은 자금을 송금하였는데 그 원천은 마약거래와 매춘 등 범죄수익이었다. 송금 과정에서는 고액현금거래보고를 회피하기 위해 보고기준금액 이하로 분할 송금이 이루어졌고 해외로 송금된 자금은 국내로 재송금된 것으로 확인되었다.[124]

이스라엘 국적의 B는 차명으로 다수의 명목상 회사를 설립한 후 범죄수익인 현금을 환전업체와 송금업체에서 수표로 교환하면서 그 수취인을 위 명목상 회사들로 기재하였다. 이와 같은 수표 교환 거래는 차명 및 현금을 분할하는 거래로 이루어진 관계로 B는 기록에 남지 않았고, 환전업체와 송금업체는 위 거래와 관련하여 고액현금거래보고나 의심거래보고를 전혀 이행하지 않았다.[125]

7. 비공식 송금시스템 이용

가. 자금세탁 방식

합법적인 금융기관을 통하지 않고 비공식 송금시스템을 이용하여 자

---

123) FATF & MENAFATF(주 64), pp.54-55.
124) FATF(주 118), p.22.
125) FATF(주 118), p.27.

금세탁을 하는 방법도 활용된다. 비공식 송금시스템은 대체송금시스템
(alternative remittance system, ARS)이라고도 하는데,[126] 이는 자금세탁을
의뢰한 고객의 거래기록을 전혀 남기지 않기 때문에 추적이 곤란하며,
배치부터 전개와 통합에 이르기까지 자금세탁의 3단계를 모두 수행하여
주기도 한다.[127]

　대표적인 대체송금시스템으로는 중동의 Hawala, 인도의 Hundi, 남미
의 암시장 페소 환전소(Black Market Peso Exchange, BMPE), 중국의 Fei
chi'en, 필리핀의 Padala 및 태국의 Phoe kuan 등이 있다.[128]

　전형적인 자금세탁 방식은 송금인이 국내 ARS에 송금액과 수수료를
현금으로 교부하여 암호화된 승인번호를 받고, ARS가 해외에 소재한
ARS 사무소에 전화·팩스·이메일 등으로 송금액수와 위 승인번호를 알려
주면 위 사무소는 자신의 자금을 인출하여 이를 위 승인번호를 소지한
송금인 또는 그가 지정한 자에게 교부하는 것이다. 이 모든 과정은 불과
몇 분 안에 종료되며 어떠한 서류도 작성되지 않고 금융기관과 접촉하
는 일도 전혀 없다.[129]

　규모가 큰 현금의 경우 국내 ARS가 지정하는 계좌에 예치한 후 위와
같은 과정이 진행되기도 하며,[130] 거래 이후 국내 ARS가 해외 ARS에 정

---

126) Levi & Reuter(주 39), p.315. FATF, "Combating the Abuse of Alternative Remittance System", FATF (2003), p.1.
　　https://www.fatf-gafi.org/media/fatf/BPP%20SRVI%20June%202003%202012.pdf (마지막 방문 2023. 5. 20.)

127) Reuter & Truman(주 34), p.30.

128) Jianjun Li, Yinglin Liu & Shuang Ge, "China's alternative remittance system: channels and size of "hot money" flows", Crime, Law and Social Change, vol. 57, no. 3 (2012), p.223. FATF(주 126), p.2.

129) Charles B. Bowers, "Hawala, Money Laundering, and Terrorism Finance: Micro-Lending as an End to Illicit Remittance", Denver Journal of International Law and Policy, vol. 37, no. 3 (2009), pp.379-380. Jianjun Li et al.(주 128), p.224.

130) Melvin Soudjin, "Hawala and Money Laundering: Potential Use of Red flags for Persons Offering Hawala Services", European Journal on Criminal Policy and Research, vol. 21,

산금을 지급하는 과정에서 이를 무역대금으로 위장하는 방식이 병행되기도 한다.[131]

대체송금시스템은 위에서 본 바와 같은 익명성 외에도 해당 지역에서 오랜 기간 이용되어 온 문화적 친숙함 그리고 금융기관을 통한 국제송금보다 비용을 절약할 수 있다는 점 때문에 많이 이용된다.[132] 우리나라에서도 '환치기'로 불리면서 밀수, 도박, 보이스피싱 등의 범죄조직과 외국인 폭력조직이 환치기 업자를 통해 불법자금을 세탁하는데 이용되고 있다.[133]

나. 사례

1) U.S. v. Singh

U.S. v. Singh 사건[134]은 대표적인 대체송금시스템인 Hawala와 연계하여 자금세탁을 실행한 사안이다.

이 사건에서는 마약상 Pindi가 캐나다에서 벌어들인 마약판매수익이 미국을 경유하여 멕시코로 송금되었는데, 캐나다에서 미국으로의 송금 및 미국에서 멕시코로의 송금이 모두 Hawala를 통해 이루어졌다.

피고인 Singh은 2012년부터 삼촌과 함께 미국 캘리포니아에서 Hawala 브로커로 활동하였다. 캐나다의 Hawala 브로커인 Isshpunani가 캐나다에서 Pindi로부터 마약판매수익인 현금을 교부받아 캐나다의 Hawala 영업소에서 같은 액수를 미국으로 송금하면, 피고인은 캘리포니아에 있는

---

no. 2 (2015), pp.260-261.

131) Charles B. Bowers(주 129), pp.380-381.

132) Charles B. Bowers(주 129), pp.383-385.

133) 최승렬, 송봉규 "범죄조직의 대체송금시스템(환치기)에 관한 연구", 한국공안행정학회보 제18권 제4호, 한국공안행정학회 (2009), 516, 518면. 안형도, 윤덕룡, 국제금융거래를 통한 자금세탁의 사례분석과 대응방안, 대외경제정책연구원 (2003), 129-130면.

134) 995 F.3d 1069 (9th Cir. 2021).

Hawala 영업소에서 그 자금을 수령한 후 이를 다시 다른 복수의 Hawala 영업소를 통해 멕시코 마약카르텔에게 송금하였다.

이와 같은 송금 과정은 자금의 물리적 이동이나 실제적인 송금 없이 송금국의 Hawala 영업소에서 마약조직으로부터 현금을 받은 후 그 액수를 수취국의 Hawala 영업소에 통보하는 동시에 수취인으로 지정된 자에게 'shaman', 'merchandise' 등의 명칭이나 일련번호로 된 코드를 알려주고, 수취국의 Hawala 영업소는 위 코드를 소지한 수취인에게 기 통보받은 액수에서 수수료를 공제한 나머지 금액을 지급하는 방식이었다. 그 과정에서 피고인은 법집행기관의 추적을 피하기 위해 20-25일마다 휴대폰의 유심카드와 전화번호를 변경하였고, 다른 Hawala 브로커들은 주로 선불 휴대폰을 사용하였다.

이상과 같은 과정을 통해 총 950만 달러의 마약판매수익이 세탁되었고, 피고인은 10만 달러당 250달러의 수수료를 챙겼다. 피고인은 무등록 송금업 및 자금세탁 혐의로 기소되어 유죄를 선고받았다.

2) Rep. of Columbia v. Diageo North America Inc.

Republic of Columbia v. Diageo North America Inc. 사건[135]은 암시장페소환전소(BMPE)를 통해 자금세탁이 이루어진 사안이다.

이 사건에서 콜롬비아 마약카르텔은 미국 뉴욕에서 마약을 판매하고 그 수익을 은행 계좌에 소액으로 분할하여 입금하여 왔다. 그러나 금융기관에 대한 자금세탁방지 규제가 강화되고 달러를 콜롬비아에서 사용할 목적의 페소로 교환할 필요성이 있게 되자, BMPE와 주류업 관련 기업들을 활용하여 자금세탁을 하기로 계획하였다.

한편, BMPE 브로커는 콜롬비아에서는 페소로 입출금하는 은행 계좌를, 미국에서는 달러로 입출금하는 은행 계좌를 각각 개설한 후 그 2개 계좌를 동시에 관리하면서 이를 활용하여 달러-페소 환전서비스를 제공

---

135) 531 F.Supp.2d 365 (E.D.N.Y. 2007).

하여 왔다.

먼저 마약판매수익인 달러를 페소로 교환하는 과정에서는 BMPE 브로커는 수령한 달러에서 수수료를 공제한 나머지 금액의 페소를 위와 같이 개설한 콜롬비아 은행 계좌에서 인출하여 지정된 수취인에게 교부하였다.

이와 반대로 콜롬비아 마약카르텔이 달러가 필요하여 페소를 달러로 교환하는 과정에서는 미국 뉴욕에 설립된 Diageo North America, 영국 증류회사인 Diageo PLC, 미국 주류수출회사인 Seagram Export Sales, 프랑스 주류회사인 Pernod-Richard 등 복수 국가의 주류회사들이 이용되었다. 마약카르텔이 콜롬비아에서 BMPE 브로커에게 페소를 교부하면 BMPE 브로커는 동일 액수에서 수수료를 공제한 나머지 금액의 달러를 주류 구입대금 명목으로 위 주류회사들로 보내고, 마약카르텔은 그 회사들로부터 밀수를 통해 주류를 공급받고 이를 판매하여 달러를 얻는 방식이었다.

이와 같은 과정에서 BMPE 브로커는 환전 액수의 30%에 이르는 막대한 수수료를 취득하였다. 이 사건은 콜롬비아 정부 및 지방자치단체들이 위 주류 기업들을 상대로 마약판매수익의 자금세탁 및 주류 밀수로 인한 피해를 입었다고 주장하면서 RICO법(18 U.S.C. § 1963)을 근거로 손해배상을 청구한 사안으로서, 연방법원은 그 청구를 일부 인용하였다.

3) FATF 제시 사례

네덜란드에 거주하는 인도 출신 Hawala 브로커 X는 영국의 Hawala 브로커 Y로부터 10만 파운드 상당의 범죄수익을 지정 수취인에게 유로로 지급해 줄 것을 전화로 요청받고, Y에게 파운드와 유로의 교환비율을 당시 환율보다 높은 1:1.1로 제시하였다. Y는 향후 파운드의 환율이 유리할 때 보관하고 있는 파운드를 처분하면 되기 때문에 위 제의에 응하였다.

이에 따라 Y는 영국의 범죄조직으로부터 10만 파운드의 현금을 교부받은 후 X에게 연락하여 수취인 정보를 알려주는 동시에 네덜란드에 거주하는 배달원을 통해 X에게 11만 유로의 현금을 전달하였다. X는 그 중 105,000유로를 지정 수취인에게 지급하고 5,000유로는 수수료로 취득하였다. 이 과정에서 현금의 국경 간 물리적 이동이나 거래기록은 전혀 없었다.[136)

8. 금융자산 거래

가. 자금세탁 방식

주식 등 금융자산의 거래를 통해 그 거래로 인한 합법적인 수익인 것처럼 범죄수익의 성질과 출처를 가장하는 방법도 매우 빈번하게 활용된다고 할 수 있다.

전형적인 방식은 범죄수익으로 주식 등 증권을 차명으로 매수함으로써 소유관계를 은닉함과 동시에 범죄수익을 합법적인 자산으로 전환하거나, 장외에서 거래상대방과 공모하여 저가에 주식을 매수한 후 정상가에 매도함으로써 범죄수익의 출처를 이와 같은 매매에 의한 합법적인 수익으로 가장하는 것이다. 이때 거래상대방에게 거래 손실의 보전과 함께 수수료를 지급하게 된다.[137)

주식을 장내에서 또는 증권브로커를 통해 매수할 경우에는 범죄수익의 출처가 드러날 수 있기 때문에 이와 같은 매수는 자금세탁의 3단계 중 배치보다는 전개와 통합 단계에서 주로 사용된다고 할 수 있다. 그러나 횡령이나 내부자거래 또는 증권사기 등의 범죄수익은 이미 금융시스템 안에 들어와 있는 자금이므로 매매를 통해 합법적인 수익으로 위장

---

136) FATF, "The Role of Hawala and Other Similar Service Providers in Money Laundering and Terrorist Financing", FATF (2013), pp.33-34.
  https://www.fatf-gafi.org/media/fatf/documents/reports/Role-of-hawala-and-similar-in-ml-tf.pdf (마지막 방문 2023. 5. 20.)
137) Gal Istvan Laszlo(주 48), p.137.

하는 것이 상대적으로 용이하다고 할 수 있다.[138]

기업의 지분이나 경영권을 비밀리에 인수하는 것도 잘 알려진 자금세탁 기법이다. 미국의 범죄조직은 월스트리트 변호사들을 이용하여 은밀하게 기업을 인수하는데, 기업 인수전은 차명주주, 대리인, 의결권 신탁 등을 이용하여 매우 치열하게 전개되므로 범죄조직은 별다른 의심을 받지 않고 위와 같은 수단을 손쉽게 활용하여 기업을 인수할 수 있다. 특히 차명주주를 내세워 기업을 인수함으로써 범죄수익과 기업 지분의 연결 관계를 은닉할 수 있다. 이때 차명주주조차 실제 소유자를 알 수 없도록 하고, 나아가 법인을 중단 단계의 차명주주로 이용하는 등 복잡한 법률관계를 만들어 범죄수익과 실제 소유자에 대한 추적을 더욱 곤란하게 하기도 한다.[139]

파생상품 거래도 자금세탁에 활용될 수 있다. 파생상품 거래는 복잡하고 변동성이 큰 관계로 대규모의 범죄수익을 합법적인 것으로 위장하는데 용이하다고 할 수 있다. 예컨대 1인이 실질적으로 소유하는 2개의 해외법인 사이에 한쪽은 롱 포지션, 다른 쪽은 숏 포지션을 취하는 옵션 계약을 체결한 후, 어느 일방이 이득을 보게 함으로써 범죄수익의 원천으로 가장하고 다른 일방의 손실을 추후 보전해 주는 방식을 통해 범죄수익의 출처나 형태를 불명확하게 만들 수 있다.[140]

현금으로 무기명증권을 매입한 후 이를 전전 양도하는 방법으로 범죄수익의 출처를 불명하게 만들 수도 있는데, 무기명증권은 주주명부 등록을 요하지 않고 증권의 교부로 소유권이 이전될 수 있어 실제 소유자의 추적이 곤란하기 때문이다.[141] 다만, 무기명증권은 자금세탁 위험성 때문에 많은 국가에서 그 발행을 금지하고 있어 이를 이용한 자금세탁은 특정한 국가에 한정된다.[142]

---

138) Reuter & Truman(주 34), p.31.
139) David A. Chaikin(주 9), p.483.
140) Schneider & Windischbauer(주 48), p.396. Reuter & Truman(주 34), p.32.
141) David A. Chaikin(주 9), pp.483-484. Michael Levi(주 42), pp.185.

보험상품 거래를 통하여 자금세탁을 할 수도 있다. 전형적인 방법은 생명보험이나 손해보험에 가입하면서 보험료를 분납으로 하지 않고 일시불로 지급한 후 곧바로 해약하여 위약금과 수수료를 공제한 나머지를 환급받는 것으로, 이로써 범죄수익은 보험료 환급금이라는 합법적인 자금으로 전환된다.[143] 의심을 피하기 위해 위와 같이 체결한 보험계약을 바로 해약하지 않고 상당 기간 유지한 후 환급받는 경우도 있다.[144]

나아가 위와 같이 보험에 가입한 후 고의로 보험사고를 발생시켜 보험금을 수령함으로써 자금세탁을 하는 방법도 사용되는데, 이때에는 원인 규명이 어려운 선박충돌사고 등을 담보하는 보험에 가입하며, 이를 통해 범죄수익은 합법적인 보험금으로 전환되는 것이다.[145]

나. 사례

1) U.S. v. Martin

U.S. v. Martin 사건[146]은 제3자를 내세워 주식을 매수함으로써 범죄수익의 성질과 소유관계를 가장한 사안이다.

이 사건에서 Jett Lanoha와 Mario Ruiz는 1984년부터 1989년까지 미국 오마하에서 마리화나를 판매하여 왔는데, 그 범죄수익을 세탁하기 위하여 합법적 기업의 주식을 인수하기로 공모하였다.

한편, 피고인 Martin은 McMartin Industries의 지배주주로서 이 회사를 운영해 왔고, Lewis Dyke는 피고인의 사업파트너이자 친구였다. Lanoha와 Ruiz는 Dyke를 통해 피고인에게 접근하여 위 회사 주식을 매도할 것을 제의하였고, 피고인이 이를 수락함에 따라 2회의 주식 거래가 이루어

---

142) Reuter & Truman(주 34), pp.31-32.
143) Gal Istvan Laszlo(주 48), p.131. Reuter & Truman(주 34), pp.29-30.
144) Reuter & Truman(주 34), p.30.
145) Gal Istvan Laszlo(주 48), p.132.
146) 933 F.2d 609 (8th Cir. 1991).

졌다.

먼저 Lanoha 등은 피고인으로부터 위 회사 주식을 7,500달러에 매수하면서 그 대금은 전액 현금으로 지급하였고 주식증서 상의 주주 명의는 자신들이 아닌 Dyke로 기재하였다. 그로부터 3개월 후 다시 피고인으로부터 위 회사 주식을 15,000달러에 매수하였는데, 이때에도 위와 같은 방법으로 주식거래를 하였다. 이로써 마약판매수익은 차명으로 보유하는 기업 주식으로 전환되어 범죄수익과 실제 소유자에 대한 추적이 곤란한 상태에 놓이게 되었다.

피고인은 자금세탁 혐의로 기소되었고, 재판에서 주식 매수대금이 범죄수익이라는 사실을 알지 못하였을 뿐 아니라 2개의 주식거래는 일련의 과정으로서 1개의 거래로 보아야 한다고 주장하였으나, 연방법원은 그 주장을 모두 배척하고 유죄를 인정하였다.

2) U.S. v. Jarrett

U.S. v. Jarrett 사건[147]은 범죄수익을 회사 주식에 투자하고 그 투자금을 환급받는 외관을 취함으로써 범죄수익의 성질과 출처를 투자수익금으로 가장한 사안이다.

이 사건에서 피고인 Jarrett은 인디애나 주에서 성공적인 형사변호사로 활동하고 있었고, 마약류 처방을 남발하여 2명의 환자를 숨지게 한 혐의를 받고 있는 한인의사 백종희의 살인 사건도 담당하고 있었다. 그런데 위 사건의 수사 과정에서 피고인이 1999년부터 마약판매수익의 자금세탁에 관여해 온 혐의가 드러나게 되었다.

피고인은 마약상 Carlos Ripoll로부터 67,000달러의 현금을 받아 이를 고액현금거래보고 회피 목적으로 소액으로 분할하여 자신이 설립한 휴면회사 명의의 계좌에 입금한 다음, 마치 Ripoll이 15,000달러에 위 회사의 주식을 매수한 것처럼 주식매매계약서를 소급하여 작성하고 투자환

---

147) 447 F.3d 520 (7th Cir. 2006).

급금 명목으로 54,452달러를 Ripoll에게 지급하였다. 이로써 마약판매수익은 주식투자수익으로 전환되었으며, 피고인은 자금세탁 대가로 12,000달러의 이익을 얻었다.

계속하여 피고인은 마약상 Gregory Goode로부터 25,000달러의 마약판매수익을 받아 위와 같은 방법으로 자금세탁을 해주고 그 대가로 7,000달러를 챙겼으며, 그 과정에서 Goode가 기소된 마약 사건의 변호인을 선임해 주기도 하였다.

피고인은 자금세탁 및 고액현금거래보고 회피를 위한 거래조작 혐의로 기소되었는데, 자신은 Ripoll 등으로부터 받은 자금이 마약판매수익이라는 사실을 알지 못하였을 뿐 아니라 자신에 대한 기소는 백종희 사건이 무혐의로 종결된 데 따른 연방검찰의 보복 기소라고 주장하였다. 1심에서는 보복 기소 주장이 받아들여져 피고인에 대하여 무죄가 선고되었으나, 연방항소법원은 1심 판결을 파기하고 피고인에 대하여 유죄를 인정하였다.

3) U.S. v. Prevezon Holdings LTD.

U.S. v. Prevezon Holdings LTD. 사건[148]은 범죄수익으로 기업 경영권을 비밀리에 인수함으로써 자금세탁을 실행한 사안이다.

이 사건에서 러시아 범죄조직은 러시아 최대의 해외 포트폴리오 투자자 Hermitage Fund의 명의를 도용하여 명목상 회사들을 설립하고 그 회사들을 통해 2007년 기준으로 약 2억 3,000만 달러 상당의 조세를 포탈하였다. 위 범죄조직은 그 범죄수익을 세탁하기 위해 합법적 기업을 은밀하게 인수하여 이를 통해 부동산 등 자산을 취득하기로 계획하였다.

이에 따라 키프로스에서 설립되어 뉴욕 부동산에 투자하는 회사인 Prevezon Holdings가 2008년 인수되었다. 당시 이 회사는 러시아 국적의 Alexander Litvak가 22세의 러시아 대학생 Timofev Krit 명의로 소유하고 있

148) 122 F.Supp.3d 57 (S.D.N.Y. 2015).

있는데, 러시아 범죄조직은 Dennis Katsyv를 내세워 그로 하여금 위 회사 지분 100%를 인수하게 하였다. 위 회사는 인수 당시 200만 달러가 넘는 현금자산을 스위스 USB 은행 계좌에 보유하고 있었음에도 Litvak는 러시아 범죄조직에 회사 전체 지분을 넘긴 것이었다.

그 후 러시아 범죄조직은 몰도바 등 역외에 다수의 명목상 회사를 설립한 후 그 회사들 명의의 은행 계좌를 순차적으로 경유하여 Prevezon Holdings의 USB 은행 계좌로 자금을 이체하였고, 그 명목은 위생용품과 자동차부품 판매대금인 것처럼 위장하였다. Prevezon Holdings는 위와 같이 이체받은 자금으로 2009년에 다수의 뉴욕 부동산을 구입하였을 뿐 아니라, 네덜란드의 합법적인 부동산 투자회사 AFR Europe의 지분 30%를 인수하였다.

연방검찰은 Prevezon Holdings를 상대로 자금세탁 혐의에 기한 민사몰수 및 민사벌금을 청구하였고, 연방법원은 그 청구를 모두 인용하였다.

4) U.S. v. Zvi

U.S. v. Zvi 사건[149]은 범죄수익의 출처를 보험사고를 위장하여 수령한 보험금으로 가장한 사안이다.

이 사건에서 피고인 Zvi는 뉴욕에서 금목걸이 제조판매업체인 Josi Jewelry를 운영하고 있었는데, 1988년 2월에 위 업체에 강도가 침입하여 수백만 달러 상당의 금목걸이를 가져갔다며 신고하였고, 경찰이 현장에 도착했을 때 피고인과 그의 직원은 위 업체 사무실 뒷방에 묶여 있었다.

그 후 피고인은 도난보험을 가입해 둔 Lloyd's of London 보험회사에 보험금을 청구하여 위 회사로부터 3,995,000달러를 Josi Jewely 명의의 뉴욕 Chemical Bank 계좌로 수령한 후, 그 자금을 전신송금을 통해 해외 은행 계좌로 송금하였다.

그런데 사실 강도 사건은 피고인이 꾸민 자작극이었고, 도난당하였다

---

149) 168 F.3d 49 (2d Cir. 1999).

고 신고한 금목걸이는 마약유통조직으로부터 마약판매수익인 현금을 받아 구입하거나 피고인이 절취해 온 것으로서 위장강도 사건 이전에 이미 판매된 것이었다. 위와 같이 전신송금된 보험금 중 일부는 마약판매수익에 상당하는 금액으로서 마약유통조직이 관리하는 계좌로 송금되었다.

이와 같이 피고인은 보험사기를 통해 보험금을 편취하는 동시에 마약판매수익을 합법적인 보험금으로 전환하였다. 피고인은 전신사기 및 자금세탁 혐의로 기소되었는데, 위장강도 사건 이전의 금 판매수익은 금 절도에 따른 것으로 이는 자금세탁의 전제범죄에 해당하지 않고 공소시효도 완성되었다고 주장하였다. 그러나 연방법원은 금 판매수익은 위장강도에 의한 보험사기와 자금세탁 계획의 수단 및 목적물에 해당하고 공소시효 완성 주장도 이유 없다며 피고인의 주장을 모두 배척하고 유죄를 인정하였다.

5) FATF 제시 사례

FATF는 합법적 기업의 경영권 인수를 통해 자금세탁을 실행한 사례를 제시하고 있다.

이스라엘 국적의 D는 비공개회사인 Y회사를 보유하고 있었는데, 마약유통조직으로부터 송금업자를 통해 마약판매수익 250만 달러를 Y회사 계좌로 송금받은 후, 그 자금으로 장외시장(OTC market)에서 Y회사 명의로 공개회사인 X회사의 지분을 취득하고 D의 가족들을 X회사의 경영진으로 교체하였다.

그 직후 D는 X회사가 보유하고 있던 유동자금 250만 달러를 마약유통조직이 설립해 둔 명목상 회사인 W회사 계좌로 송금하고 그 명목을 대여금으로 처리하였다. 이로써 마약판매수익은 X회사 인수에 사용된 후 X회사로부터 빌린 차용금으로 전환되었다.[150]

---

150) FATF, "Money Laundering and Terrorist Financing in the Securities Sector", FATF (2009), p.21.
　　 https://www.fatf-gafi.org/media/fatf/documents/reports/ML%20and%20TF%20in%20the%20

위와 유사한 사례로 이스라엘 국적의 N은 범죄수익으로 추정되는 거액의 현금을 수표로 교환한 후 M 명의로 공개회사인 A회사의 지분 81%를 취득하였고, 그 직후 N의 부인이 A회사의 임원으로 등재되었다.

그로부터 2개월 후 다시 A회사의 위 지분은 N의 가족인 O에게 양도되었고, 앞에서 본 사례와 마찬가지로 A회사의 유동자금 중 위와 같은 지분 취득에 사용된 액수만큼 대여금 명목으로 해외 은행 계좌로 이체되었다.[151]

9. 비금융자산 거래

가. 자금세탁 방식

금융자산의 거래는 금융시스템을 이용하는 관계로 범죄수익의 출처가 노출될 위험이 있으므로, 금융기관과 직접 접촉하는 대신 비금융사업자를 통해 부동산·동산 등 비금융자산의 거래를 실행함으로써 자금세탁을 하는 방법이 많이 사용된다.

거래상대방과 공모하여 범죄수익으로 부동산을 저가에 매입한 후 이를 고가에 되팔아 그 매매차익으로 위장하는 것이 가장 전형적인 방식이라고 할 수 있다.[152] 이때 매매 당사자는 가명이나 명목상 회사를 이용함으로써 실제 소유자를 은닉하고, 거래상대방에게는 저가 매도에 따른 손실을 보전해 주고 경우에 따라 수수료를 지급하기도 한다.

부동산이나 자동차와 같은 등기·등록을 요하는 자산을 범죄수익으로 구입한 후, 이를 가장 매도하면서 담보를 설정하여 해당 자산을 계속 지배하고 몰수를 회피하는 방법도 이용된다.[153] U.S. v. Blackman 사건[154]

　　　Securities%20Sector.pdf (마지막 방문 2023. 5. 20.)

151) FATF(주 150), p.41.

152) Reuter & Truman(주 34), p.31.

153) David A. Chaikin(주 9), p.483. Reuter & Truman(주 34), p.31.

과 R v Griffiths (Philip) 사건155)에서 이 방법이 활용되었음은 앞에서 살펴
본 바와 같다.

나아가 리모델링 중인 부동산을 구입하면서 그 매매대금과 리모델링
비용 중 일부를 현금으로 지급하여 마치 저가에 부동산을 구입하고 공
사를 진행한 것처럼 계약서를 작성함으로써, 리모델링 완료 후 상승한
부동산가격과 외관상 투자비용과의 차액을 범죄수익의 원천인 것처럼
위장하는 방법도 사용될 수 있다.156)

귀금속도 국제적 가치수단으로 통용되고 거래의 익명성이 보장되는
점 때문에 부동산과 같이 저가 매입 후 고가 판매 방식의 자금세탁 수단
으로 자주 활용된다. 특히 범죄수익으로 암시장에서 귀금속을 구입한 후
이를 상속받은 것으로 위장하여 매도함으로써 범죄수익을 합법적인 것
으로 가장할 수 있고, 경매시장에서 판매한 후 제3자를 내세워 다시 구
입함으로써 합법적으로 취득한 자산인 것처럼 가장할 수도 있다. 전문적
인 자금세탁자는 직접 귀금속상을 운영하면서 위와 같은 방식의 자금세
탁을 실행하기도 한다.157)

미술품과 골동품은 매우 고가이고 투기적 자산으로서 가격 변동성이
심하여 가격 조작이 용이하며, 거래의 익명성과 빈번한 국제적 이동으로
추적이 쉽지 않다는 특징으로 인해 대규모 범죄수익의 세탁에 적합하다
고 할 수 있다.158) 저가 매입 후 고가 매도가 전형적인 방식이지만, 진품

---

154) 904 F.2d 1250 (8th Cir. 1990).

155) [2006] EWCA Crim 2155; [2007] 1 Cr. App. R. (S.) 95.

156) Fabian Teichann, "Recent trends in money laundering", Crime, Law and Social Change, vol. 73, no. 2 (2020), p.244.

157) Gal Istvan Laszlo(주 48), p.134.

158) Hannah Purkey, "The Art of Money Laundering", Florida Journal of International Law, vol. 22, no. 1 (2010), pp.118-119. Alessandra Dagirmanjian, "Laundering the Art Market: A Proposal for Regulating Money Laundering through Art in the United States", Fordham Intellectual Property, Media & Entertainment Law Journal, vol. 29, no. 2 (2019), pp.704-711.

을 복제한 모조품을 제작한 후 이를 판매하여 그 수익을 범죄수익의 원천으로 위장하기도 한다.[159)]

나. 사례

1) U.S. v. Delgado

U.S. v. Delgado 사건[160)]은 부동산을 실제보다 저가로 구입한 것처럼 위장하는 방법으로 자금세탁이 이루어진 사안이다.

이 사건에서 피고인 Delgado는 미국 캔사스시티에서 2002년부터 2007년까지 대량의 코카인을 유통해 왔고, 자금세탁을 위해 그 마약판매수익으로 부동산을 구입하기로 계획하였다.

이에 피고인은 자신의 부인 명의로 Santadelg Properties라는 상호의 부동산회사를 설립한 후 그 회사 명의로 주택 1채를 구입하였다. 그 과정에서 부동산 구입자금은 고액현금거래보고를 피하기 위해 마약판매수익인 현금을 다수 은행에서 10,000달러 미만의 수표로 교환하는 방법으로 마련하여 지급하였다. 부동산중개인은 부동산 중개 과정에서 10,000달러를 넘는 현금거래가 이루어지는 경우 고액현금거래보고를 이행할 의무가 있으나, 위와 같이 소액으로 분할된 수표가 지급되었다는 이유로 고액현금거래보고는 이루어지지 않았다.

계속하여 피고인은 Santadelg 법인 명의로 토지 2필지를 구입하였는데, 부동산 매수대금 중 일부는 10,000달러 미만의 현금으로 교환한 수표로 지급하고 나머지는 역시 10,000달러 미만의 현금을 전신송금하는 방법으로 지급하였다.

그 후 피고인은 다시 부동산을 매수하면서 실제 매매대금은 38,340.25달러였음에도 매도인 및 부동산중개인과 공모하여 계약서에는 매매대금

---

159) Reuter & Truman(주 34), p.31.
160) 653 F.3d 729 (8th Cir. 2011).

을 28,340.25달러로 기재한 후, 계약서상 매매대금은 10,000달러 미만의 수표로 지급하고 그 액수와 실제 매매대금과의 차액 10,000달러는 현금으로 매도인에게 교부하였다. 이로써 구입한 부동산의 시세와 계약상 매매대금과의 차액 또는 향후 부동산을 시세로 매도할 때 발생하는 차액만큼 범죄수익의 출처를 위장할 수 있게 되는 것이다.

피고인은 마약거래 및 자금세탁 혐의로 기소되어 연방법원에서 유죄를 선고받았다.

2) U.S. v. Nelson

U.S. v. Nelson 사건[161]은 범죄수익으로 자동차를 구입하는 과정에서 자동차판매딜러가 자금세탁에 적극 조력한 사안으로서, 특히 고액현금거래보고를 회피하기 위해 trade-in 방식이 활용되었다.[162]

이 사건에서 국세청은 1992년에 몬타나 마약상들이 Billing에 소재한 Prestige Toyota라는 상호의 자동차판매점에서 자동차를 구입하는 방식으로 자금세탁을 한다는 첩보를 입수하고 함정수사를 개시하였다.

연방요원 White와 Malley는 위 자동차판매점을 방문하여 직원 Rahlf에게 "마약사업에서 생긴 현금으로 자동차를 구입하려고 하는데 일체의 기록이 남지 않아야 한다"고 말하였다. 이에 대하여 Rahlf는 전혀 문제가 없고 다른 마약상에게도 자동차를 판매한 적이 있으며 가명으로 구입하면 된다고 답하였다.

이에 연방요원들은 현금으로 22,000달러를 소지하고 다시 위 자동차판매점을 방문하여 매매계약서를 작성하였는데, 매수인은 가명인 'Joyce Brown'으로, 거주지는 우체통 주소로 기재하였다. Rahlf는 위 자동차판매점 계약매니저인 피고인 Nelson으로부터 매매계약서를 승인받은 후, 최

---

161) 66 F.3d 1036 (9th Cir. 1995).
162) 자동차 매수인이 보유하고 있는 기존 자동차와 구입할 자동차를 교환하는 거래로서, 매수인은 두 자동차 가액의 차액만 매매대금으로 지급하게 되는 방식의 거래이다.

종 인준을 받기 위해 판매책임자 Replogle에게 매매계약이 마약자금과 관련된 것으로 매수인의 기록이 남지 않아야 한다고 설명해 주었다. 이를 들은 Replogle은 거래를 중단할 것을 지시하였다.

그럼에도 피고인은 연방요원들에게 "10,000달러가 넘는 현금 거래를 하게 되면 고액현금거래보고를 해야 하고 매수인 명의를 가명으로 할 수도 없으니 이러한 문제를 피하기 위해서는 trade-in 방식을 이용하여 10,000달러 미만으로 자동차 2대를 구입하면 된다"고 제의하였다. 특히 그는 "우리는 항상 이런 방법으로 거래를 해 왔고 이렇게 하면 거래기록은 전혀 남지 않는다"고 설명해 주었다.

그러나 이틀 후 국세청이 위 자동차판매점을 압수수색함으로써 거래는 이루어지지 않았다. 피고인은 자금세탁을 공모한 혐의로 기소되어 연방법원에서 유죄를 선고받았다.

3) U.S. v. Seher

U.S. v. Seher 사건[163]은 범죄수익으로 귀금속을 구입하는 과정에서 귀금속상이 자금세탁에 적극 조력한 사안이다.

이 사건에서 피고인 Seher는 1996년부터 2006년까지 미국 애틀랜타에서 Gold & Diamond Depot, Chaplin, Midtown 등 3곳의 귀금속판매점을 운영하면서, 코카인과 마리화나를 유통하는 Ragland, Johnson, McDowell, Manning 등 마약상들에게 귀금속을 판매하여 왔다.

위 마약상들은 마약판매수익인 현금으로만 귀금속을 구입하였는데, 피고인은 위 마약상들이 구입할 귀금속을 고르면 그들을 밀실로 안내하여 그곳에 있는 금고에 현금을 두도록 하였다. 귀금속상에게는 10,000달러가 넘는 고액현금거래를 보고할 의무가 있음에도 피고인은 매수인들의 신분은 전혀 확인하지 않았으며, 고액현금거래보고도 이행하지 않았다.

피고인이 위 마약상들에게 판매한 귀금속 대금은 각각 10만 달러에서

---

163) 562 F.3d 1344 (11th Cir. 2009).

80만 달러에 이르는 액수였고, 판매 과정에서 위 마약상들에게 곤경에 처하게 되면 언제든지 귀금속을 되사주겠다고 말하였다. 실제로 피고인은 마약거래 혐의로 체포된 Johnson으로부터 시계를 사달라는 요청을 받자 그에게 현금 6,000달러를 지급하기도 하였다.

피고인은 위 마약상들에게 귀금속을 판매하면서 영수증은 전혀 교부하지 않고 그 대신 금액이 적힌 노란 쪽지를 건네주었는데, 그 쪽지에는 실제 판매대금에서 '0'을 하나 뺀 액수가 적혀 있었다. 즉 쪽지에 적힌 '2200.00', '1900.00', '300.00'은 각각 22,000달러, 19,000달러, 3,000달러를 의미하는 것이었는데, 이는 고액현금거래보고를 피하는 동시에 혹시 적발되더라도 보고의무 위반 혐의에서 벗어나기 위한 것이었다.

피고인은 자금세탁 및 고액현금거래보고의무 위반 혐의로 기소되었고, 연방법원에서 유죄가 인정되었다.

4) Magharian 사건

이 사건은 1988년 스위스의 Magharian 형제가 귀금속상, 스위스 은행 및 불가리아 협력자 등을 활용하여 13억 달러에 이르는 막대한 마약판매 수익을 세탁한 스위스 최대의 자금세탁 스캔들로서,[164] 이에 대한 미국 연방법원의 재판은 U.S. v. Magharian, et. al. 사건이다.[165]

Magharian 형제는 코카인과 헤로인 판매로 벌어들인 현금을 여행용 가방에 담아 터키 이스탄불 시장에 소재한 귀금속상에게 교부하였고, 그 귀금속상은 이를 불가리아 소피아에 있는 협력자에게 전달하였다. 다시 불가리아 협력자는 레바논과 시리아 출신의 배달원들을 통해 위 현금을 스위스 취리히로 이동시켰고, 그 현금은 스위스 취리히 소재 Credit Suisse

---

164) New York Times, "Zurich Journal; In a Clean Land, Even Dirty Money Gets Washed" (Apr 4, 1989)
　　　https://www.nytimes.com/1989/04/04/world/zurich-journal-in-a-clean-land-even-dirty-money-gets-washed.html (마지막 방문 2023. 5. 20.)
165) U.S. District Court (E.D.N.Y. 1990), 1:90-MC-0043310/1/1990.

은행에 예치된 후 미국 달러로 교환되었다. 그 달러는 취리히에 소재한
귀금속상 Mohammed Shakarchi로부터 금을 구입하는데 사용되었으며, 구
입한 금은 다시 불가리아 소피아로 옮겨진 후 그곳에서 터키 이스탄불
로 밀수되어 귀금속상에서 판매되고 그 판매대금이 Magharian 형제 측에
전달되었다.[166] 이상과 같은 자금세탁 구조를 그림으로 나타내면 아래
와 같다.

[그림 7] Magharian 사건 자금세탁 구조

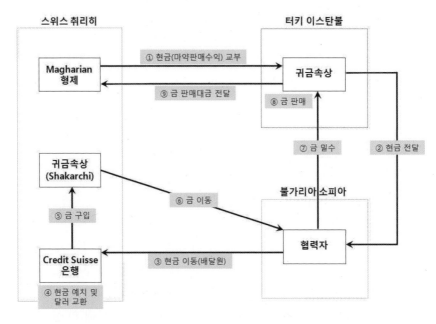

이 사건으로 인해 스위스 법무장관 Elisabeth는 사임하였고, 스위스의
은행비밀법은 자금세탁방지를 강화하는 방향으로 개정되었다.[167]

---

166) Charles Hill(주 76), p.7.
167) Charles Hill(주 76), p.7.

5) FATF 제시 사례

스페인의 자금세탁업자는 부동산 1필지를 210,000유로에 구입하기로 하면서 명의대여자 3명을 내세워 위 부동산의 1/3씩 매입하도록 하였고 이에 따라 부동산 매매대금은 70,000유로씩 3회로 걸쳐 분할 지급되었다.

그런데 위 명의대여자 중 1명은 나머지 2명과 사이에 그들 명의로 소유하는 부분을 부동산 가액의 4배 상당의 대금을 지급하고 매입할 수 있는 내용의 옵션계약을 체결하였다. 이 옵션의 실행에 따라 명의대여자 2명은 부동산 구입대금의 250%에 이르는 수익을 얻을 수 있고, 범죄수익은 위와 같은 부동산 거래에 따른 수익으로 전환되는 것이다.[168]

한편, 모로코 마약상은 프랑스에서 대마초 유통으로 얻은 범죄수익을 인도 출신 자금세탁업자를 통해 세탁하였는데, 귀금속을 매매하는 방법이 활용되었으며 자금세탁 규모는 6개월 동안 1,000만 유로에 이른다.

위 자금세탁업자는 모로코 마약상으로부터 받은 현금을 자동차로 벨기에로 운반한 후 그곳에서 귀금속을 구입하였다(귀금속 대금으로 지급된 현금은 귀금속상이 관리하는 다수 계좌로 분산 예치되었다).

위와 같이 구입한 귀금속은 두바이로 밀반출된 후 그 지역민들에게 판매되었고, 판매대금은 송금업체를 통해 모로코 마약상에게 송금되었다. 그 과정에서 인도 출신 자금세탁업자는 자신이 설립한 유령회사 명의로 귀금속 판매대금에 대한 허위 청구서를 작성해 두었는데, 이는 밀수가 적발될 경우 자금세탁 혐의를 은닉하고 정식 거래가 있었던 것처럼 위장하기 위한 것이었으며, 밀수가 적발되지 않으면 청구서를 파기하였다.[169]

---

168) FATF(주 114), pp.22-24.
169) FATF & APG, "Money laundering and terrorist financing risks and vulnerabilities associated with gold", FATF (2015), pp.6-8.
https://www.fatf-gafi.org/content/dam/fatf-gafi/reports/ML-TF-risks-vulnerabilities-associated-with-gold.pdf (마지막 방문 2023. 5. 20.)

10. 도박장 활용

가. 자금세탁 방식

대규모 현금을 취급하는 카지노는 은행과 유사한 금융서비스를 제공하면서도 익명성이 보장될 뿐 아니라, 카지노게임은 빨리 진행되고 게임에 이용되는 카지노칩은 즉시 현금으로 교환되는 특성상 카지노는 자금세탁에 자주 활용된다.[170]

우선 카지노는 고객으로부터 소액 단위의 지폐나 수표를 받고 이를 큰 단위의 지폐·수표 또는 카지노수표로 교환해 주는 서비스를 제공한다. 그 과정에서 고객의 신원은 확인하지 않고 고객으로부터 받은 돈은 카지노의 은행계좌에 입금되므로, 고객의 자금은 완벽하게 세탁되어 법집행기관의 추적을 피할 수 있다.[171]

나아가 범죄수익을 카지노칩으로 교환한 후 게임을 하지 않거나 소량의 칩만 게임에 이용한 후 남아 있는 칩을 그대로 현금화하여 마치 도박에서 돈을 번 것처럼 범죄수익의 출처를 가장할 수 있다. 특히 2명이 함께 카지노에 들어가서 서로 게임을 하는 것처럼 가장하여 한쪽은 돈을 잃어주고 다른 쪽은 게임을 이기게 하는 방법도 이용된다.[172]

경마에서 돈을 따거나 복권에 당첨된 것처럼 위장하는 방식도 이용될 수 있다. 마권업자와 결탁하여 우승마표로 상금을 수령한 것처럼 위장하거나, 당첨된 복권을 당첨자로부터 할인 구입하여 그 당첨금을 수령함으로써 당첨금과 복권구입대금의 차액을 범죄수익의 원천으로 가장할 수 있다.[173]

---

170) Kathleen E. Brody & Grace C. Rebling, "Show Me the Money: Casino' Anti-Money-Laundering Obligations and Enforcement", Federal Lawyer, vol. 62 (2015), pp.6-8. David A. Chaikin(주 9), p.479.
171) David A. Chaikin(주 9), p.480.
172) Reuter & Truman(주 34), pp.28-29. Gal Istvan Laszlo(주 48), p.134.

나. 사례

1) Bangladesh Bank v. Rizal Com. Banking Corp.

Bangladesh Bank v. Rizal Commercial Banking Corporation 사건174)은 범죄수익을 카지노칩으로 교환하는 방법으로 국제적인 자금세탁이 이루어진 사안이다.

이 사건에서 북한의 해커들은 2016년 2월 방글라데시 중앙은행이 미국 뉴욕 연방준비은행에 보유하고 있던 미국 달러 계좌에 대하여 해킹공격을 감행하였다. 이는 방글라데시 중앙은행의 SWIFT 플랫폼을 통해 70회의 허위 송금지시를 하는 방법으로 실행되었는데, 이로 인해 방글라데시 중앙은행의 자금 1억 100만 달러가 유출되었고 그 중 8,100만 달러는 필리핀 최대 은행인 Rizal Commercial Banking Corporation(RCBC)의 미국 내 환거래계좌로 이체되었다.

계속하여 위와 같이 RCBC의 환거래계좌로 이체된 자금은 허무인 명의로 필리핀 RCBC에 개설된 4개의 가공 계좌로 이체된 후, 다시 필리핀 회사인 Go-Centurytex 계좌를 경유하여 필리핀 회사인 Philem 계좌로 이체되었다. 그 직후 Philem 계좌에서 ① Solarie 카지노를 운영하는 회사인 Bloomberry 계좌로 2,900만 달러, ② Midas 카지노를 운영하는 회사인 Eastern Hawaii 계좌로 2,000만 달러가 이체되었다. 위 카지노 운영 회사들 계좌에 이체된 자금은 모두 인출되어 위 카지노에서 카지노칩으로 교환되었다. 이와 같이 교환된 카지노칩은 다시 카지노 VIP 룸 등에서 게임을 하는 고객들의 현금과 교환되었으며, 1개월여의 기간 동안 그 카지노칩은 모두 게임으로 소비되었다.

이 사건은 북한 해커로부터 피해를 입은 방글라데시 은행이 절취된 자금을 송금받은 카지노와 은행들을 상대로 RICO법에 기한 손해배상을

---

173) Jason C. Sharman(주 2), p.17. David A. Chaikin(주 9), p.481. Reuter & Truman(주 34), p.29. Gal Istvan Laszlo(주 48), p.134.

174) U.S. District Court (S.D.N.Y. 2020), 2020 WL 1322275.

청구한 사안이나, 연방법원은 원고가 피고들의 RICO법 위반 혐의를 구체적으로 적시하지 못하였다며 피고들의 소 각하 신청을 받아들였다.

2) U.S. v. Cessa

U.S. v. Cessa 사건175)은 경주마 거래 및 경마 승부를 조작하는 방법으로 자금세탁을 실행한 사안이다.

이 사건에서 Cessa를 비롯한 피고인들은 멕시코에서 마약을 제조하여 미국에서 유통하는 멕시코 마약카르텔 Los Zetas의 조직원으로서 마약판매수익의 자금세탁을 담당하였는데, 이는 주로 경마 사업을 이용하는 것이었다.

피고인들은 합법적 외관을 가진 중개업체를 통해 마약판매수익으로 경주마를 구입한 후, 차명이나 명목상 회사를 이용하여 반복적으로 저가 매수와 고가 매도의 자전거래를 실행함으로써 매매대금 차액을 범죄수익의 출처로 위장하였다. 그 과정에서 Blue Girls Choise라는 경주마를 15,000달러에 구입한 후 이를 135,000달러에 매도하고, 다시 30,000달러에 매수한 후 135,000달러에 매도하기도 하였는데, 그 거래에서의 실질적인 매도인과 매수인은 모두 피고인들이었다.

또한 피고인들은 경주마를 관리하는 비용과 관련해서도 자전거래를 통해 자금세탁을 하였는데, 경주마의 훈련비, 사육비, 경주비와 수태비 등 각종 비용을 부풀려 지급하는 외관을 취함으로써 마약판매수익을 이와 같은 경주마 관리용역에 따른 수익으로 전환하였다. 뿐만 아니라 피고인들은 경마에서 상대방 선수에게 뇌물을 주어 승부를 조작함으로써 경마 우승금을 마약판매수익의 출처로 위장하는 방법을 사용하기도 하였다.

피고인들은 자금세탁 혐의로 기소되었고 연방법원에서 모두 유죄가 인정되었다.

---

175) 785 F.3d 165 (5th Cir. 2015).

3) U.S. v. Browen

U.S. v. Browen 사건[176]은 당첨된 복권을 구입하는 방법으로 자금세탁을 실행한 사안이다.

이 사건에서 피고인 Browen은 미국 디트로이트에서 코카인을 유통하는 조직인 Black Mafia Family를 위해 자금세탁을 담당하여 왔다.

그 과정에서 피고인은 미시간 주의 복권 당첨인에게 접근하여 당첨된 복권을 매도할 것을 제의하였고, 위 당첨인이 이를 수락하자 마약판매수익인 현금을 지급하고 당첨 복권을 매수하였다. 그 직후 피고인은 당첨 복권으로 당첨금 666,966달러를 수령하였고, 이 자금으로 미시간 주 캔턴 소재 주택과 2004년식 레인지로버 SUV, 2007년식 BMW760LI 등 2대의 승용차를 구입하였다.

이로써 피고인은 위 주택과 승용차 등의 합법적인 자산으로 전환된 마약판매수익의 출처가 복권 당첨금인 것처럼 위장하였다. 피고인은 자금세탁 혐의로 기소되었고, 연방법원에서 혐의를 자백하여 유죄가 선고되었다.

4) FATF 제시 사례

도박장을 활용한 자금세탁과 관련하여 FATF에서 제시하는 주요 실제 사례는 다음과 같다.[177]

① 카지노에서 범죄수익인 현금을 카지노칩으로 교환한 후 게임을 하지 않았음에도 슬롯머신에서 잭팟이 터진 것처럼 위장(호주)
② 카지노에서 25,000유로의 현금을 카지노칩으로 교환한 후 게임을 하지 않고 단시간에 다시 카지노칩을 현금으로 교환(벨기에)

---

176) U.S. District Court (E.D.Mich. 2010), 2010 WL 420002.
177) FATF, "Vulnerabilities of Casinos and Gaming Sector", FATF (2009), pp.29-34. https://www.fatf-gafi.org/content/fatf-gafi/en/publications/Methodsandtrends/Vulnera bilitiesofcasinosandgamingsector.html (마지막 방문 2023. 5. 20.)

③ 카지노에서 마약판매수익인 현금 89만 호주달러를 카지노칩으로 교환한
후 작은 횟수의 게임만 하고 다시 현금으로 교환(호주)

④ 카지노에서 범죄수익인 현금으로 카지노 리워드카드를 구입한 후 이를
이용하여 카지노상점에서 금 주화를 구입(미국)

⑤ 횡령 자금 25만 달러를 카지노 계좌로 전신송금한 후 카지노에서 위 자
금을 카지노칩으로 교환하고, 1시간 동안 룰렛 게임을 하여 1만 달러를
잃은 후 나머지 24만 달러를 현금으로 교환(미국)

⑥ 카지노에서 현금을 카지노칩으로 교환하고 작은 횟수의 게임만 한 후 남
은 카지노칩을 현금과 카지노수표로 교환(스페인)

11. 전문직 활용

가. 자금세탁 방식

자금세탁을 위한 자산의 거래 과정에서 계약서 작성을 비롯한 각종
법률업무가 필요할 뿐 아니라, 변호사와 회계사 등 전문직은 법률적·회
계적인 지식을 이용하여 자금세탁 의심을 피하도록 거래구조를 설계할
수 있다. 특히 변호사는 비밀유지특권(attorney-client privilege, ACP)을 악
용하여 법집행기관의 추적을 곤란하게 할 수 있다. 따라서 전문직의 활
용은 자금세탁에 매우 유용한 수단이라고 할 수 있다.[178]

가장 많이 이용되는 방법은 변호사가 관리하는 고객신탁계좌(escrow)
를 활용하는 것이다. 실제로는 자산 거래를 하지 않음에도 자산 구입을
명분으로 고객신탁계좌에 범죄수익인 자금을 송금하고, 변호사는 그 계

---

178) FATF, "Money Laundering and Terrorist Financing Vulnerabilities of Legal Professionals",
FATF (2013), p.23.
https://www.fatf-gafi.org/media/fatf/documents/reports/ML%20and%20TF%20vulnerab
ilities%20legal%20professionals.pdf (마지막 방문 2023. 5. 20.)

좌를 통해 해외에 있는 다수 계좌를 경유하여 그 자금을 세탁한 후 마치 자산 거래가 있었던 것처럼 허위 서류를 작성하는 것이다.[179] 이와 같은 거래 조작을 변호사나 회계사가 직접 설계할 수도 있다.[180]

더욱 전문적인 방법으로는 자문회사나 법률회사를 이용하는 것이다. 차명으로 자문회사 등을 설립하거나 명성이 있는 자문회사 등을 인수한 후 자금세탁방지 규제 수준이 낮은 역외에 자회사들을 설립하고, 본사는 실제로 자문 업무를 수행하되 해외 자회사들은 가공의 자문계약을 체결하여 그 가공의 수익을 실제 자문 업무의 수익과 혼합하는 것으로, 본사의 명성에 기하여 의심을 피할 수 있어 안심하고 자금세탁을 할 수 있는 것이다.[181] 이는 Al Capone 세탁소의 고도화된 형태라고 할 수 있다.

나아가 변호사를 통해 국제중재를 활용하는 방식도 가능하다. 해외에 2개의 명목상 회사를 설립하여 그 회사들 사이에 국제거래 과정에서 분쟁이 발생한 것처럼 가장하여 한 회사가 다른 회사에게 대금을 청구하고 국제중재를 신청한 후, 법정 외의 허위 합의 또는 중재법원의 결정에 따라 대금을 과다 지급하면 범죄수익은 중재를 통해 받은 합법적인 대금으로 위장되는 것이다. 국제중재는 신속하게 진행되고 비용이 저렴하여 충분히 활용될 수 있는 방법이다.[182]

나. 사례

1) U.S. v. Podlucky

U.S. v. Podlucky 사건[183]은 변호사가 신탁회사 설립 및 이를 통한 자금세탁 과정에 적극적으로 관여한 사안이다.

---

179) FATF(주 178), pp.38-39. David A. Chaikin(주 9), p.484.
180) FATF(주 178), p.41.
181) Fabian Teichann(주 156), p.243.
182) Gal Istvan Laszlo(주 48), p.134.
183) 567 Fed.Appx. 139 (3d Cir. 2014).

이 사건에서 Lenature Inc(LNI)를 운영해 온 Podlucky는 2000년부터 2006년까지 매출과 수익을 부풀리는 방법으로 회계를 조작하여 투자자들과 은행으로부터 6억 2,800만 달러를 편취하였고, 그 자금은 주로 호화주택과 전용기 및 3,300만 달러 이상의 귀금속 구입에 사용되었다.

그런데 2006년에 LNI에 대하여 파산절차가 진행되고 Podlucky 자택에 대한 압수수색이 이루어지자, Podlucky는 보유 중인 귀금속을 처분하여 그 자금을 세탁하기로 계획하고 Williams 변호사와 상의하였다.

이에 Williams 변호사는 신탁회사를 설립하여 귀금속 처분자금을 그 신탁회사 계좌에 예치할 것을 제의하였고, Podlucky가 이를 수락하자 위 변호사는 Maranatha Trust와 Twilight Trust라는 신탁회사를 설립해 주었다. Maranatha Trust의 수익자는 Podlucky의 부인 Karla, Twilight Trust의 수익자는 Jesse 등 Podlucky의 아들 3명으로 해두었고, 귀금속 처분자금은 모두 위 신탁회사들의 계좌에 예치되었다.

귀금속의 처분은 주로 귀금속을 현금화해 주는 회사를 통해 이루어졌는데, 그 과정에서 741,000달러 상당의 귀금속을 Karla의 부친에게 8,800달러에 매도한 후 위 귀금속을 다시 위 신탁회사로 증여받는 형식을 취하기도 하였다. 또한 Williams 변호사는 뉴욕에 소재한 귀금속 경매업체 Sotheby를 방문하여 귀금속의 처분을 의뢰하였는데, Podlucky에 대한 수사가 진행 중이라는 사실을 알고 있던 위 경매업체에서 귀금속의 출처에 의문을 표하자 Jesse는 1900년 초부터 Karla의 집안에서 보유하고 있던 것이라고 거짓말하였다. 이에 Sotheby는 귀금속을 판매한 후 그 대금을 위 신탁회사들 계좌로 송금하였다.

Podlucky는 사기와 자금세탁 혐의, Karla와 Jesse는 자금세탁 혐의로 각각 기소되었고, Podlucky는 혐의를 자백한 반면 Karla와 Jesse는 위 귀금속 구입자금이 주식투자수익이라는 Podlucky의 거짓말에 속은 것이라며 혐의를 부인하였으나, 연방법원에서 모두 유죄가 인정되었다. 한편, Williams 변호사는 사망하여 기소되지 않았다.

2) U.S. v. Foster

U.S. v. Foster 사건[184]은 변호사가 고객신탁계좌를 활용하여 자금세탁을 실행한 사안이다.

이 사건에서 국세청은 1987년에 미시간 주 변호사인 피고인 Foster가 고객들에게 자금세탁 서비스를 제공하고 있다는 첩보를 입수하고 함정수사를 개시하였다.

연방요원은 피고인의 변호사 사무실을 방문하여 자신은 전문 자금세탁업자로서 도박과 마약거래에서 나온 현금을 세탁해야 한다고 말하자, 피고인은 문제없다고 답하면서 그가 관리하는 고객신탁계좌를 통해 케이만군도의 유령회사 계좌로 자금을 이체하는 방법을 제의하였다.

특히 피고인은 "미국과 케이만군도는 조세조약이 체결되어 있지 않아 미국 국세청은 케이만군도 회사에 접근할 수 없을 뿐 아니라, 변호사는 비밀유지특권이 있으므로 고객신탁계좌의 정보에 대해서는 법집행기관 심지어 대배심이 요구하더라도 이를 공개할 의무가 없다"고 설명하였다. 그러면서 피고인은 자금세탁 액수의 6.5%를 수수료로 요구하였고, 연방요원에게 도청당하지 않도록 조심하라고 당부하였다.

그 직후 피고인은 리히텐슈타인에 유령회사를 설립하고 그 회사 명의의 계좌를 개설한 다음, 연방요원에게 연락하여 "리히텐슈타인도 케이만군도와 같이 미국과 조세조약이 체결되어 있지 않으며, 고객신탁계좌를 통해 위 회사 계좌로 돈을 보내면 그 돈은 전적으로 연방요원이 관리하게 되는 것"이라고 설명하였고, 연방요원은 그 계획에 동의하였다.

이에 따라 피고인은 총 118,000달러 규모의 자금세탁을 실행하였다. 구체적으로 ① 27,000달러를 고객신탁계좌에 예치하면서 은행이 요구한 고액현금거래보고 양식에 중요사항을 누락하거나 허위 정보를 기재하였고, ② 위 27,000달러를 리히텐슈타인의 유령회사 계좌로 이체하였으며, ③ 50,000달러를 고객신탁계좌에 예치하면서 고액현금거래보고를 피하기

---

184) 835 F.Supp. 360 (E.D.Mich. 1993).

위해 10,000달러 미만으로 분할 입금하였고, ④ 53,000달러를 위 유령회사 계좌로 이체하였으며, ⑤ 38,000달러를 10,000달러 미만으로 분할하여 고객신탁계좌에 예치하고, ⑥ 위 38,000달러를 위 유령회사 계좌로 이체하였다.

피고인은 자금세탁 및 고액현금거래보고 회피를 위한 거래조작 혐의로 기소되었고, 자신에 대한 함정수사는 적법절차를 위반한 것이라고 주장하였으나 연방법원은 이를 배척하고 유죄를 인정하였다.

3) U.S. v. Nolan-Cooper

U.S. v. Nolan-Cooper 사건[185]은 변호사와 회계사가 각종 기법을 동원하여 자금세탁을 주도한 사안으로, 전문직 활용 자금세탁 사례의 종합판에 해당하는 사건이라고 할 수 있다.

이 사건에서 국세청은 1994년에 필라델피아 주 여성변호사인 피고인 Nolan-Cooper가 마약판매수익을 세탁해 주고 있다는 첩보를 입수하고 함정수사를 개시하였다.

연방요원 Oubre는 필라델리아 부근 호텔에서 피고인을 만나 자신은 마약상으로서 마약거래로 벌어들인 거액의 현금을 세탁할 필요가 있다고 말하였다. 그러자 피고인은 가짜 사업체를 설립한 후 그 사업체 명의로 바하마에 개설된 계좌에 현금을 은닉하는 방법으로 자금세탁을 할 수 있다고 제의하면서, 바하마 계좌를 이용해야 하는 이유와 그 계좌에서 현금을 인출하는 방법 및 가짜 사업체를 통해 마약판매수익을 합법적인 소득으로 위장할 수 있다는 점을 설명하였다. 이에 Oubre가 위 모든 절차를 피고인이 처리해 줄 수 있는 것인지 문의하자, 피고인은 "나를 믿어라. 당신과 같은 상황에 있는 고객이 매우 많다"라고 답하였다.

피고인은 가짜 사업체를 설립하는 방법 외에도 합법적 사업체에 투자하는 방법도 있다고 설명하였다. 즉 음악녹음스튜디오 회사에 투자하

---

185) 957 F.Supp. 647 (E.D.Pa. 1997).

면 수익이 나지 않거나 손실을 보더라도 마약판매수익을 합법적 투자금으로 바꿀 수 있을 뿐 아니라, 랩 그룹을 만들어 레코드 수익을 올린 것처럼 위장하면 음악산업의 특성상 국세청은 이를 추적할 수 없다는 것이었다.

그 후 Oubre는 피고인에게 기존 사업체에 투자하는 것보다는 새로이 사업체를 설립하는 것이 좋겠다는 의사를 표시하였고, 이에 피고인은 Oubre를 위해 직접 LAR Production이라는 상호의 음악기획사를 설립하면서 뉴저지에 사무실을 마련해 주고 전화, 팩스, 컴퓨터, 책상 등 비품도 구비해 주었다. 그러면서 피고인은 Oubre에게 위 회사를 통해 바하마 계좌로 돈을 보낼 때 피고인의 고객신탁계좌(escrow)를 경유하는 방법을 이용할 수 있다고 설명하였다. 또한 피고인은 유명 아티스트들이 출연하는 것처럼 조작한 가짜 공연티켓을 준비해 두면 위 음악기획사가 합법적인 수익을 얻은 것처럼 위장할 수 있고, 이에 대한 추적은 불가능할 것이라고 조언하였다. 그 무렵 Oubre는 피고인에게 수임료로 5,000달러를 지급하였다.

그 직후 Oubre는 피고인에게 현금 42,000달러를 교부하였고, 피고인은 이를 자신이 관리하는 고객신탁계좌에 분할 입금한 후 LAR Production 계좌로 이체하였다. 또한 피고인은 Oubre를 피고인의 로펌이 고용한 탐정인 것처럼 허위 등재하여 그에게 아메리칸 익스프레스 카드를 발급해 주었고, Oubre는 위 신용카드를 사용하고 그 카드대금을 피고인에게 상환하기도 하였다.

계속하여 피고인은 Oubre에게 피고인의 고객인 마약상 Goff를 통해 자동차를 구입하는 방법으로 자금세탁을 할 수 있다고 제의하였다. 이에 Oubre는 자동차 구입대금으로 현금 34,000달러를 피고인에게 교부하고 피고인은 이를 고객신탁계좌에 예치하였다가 수표를 발행하여 Goff에게 교부하였다. Goff는 그 수표를 자신의 계좌에 입금한 후 28,128달러만을 인출하여 자동차를 구입하고 이를 Oubre에게 양도하였다. 위 자동차의 소유 명의는 'Darryl Young'이라는 가명으로 등재되었고, Oubre로부터 받은 자동차 구입대금과 실제 대금의 차액은 피고인과 Goff가 나누어 가졌다.

그 후 Oubre는 다시 피고인에게 현금 85,000달러를 교부하였고, 피고인은 고액현금거래보고를 피하기 위해 자신과 그녀의 협력자 3명이 위 현금을 1/4씩 나누어 입금하도록 하였으며, 그 자금은 케이만군도에 개설되어 있는 계좌로 이체되었다.

같은 날 피고인은 Oubre에게 피고인의 고객이자 회계사인 Eills를 소개하였다. Oubre가 마약판매수익인 현금 50,000달러를 LAR Production 계좌에 예치해야 한다고 말하자, Eills는 그 자금이 은행 대출금인 것처럼 회계를 조작해 주겠다고 하였고, 그 대가로 Eills에게 수임료 500달러가 지급되었다.

그 후 Eills는 다시 Oubre에게 LAR Production 계좌에 예치한 자금의 출처를 위장하고 허위의 소득신고를 하는 방법을 상세히 설명해 주었고, 그 대가로 400달러의 수임료를 추가로 지급받았다.

피고인은 자금세탁 혐의로 기소되었고, 혐의를 자백하면서도 함정수사의 위법성을 주장하였다. 그러나 연방법원은 모든 자금세탁 행위는 피고인이 자발적·선제적으로 주도한 것이므로 피고인의 주장은 이유 없다고 판시하면서 유죄를 선고하였다.

4) FATF 제시 사례

호주 소형 로펌의 한 변호사는 웹 계정을 통해 위 로펌의 대리 기록이 있는 것으로 등재된 고객으로부터 이메일을 받았다. 그 고객은 런던에서 기계를 구입할 예정인데 그 구입대금을 로펌 계좌를 통해 런던으로 송금해 줄 수 있는지 문의하였다. 위 변호사가 이를 수락하자 위 고객은 런던 은행 계좌번호 및 수취인 정보를 알려주면서 위 로펌 계좌번호를 제공받았다.

그 직후 위 고객은 위 로펌 계좌로 26만 호주달러를 송금한 다음 위 변호사에게 최대한 신속히 위 자금을 런던 은행 계좌로 이체해 줄 것을 요청하였다. 위 로펌에서는 수수료와 송금비용을 공제한 나머지 금액을 위 고객이 지정한 런던 은행 계좌로 이체하였다.

그러나 위 고객이 말한 바와 달리 기계 구입 거래는 전혀 없었고, 기록과 달리 위 로펌에서는 위 고객을 대리한 사실이 없는 것으로 확인되었다. 위 로펌은 위 변호사와 위 고객 사이의 전화통화 외에 거래의 진정성이나 위 고객의 신원을 확인하는 절차를 전혀 거치지 않았다.[186]

이 사건은 로펌의 고객신탁계좌를 통한 가공의 자산거래로 자금세탁을 실행한 사안으로 볼 수 있을 것이다.

12. 온라인 상거래 및 지급결제시스템 이용

가. 자금세탁 방식

온라인마켓플레이스를 통한 개인 간 상거래는 오프라인 거래와 달리 비대면 거래로 이루어져 익명성과 신속성을 특징으로 할 뿐 아니라, 온라인마켓플레이스의 운영주체는 위와 같은 거래와 관련하여 거래물품의 성질이나 실제 거래 여부를 확인하지 않으므로, 자금세탁에 매우 유용하다고 할 수 있다.[187]

우선 합법적인 물품을 판매하는 것처럼 가장하여 실제로는 마약, 무기나 아동포르노 등을 판매하고 범죄수익을 취득함으로써 그 성질과 출처를 위장하는 방법이 이용되는데, 판매대금의 결제는 자금세탁방지 규

---

186) FATF(주 178), p.38.
187) FATF, "Money Laundering & Terrorist Financing Vulnerabilities of Commercial Websites and Internet Payment Systems", FATF (2008), p.6.
   https://www.fatf-gafi.org/media/fatf/documents/reports/ML%20TF%20Vulnerabilities%20of%20Commercial%20Websites%20and%20Internet%20Payment%20Systems.pdf (마지막 방문 2023. 5. 20.)

제를 받는 금융기관 대신 인터넷 지급결제시스템을 통해 이루어지므로 추적이 곤란하게 된다.[188]

그리고 온라인마켓플레이스에서 물품을 구매하는 것처럼 가장하여 그 물품대금 명목으로 공모자에게 범죄수익을 송금한 후 이를 반환받음으로써 합법적인 판매수익으로 위장할 수 있다.[189] 또한 실제로 온라인 상거래를 하면서 물품대금을 과다 청구하여 실제 대금과의 차액을 범죄수익의 원천으로 가장할 수도 있다.[190]

나아가 전자화폐(e-money)를 이용한 자금세탁 방법이 활용될 수 있는데, 대규모 자금이 메모리 형식으로 전자화폐로 저장되어 컴퓨터나 모바일을 통해 손쉽게 전 세계 어디에든 송금이 가능하기 때문이다.[191]

이는 주로 자금세탁의 3단계 중 배치와 통합 단계에서 이용된다. 배치 단계에서 전자화폐의 충전은 금융기관의 거래보고시스템을 거치지 않기 때문에 보고의 회피가 가능하다. 통합 단계에서는 대규모 자금을 전자화폐 형태로 자금세탁방지 규제 수준이 낮은 국가를 경유하여 전 세계 금융기관에 송금할 수 있다. 이때 P2P 방식으로 개인 간에 자금 이전이 이루어지는 경우에는 거래의 흔적을 남기지 않는다.[192]

나. 사례

1) U.S. v. Bansal

U.S. v. Bansal 사건[193]은 온라인 상거래 웹사이트 및 지급결제시스템을 통해 의약품을 불법 판매하고 그 대금의 출처를 가장한 사안이다.

---

188) FATF(주 187), p.7.
189) FATF(주 187), pp.15-17.
190) FATF(주 187), p.18.
191) Mark D. Schopper(주 48), pp.324.
192) Mark D. Schopper(주 48), pp.324-326.
193) 663 F.3d 634 (3d Cir. 2011).

이 사건에서 필라델피아 주에 거주하는 피고인 Bansal은 Mullinix와 함께 2003년부터 2005년까지 www.mymeds.com 등 온라인 상거래 웹사이트를 운영하면서 인도로부터 의약품을 수입하여 이를 위 웹사이트를 통해 미국에서 불법으로 판매하여 왔다.

그들은 위 웹사이트에 처방전 없이 의약품을 구입할 수 있다는 광고를 게재하거나 고객들에게 같은 내용의 광고 메일을 송부하는 한편, 인도로부터 의약품을 대량으로 수입하고 이를 포장하여 주문 고객들과 의약품 거래를 중개하는 다른 웹사이트 운영자들에게 발송하였다. 그 대금의 결제와 관련해서는 국내와 해외에 은행 계좌를 개설한 후, 고객들로부터는 신용카드나 PayPal 등 인터넷 지급결제서비스를 통해 대금을 결제받았고, 의약품 중개 웹사이트 운영자들로부터는 주로 해외 은행 계좌를 통해 대금을 지급받았다. 이와 같은 방법으로 피고인은 130만 달러 상당의 의약품을 불법 판매하였다.

이 사건에서 피고인과 Mullinix 등 공범들은 통제물품 수입·배포 및 자금세탁 등 혐의로 기소되었고, 연방법원에서 모두 혐의를 자백하여 유죄가 선고되었다.

2) U.S. v. Rubin

U.S. v. Rubin 사건[194]은 인터넷 불법도박 자금을 가공의 온라인 상거래를 통해 그 거래대금으로 위장한 사안이다.

이 사건에서 3개의 인터넷포커 회사는 2006년부터 2011년까지 미국에서 불법 인터넷도박 사업을 해 왔는데, 도박자금의 수령 및 지급과 관련해서는 이를 합법적인 거래대금의 결제인 것처럼 가장하기 위해 온라인 상거래 영업에 밝은 피고인 Rubin을 고용하였다.

이에 피고인은 의류, 귀금속, 스포츠장비를 판매하는 것처럼 위장한 수십 개의 가짜 온라인 상거래 웹사이트를 만든 다음, 은행에는 합법적

---

194) 743 F.3d 31 (2d Cir. 2014).

인 온라인 상거래에 사용할 것이라고 거짓말하여 위 웹사이트들의 결제 계좌를 개설하였다.

그 후 위 인터넷포커 회사들의 도박자금과 관련된 거래는 모두 위 온라인 상거래 웹사이트들의 계좌를 통해 이루어졌다. 도박자금을 수령할 때에는 물품을 판매하고 지급받은 대금인 것처럼 위장하고, 도박자금을 지급할 때에는 그 명목을 의료비나 마케팅비용 등 각종 영업비용의 지출인 것처럼 처리하였다.

피고인은 인터넷도박, 은행사기, 전신사기 및 자금세탁 혐의로 기소되었고, 연방법원에서 혐의를 모두 자백하여 유죄를 선고받았다.

3) FATF 제시 사례

프랑스의 한 변호사는 온라인 상거래 플랫폼을 이용하여 4년간 1,600회가 넘는 물품거래를 하였는데, 대금의 결제는 주로 인터넷 지급결제시스템을 이용하거나 국제 전신송금 또는 수표를 우편으로 전달받는 방법으로 이루어졌다.

그는 불법무기거래에 취약한 동부유럽과 중부유럽 국가들을 주기적으로 방문하여 무기를 밀수하였고, 이를 위와 같이 온라인 상거래를 통해 판매하면서 정상적인 물품 거래인 것처럼 위장함으로써 범죄수익을 세탁한 것이라고 할 수 있다.[195)

13. 가상자산 거래

가. 자금세탁 방식

비공식 송금시스템과 전자화폐의 자금세탁 위험성은 앞에서 본 바와 같은데, 이를 극대화한 것이 가상자산 거래라고 할 수 있다. 가상자산은

---

195) FATF(주 187), p.12.

암호화되고 탈중앙화된 블록체인 네트워크를 이용하여 거래됨에 따라
중앙화된 금융시스템보다 접근이 용이하고 익명성도 보장받을 수 있어
자금세탁에 적합하기 때문이다.[196] 가상자산 거래를 이용한 자금세탁
과정을 자금세탁의 3단계로 설명하면 아래와 같다.[197]

① 배치 : 제3자를 내세워 차명으로 가상자산거래소에서 범죄수익을 가상자
산으로 교환한다. 이때 온라인마켓에서 검증된 가상자산 거래 계
좌를 구입하여 이용할 수 있다.

② 전개 : 위와 같이 확보한 가상자산을 본인이나 협력자가 보유하고 있는
다수의 지갑을 통해 반복적으로 거래한다. 거래에 이용되는 지갑
은 불과 수초 만에 생성될 수 있고, 특히 자동으로 전자적 거래
과정을 모호하게 하는 소프트웨어를 사용하거나 익명화 서비스를
제공하는 업체를 이용할 수 있다. 이는 불규칙한 간격으로 매우
많은 지갑 사이에서 가공의 거래를 실행하고 이와 정상적인 거래
를 혼합함으로써 추적을 불가능하게 만든다. Monero와 같은 블록
체인 사이트는 고객의 주소를 자동적으로 허위주소로 변환해 주
는 서비스를 제공하기도 한다.

③ 통합 : 이상의 과정을 거쳐 출처가 불명해진 가상자산을 가상자산거래소
에서 법정통화와 교환한다. 가상자산을 결제대금으로 받는 기업
이 증가함에 따라 법정통화로 교환할 필요 없이 곧바로 가상자산
으로 부동산, 자동차, 귀금속 등 자산을 구입할 수도 있다.[198]

---

196) Gabrielle Chasin Velkes, "International Anti-Money Laundering Regulation of Virtual
Currencies and Assets", New York University Journal of International Law and
Politics, vol. 52, no. 3 (2020), pp.876-877.

197) Stefan Mbiyavanga(주 48), pp.6-7.

198) David A. Chaikin, "The Rise of Virtual Currencies, Tax Evasion and Money
Laundering", Journal of Financial Crime, vol. 20, no. 4 (2013), pp.352-353. Stefan
Mbiyavanga(주 48), p7.

위와 같이 가상자산거래소를 이용하는 방법 대신 DeFi나 DEX를 통한 P2P 방식의 거래를 실행하는 경우에는 그 거래의 추적이 사실상 불가능하므로 자금세탁 위험성이 훨씬 높다고 할 수 있다.[199] 가상자산 형태의 범죄수익이 먼저 탈중앙화지갑(Decentralized wallet)에 예치된 후 가상자산거래소로 이체되어 법정통화로 교환되는 경우에도 마찬가지라고 할 수 있다.[200]

또한 사설 교환업자가 오프라인에서 고객으로부터 가상자산 구입대금에 고액의 수수료를 합한 현금을 받고 가상자산을 고객의 지갑으로 전송해 주는 거래도 자금세탁의 방법으로 활용될 수 있는데, 이와 같은 거래는 전 세계 모든 도시에서 매일 일어나는 일이라고 한다.[201]

나아가 U.S. v. Ulbricht 사건,[202] U.S. v. E-Gold, Ltd. 사건,[203] U.S. v. Budovsky 사건[204]에서 살펴본 것처럼 가상자산으로 결제할 수 있는 온라인마켓플레이스나 지급결제시스템을 통해 불법물품 거래를 하거나, 가공거래를 통해 수익을 얻은 것처럼 위장할 수도 있다.

나. 사례

1) U.S. v. Iossifov

U.S. v. Iossifov 사건[205]은 가상자산거래소가 고객확인 등 자금세탁방지

---

199) Alexandra D. Comolli & Michele R. Korver, "Surfing the First Wave of Cryptocurrency Money Laundering", Department of Justice Journal of Federal Law and Practice, vol. 69, no. 3 (2021), pp.229-230.

200) FATF, "Money Laundering and Terrorist Financing Red Flag Indicators Associated with Virtual Assets", FATF (2020), p.12.
https://www.fatf-gafi.org/media/fatf/documents/recommendations/Virtual-Assets-Red-Flag-Indicators.pdf (마지막 방문 2023. 5. 20.)

201) Comolli & Korver(주 199), p.203.

202) 31 F. Supp.3d 540 (S.D.N.Y. 2014).

203) 550 F.Supp.2d 82 (D.D.C. 2008).

204) U.S. District Court (S.D.N.Y. 2015), 2015 WL 5602853.

의무를 전혀 이행하지 않는 방법으로 사실상 자금세탁에 조력한 사안이다.

이 사건에서 Alexandria Online Auction Network(AOAN)로 알려진 루마니아 범죄조직은 2013년부터 2018년까지 eBay, Craiglist, Amazon 등 유명 온라인 상거래 플랫폼에 물품판매광고를 게재하고, 미국인들을 대상으로 물품 주문을 받아 그 대금을 지급받은 후 물품을 보내지 않는 방법으로 물품판매사기를 저질러 왔다. 위 조직은 범죄수익을 비트코인으로 교환한 후 다시 이를 현금화하여 루마니아로 송환하는 방식의 자금세탁을 해왔는데, 그 과정에서 불가리아의 가상자산거래소가 이용되었다.

피고인 Iossifov는 불가리아에서 가상자산거래소를 운영하면서 비트코인을 법정통화로 교환해 주는 영업을 하였는데, 그 거래 과정에서 거래 액수의 다과를 불문하고 비트코인의 현금화를 의뢰하는 고객의 신원이나 자금의 출처는 전혀 묻지 않았다. 불가리아 자금세탁방지법상 가상자산거래소는 고객확인 및 10,000 leva를 넘는 현금거래의 거절과 의심거래 보고 등 자금세탁방지의무가 있고, 다른 불가리아 가상자산거래소들은 그 의무를 이행해 온 반면 피고인은 이를 전혀 이행하지 않았다.

이에 AOAN은 피고인의 가상자산거래소를 통해 자금세탁을 하기로 하고 AOAN의 조직원들이 피고인에게 비트코인을 현금화해 줄 것을 요청하였다. 역시 피고인은 고객의 성명이나 자금의 출처를 전혀 묻지 않았을 뿐 아니라, 현금을 종이가방에 담아 다른 고객들이 볼 수 없도록 은밀하게 위 조직원들에게 건네기도 하였으며, 모든 거래는 계좌 입금 없이 현금을 교부하는 방식으로만 이루어졌다.

피고인은 RICO법 위반 및 자금세탁 혐의로 기소되었고 가상자산거래의 목적물인 비트코인이 범죄수익임을 알지 못하였다고 주장하였으나, 연방법원은 피고인의 주장을 배척하고 유죄를 인정하였다.

---

205) U.S. Court of Appeals (6th Cir. 2022), 2022 WL 3335692.

2) U.S. v. Harmon

U.S. v. Harmon 사건[206]은 다크웹에 개설한 사이트에서 가상자산의 교환을 통해 마약판매수익을 비롯한 각종 범죄수익을 세탁해 주는 서비스를 제공한 사안이다.

이 사건에서 피고인 Harmon은 2014년부터 다크웹 검색엔진 Grams를 운영하면서 이를 기반으로 다크웹에 Helix라는 웹사이트를 개설하였다. Helix는 비트코인을 그 출처와 소유자를 은닉한 상태로 지정 수령인에게 전송할 수 있는 서비스를 제공하는 사이트로서, 전송을 의뢰받은 비트코인을 기존 거래기록이 없는 새로운 비트코인으로 교환하여 전송해 주는 방법을 사용하였다. 이를 비트코인 믹서(mixer) 또는 텀블러(tumbler)라고 부르며, 다크웹 상의 불법거래 사이트와 링크될 수 있었다.

특히 피고인은 위 웹사이트에 "아직까지 비트코인으로 체포된 사람은 없지만 가능성이 있다. 당신이 첫 번째가 될 것인가? 대부분의 시장은 추적할 수 있는 주소가 기록된 지갑을 사용하고 있다"며 자신이 제공하는 자금세탁 서비스는 추적이 불가능하다는 점을 강조하기도 하였다.

피고인은 2016년경 다크웹 상에서 마약과 무기 등을 불법 거래하는 온라인마켓플레이스 AlphaBay와 제휴하였고, AlphaBay 사이트에서는 고객들에게 비트코인 텀블러 서비스를 이용하면 모든 거래기록이 삭제되어 추적을 피할 수 있다고 안내하며 Helix 사이트의 링크를 제공하였다. 그 무렵 AlphaBay의 비트코인 지갑에서 0.16 비트코인이 Helix로 전송되었고 Helix는 2.5%의 수수료를 공제한 후 나머지를 새로운 비트코인으로 교환해 주었다.

피고인의 Helix를 통한 비트코인 교환 서비스는 2017년까지 계속되었는데, 그 자금세탁 규모는 354,468 비트코인으로서 당시 시세를 기준으로 3억 1,100만 달러에 이르는 액수였다. 위 비트코인은 대부분 AlphaBay, Agora Market, Nucleus, Dream Market 등 다크웹 상의 불법거래 사이트에

---

206) 474 F.Supp.3d 76 (D.D.C. 2020). 514 F.Supp.3d 47 (D.D.C. 2020).

서 사용되었다. 피고인은 무등록송금업 및 자금세탁 혐의로 기소되어 연방법원에서 유죄가 인정되었다.

3) U.S. v. Costanzo

U.S. v. Costanzo 사건[207]은 P2P 방식의 가상자산거래를 통해 자금세탁을 실행한 사안이다.[208]

이 사건에서 애리조나 주에 거주하는 피고인 Costanzo는 2014년부터 localbitcoins.com이라는 사이트에 자신의 프로필을 올려놓고 P2P 방식을 통해 비트코인을 판매하는 영업을 해왔다. 특히 피고인은 위 프로필에서 다른 업자들보다 높은 수수료를 제시하면서 현금 50,000달러까지 비트코인으로 교환해 줄 수 있다고 기재하였다.

이에 국세청은 2016년에 피고인의 자금세탁 혐의를 의심하고 함정수사를 개시하였다. 연방요원은 피고인의 프로필에 나와 있는 전화번호로 연락하여 커피숍에서 피고인을 만났고, 피고인에게 헤로인 거래와 관련된 현금이 있는데 비트코인으로 교환해 줄 수 있는지 문의하였다. 이에 피고인은 "나는 아무 것도 모른다(I know nothing)"며 긍정적으로 답변하였다.

그 후 피고인은 연방요원으로부터 총 7회에 걸쳐 합계 108,700달러의 현금을 받고 7-10%의 수수료를 공제한 나머지 액수 상당의 비트코인을 연방요원의 휴대폰으로 전송해 주었다. 그 과정에서 피고인은 연방요원에게 암호화된 문자메시지 발송 기능이 있는 Mycelium wallet이라는 가상자산 지갑 어플리케이션을 설치할 것을 조언하기도 하였다. 피고인은 자금세탁 혐의로 기소되어 연방법원에서 유죄가 인정되었다.

---

207) 956 F.3d 1088 (9th Cir. 2020).

208) 이 사건의 사실관계는 주 207의 연방법원 판결 및 미국 법무부 보도자료(U.S. Department of Justice Press Release, "Arizona Based Peer-to-peer Bitcoin Trader Convicted of Money Laundering" (Mar 29, 2018), 2018 WL 1532401) 참조.

4) FATF 제시 사례

이탈리아 가상자산거래소에서 한 거래자는 18만 유로가 넘는 규모의 가상자산거래를 지속적으로 반복하여 실행하였는데, 이러한 거래 행태는 위 거래소에서 확인한 거래자의 직업과 급여 수준 등 신원과는 일치하지 않는 것이었다.

사실 위 거래자는 아시아와 유럽 지역에서 제3자들로부터 전신송금이나 온라인뱅킹 등을 통해 불법자금을 전송받은 후 이를 ATM기에서 현금으로 인출하여 가상자산을 구입하고 그 가상자산을 위 제3자들에게 전송해 주는 역할을 한 것이었다. 특히 아프리카와 중동 지역에서 가상자산 구입을 의뢰한 자들은 위 거래자의 선불카드를 충전해 주는 방식으로 가상자산 구입자금을 송금하였다.[209]

또한 DeepDotWeb(DDW)이라는 웹사이트 운영자는 이 사이트에 접속한 이용자들을 다크웹의 불법거래 사이트로 연결해 주고 소개비를 받았는데, 그 소개비는 비트코인으로 DDW가 관리하는 지갑에 전송되었다.

위 운영자는 위와 같이 소개비로 받은 자금을 세탁하기 위해 전송받은 비트코인을 다수의 다른 지갑을 전전하여 계속 이전하거나, 그 중 일부는 현금화하여 명목상 회사 명의의 은행 계좌에 입금한 후 다시 다른 복수의 계좌로 이체하였다. 이와 같은 자금세탁 거래는 2,700회가 넘게 이루어졌고 위 운영자가 취득한 소개비는 총 8,155 비트코인으로서 당시 시세 기준으로 800만 달러에 이른다.[210]

Ⅲ. 자금세탁 기법의 변화가 가지는 함의

자금세탁 기법은 금융시스템의 발전과 자금세탁방지 규제의 강화라

---

209) FATF(주 200), p.13.
210) FATF(주 200), p.16.

는 2가지 축을 중심으로 진화하여 왔다고 할 수 있다.

자금세탁은 고액현금거래보고를 피하기 위한 단순한 현금거래조작에서 시작하여 점차 복잡한 금융거래 구조와 글로벌 금융네트워크를 활용하는 것으로 고도화되어 왔다. 한편, 금융기관에 대한 규제의 강화는 규제 수준이 낮은 역외 국가로의 자금 이동은 물론, 환전·송금업자와 비공식 송금시스템 및 부동산중개인, 자동차판매딜러, 귀금속상, 카지노를 비롯한 비금융사업자와 전문직, 가상자산 등 금융시스템 외의 영역으로 자금세탁 범위가 확대되는 결과를 가져왔다.

특히 실제 사례에서 보듯이 금융기관과 비금융사업자, 전문직은 자금세탁에 활용되는 데에 그치지 않고 범죄세력과 결탁하여 자금세탁에 적극 조력해 왔고, 이는 규제의 강화와 확대 필요성을 뒷받침하는 것이다.

또한 자금세탁 기법은 복합적으로 활용되어 대부분 어떤 식으로든 금융시스템과 결부된다는 사실이 확인되었다. 따라서 자금세탁방지의 핵심은 여전히 불법재산의 금융시스템 진입 차단에 있다고 할 수 있다.

제4절 자금세탁방지의 발전 과정

I. 개요

자금세탁이라는 용어가 미국에서 기원한 것처럼 자금세탁방지 제도
도 1970년 제정된 미국 은행비밀법에서 시작되었다. 이는 마약범죄에 대
한 대응책의 일환이었고, 이후 미국은 자국의 자금세탁방지 제도를 발전
시켜 나가는 동시에 국제적인 자금세탁방지 체제의 수립을 위해 노력하
여 왔다.[211] 한편, 유럽에서도 1980년대 후반부터 독자적으로 자금세탁
방지 제도를 발전시켜 왔으며, 유럽공동체가 자금세탁방지 체제를 전 세
계적으로 확산시키려는 미국의 노력을 지지함에 따라 자금세탁방지는
국제적인 대응과 협력으로 이어졌다.[212]

자금세탁방지를 위한 국제적 대응은 1988년 비엔나 협약과 바젤위원
회 선언 등을 통해 시작되었고, 그 직후인 1989년 FATF가 설립되어 자금
세탁방지에 관한 국제적 기준으로서 40개 권고사항을 제시하면서 본격
화되었다. 이에 발맞추어 EU도 1991년 자금세탁방지지침(AMLD)을 제정
하였다. 그 출발은 마약범죄에 대한 효율적 대응을 위한 것이었으나 이
에 한정하지 않고 모든 중대범죄를 자금세탁의 전제범죄로 포함할 것을
요구하게 되었다.[213] 또한 자금세탁 기법이 진화함에 따라 자금세탁방
지 규제의 영역도 전통적인 금융기관의 범주에서 벗어나 각종 금융업자
와 비금융사업자, 전문직 및 가상자산사업자로 확대할 것을 요구하는 방
향으로 변화하여 왔다.

이와 같은 국제적인 대응에 따라 해외 각국은 자금세탁방지를 입법

---

211) Reuter & Truman(주 34), p.49. Levi & Reuter(주 39), p.290. Jason C. Sharman(주
    2), p.21.
212) Duncan E. Alford(주 36), p.441. Jason C. Sharman(주 2), p.21.
213) Jason C. Sharman(주 2), pp.20-21.

화하였다. 특히 미국은 은행비밀법(BSA) 제정 이후인 1986년 최초로 자금세탁을 법률적으로 정의하면서 이를 범죄로 규정하는 자금세탁통제법(MLCA)을 제정함으로써 국제적으로 자금세탁방지를 주도하였다. 그 후 Annunzio-Wylie 법, USA PATRIOT 법 및 2020년 자금세탁방지법 등 자금세탁방지의 핵심 입법을 통해 자금세탁방지 규제를 강화하여 왔다.

영국은 1986년 마약거래범죄법(DTA)을 제정하여 마약범죄와 관련된 자금세탁방지 제도를 도입한 후 1993년 형사사법법(CJA)과 자금세탁규정(MLR)의 제정을 통해 본격적인 자금세탁방지 체제를 구축하였다. 그 후 2002년 자금세탁방지의 통합적 입법인 범죄수익법(POCA)이 제정됨으로써 자금세탁방지를 제도적으로 완비하고 규제를 강화하여 왔다.

일본은 시기적으로는 다소 늦었지만 영국과 유사하게 1991년 마약특례법을 제정하여 마약범죄와 관련된 자금세탁방지 제도를 도입하였다가, 1988년 조직적범죄처벌법과 2002년 본인확인법 제정을 통해 본격적인 자금세탁방지 체제를 구축하였다. 그 후 2007년 범죄수익이전방지법을 제정하여 자금세탁방지 의무를 종합적으로 규정하고, 지속적인 개정을 통해 자금세탁방지 규제를 강화하여 왔다.

우리나라는 1995년 제정된 마약거래방지법에서 마약범죄와 관련하여 집행적 규제에 한정된 자금세탁방지를 도입하였다. 이후 2001년 자금세탁방지의 2대 핵심 입법인 범죄수익은닉규제법과 특정금융정보법이 제정됨으로써 자금세탁방지 제도가 본격화되었다.

이러한 각국의 입법은 그 수준에 차이는 있으나 FATF 권고사항을 반영하여 자금세탁방지 규제를 강화하는 동시에 규제 영역을 지속적으로 확대하는 방향으로 발전하여 왔다고 할 수 있다.

이하에서는 자금세탁방지와 관련된 국제적 대응의 전개 과정, 미국, EU, 영국 및 일본의 자금세탁방지 입법의 변천 과정, 그리고 우리나라 자금세탁방지 제도의 연혁을 차례로 살펴보기로 한다. 특히 자금세탁방지의 발전 과정이 자금세탁 기법의 변화와 어떻게 연계되어 있는지, 그리고 금융기관에 대한 규제는 어떻게 변화해 왔는지의 2가지 관점을 중심으로 검토한다.

II. 국제적 대응의 전개 및 변화

1. 국제협약 등

가. 비엔나 협약

자금세탁에 대한 국제적인 대응은 1988년 12월 비엔나에서 개최된 UN 회의에서 '마약 및 향정신성물질의 불법거래 방지를 위한 UN 협약 (United Nations Convention Against Illicit Traffic in Narcotic Drugs and Psychotropic Substances of 1988)'이 채택됨으로써 시작되었다.[214] 조약의 성격을 가진 비엔나 협약은 100개 이상의 국가에서 비준되어 국제적인 자금세탁방지 체제의 구축에 큰 영향을 미쳤다.[215]

비엔나 협약은 마약범죄 대응을 위한 국제적 협력체계의 구축을 위한 것으로 34개 조항(Article)으로 구성되어 있고, 그 중 Article 3과 Article 5에서 자금세탁방지와 관련된 사항을 규정하고 있다.[216]

우선 Article 3(1)(a)는 마약 및 향정신성물질의 생산·제조·판매·유통·배달 등의 행위를 범죄로 정의하고 이를 처벌하는 규정을 회원국들의

---

214) William C. Gilmore, International Efforts to Combat Money Laundering, Cambridge University Press (1992), Introduction p.11. Jason C. Sharman(주 2), pp.24-25. Duncan E. Alford(주 36), pp.441.

215) William C. Gilmore, "International Initiatives" in Richard Parlour (ed), International Guide to Money Laundering: Law and Practice, Butterworths (1995), pp.16-17. Jason C. Sharman(주 2), p.25.

216) United Nations Convention Against Illicit Traffic in Narcotic Drugs and Psychotropic Substances of 1988.

국내법으로 입법할 것을 요구하였다. 이와 함께 Article 3(1)(b), 3(1)(c)(i)은 자금세탁이라는 용어를 명시하지는 않았지만 "마약범죄에서 유래한 재산의 출처를 은닉하거나 가장하기 위한 재산의 전환·이전, 위 재산의 성질·출처·소재·소유관계의 은닉이나 가장, 위 재산의 취득·보유·사용"을 범죄로 정의함으로써 자금세탁의 범죄화를 의무로 규정하였다. 다만, 불법재산의 취득·보유·사용에 대해서는 각국의 헌법 등 법률시스템의 기본원칙과 충돌하지 않는 범위 내에서 범죄로 규정할 것을 제시하였다.[217]

또한 Article 5에서는 회원국들이 마약범죄로 인한 범죄수익을 몰수할 수 있는 조치를 도입할 것을 요구하였다. 특히 범죄수익 몰수를 위해 법집행기관은 은행으로부터 금융거래정보를 제공받을 수 있어야 하며, 은행비밀을 이유로 그 제공이 거부되어서는 안 된다고 규정하고 있다.[218]

그러나 비엔나 협약은 자금세탁의 전제범죄를 마약범죄로 제한하고 있을 뿐 아니라 자금세탁의 범죄화와 범죄수익의 몰수라는 자금세탁방지의 집행적 규제만을 도입하였다는 점에서 한계가 있었다. 법집행기관의 금융거래정보 취득 권한을 명시하였지만, 이는 범죄수익의 몰수를 위한 조치일 뿐 금융기관에 대하여 자금세탁방지의무를 부과하는 예방적 규제는 아니었다.

나. 바젤위원회 선언

국제적 차원에서 금융기관의 자금세탁방지의무를 최초로 제시한 것은 은행감독에 관한 바젤위원회의 선언이다.

은행감독에 관한 바젤위원회는 비엔나 협약이 채택된 때와 같은 시기인 1988년 12월 '자금세탁 목적으로 은행시스템을 범죄에 이용하는 행위의 방지(Prevention of Criminal Use of the Banking System for the Purpose

---

217) UN Convention(주 216), Article 3(1)(c).
218) UN Convention(주 216), Article 5(3).

of Money-Laundering)'에 관한 원칙을 선언하였다.[219] 이는 1986년 자금세탁통제법을 제정한 미국이 자금세탁방지와 관련된 국제적 규제차익 문제를 해소하기 위해 주도한 것이라고 한다.[220]

위 선언은 서문에서 "은행 감독당국의 임무는 개별 금융거래의 합법성 보장보다는 전체 금융시스템의 안정성과 건전성의 유지에 있기는 하지만 은행이 범죄에 이용되는 것을 방지해서는 안 되며, 은행 임직원이 과실이나 범죄세력과의 결탁으로 자금세탁에 관여하게 될 경우 은행에 대한 신뢰는 물론 금융시스템의 건전성이 훼손되는 결과를 야기하게 된다"고 지적하면서, 자금세탁방지를 위한 은행감독의 원칙을 제시하였다.

위 선언이 제시한 핵심 원칙은 고객확인과 법집행기관에 대한 협력 및 자금세탁방지 정책의 수립으로 이루어져 있다. 즉 은행은 고객의 신원을 확인하기 위한 합리적인 노력을 기울여야 하고 충분한 고객확인이 이루어지지 않은 경우 거래를 거절해야 한다. 그리고 은행은 은행비밀과 관련된 법률이 허용하는 범위 내에서 법집행기관에 적극 협력해야 하며, 거래 목적물이 범죄수익이라고 판단될 때에는 거래 단절 및 계좌 동결을 위한 적절한 조치를 취해야 한다. 나아가 이러한 자금세탁방지 조치는 은행의 정책으로 공식화되어야 하며, 담당 임직원 교육 및 거래기록의 보존도 병행되어야 한다.

위 선언이 제시한 자금세탁방지 의무는 각국의 은행비밀과 관련된 법률과 충돌할 수 있는 것이었지만, 비엔나 협약이 이와 같은 장애를 제거하였기 때문에 실현 가능한 것이었다.[221]

위 선언은 법적인 구속력이 있는 것은 아니지만 각국의 감독당국들이 이를 감독규정에 반영하는 방식을 통해 사실상의 규범력을 확보할

---

219) Basel Committee on Banking Supervision, "Prevention of Criminal Use of the Banking System for the Purpose of Money-Laundering" (Dec, 1988). https://www.bis.org/publ/bcbsc137.pdf (마지막 방문 2023. 5. 21.)
220) Reuter & Truman(주 34), pp.79-80.
221) Duncan E. Alford(주 36), pp.445-446.

수 있는 것으로,[222] 국제적인 차원에서 최초로 예방적 규제의 핵심 원칙을 제시하였다는 데 의의가 있다고 할 수 있다.

다. 금융 관련 국제기구의 후속 조치

바젤위원회 선언 이후 금융 관련 국제기구의 자금세탁방지에 관한 후속 조치가 이어졌다.[223]

1992년 국제증권감독기구(International Organization of Securities Commissions, IOSCO)는 증권선물거래와 관련하여 고객확인과 의심거래보고 및 자금세탁방지·적발을 위한 모니터링과 준법 절차 수립 등을 내용으로 하는 '자금세탁에 관한 결의안(Resolution on Money Laundering)'을 발표하였다.[224] 또한 2001년 은행감독에 관한 바젤위원회는 고객확인절차를 구체화한 '은행의 고객확인(Customer Due Diligence for Banks)'에 관한 협의문을 발표하였다.[225]

2002년 국제보험감독협회(International Association of Insurance Supervisors, IAIS)는 '보험감독당국 및 보험회사를 위한 자금세탁방지 가이드(Anti-Money Laundering Guidance Notes for Insurance Supervisors and Insurance Entities)'를 제시하였다.[226]

---

222) Duncan E. Alford(주 36), pp.445.
223) Reuter & Truman(주 34), p.80.
224) International Organization of Securities Commissions, "A Resolution on Money Laundering", Passed by the Presidents' Committee (Oct, 1992).
   https://www.iosco.org/library/resolutions/pdf/IOSCORES5.pdf (마지막 방문 2023. 5. 21.)
225) Basel Committee on Banking Supervision, Consultative Document, "Customer due diligence for banks" (Jan, 2001).
   https://www.bis.org/publ/bcbs77.pdf (마지막 방문 2023. 5. 21.)
226) 위 가이드는 2022년 최종적으로 개정되었다. IAIS 웹페이지 참조.
   https://www.iaisweb.org/icp-online-tool/13533-icp-22-anti-money-laundering-and-combating-the-financing-of-terrorism/ (마지막 방문 2023. 5. 21.)

2. FATF 설립 및 국제기준 정립

가. FATF 설립과 권고사항 제정

앞에서 본 바와 같은 국제적 대응에도 불구하고 자금세탁방지의 중추적 역할을 담당하는 국제기구의 부재는 국제적인 자금세탁방지 체제의 구축에 장애가 되었고, 이에 따라 1989년 7월 개최된 파리 G7 정상회의를 통해 FATF가 출범하게 되었다.[227]

당시 미국과 유럽에서의 마약 거래량은 연간 1,220억 달러로서 그 중 50-70%의 자금이 세탁되는 것으로 추정되었다. 이와 같이 마약범죄의 심각성이 극에 달한 상황에서 미국은 마약범죄와 자금세탁에 따른 마약조직의 경제력 확대를 저지하기 위해 국제적 자금세탁방지 체제의 구축이 시급하였다. 이와 같은 미국의 입장과 주도가 FATF의 출범 배경이 되었다고 할 수 있다.[228]

FATF는 출범 이후 자금세탁방지 정책의 수립과 그 정책의 국제적 확산을 전담하는 조직으로서 자금세탁방지에 관한 가장 중요한 국제기구로서의 위상을 가지게 되었고, OECD 산하에 설치되었지만 독자적으로 업무를 수행하고 있다.[229] 제2장 제1절에서 언급한 바와 같이 FATF가 제시하는 자금세탁방지의 국제기준인 권고사항은 법적인 구속력은 없지만 상호평가 및 제재를 통해 사실상의 규범력을 확보하고 있다.

FATF는 출범 직후인 1990년 40개 권고사항을 발표하였고, 이는 자금세탁방지에 관한 체계적인 틀을 제시하는 것이기는 하였으나 출범 초기인 관계로 상세한 내용보다는 일반적인 원칙 위주로 기술되었다. 그리고 자금세탁의 전제범죄를 마약범죄로 제한하지는 않았지만, 자금세탁방지 원칙의 엄격한 적용 요구는 마약범죄에 대한 것으로 한정되었다.[230] 위

---

227) Levi & Reuter(주 39), p.309. William C. Gilmore(주 214), Introduction pp.9, 18.
228) William C. Gilmore(주 214), Introduction p.9. Reuter & Truman(주 34), p.81.
229) Jason C. Sharman(주 2), p.25. William C. Gilmore(주 214), pp.24-25.

권고사항은 자금세탁방지를 위한 법률시스템의 개선, 금융시스템의 역할 제고, 국제협력 강화 등 세 부문으로 구성되어 있으며, 주요 내용은 아래와 같다.[231]

① 비엔나 협약에서 정한 바와 같이 마약범죄와 관련된 자금세탁을 범죄화할 것 (권고사항 4)

② 자금세탁의 전제범죄는 마약범죄 외에도 마약과 결부되는 다른 범죄로 확대하거나 모든 중대범죄를 포함하는 방안을 고려할 것 (권고사항 5)

③ 자금세탁과 관련된 범죄수익을 몰수할 수 있는 조치를 도입하고, 민사적인 제재 방안도 고려할 것 (권고사항 8)

④ 금융기관은 익명이나 가명의 계좌를 유지해서는 안 되고 고객의 신원을 확인하기 위한 합리적인 조치를 취해야 하며, 적어도 5년 이상 거래기록을 보존할 것 (권고사항 12 내지 14)

⑤ 금융기관은 복잡하거나 이례적인 규모나 행태의 거래와 관련하여 그 배경과 목적을 확인할 것 (권고사항 15)

⑥ 금융기관은 의심거래에 대해서는 당국에 보고하고, 선의로 보고한 경우 민형사책임을 부담하지 않을 것 (권고사항 16 내지 18)

⑦ 금융기관은 내부통제시스템과 직원교육 및 시스템 검사절차를 포함한 자금세탁방지 프로그램을 마련할 것 (권고사항 20)

나. 권고사항 1차 개정

FATF 권고사항은 1996년 최초로 개정되었는데,[232] FATF는 권고사항

---

230) Jason C. Sharman(주 2), p.26.
231) FATF, "The Forty Recommendations of the Financial Action Task Force on Money Laundering", FATF (1990).
   https://www.fatf-gafi.org/media/fatf/documents/recommendations/pdfs/FATF%20Recommendations%201990.pdf (마지막 방문 2023. 5. 21.)

제정 이후 6년간 축적된 경험과 다양화된 자금세탁 기법을 반영한 것이라고 개정 배경을 밝히고 있다.[233]

그러나 1996년 개정은 자금세탁의 전제범죄를 마약범죄에서 중대범죄로 확대할 것을 의무화(권고사항 4)하는 외에는 큰 변동이 있었던 것은 아니었다.[234] 다만, 금융기관에 대하여 고객이 법인인 경우 법인등록기록과 이사 등의 신원을 파악하는 방법으로 그 법인의 실체와 구조를 확인하도록 하였다(권고사항 10). 또한 익명화를 용이하게 하는 신기술을 이용한 자금세탁 기법에 대하여 특별한 주의를 기울이도록 하는 내용을 추가하였다(권고사항 13).

다. 권고사항 2차 개정

FATF 권고사항은 2003년 다시 개정되었는데,[235] 이는 1차 개정과는 달리 자금세탁방지 체제에 중대한 변화를 가져온 것이었다.[236]

FATF는 실제 소유자를 가장하기 위해 법인을 이용하고 전문직 활용이 증가하는 등 자금세탁 기법이 복잡다양해지고 있을 뿐 아니라, 비협조국가들에서 자금세탁 위험이 높아지는 상황을 반영하여 종합적인 개정에 이르게 되었다며 개정 배경을 밝히고 있다.[237] 또한 FATF는 2001년 테러자금조달 방지와 관련된 8개 특별권고사항을 제정한 바 있는데,[238]

---

232) FATF, "The Forty Recommendations", FATF (1996).
   https://www.fatf-gafi.org/media/fatf/documents/recommendations/pdfs/FATF%20Reco
   mmendations%201996.pdf (마지막 방문 2023. 5. 21.)
233) FATF(주 232), p.1.
234) Jason C. Sharman(주 2), p.26.
235) FATF, "The Forty Recommendations", FATF (2003).
   https://www.fatf-gafi.org/media/fatf/documents/recommendations/pdfs/FATF%20Reco
   mmendations%202003.pdf (마지막 방문 2023. 5. 21.)
236) Reuter & Truman(주 34), p.81.
237) FATF(주 235), Introduction.
238) FATF(주 235), Introduction. Jason C. Sharman(주 2), p.26.

이 내용도 2003년 개정 권고사항에 포함되었다.

2003년 개정 권고사항은 전제범죄의 확대, 예방적 규제 대상의 확대, 특정 거래와 관련하여 실제소유자 확인 등 고객확인 강화, 금융정보분석원(FIU) 설립 및 감독당국의 권한 강화 등으로 요약될 수 있다.

특히 자금세탁방지의무를 부담하는 '금융기관'은 기존에는 은행과 비은행금융기관으로 한정되었으나, 리스회사, 자금이체업자, 신용카드·수표·여행자수표·우편환·은행어음·전자화폐 등 지급수단발행업자, 신용보증업자, 환전업자, CD 등 양도성 지급수단 취급업자, 증권·선물 거래업자, 증권인수·발행업자, 집합투자업자, 펀드매니저, 보험업자 등을 포함하는 것으로 그 범위가 대폭 확대되었으며,[239] 주요 개정 내용은 다음과 같다.

① 전제범죄를 조직범죄, 테러, 인신매매 등 20대 지정 범죄를 포함한 모든 중대범죄로 확대할 것 (권고사항 1)

② 기준금액을 넘는 일회성 거래나 전신송금 및 정치적 주요인물을 비롯한 고위험군에 대해서는 강화된 고객확인을 실시하고 실제소유자를 확인할 것 (권고사항 5, 6)

③ 국가 간 환거래에 대해서는 수취기관에 관한 정보를 충분히 확인하고 환거래계약 체결 전에 경영진의 승인을 받는 등 고객확인을 강화할 것 (권고사항 7)

④ 카지노, 부동산중개인, 귀금속상, 신탁서비스제공업자 등 지정비금융사업자 및 변호사·회계사 등 전문직에 대하여 고객확인 및 의심거래보고 등 자금세탁방지의무를 부과할 것 (권고사항 12, 16)

⑤ 금융정보분석원(FIU)을 설립할 것 (권고사항 26)

⑥ 감독당국은 금융기관의 자금세탁방지의무 이행 여부를 검사하고 불이행에 대하여 행정적으로 제재할 수 있는 충분한 권한을 보유할 것 (권고사항 29)

---

239) FATF(주 235), p.13 용어해설(Glossary) 참조.

이와 같은 개정은 본장 제3절에서 살펴본 바와 같은 자금세탁 기법의 변화를 적극 반영한 것으로 평가할 수 있다. 2003년 개정 권고사항은 180개 이상의 국가에서 지지를 받음으로써 명실상부한 국제적 기준으로 정립되었고, 이를 통해 국제적인 자금세탁방지 체제가 실질적인 면모를 갖추게 되었다.[240]

라. 권고사항 3차 개정

FATF 권고사항은 2012년 3차 개정되었고 그 이후 현재까지 이어져 왔다. FATF는 3차 라운드 상호평가 결과를 토대로 새로운 자금세탁 위험에 대처하는 동시에, 기존의 자금세탁방지의무를 더욱 명확히 하고 이를 강화하는 차원에서 3차 개정이 이루어진 것이라고 설명하고 있다.[241]

3차 개정의 핵심 내용은 2차 개정에서 제시된 바 있는 위험기반접근법(RBA)의 전면적 적용이다(권고사항 1).[242] 즉 고객이나 금융거래의 특성에 따른 자금세탁방지 위험을 평가하여 이를 토대로 효율적 자원 배분이 이루어져야 한다. 따라서 고위험군에 대해서는 강화된 자금세탁방지 조치를 수행하는 반면, 저위험군에 대해서는 간소화된 조치를 허용하는 것이다.

그 외에 2012년 개정 권고사항은 ① 자금세탁 및 테러자금조달 방지 정책과 조율, ② 자금세탁 및 몰수, ③ 테러·대량살상무기확산 자금조달, ④ 예방조치, ⑤ 법인과 법률관계의 투명성 및 실제소유자, ⑥ 감독당국의 권한과 책임 및 그 외의 제도적 조치, ⑦ 국제협력 등 7개 부문으로 구분하여 2003년 개정 권고사항을 보다 명확하게 정리한 것이라고 할 수 있다. 그 자세한 내용은 제2장 제1절에서 살펴본 바와 같다.

---

240) Jason C. Sharman(주 2), p.26.
241) FATF, "International Standards on Combating Money Laundering and the Financing of Terrorism & Proliferation", FATF (2012-2022), p.8.
242) FATF(주 241), p.10.

또한 앞에서 본 바와 같이 2018년 10월 권고사항 15(신기술)를 개정하여 가상자산사업자에 대해서도 진입규제와 자금세탁방지의무를 부과하고 그 이행 여부를 감독하는 내용을 추가하였다.

Ⅱ. 외국 자금세탁방지 제도의 변천

1. 미국

가. 은행비밀법(BSA)

1) 입법 배경 및 목적

1970년 이전의 미국에서는 범죄수익이라고 의심되는 경우에도 은행에 거액의 현금을 예치할 수 있었고 은행은 이를 거리낄 아무런 경제적 유인이 없었다. 그 과정에서 막대한 규모의 조세포탈과 마약판매수익의 자금세탁이 이루어져 왔기 때문에, 정부는 이와 같은 은행의 행태를 바로잡는 한편, 현금거래를 추적하여 조세를 부과하고 자금세탁을 방지하기 위해 노력해 왔다. 그 산물이 1970년 제정된 세계 최초의 자금세탁방지 입법인 은행비밀법이다.[243]

은행비밀법은 금융기관으로 하여금 현금거래에 관한 정보를 생산하도록 하여 거래를 추적할 수 있게 하는 동시에, 이를 통해 자금세탁을 시도하는 자가 금융기관에 쉽게 접근하지 못하도록 일종의 차단장치를 만들기 위한 것이었다고 할 수 있다.[244]

---

243) Mariano-Florentino Cuellar, "The Tenuous Relationship between the Fight against Money Laundering and the Disruption of Criminal Finance", Journal of Criminal Law and Criminology, vol. 93, no. 2 (2003), p.352. Jason C. Sharman(주 2), p.21, Levi & Reuter(주 39), p.290.

244) Mariano-Florentino Cuellar(주 243), p.352, fn.153.

위 법률은 은행비밀의 보장이 아니라 제한을 위해 제정되었기 때문에 은행비밀법이라는 이름 자체가 아이러니라고 할 수 있으며,[245] 법률의 정식 명칭도 '통화 및 해외 거래의 보고에 관한 법률(Currency and Foreign Transaction Reporting Act of 1970)'이다. 은행비밀법 제정 이후 이에 따른 은행비밀의 제한이 위헌이라는 소송이 제기되었으나, 연방대법원은 합헌으로 결정한 바 있다.[246]

2) 법률 내용

은행비밀법의 내용은 크게 금융거래의 기록과 금융거래의 보고로 이루어져 있다. 우선 금융거래의 기록과 관련해서는 금융기관은 재정식별번호(fiscal identification number) 등 고객정보를 확인하고 거래기록을 보존해야 한다.[247]

핵심적인 부분은 금융거래의 보고인데, ① 금융기관이 10,000달러를 초과하는 현금거래를 FinCEN에 보고하는 고액현금거래보고(CTR),[248] ② 주체의 제한 없이 10,000달러를 초과하는 현금의 국외 반출입을 관세청에 보고하는 국제지급수단이송보고(Currency and Monetary Instrument Report, CMIR)[249] 및 ③ 미국 거주자가 10,000달러를 초과하는 해외 금융자산을 국세청에 보고하는 연례 보고(Foreign Bank Account Report, FBAR)[250] 등 3가지 보고의무를 부과하였다. 이와 같은 의무를 위반한 경우 민사벌금은 물론 형사처벌까지 받을 수 있다.[251]

---

245) Guy Stessens, Money Laundering: A New International Law Enforcement Model, Cambridge University Press (2000), p.97. Levi & Reuter(주 39), p.296. Mariano-Florentino Cuellar(주 243), p.352.

246) California Bankers Assn. v. Shultz, 416 U.S. 21 (1974). U.S. v. Miller, 425 U.S. 435 (1976).

247) 31 C.F.R. § 1010.410.

248) 31 U.S.C. § 5313. 31 C.F.R. §§ 1010.310-315.

249) 31 U.S.C. § 5316. 31 C.F.R. § 1010.340.

250) 31 U.S.C. § 5314. 31 C.F.R. § 1010.350.

은행비밀법은 자금세탁을 직접 처벌하는 법률은 아니지만, 현금거래를 보고하도록 강제하는 규제 구조를 만들고 이를 위반한 경우 제재하는 것으로, 이를 통해 금융기관으로 하여금 자금세탁이 의심되는 고객과의 거래에 대하여 경계하도록 하는 효과를 거둘 수 있다고 평가되었다.[252]

3) 보완 입법

은행비밀법 제정 이후 고액현금거래보고와 관련된 문제점을 보완하기 위해 다수의 후속 입법이 이루어졌다.

먼저 1984년 제정된 포괄범죄통제법(Comprehensive Crime Control Act)에서는 금융기관 뿐 아니라 거래나 사업 과정에서 10,000달러가 넘는 현금을 수령하는 모든 자로 하여금 고액현금거래보고를 하도록 규정하였다.[253] 이는 예방적 규제 대상과는 별도로 주체의 제한 없이 사실상 모든 국민에게 고액현금거래보고의무를 부과하는 것이다.

나아가 1988년 제정된 마약남용방지법은 고액현금거래보고 회피를 위한 현금거래조작을 범죄로 규정하였고,[254] 부동산중개업자와 자동차 판매딜러도 예방적 규제 대상인 금융기관의 범주에 포함시켰다.[255]

현금거래조작에 대한 형사처벌 규정의 도입 배경은 다음과 같다. 은행비밀법 제정 이후 현금을 소액으로 분할하여 입금하는 거래조작(smurfing)을 통해 고액현금거래보고를 무력화하는 시도가 지속되어 왔다.[256] 뿐만 아니라 보고의무가 있는 은행원이 거래조작을 알지 못한 경우 조작자가 간접정범의 법리에 따라 보고의무위반죄로 처벌받을 수 있는지 여부에 관하여 판례가 나누어져 있었기 때문에 거래조작 자체를 독립적인 범죄

---

251) 31 U.S.C. §§ 5321, 5322.
252) Mariano-Florentino Cuellar(주 243), pp.352-353.
253) 26 U.S.C. § 60501(a). Guy Stessens(주 245), p.98.
254) 31 U.S.C. § 5324.
255) 31 U.S.C. § 5312(a)(2).
256) Sarah N. Welling(주 57), pp.792-793. Guy Stessens(주 245), p.98.

로 처벌할 필요가 있었다.[257)

　1994년 제정된 자금세탁억제법은 현금 외에 외국은행이 발행한 수표·어음·우편환 등에 대해서도 국제지급수단이송보고의무(CMIR)를 부과하였다.[258) 또한 보고의무 이행을 위한 내부통제절차 마련의무와 그 위반에 대한 민·형사 제재를 규정하였다.[259) 그리고 카지노와 수표교환업자·환전업자·송금업자를 예방적 규제 대상에 추가하고,[260) 무등록 송금업에 대한 형사처벌 규정을 도입하였다.[261)

　1998년에는 자금세탁 및 금융범죄 전략법(Money Laundering and Financial Crime Strategy Act of 1998)이 제정되었다. 이 법에서는 재무부장관에게 법무부장관과의 협의를 통해 자금세탁 취약 지역을 지정하고 그 지역에서 고액현금거래보고 기준금액을 하향할 수 있는 권한을 부여하였다.[262)

나. 자금세탁통제법(MLCA)

　은행비밀법은 금융기관에 대하여 거래에 대한 보고의무를 부과하고 의무 위반에 대한 제재를 가하는 것이었지만, 자금세탁 자체를 처벌하는 것은 아니었기 때문에 자금세탁방지에는 근본적인 한계가 있었다.[263) 은행비밀법 제정 이후 거래보고의무 위반에 대한 제재도 많지 않았을 뿐 아니라,[264) 앞에서 살펴본 것처럼 대규모 자금세탁이 이루어진 U.S. v. $4,255,625.39 사건과 Sindona 사건 등에서 정작 자금세탁행위는 처벌하지 못하는 문제점이 드러났기 때문이다.

---

257) U.S. v. Maroun, 739 F.Supp. 684 (D.Mass. 1990).
258) Pub. L. No. 103-325, § 405, 108 Stat. 2243. 31 U.S.C. § 5316.
259) Pub. L. No. 103-325, § 407(b)(4), 108 Stat. 2243. 31 U.S.C. § 5318(h).
260) Pub. L. No. 103-325, § § 407-409, 108 Stat. 2243. 31 U.S.C. § 5312(a).
261) Pub. L. No. 103-325, § § 408(e), 108 Stat. 2243. 18 U.S.C. § 1960.
262) 31 U.S.C. § 5342.
263) Jason C. Sharman(주 2), p.21.
264) Levi & Reuter(주 39), p.296.

이에 1986년 최초로 자금세탁을 연방범죄로 규정한 자금세탁통제법이 제정되었는데, 그 주된 목적은 레이건 행정부가 마약 및 조직범죄에 대응하기 위한 것으로서 마약남용방지법의 제정 취지와 같은 것이었다.[265] 예방적 규제법인 은행비밀법에 이어 집행적 규제법인 자금세탁통제법이 제정됨으로써 미국의 자금세탁방지 제도는 본격화되었다.

자금세탁통제법은 ① 자금세탁을 연방범죄로 규정하고, ② 범죄수익은 물론 은행비밀법위반과 관련된 재산의 민형사몰수 제도를 도입하였으며, ③ 금융프라이버시권법(Right to Financial Privacy Act, RFPA)을 개정하여 금융기관의 법집행기관에 대한 정보제공 및 이에 대한 면책을 규정하였을 뿐 아니라, ④ 재무부장관에게 금융기관의 거래기록에 대한 조사권한을 부여하였다.[266]

자금세탁통제법의 효과는 매우 강력한 것이었는데, 법률 제정 이듬해인 1987년 6월 법무부장관은 마약자금의 세탁을 수사하여 160명을 기소하고 2,150만 달러 상당의 자금과 2,100파운드의 코카인을 몰수하였다고 발표하기도 하였다.[267] 제정 당시 자금세탁의 전제범죄는 마약범죄 및 RICO법 위반 등 조직범죄에 한정되었으나, 이후 점차 확대되어 150개 이상의 범죄가 전제범죄에 포함되었다.[268]

제2장 제2절에서 살펴본 바와 같이 자금세탁통제법이 범죄로 규정한 자금세탁은 매우 광범위한 개념이다. 특히 거래보고의무를 회피하기 위

---

265) Jimmy Gurule, "The Money Laundering Control Act of 1986: Creating a New Federal Offense or Merely Affording Federal Prosecutors an Alternative Means of Punishing Specified Unlawful Activity?", American Criminal Law Review, vol. 32, no. 3 (1995), pp.824-825. Guy Stessens(주 245), p.99. James D. Harmon(주 24), p.4. Levi & Reuter(주 39), p.296.

266) 18 U.S.C. §§ 1956, 1957, 18 U.S.C. §§ 981, 982, 31 U.S.C. § 5317, 12 U.S.C. § 3403(c).

267) James D. Harmon(주 24), p.4.

268) Duncan E. Alford(주 36), p.459. Reuter & Truman(주 34), p.81. Liliya Gelemerova (주 3), p.35.

한 행위를 자금세탁으로 규정함으로써 고액현금거래보고 면탈 목적의
현금거래조작은 은행비밀법 뿐 아니라 자금세탁통제법 위반으로도 처벌
할 수 있게 되었다.[269]

또한 제1957조의 불법금전거래범죄는 자금세탁 여부와는 관계없이
10,000달러를 초과하는 불법재산의 거래가 이루어지기만 하면 성립될 수
있으므로 금융기관도 피하기 어려운 것이었다.[270] 이에 금융기관은 위
와 같은 형사책임을 면하기 위해 법집행기관에 자발적으로 보고할 필요
가 있고 이와 같은 정보공개는 금융프라이버시권법(RFPA)에 따라 면책
될 수 있다. 하지만 잘못된 보고를 한 경우의 고객에 대한 불법행위책임
면제는 도입되지 않았으므로 금융기관은 딜레마에 봉착하게 되었다.[271]
즉 의심거래를 보고하지 않으면 형사책임, 보고를 한 경우에는 불법행위
책임의 위험에 놓이는 것으로 이는 자금세탁방지의 효율성을 저해하는
것이다.

그 후 1988년 자금세탁기소개선법이 제정되어 ① 금융기관 임직원의
고의·중과실에 의한 고액현금거래보고의무 위반의 공범책임을 규정하였
고, ② 예방적 규제 대상에 운송수단판매사업자, 연방우체국, 공무원, 재
무부장관이 연방규정으로써 지정한 사업을 수행하는 자 및 그 외에 범
죄나 조세 기타 규제와 관련하여 활용될 위험이 높은 현금거래를 수행
하는 사업자로서 재무부장관이 지정한 자를 추가하였으며, ③ 국제적 상
업거래 및 역외 회사와 은행 등을 이용한 자금세탁에 효율적으로 대응
하기 위해 외국정부로 하여금 고액 달러거래를 추적하여 미국 법집행기
관에 통보할 수 있도록 하는 제도를 도입하였다.[272]

---

269) 18 U.S.C. §§ 1956(a)(1)(B)(ii), 1956(a)(2)(B)(ii), 1956(a)(3)(C).
270) Guy Stessens(주 245), p.100.
271) Duncan E. Alford(주 36), pp.458-459.
272) Pub. L. No. 100-690, §§ 6185(a), (d), 102 Stat. 4354. Lara W. Short, Robert G. Colvard & John T. Lee, "The Liability of Financial Institutions for Money Laundering", Banking Law Journal, vol. 109, no. 1 (1992), pp.56-60. Duncan E. Alford(주 36), p.459.

다. Annunzio-Wylie 법

1992년 자금세탁방지에 관한 Annunzio-Wylie 법이 제정되었는데 이를 촉발한 것은 BCCI 사건이었다. BCCI 임직원들이 자금세탁에 조직적으로 가담한 사실이 확인되었고 BCCI 측이 자금세탁 혐의를 인정하였음에도, 자금세탁에 관여한 은행의 인가를 취소할 법률상 근거가 없었기 때문에 인가취소 조항(death penalty provision)의 도입 등 금융기관에 대한 제재를 대폭 강화하는 입법을 하게 된 것이다.273) 이와 더불어 의심거래보고(SAR) 제도를 도입하는 동시에, 앞에서 본 바와 같은 금융기관의 거래보고와 관련된 딜레마를 해소하여 자금세탁방지의 효율성을 제고하고자 하는 목적도 있었다.274) 위 법률은 FATF 권고사항을 다수 반영한 것으로,275) Anuunzio-Wylie 법의 주요 내용은 다음과 같다.

① 자금세탁 혐의가 인정된 금융기관에 대해서는 인가 또는 예금보험 취소나 법정관리 가능276)
② 자금세탁이나 은행비밀법위반으로 유죄가 인정된 금융기관 임직원의 금융산업 종사 금지277)
③ 자금세탁의 전제범죄에 절도·납치·강도·공갈·부패범죄 추가278)
④ 고액현금거래보고를 받는 기관에 FinCEN 외에도 국세청 포함279)
⑤ 재무부장관이 예방적 규제 대상 사업자를 지정하기 위한 연방규정 제정280)

---

273) Duncan E. Alford(주 36), p.459.
274) Coronado v. Bank Atlantic Bancorp, 222 F.3d 1315 (11th Cir. 2000). Nieman v. Firstar Bank, U.S. District Court (N.D.Iowa. 2005), 2005 WL 2346998.
275) Duncan E. Alford(주 36), p.459.
276) Pub. L. No. 102-550, §§ 1502, 1503, 1507, 106 Stat. 4044. 12 U.S.C. §§ 93(c), 1818, 3105.
277) Pub. L. No. 102-550, § 1504, 106 Stat. 4044. 12 U.S.C. § 1818.
278) Pub. L. No. 102-550, §§ 1534, 1536, 106 Stat. 4044. 18 U.S.C. § 1956.
279) 26 U.S.C. § 6501.

⑥ 금융기관에 대하여 의심거래보고의무를 부과하고, 그 외에도 자발적으로
또는 법집행기관의 요구로 의심거래보고를 할 수 있도록 하며, 그 보고
에 대해서는 일체의 민사책임 면제(safe harbor 조항 도입)[281]

자금세탁 혐의가 밝혀진 금융기관의 인가취소 등과 관련해서는, 외국
금융기관의 미국 내 자회사나 지점은 즉시 폐쇄절차를 진행하고, 국내
금융기관은 청문을 거쳐 인가나 예금보험의 취소 여부를 결정하며 법정
관리에 들어갈 수도 있다.

위와 같은 제재를 피하기 위해서는 ① 자금세탁에 경영진이 관여하지
않았다는 사실, ② 사전 예방조치 이행, ③ 법집행기관에 대한 협조, ④
자금세탁 발생 후 새로운 내부통제시스템 구축 및 ⑤ 은행 폐쇄가 공동
체에 미치는 부정적 영향 등 5가지 요소를 입증해야 한다.[282]

그리고 위 법률의 위임에 따라 연방규정에서는 카드클럽, 선물브로
커, 상품소개브로커 및 뮤추얼펀드 등을 예방적 규제 대상에 추가하였
다.[283] 또한 제2장 제1절에서 본 바와 같이 2013년 FinCEN은 가상자산사
업자를 송금업자로 간주하여 이를 규제 대상에 포함시켰다.

의심거래보고 제도가 도입된 이유는 고액현금거래보고가 연간 1,200
만 건 이상에 이르는 막대한 규모인 반면 그 보고만으로는 자금세탁이
나 범죄혐의의 적발에 한계가 있는 등 실효성에 의문이 제기되었기 때
문이다.[284] 위 법률 제정으로 법집행기관의 관심은 고액현금거래보고에
서 의심거래보고로 이동되었으며,[285] 이로써 미국도 의심거래보고를 규
정한 FATF 권고사항을 수용하는 결과가 되었다.

---

280) Pub. L. No. 102-550, § 1511, 106 Stat. 4044. 31 U.S.C. § 5327.
281) Pub. L. No. 102-550, § 1517, 106 Stat. 4044. 12 U.S.C. § 5344, 31 U.S.C. § §
5318(g)(1), (3)(A).
282) Pub. L. No. 102-550, § 1501, 106 Stat. 4044. 12 U.S.C. § 93.
283) 31 C.F.R. § 1010.100(t).
284) Duncan E. Alford(주 36), p.457. Guy Stessens(주 245), p.99.
285) Guy Stessens(주 245), p.99.

나아가 위법의 개연성(a possible violation of law)만 있으면 의심거래 보고를 할 수 있도록 하고, 보고에 따른 일체의 민사책임을 면제하면서 선의(good faith)를 면책요건으로 규정하지도 않았다.

라. USA PATRIOT 법

9·11 테러 직후인 2001년 10월 제정된 USA PATRIOT 법은 미국 자금세탁방지 제도에 중대한 변화를 가져왔다. 특히 테러리스트들은 금융거래를 통해 50만 달러를 사용한 것으로 밝혀지면서 비공식 송금시스템 및 해외와 연계된 금융거래에 대한 규제 강화 필요성이 부각되었다.[286] 위 법률에서는 테러와 테러자금조달 방지를 위해 정부에 광범위한 감시와 정보 수집 및 이민 단속 등 강력한 권한을 부여하는 동시에 자금세탁방지 규제를 대폭 강화하였다.[287] 그 중 자금세탁방지와 관련된 주요 내용은 다음과 같다.

① 10,000달러 이상의 현금 기타 화폐수단을 미국 외로 반출하거나 미국으로 반입하는 행위를 은닉하는 현금밀수 처벌규정 도입[288]

② 증권브로커, 딜러, 투자회사 및 비공식적 자금이전시스템을 이용하여 통화, 자금 또는 그 대체적 가치를 이전하는 영업에 종사하는 모든 자를 예방적 규제 대상에 포함[289]

③ 금융기관의 해외 명목상 은행(shell bank)과의 거래 금지[290]

④ 외국은행이 보유하는 환거래계좌 및 사설은행계좌에 대한 강화된 고객확

---

286) Michael T. McCarthy, "USA Patriot Act", Harvard Journal on Legislation, vol. 39, no. 2 (2002), p.438.

287) Michael Shapiro, "The USA Patriot Act and Money Laundering", Banking Law Journal, vol. 123, no. 7 (2006), p.629.

288) Pub. L. No. 107-56, § 371, 115 Stat. 272. 31 U.S.C. § 5332.

289) Pub. L. No. 107-56, § 359, 115 Stat. 272. 31 U.S.C. § 5312(a)(2)(R).

290) Pub. L. No. 107-56, §§ 311, 115 Stat. 272. 31 U.S.C. § 5318(j).

인 실시와 위 환거래계좌에 대한 조사 권한 부여[291]

⑤ 정부와 금융기관 간 정보공유 강화[292]

⑥ 모든 예방적 규제 대상에 대하여 효율적 고객확인과 거래보고를 위한 내부통제 등 자금세탁방지 프로그램 수립의무 부과[293]

⑦ 재무부장관에게 자금세탁 우려가 있는 국제거래와 관련하여 외국 고객 및 수익자 신원확인, 기록유지·보고, 계좌개설금지 등 미국 금융기관에 대한 특별조치 권한 부여[294]

이와 같이 USA PATRIOT 법은 자금세탁의 기법이 현금밀수는 물론 증권거래나 비공식 송금시스템, 나아가 국제적인 상업거래나 금융거래와 관련하여 명목상 은행이나 환거래계좌를 이용하는 것으로 진화하였다는 사실에 초점을 맞추어 이에 대한 규제를 강화한 것으로 볼 수 있다.

마. 2020년 자금세탁방지법

2020년 제정되어 2021년 1월 1일 시행된 자금세탁방지법은 USA PATRIOT 법 이후 다시 한 번 미국의 자금세탁방지 제도에 중대한 변화를 가져온 것으로 평가되고 있다.[295] 위 법률의 주요 내용은 다음과 같다.[296]

---

291) Pub. L. No. 107-56, § 311, 115 Stat. 272. 31 U.S.C. § 5318(j), (k). 재무부장관 또는 연방검찰총장은 위 환거래계좌에 대하여 subpoena를 발부할 수 있다.

292) Pub. L. No. 107-56, § § 314(a), 314(b), 115 Stat. 272. 31 U.S.C. § 5311.

293) Pub. L. No. 107-56, § § 326, 352, 115 Stat. 272. 31 U.S.C. § 5318(h).

294) Pub. L. No. 107-56, § 311, 115 Stat. 272. 31 U.S.C. § 5318A.

295) Jon Rosenthal, "Stopping Domestic Sources of International Terrorist Financing: Amending the Anti-Money Laundering Act of 2020", Suffolk Transnational Law Review, vol. 44, no. 1 (2021), p.146. Carl A. Fornaris et. al., "The Anti-Money Laundering Act of 2020: Congress Enacts the Most Sweeping AML Legislation Since Passage of the USA PATRIOT Act", National Law Review, vol. 11, no. 19 (2021), pp.1-2.

296) Pub. L. No. 116-283, § § 6001-6511, 134 Stat. 4547. Carl A. Fornaris et. al.(주 295), P.2.

① 정부와 금융기관 간 정보공유의 강화

② 위험기반접근법을 기반으로 자금세탁방지 규제를 정립

③ FinCEN에 실제소유자 정보 DB를 구축하고, 의심거래보고 절차를 자동화·간소화하는 등 자금세탁방지 시스템을 현대화

④ 미국 은행에 환거래계좌를 개설한 해외은행에 대하여 그 환거래계좌 뿐 아니라 관련된 모든 계좌를 조사할 수 있도록 정부의 권한을 확대

⑤ 복잡한 회사구조와 명목상 회사를 이용한 자금세탁 방지를 위해 실제소유자 확인에 대한 통일된 보고체계 수립

나아가 위 법률에서는 자금세탁방지의 예방적 규제 대상인 금융기관의 범위에 전자자금이체망과 청산결제시스템 및 골동품업자를 포함하였고, 미술품업자에 대해서는 자금세탁 위험성 평가를 실시하여 추후 포함 여부를 결정하도록 하였다.[297]

2. EU

가. 자금세탁방지지침(AMLD) 제정 이전 상황[298]

유럽평의회는 1977년부터 범죄에서 유래한 자금의 이전 문제에 관심을 가져오던 중, 1980년 6월 은행의 고객확인을 내용으로 하는 '범죄자금 이전 및 보관 방지를 위한 조치(Measure Against the Transfer and Safekeeping of Funds of Criminal Origin)'라는 권고사항을 채택하였으나, 은행비밀을 중시하는 회원국들이 거부함으로써 실현되지 않았다.[299]

---

297) Pub. L. No. 116-283, §§ 6003(5), 6110, 134 Stat. 4547.

298) EU 자금세탁방지지침은 공식 명칭은 다소 상이하지만, 편의상 통상 지칭되는 AMLD(Anti-Money Laundering Directives)로 부르기로 한다.

299) William C. Gilmore, Dirty Money: The Evolution of Money Laundering Counter-Measure, Council of Europe Press (1995), pp.133-136. William C. Gilmore(주 214), Introduction

　　그 후 유럽평의회는 앞선 비엔나 협약의 예를 따라 1990년 9월 '범죄수익의 세탁, 압수수색 및 몰수에 관한 유럽공동체 협약(Convention on Laundering, Search, Seizure and Confiscation of the Proceeds from Crime)'을 채택하였고,[300] 이는 18개 회원국에서 승인되었다.[301]

　　1990년의 유럽공동체 협약은 총 44개 조항으로 이루어져 있다. 이는 자금세탁의 범죄화와 범죄수익의 몰수 및 이를 위한 국제협력, 그리고 법집행기관의 자금세탁 수사를 위한 금융거래정보의 취득 권한 및 은행비밀을 이유로 한 정보제공 거부 불허 등 자금세탁방지에 관한 사항을 종합적으로 규정하는 것이었다.[302]

　　특히 유럽공동체 협약은 모든 범죄를 자금세탁의 전제범죄로 포괄하고,[303] 과실로 자금세탁에 관여한 은행의 형사책임도 인정되는 것으로 규정하였다.[304] 이는 전제범죄를 마약범죄에 한정하고 자금세탁의 처벌에 고의를 요구하는 비엔나 협약보다 진일보한 것이었다.[305]

　　그러나 유럽공동체 협약은 회원국이 자국의 헌법과 법률에 따라 전제범죄를 제한할 수 있도록 하고, 법집행기관에 금융거래정보를 제공하는 은행의 고객에 대한 민사책임 부담 위험을 해소해 주지 않았다는 점에서 한계가 있는 것이었다.[306]

---

p. 16.
300) Council of Europe Convention on Laundering, Search, Seizure and Confiscation of the Proceeds from Crime (1990).
　　　https://rm.coe.int/168007bd23 (마지막 방문 2023. 5. 22.)
301) Ayman Rizkalla, "Money Laundering: The European Approach", Tulane European & Civil Law Forum, vol. 13 (1998), p.114. Duncan E. Alford(주 36), p.448.
302) Duncan E. Alford(주 36), p.448.
303) EC Convention(주 300), Article 1(e).
304) EC Convention(주 300), Article 6(3)(a).
305) Ayman Rizkalla(주 301), p.115. Duncan E. Alford(주 36), pp.448-449.
306) Williman C. Gilmore(주 299), p.142. Ayman Rizkalla(주 301), p.115.

나. 1차 AMLD

유럽공동체는 유럽공동체 협약의 한계를 보완하기 위해 1991년 6월 '자금세탁 목적의 금융시스템 이용 방지에 관한 지침(1차 AMLD)'을 제정하였다.[307)]

1차 AMLD는 1990년의 유럽공동체 협약을 대체하는 것이 아니라 보완하는 것이었으나, 지침의 제목에서 나타내듯이 범죄의 처벌과 범죄수익의 몰수보다는 금융시스템의 남용을 방지하고 자금세탁을 적발하는데 중점을 둔 것이다. 이는 바젤위원회 선언과 같은 맥락으로서, 비엔나 협약이나 유럽공동체 협약과는 그 성격을 달리 하는 것이었다.[308)] 1차 AMLD 서문은 "금융기관이 자금세탁에 이용될 경우 그 금융기관의 건전성과 안전성은 물론 전체 금융시스템에 대한 신뢰가 훼손될 수 있다"라며, 자금세탁방지가 금융시스템의 보호를 위한 것임을 명시하고 있다.

1차 AMLD는 18개 조항으로 이루어져 있다.[309)] 이는 자금세탁의 전제범죄를 모든 범죄로 규정하는 한편, 예방적 규제 대상에 대하여 고객확인과 의심거래보고, 금융거래정보 제공 등 법집행기관의 수사에 대한 협력, 내부통제절차와 교육프로그램 수립 등의 의무를 부과하는 것을 주된 내용으로 한다.

특히 1차 AMLD에서는 부분적 규제로는 불법자금이 규제받지 않는 영역으로 이동되는 결과를 야기한다는 점에 착안하여 금융시스템 전체를 규제 대상화하는 동시에, 현금거래를 수행하는 모든 직종까지 규제 대상에 포함시켰다는 점에서 중요한 의미를 가진다.[310)] 이는 동일한 사항이

---

307) Council Directive of 10 June 1991 on the Prevention of the Use of the Financial System for the Purpose of Money Laundering (91/308/EEC).
   https://www.legislation.gov.uk/eudr/1991/308/pdfs/eudr_19910308_adopted_en.pdf
   (마지막 방문 2023. 5. 22.)
308) William C. Gilmore(주 214), Introduction pp.17-18.
309) 1차 AMLD에서는 1990년의 FATF 40개 권고사항 중 15개가 반영되었다. William C. Gilmore(주 214), Introduction p.17.

추가된 2003년 개정 FATF 권고사항보다 12년이나 앞선 것이었다. 위 지침의 주요 내용은 다음과 같다.

① 지침은 은행지침에서 정의하는 모든 금융기관에 적용되며,[311] 자금세탁에 이용될 가능성이 있는 전문직 및 사업자에 대해서도 전부 또는 일부가 적용된다.[312]

② 자금세탁의 전제범죄는 비엔나 협약이 제시한 범죄를 포함한 모든 범죄를 의미하며, 모든 회원국들은 자금세탁을 금지해야 한다.[313]

③ 모든 금융기관은 계좌 개설과 대여금고 예치, 15,000유로를 넘는 현금거래 및 그 기준금액 이하라도 자금세탁이 의심되는 거래에 대해서는 고객확인을 수행해야 한다(다만, 은행 간 거래에 대해서는 고객확인의무 면제).[314]

④ 금융기관은 거래의 성질상 자금세탁과 관련이 있는 것으로 의심되는 거래에 대해서는 특별한 주의를 기울여 조사하여야 한다.[315]

⑤ 금융기관은 자금세탁으로 의심되는 거래를 당국에 보고하고 당국의 요구로 금융거래정보를 제공하는 등 당국의 수사에 전적으로 협조하여야 한다.[316]

⑥ 금융기관은 자금세탁과 관련이 있다고 의심되는 거래에 대해서는 당국의 승인을 받을 때까지 거래를 거절하여야 한다.[317]

⑦ 금융기관이 권한을 가진 당국에 선의로 의심거래보고를 한 경우 그로 인

---

310) Duncan E. Alford(주 36), p.450. Ayman Rizkalla(주 301), p.116. William C. Gilmore (주 214), Introduction p.17.
311) 1차 AMLD, Article 1.
312) 1차 AMLD, Article 1.
313) 1차 AMLD, Artile 1, 2. 이 지침 제정 당시에는 유럽공동체 협약이 발효된 직후이었음에도 불과 5개 회원국만 자금세탁을 범죄화하는 법률을 제정한 상태였다. Duncan E. Alford(주 36), p.450.
314) 1차 AMLD, Article 3.
315) 1차 AMLD, Article 5.
316) 1차 AMLD, Article 6.
317) 1차 AMLD, Article 7.

한 민·형사책임을 부담해서는 안 된다.318)

금융기관의 정의에 준용되는 은행지침319)은 은행, 대출기관, 리스회
사, 송금업자, 신용카드·수표·여행자수표·은행어음 등 지급수단발행업
자, 보증회사, 환전업자, CD 등 양도성 지급수단 취급업자, 증권·선물 거
래업자, 증권인수·발행업자, 투자자문업자, 집합투자업자, 펀드매니저
등을 금융기관으로 정의하고 있으며,320) 이와 같은 금융기관의 정의는
앞에서 본 바와 같이 2003년 개정 FATF 권고사항에 반영되었다. 다만, 1
차 AMLD에서는 규제 대상인 전문직 및 비금융사업자의 범위를 구체적
으로 정의하지는 않았다. 한편, 금융기관에 대한 조사의무 부과는 금융
기관에 상당한 부담으로 작용할 뿐 아니라 자금의 자유로운 국제적 이
동을 제한하는 것이었다.321)

1차 AMLD는 집행적 규제보다 예방적 규제에 중점을 두어 자금세탁방
지의 주된 목적을 금융시스템 보호로 파악하는 입장에 서 있다고 할 수
있다. 나아가 위 지침은 자금세탁 기법의 변화를 선제적으로 반영한 것
으로 그 외의 국제적인 대응보다 진일보한 것이다. 따라서 미국이 주도
하는 국제적인 자금세탁방지 체제와는 별도로 유럽은 독자적으로 자금
세탁방지 제도를 발전시켜 왔다고 평가할 수 있다.

다. 2차 AMLD

유럽공동체는 2001년 12월 1차 AMLD를 개정한 2차 자금세탁방지지침
(AMLD)을 발효하였다.322)

---

318) 1차 AMLD, Article 9.
319) 77/780 EEC, 89/646 EEC, 79/267/EEC, 90/619/EEC.
320) Duncan E. Alford(주 36), p.450, fn.136.
321) Duncan E. Alford(주 36), pp.452-453.
322) Directive 2001/97/EC of the European Parliament and of the Council of 4 December 2001.

2차 AMLD는 1차 AMLD를 보완하는 성격으로서 지침 자체에 중요한 변동이 있는 것은 아니었다.[323] 2차 AMLD에서는 1차 지침과 같이 자금세탁의 전제범죄를 모든 범죄로 규정하는 틀을 유지하면서 그 범주에 사기와 부패범죄를 명시하였다.[324] 그리고 1차 지침에서 규제 대상으로 포함한 전문직과 비금융사업자의 범주를 '회계감사인, 세무고문, 부동산중개인, 부동산매매·사업체거래·고객자산관리·신탁 업무 등을 수행하는 공증인 기타 법률전문직, 15,000유로 이상의 귀금속, 미술품 등 고액상품 취급업자 및 경매업자, 카지노' 등으로 구체적으로 정의하였다.[325]

라. 3차 AMLD

유럽공동체에서는 다시 2005년 10월 3차 자금세탁방지지침(AMLD)이 발효되었다.[326] 이 지침에서는 테러자금조달 방지가 포함되었고,[327] 예방적 규제 대상에 신탁서비스제공업자가 추가되었다.[328]

또한 익명계좌의 유지를 금지하는 동시에 그 실제소유자를 확인하도록 하고,[329] 법인을 이용하여 실제소유자를 은닉함으로써 자금세탁을 실행하는 경우를 방지하기 위해 법인고객에 대해서는 25% 이상의 지분을 소유하는 실제소유자의 신원 확인 등 고객확인의무를 강화하였다.[330]

---

https://www.legislation.gov.uk/eudr/2001/97/pdfs/eudr_20010097_adopted_en.pdf (마지막 방문 2023. 5. 22.)

323) Dennis Cox, Handbook of Anti-Money Laundering, Wiley (2014), p.61.

324) 2차 AMLD, Article 1(1)(E).

325) 2차 AMLD, Article 2(1).

326) Directive 2005/60/EC of the European Parliament and of the Council of 26 October 2005. https://eclan.eu/files/attachments/.1662/CELEX_32005L0060_EN_TXT.pdf (마지막 방문 2023. 5. 22.)

327) 3차 AMLD, Article 1.

328) 3차 AMLD, Article 1(1)(3)(c), (f).

329) 3차 AMLD, Article 6.

330) 3차 AMLD, Article 3(6), 8(1)(b).

나아가 2003년 개정 FATF 권고사항을 반영하여 고위험군에 대한 강화된 고객확인 등 위험기반접근법(RBA)을 적용하도록 하였다.331)

마. 4차 AMLD

유럽연합은 2015년 5월 3차 AMLD를 개정한 4차 자금세탁방지지침(AMLD)을 발효하였다.332) 4차 AMLD에서는 큰 변화 없이 기존 지침을 간소화하고 회원국 상호 간에 고객확인 등 자금세탁방지의무의 조화를 도모하는 것이었다.333)

이와 관련하여 자금세탁의 전제범죄에 조세범죄를 명시적으로 추가하고,334) 예방적 규제 대상인 고액상품취급업자의 취급상품 기준금액을 기존의 15,000유로에서 10,000유로로 하향하고 카지노는 도박서비스제공업자로 확대하였다.335) 또한 고객확인 대상인 현금거래의 기준금액을 기존의 15,000유로에서 10,000유로로 하향하고, 2,000유로 이상의 도박 우승·당첨금 지급에 대해서도 고객확인을 수행하도록 하였다.336)

또한 정치적 주요인물과의 거래에 대해서는 경영진의 승인, 자금 원천확인 및 지속적 모니터링 등 강화된 고객확인을 실시하도록 하였다.337)

---

331) 3차 AMLD, Article 9(6). Maria Bergstrom, "The Many Uses of Anti-Money Laundering Regulation - Over Time and into the Future", German Law Journal, vol. 19, no. 5 (2018), p.1159. Dennis Cox(주 323), pp.61-63.

332) Directive (EU) 2015/849 of the European Parliament and of the Council of 20 May 2015. https://eur-lex.europa.eu/legal-content/EN/TXT/PDF/?uri=CELEX:32015L0849&rid=2 (마지막 방문 2023. 5. 22.)

333) Dennis Cox(주 323), pp.59-60.

334) 4차 AMLD, Article 3(4)(f).

335) 4차 AMLD, Article 2(1)(3)(e), (f).

336) 4차 AMLD, Article 11(c), (d).

337) 4차 AMLD, Article 20.

바. 5차 AMLD

유럽연합은 다시 2018년 7월 4차 AMLD를 개정하여 5차 자금세탁방지
지침(AMLD)을 발효하였다.[338] 이 지침의 가장 큰 특징은 가상자산사업
자를 규제 대상에 포함하였다는 것이다.

5차 AMLD는 가상자산거래소와 수탁형 지갑 제공업자를 예방적 규제
대상에 포함하여 고객확인 및 의심거래보고 등 자금세탁방지의무를 부
과하였고,[339] FIU로 하여금 가상자산 소유자의 지갑주소 정보를 취득할
수 있도록 하였다.[340]

또한 선불카드는 비충전식은 발행금액을 150유로 이하, 충전식은 충
전금액을 150유로 이하로 각각 제한하였다.[341] 그리고 FIU의 권한을 강
화하여 실시간 접속을 통해 계좌소유자 정보를 확인할 수 있는 중앙자
동등록시스템을 갖추는 동시에 FIU 상호 간의 정보공유를 제약하는 장
애를 제거하도록 하였다.[342] 나아가 자금세탁방지를 위해 필요한 경우
신탁 및 이와 유사한 법률관계의 실제소유자 정보를 확인할 수 있는 권
한을 개인에게 부여하도록 하였다.[343]

---

338) Directive (EU) 2018/843 of the European Parliament and of the Council of 30 May 2018.
　　　https://eur-lex.europa.eu/legal-content/EN/TXT/PDF/?uri=CELEX:32018L0843&from=E
　　　N (마지막 방문 2023. 5. 22.)
339) 5차 AMLD, Article 2(1)(g), (h).
340) 5차 AMLD, Article 65(1).
341) 5차 AMLD, Article 12(1)(a), (b).
342) 5차 AMLD, Article 30(6), (7).
343) 5차 AMLD, Article 31(1).

3. 영국

가. 마약거래범죄법(DTA)

영국은 1980년대 중반까지 절도법(Theft Act 1968)과 형사법원권한법 (Powers of Criminal Courts 1973)에서 물리적 범죄수단의 몰수 규정을 두고 있었을 뿐 범죄수익의 몰수나 자금세탁방지에 관한 입법은 이루어지지 않았다. 그 후 1986년 마약거래범죄법(DTA)이 제정되어 최초로 자금세탁을 규제하는 제도를 도입하게 되었다.[344]

마약거래범죄법은 마약범죄와 관련된 범죄수익의 은닉·이동·처분이나 범죄수익을 이용한 자산 취득 등 자금세탁 행위를 범죄로 규정하고,[345] 그 범죄수익을 몰수할 수 있도록 하였다.[346] 이와 함께 자금세탁 의심이 있는 거래를 수사기관에 자발적으로 보고할 수 있도록 하면서 보고가 이루어진 경우에는 일체의 책임을 면제하되, 보고하지 않은 경우 자금세탁의 공범책임을 부담할 수 있도록 하였다.[347]

위 법률은 1988년 비엔나 협약보다 2년이나 앞선 것으로, 이는 영국이 독자적으로 자금세탁방지 제도를 발전시켜 왔을 뿐 아니라 이후 국제적 기준보다 더 강력한 자금세탁방지 법제를 형성할 것임을 시사하는 것이었다.[348] 다만, 위 법률은 형사책임을 통해 사실상 의심거래보고를 강제하는 것이기는 하나 자금세탁방지의무를 부과하는 예방적 규제 내용은 포함되지 않았고, 자금세탁의 전제범죄가 마약범죄에 제한되었다는 한계가 있었다.

---

344) Richard Parlour, "United Kingdom" in Richard Parlour (ed), International Guide to Money Laundering : law and practice, Butterworths (1995), p.196. Duncan E. Alford(주 36), p.199.

345) DTA § 24.

346) DTA § § 1-5.

347) DTA § § 23A, 24(3), 24(4)(c).

348) Robin Booth et. al.(주 37), p.14.

나. 형사사법법(CJA)

영국은 1988년 비엔나 협약을 가장 먼저 비준한 국가 중의 하나였고, 1990년 유럽공동체 협약과 1991년 EC의 1차 자금세탁방지지침을 신속히 승인하는 등 국제적인 자금세탁방지 체제의 구축에 적극적으로 참여해 왔다. 그 일환으로 영국은 1993년 집행적 규제법인 형사사법법과 예방적 규제법인 자금세탁규정을 제정하여 1994년 시행함으로써 본격적인 자금세탁방지 체제를 갖추었다.[349]

형사사법법(CJA)은 마약거래범죄법과 마찬가지로 자금세탁의 범죄화, 범죄수익의 몰수 및 의심거래보고와 관련한 사항을 규정하면서, 위 1차 자금세탁방지지침을 반영하여 자금세탁의 전제범죄를 마약범죄 외의 중대한 범죄로 확대하였다. 다만 자금세탁과 관련하여 마약범죄는 Part Ⅱ, 그 외의 중대범죄는 Part Ⅲ로 구분하였고 전제범죄를 통합적으로 규정한 것은 아니었다.[350]

특히 형사사법법은 거래 과정이나 직업 또는 사업상 상대방이 자금세탁을 하고 있다는 사실을 알거나 의심하게 되었음에도 이를 수사기관에 보고하지 않은 행위를 새로운 범죄로 규정하였다.[351] 이와 같은 미보고 자체에 대한 형사책임은 의심거래보고를 하지 않은 경우의 자금세탁 공범책임과 더불어 사실상 주체의 제한 없이 모든 자에게 의심거래보고 의무를 부과하는 것이다.[352] 이는 비엔나 협약이나 1차 자금세탁방지지침 및 FATF 권고사항 등 국제적 기준보다 훨씬 강력한 것이었다.[353]

---

349) Richard Parlour(주 344), p.195. Robin Booth et. al.(주 37), p.15-16.
350) Hellen Norman, "Tracing the Proceeds of Crime: an Inequitable Solution?" in Peter Birks (ed), Laundering and Tracing, Oxford University Press (1995), p.96. Duncan E. Alford(주 36), p.203. Robin Booth et. al.(주 37), p.16. 형사사법법 Part Ⅳ는 테러자금조달과 관련된 사항을 규정하였다.
351) CJA § 18. 이에 따라 마약거래범죄법에 같은 내용의 § 26B가 신설되었다. Duncan E. Alford(주 36), p.204.
352) Richard Parlour(주 344), p.197.

다. 자금세탁규정(MLR)

1993년 형사사법법과 함께 제정된 자금세탁규정(MLR)은 EC 1차 자금
세탁방지지침을 반영한 예방적 규제 입법으로서, 은행 등 신용기관 및
그 외 금융서비스법(Financial Services Act 1986)이 정의하는 투자사업자
등 금융서비스를 제공하는 금융기관을 규제 대상으로 규정하였다.354)

자금세탁규정은 금융기관에 대하여 고객확인, 기록보존, 내부보고절
차, 내부통제 및 임직원 교육 등 자금세탁방지의무를 부과하였고, 자금
세탁이 실제로 발생하였는지 여부와는 무관하게 위 의무 위반 자체를
범죄로 규정하였다.355)

이후 자금세탁규정은 EC 또는 EU 자금세탁방지지침의 변화에 따라
이를 반영하여 개정되어 왔다.

먼저 2001년 개정된 자금세탁규정은 송금업자를 규제 대상에 추가하
여 진입규제와 함께 자금세탁방지의무를 부과하였다.356) 2003년 개정에
서는 EC 2차 자금세탁방지지침을 반영하여 카지노, 부동산중개업자, 고
액상품딜러, 회계사, 변호사 등을 규제 대상에 포함시켰다.357)

2007년 개정에서는 EC 3차 자금세탁방지지침을 반영하여 신탁업자를
규제 대상에 포함하고,358) 법인 지분의 25% 이상 실제소유자 신원 확인
등 법인에 대한 고객확인을 강화하였다.359) 또한 은행 등 신용기관에 대

---

353) Duncan E. Alford(주 36), p.207.
354) Robin Booth et. al.(주 37), p.16. Richard Parlour(주 344), p.208. Duncan E. Alford
    (주 36), p.207. MLR 1993 § 4.
355) MLR 1993 § § 5-16, Mark Pieth & Gemma Aiolfi (ed), A Comparative Guide to
    Anti-Money Laundering : A Critical Analysis of Systems in Singapore, Switzerland,
    the UK and the USA, Edward Elgar Publishing (2004), p.313. Richard Parlour(주
    344), p.209.
356) MLR 2001 § § 4-9.
357) MLR 2003 § 2(2). Robin Booth et. al.(주 37), p.17.
358) MLR 2007 § 3(1)(e).
359) MLR 2007 § 6.

하여 명목상 은행과의 환거래계약을 비롯한 일체의 금융거래 및 익명계
좌의 개설·유지를 금지하였다.[360]

2017년 개정에서는 테러자금조달 방지를 포함하여 명칭을 '자금세탁,
테러자금조달 및 자금이체에 관한 규정'으로 변경하고, 경매플랫폼을 규
제 대상으로 추가하였다.[361] 또한 EU 4차 자금세탁지침을 반영하여 고
액상품딜러의 취급상품 기준금액 및 고객확인 대상 거래 기준금액을 기
존의 15,000유로에서 10,000유로로 각각 하향하였다.[362] 이와 함께 위험
기반접근법을 적용하여 고위험군에 대한 강화된 고객확인을 실시하도록
하였다.[363]

특히 위 개정에서는 내부통제시스템의 결함 등 중대한 위반이 있는
경우에는 해당 기관에 대한 인가취소나 영업정지 명령과 함께 경영진의
경영권 박탈 등 강력한 제재를 부과할 수 있도록 하였다.[364]

2019년 개정에서는 EU 5차 자금세탁방지지침을 반영하여 가상자산사
업자를 규제 대상에 포함하였다.[365]

라. 범죄수익법(POCA)

영국은 2002년 자금세탁방지 통합 입법인 범죄수익법(POCA)을 제정
하였다. 이는 2000년 자금세탁에 강력히 대처할 것을 주문하는 토니 블
레어 총리의 지시에 따라 성과 및 혁신 부서(Performance and Innovation
Unit, PIU)가 발간한 범죄수익 환수에 관한 연구보고서를 기반으로 한 것
이라고 한다.[366]

---

360) MLR 2007 § 16.
361) MLR 2017 § 16.
362) MLR 2017 § 14(1)(a), 27(3). 그 외의 고객확인 대상 거래에 대해서는 15,000유
    로의 기준금액을 유지하였다.
363) MLR 2017 § 18, 33.
364) MLR 2017 § 77, 78.
365) MLR 2019 § 4, Amendment of Part 2. MLR § § 8(2)(j), (k).

범죄수익법은 기존의 마약거래범죄법과 형사사법법의 자금세탁 관련 규정을 통합하고, 금융기관 등의 의심거래보고의무 및 그 의무 위반에 대한 처벌을 명문화하였다.

Part 2 내지 4에서 범죄수익의 몰수를 규정하고, Part 5에서는 민사적 회복조치를 도입하였으며, Part 7에서 자금세탁을 정의하고 이를 범죄로 규정하였다. 특히 자금세탁의 전제범죄는 영국 내에서 발생한 모든 범죄 또는 영국에서 발생했다면 범죄를 구성할 수 있는 모든 행위를 포괄하고, 자금세탁의 주관적 요건은 자금세탁의 목적이나 확정적 고의를 요하지 않고 의심(suspicion)만으로 충족된다. 따라서 국제적 기준보다 훨씬 광범위하게 자금세탁의 정의를 규정하고 있다고 할 수 있다.[367]

또한 형사사법법과 같이 자금세탁 의심거래를 보고하지 않은 경우의 형사책임의 틀은 유지하면서, 그 부담을 해소하기 위해 제2장 제1절에서 본 바와 같이 자금세탁 보고책임자(MLRO) 제도를 도입하였다. 그리고 의심거래보고 후 당국의 동의를 받아 거래를 진행한 경우 형사책임을 면제하는 거래동의 제도를 신설하였다.

나아가 금융기관 등에 대하여 의심거래보고의무를 부과하고 그 의무를 위반한 경우 처벌하되, 보고가 이루어진 경우에는 정보공개로 인한 책임의 면제를 규정하였다.[368]

범죄수익법은 제정 이후 2005년 중대조직범죄 및 경찰법(Serious Organised Crime and Police Act 2005, SOCPA), 2007년 및 2015년 중대범죄법(Serious Crime Act)에 의해 수사기관의 권한과 범죄수익 몰수 관련 규정 등이 일부 개정되었으나, 위에서 본 자금세탁방지 규제 체계 자체에서 큰 변동은 없었다.

---

366) Robin Booth et al.(주 37), p.16.
367) POCA §§ 327, 328, 329, 340(11). Robin Booth et al.(주 37), p.17.
368) POCA §§ 330-332, 337.

4. 일본

가. 마약특례법

　일본은 1988년 비엔나 협약의 서명국이었으나 사회적으로 자금세탁이 중요한 문제로 대두되지 않았기 때문에 자금세탁방지 제도의 도입에 소극적인 입장이었고, 위 협약도 1992년에 이르러서야 비준되었다.[369]

　일본에서 최초로 자금세탁방지 규제를 공식화한 것은 법률이 아니라 1990년 6월 대장성 은행국장이 일본은행연합회와 보험·증권회사 등 금융기관에 대하여 발령한 통달이었다. 이는 마약범죄와 관련된 자금세탁방지를 위해 계좌개설시 본인확인과 확인상황에 대한 반기별 보고, 명목상 회사나 휴면회사와의 거래 및 불법 목적이 의심되는 고액거래 등에 대한 특별한 주의, 본인확인에 관한 기록보존 등을 내용으로 하는 것이었다.[370]

　그러나 여전히 자금세탁방지 제도의 입법화에 대해서는 정치적·사회적 공감대가 부족하였는데, 국제적 압력 등 외부의 영향으로 1991년 일본 최초의 자금세탁방지 입법인 마약특례법이 제정되었다.[371] 마약특례법은 마약범죄와 관련된 범죄수익의 취득·처분에 관한 사실 가장, 은닉 및 수수 행위의 처벌과 함께 그 범죄수익의 몰수를 규정하고, 금융기관에 대하여 의심거래보고의무를 부과하였다.[372]

---

369) Hiroshi Oda & Masabumi Yamane, "Japan" in Richard Parlour (ed), International Guide to Money Laundering : law and practice, Butterworths (1995), p.109. 조균석, "日本에 있어서의 資金洗淨規制", 법조 제40권 제12호, 법조협회 (1991), 26면.
370) Oda & Yamane(주 369), pp.109-112. 조균석(주 369), 28-29면. JAFIC 웹페이지(マネー・ローンダリング対策の沿革).
　　https://www.npa.go.jp/sosikihanzai/jafic/maneron/manetop.htm (마지막 방문 2023. 5. 22.)
371) Oda & Yamane(주 369), p.114. 조균석(주 369), 26-27면.
372) 제정 마약특례법 제5조 내지 제7조, 제9조, 제10조, 제14조 내지 제18조. Oda &

나. 조직적범죄처벌법

마약특례법 제정 이후 조직범죄에 대한 대책의 일환으로 1998년 조직적범죄처벌법이 제정되면서 자금세탁방지 규제가 포함되었다. 위 법률은 마약특례법과 마찬가지로 자금세탁의 형사처벌과 범죄수익의 몰수 및 금융기관의 의심거래보고의무를 규정하였다. 자금세탁의 전제범죄는 조직범죄 등 일정한 중대범죄로 확대되었고, 위와 같이 의심거래보고를 규정함에 따라 마약특례법의 해당 규정은 삭제되었다.[373]

그 후 2000년 2월 금융청 산하에 금융정보분석원(FIU)에 해당하는 특정금융정보실(Japan Financial Intelligence Office, JAFIO)이 설치되었다.[374]

다. 본인확인법

자금세탁방지를 위한 예방적 규제의 핵심 내용 중 의심거래보고는 위와 같이 제도화된 반면, 고객확인에 대해서는 1990년 통달이 있었을 뿐 입법화가 되지 않았으나 2002년 본인확인법이 제정됨으로써 법률상 제도로 도입되었다.

본인확인법은 금융기관 등에 대하여 예금계좌 개설 등 일정한 금융거래와 관련하여 고객확인 및 기록보존 의무를 부과하면서 고객확인이 이루어질 때까지 거래의 이행을 거절할 수 있도록 하는 한편, 본인특정사항을 허위로 제공하는 행위를 금지하였다.[375] 이와 같은 의무를 부담하는 금융기관 등은 은행, 신용금고, 신용협동조합, 보험회사, 증권회사,

---

Yamane(주 369), pp.111-114. 조균석(주 369), 31-34면.

373) 조직적범죄처벌법 제10조, 제54조 내지 제58조. 전수영, 韓·中·日 東北아시아 資金洗濯에 관한 研究, 한국학술정보 (2008), 139-140면, 도중진, "일본 범죄수익 몰수체계의 신동향", 형사정책연구 제19권 제1호, 한국형사정책연구원 (2008), 104면.

374) 전수영(주 373), 도중진(주 373), 105면.

375) 본인확인법 제3조 내지 제6조.

신탁회사, 상품투자판매업자, 대부업자, 금융선물거래업자, 사채·주식 등 대체기관 및 계좌관리기관, 전자채권기록기관, 환전사업자 등 금융서비스사업자 및 부동산특정공동사업자로 정의되었다.[376]

다만, 본인특정사항을 허위로 제공한 자는 형사처벌되는 반면, 고객확인의무를 위반한 금융기관 등에 대해서는 별도의 제재 규정이 없으며 관할 행정청이 시정명령을 할 수 있고 이를 위반한 경우 처벌하도록 규정하였다.[377]

한편, 2002년 개정된 외국환관리 및 외국무역법에서도 테러자금조달 및 자금세탁방지 목적으로 외환거래와 관련된 금융기관의 고객확인의무를 규정하였다.[378]

라. 범죄수익이전방지법

2007년 3월에는 FATF 2차 개정 권고사항을 반영하기 위해 범죄수익이전방지법이 제정되어 2008년 3월 시행되었다.[379] 이는 자금세탁방지의 예방적 규제 입법으로서 고객확인, 기록보존, 의심거래보고, 내부통제 등 종합적인 자금세탁방지의무를 규정하는 것이었고, 이에 따라 조직적 범죄처벌법의 의심거래보고 규정 및 본인확인법은 폐지되었다.[380]

범죄수익이전방지법은 규제 대상을 '특정사업자'로 명시하면서 본인확인법에서 정의하였던 금융기관 등 외에도 신용카드업자, 파이낸스·리스업자를 추가하고, FATF 권고사항과 같이 공인회계사, 행정서사, 변호

---

376) 본인확인법 제2조.

377) 본인확인법 제10조, 제15조, 제17조. 도중진(주 373), 115면.

378) Koji Kishima, "Japan's efforts in the global fight against money laundering and terrorist financing", Journal of Money Laundering Control, vol. 7, no. 3 (2004), p.261. 도중진(주 373), 112면.

379) 警察庁刑事局犯罪収益移転防止対策室, 犯罪収益移転防止法の概要 (2021), 2 面, 도중진(주 373), 116면.

380) 범죄수익이전방지법 부칙 제1조 제4항, 제4조.

사, 사법서사, 세무사, 보석상·귀금속상, 부동산업자 등 전문직과 비금융
사업자를 포함하였다.[381] 다만, 변호사의 고객확인의무는 변호사연합회
회칙에 따르는 것으로 규정함으로써 자율규제로 한정되었다.[382]

　　자금세탁방지의무 위반에 대한 제재는 본인확인법과 마찬가지로 행
정청의 시정명령 및 그 위반에 대한 형사처벌로 한정되었고, 특정금융정
보실의 업무는 경찰청 형사국 조직범죄대책부 산하 범죄수익이전방지대
책실(Japanese Financial Intelligence Center, JAFIC)로 이관되었다.[383]

　　이후 2011년 개정되어 2012년 4월 시행된 범죄수익이전방지법에서는
① 거래목적, 직업·사업 내용, 법인의 실질적 지배자, 자산·수입 등 고객
확인사항을 추가하고, ② 고위험거래에 대한 강화된 고객확인의무를 부
과하였으며, ③ 전화전송서비스사업자를 규제 대상에 포함하였다.[384]

　　2014년 개정되어 2016년 10월 시행된 범죄수익이전방지법에서는 ①
외국환거래업자와의 환거래계약과 관련하여 고객확인 강화, ② 1회당 거
래금액을 감소시키기 위한 분할거래의 경우 하나의 거래로 간주하여 고
객확인 실시, ③ 외국의 정치적 중요인물에 대한 강화된 고객확인, ④ 얼
굴사진이 없는 본인확인서류에 대해서는 우편송부 등 2차적 확인조치
수행, ⑤ 법인의 실질적 지배자는 의결권 등의 확인을 통해 자연인까지
추적 등의 내용을 추가하였다.[385]

　　나아가 2016년 자금결제에 관한 법률(資金決済に関する法律) 개정에서
암호자산에 관한 규정을 추가한 이후, 2016년 개정되어 2017년 4월 시행
된 범죄수익이전방지법에서도 암호자산교환사업자를 규제 대상으로 추
가하였다.[386]

---

381)　범죄수익이전방지법 제2조.
382)　범죄수익이전방지법 제12조 제1항.
383)　도중진(주 373), 105면, 각주 10.
384)　警察庁刑事局犯罪収益移転防止対策室(주 379), 3面.
385)　警察庁刑事局犯罪収益移転防止対策室(주 379), 3-4面.
386)　범죄수익이전방지법 제2조 제2항 제31호. 박세준, "개정된 특정금융거래정보
　　　의 보고 및 이용 등에 관한 법률의 한계와 가상자산사업 업권법 제정에 관한

III. 국내 자금세탁방지 제도의 연혁

1. 입법 경과

우리나라 자금세탁방지 제도는 1995년 마약거래방지법 제정으로 시작되었다. 1993년 8월 금융실명제의 실시로 자금세탁 규제의 여건이 조성되고 그 필요성이 제기되어 1994년 12월 탈세·밀수·뇌물·조직범죄·마약 관련 자금세탁을 처벌하고 금융기관에 의심거래보고 및 기록보존 의무를 부과하는 '자금세정규제에 관한 법률안'이 발의되었으나,[387] 경제위축 우려가 있다는 반대에 부딪혀 임기만료로 폐기되었다.[388] 그 대신 1995년 12월 마약범죄에 한정하여 자금세탁의 범죄화와 범죄수익 몰수, 범죄수익 및 그 은닉·가장에 대한 금융기관의 신고의무를 규정한 마약거래방지법이 제정되었다. 그러나 금융기관에 자금세탁방지의무를 부과하는 예방적 규제는 입법화되지 않았다.

1997년에도 뇌물·조직범죄 등과 관련된 자금세탁을 처벌하고 금융기관에 대하여 수사기관에 대한 신고 및 기록보존 의무를 부과하는 '자금세탁방지에 관한 법률안'이 정부 법안으로 발의되었으나, 15대 국회 임기만료로 자동 폐기되는 등 자금세탁방지 규제의 입법화에 진척이 없었다.[389]

그 후 2001년 9월 자금세탁방지의 핵심 입법으로서 예방적 규제법인 특정금융정보법과 집행적 규제법인 범죄수익은닉규제법이 제정됨으로써 국내 자금세탁방지 제도는 본격화되었다. 입법 배경은 2001년에 이르러 2단계 외환자유화 조치 등 금융시장 개방과 전자금융의 발달로 인한

논의", 일감법학 제50호, 건국대학교 법학연구소 (2021), 136-137면. 최혜선, "일본의 범죄수익이전방지법 개정 동향과 과제", 형사정책연구 제28권 제3호, 한국형사정책연구원 (2017), 26, 29면.

387) 이철 의원 대표발의 법안(의안번호 140980호).

388) 성낙인, 권건보, 자금세탁방지법제론, 경인문화사 (2007), 95면. 한석훈, 비즈니스범죄와 기업법, 성균관대학교 출판부 (2019), 824면.

389) 성낙인, 권건보(주 388), 95면.

자금세탁 위험성이 부각되었고, 미국과 UN, OECD 등 국제기구의 권고 등이 있었기 때문이었다.[390]

제정 당시 특정금융정보법은 의심거래보고 대상을 일정한 기준금액 이상의 거래로 한정하는 등 금융기관 등의 자금세탁방지의무가 제한적이었다. 또한 범죄수익은닉규제법은 마약거래방지법과 같은 내용을 규정하면서 자금세탁의 전제범죄를 마약범죄 외의 특정범죄로 확대하였지만 그 범위가 제한적이라는 한계가 있었다.

이후 범죄수익은닉규제법은 자금세탁의 전제범죄를 확대하여 왔고, 특정금융정보법 역시 FATF가 제시하는 국제기준 등을 반영하여 지속적으로 개정되어 왔다. 이하에서는 특정금융정보법을 중심으로 예방적 규제 입법의 변천 과정을 살펴보기로 한다.

2. 예방적 규제 입법의 변천 과정

가. 2001. 9. 27. 특정금융정보법 제정[391]

2001. 9. 27. 제정된 특정금융정보법은 금융정보분석원의 설치와 금융기관 등의 자금세탁방지의무, 금융정보분석원장의 수사·조사기관 및 금융감독당국에 대한 특정금융거래정보 제공 권한을 골자로 하였다.

규제 대상인 금융기관 등은 은행, 특수은행, 협동조합, 금고, 신탁회사, 증권회사, 자산운용사, 보험사, 선물업자 등으로 규정하였다. 금융기관 등에 부과된 자금세탁방지의무는 금융정보분석원장에 대한 의심거래보고와 기록보존 및 보고책임자 임명, 내부보고체제 수립, 자금세탁방지를 위한 업무지침 작성·운용 및 임직원 교육 등 내부통제체계의 구축이었다. 그러나 고액현금거래보고와 고객확인은 포함되지 않았다.

---

390) 성낙인, 권건보(주 388), 95-96면. 한석훈(주 388), 825면.
391) 시행 2001. 11. 28. 법률 제6516호.

의심거래보고와 관련해서는 당초 원안은 자금세탁 등을 의심할 만한 '상당한 이유'를 요건으로 하였으나 재정경제위원회에서 '합당한 근거'로 수정되었는데, 수정 이유는 상당한 이유의 기준이 너무 포괄적이고 불명확하다는 것이었다.[392] 보고 대상은 대통령령이 정하는 기준금액 이상의 거래로 한정하여 2001. 11. 24. 제정된 특정금융정보법 시행령은 그 기준금액을 외환거래는 10,000달러, 그 외 거래는 5,000만 원으로 규정하였다.[393] 그리고 보고의무를 위반한 경우 500만 원 이하의 과태료를 부과하도록 하였다.

아울러 금융정보분석원장에게 위와 같은 자금세탁방지의무 위반에 대하여 시정명령 및 금융기관 등의 임직원 징계요구 권한도 부여하였다.

나. 2005. 1. 17. 특정금융정보법 개정[394]

2005. 1. 17. 개정된 특정금융정보법에서는 제정 당시 포함되지 않았던 고액현금거래보고와 고객확인 제도를 도입하였다.

5,000만 원 이하의 범위 안에서 대통령령이 정하는 금액 이상의 현금거래에 대해서는 30일 이내에 보고하되, 다른 금융기관 등과의 현금거래나 일상적 현금거래 등은 보고 대상에서 제외하였다. 특히 고액현금거래보고를 회피할 목적으로 분할거래를 하고 있다고 의심되는 경우 의심거래보고를 하도록 하였다. 그리고 2005. 9. 27. 특정금융정보법 시행령 개정을 통해 고액현금거래보고 기준금액을 2,000만 원으로 규정하였다.

또한 계좌 개설이나 일회성 금융거래를 하는 경우 거래상대방의 신원을 확인하고, 자금세탁 혐의가 있다면 실제소유자 여부 및 금융거래의

---

392) 국회 재정경제위원회, 특정금융거래정보의보고및이용등에관한법률안 심사보고서 (2001. 9.), 33면.

393) 2004. 1. 20. 개정된 특정금융정보법 시행령에서는 외환거래 외의 의심거래보고 대상 거래 기준금액을 2,000만 원으로 하향하였다.

394) 시행 2005. 1. 17. 법률 제7336호.

목적을 확인하도록 하는 등 고객확인을 실시하도록 하였다.

다. 2007. 12. 21. 특정금융정보법 개정[395]

2007. 12. 21. 개정된 특정금융정보법은 카지노를 규제 대상에 포함하여 자금세탁방지의무를 부과하였다. 또한 2007. 12. 21. 테러자금금지법이 제정됨에 따라 의심거래보고 및 고객확인 대상에 테러자금조달 의심거래를 추가하였다.

라. 2012. 3. 21. 특정금융정보법 개정[396]

2012. 3. 21. 개정된 특정금융정보법에서는 자금세탁방지의 실효성 제고를 위해 금융기관 등에 대한 제재를 강화하는 동시에, 금융정보분석원장이 금융기관 등에 대하여 특정금융거래정보를 요구할 수 있는 근거를 마련하였다.

자금세탁방지의무 위반에 대한 제재와 관련해서는 금융기관 등의 임직원에 대한 제재조치를 해임권고, 6개월 이내의 직무정지, 문책경고 등으로 구체적으로 규정하였다. 또한 시정명령 불이행이나 3회 이상의 기관경고 등의 경우 금융정보분석원장이 관계 행정기관장에게 해당 금융기관 등의 영업정지를 6개월 범위 내에서 요구할 수 있도록 하였다.

마. 2013. 8. 13. 특정금융정보법 개정[397]

2013. 8. 13. 개정된 특정금융정보법에서는 의심거래보고 회피 목적의 분할거래를 방지하고 국제기준에 부합하기 위해 의심거래보고 기준금액

---

395) 시행 2007. 12. 21. 법률 제8704호.
396) 시행 2013. 3. 22. 법률 제11411호.
397) 시행 2013. 11. 14. 법률 제12103호.

을 폐지하였다. 그리고 전신송금에 대한 규제를 강화하여 송금 금융회사가 수취 금융회사에 송금인 및 수취인의 성명과 계좌번호 등에 관한 정보를 제공하도록 의무화하였다.

아울러 금융거래정보의 무분별한 제공을 방지하고 개인의 사생활과 금융거래정보 통제·관리권을 실질적으로 보장하기 위해 고액현금거래보고정보 제공 내용을 명의인에게 통보하도록 하였다. 이와 함께 금융정보분석원장이 수사기관 등에 특정금융거래정보를 제공하는 경우 정보분석심의회의 심의를 거치도록 하였다.

바. 2014. 5. 28. 특정금융정보법 개정[398]

2014. 5. 28. 특정금융정보법 개정은 차명거래를 통한 자금세탁을 방지하고, 고객확인과 관련된 FATF 권고사항을 반영하는 것을 주된 목적으로 하였다.

우선 같은 날 개정된 금융실명법이 자금세탁과 테러자금조달 등 불법 목적의 차명거래를 금지함에 따라[399] 이와 같은 차명거래가 의심되는 경우 의심거래보고를 하도록 의무화하였다.

그리고 고객확인과 관련하여 자금세탁 혐의 유무와 관계없이 계좌개설 및 일회성 거래의 경우 실제소유자 확인을 기본적인 확인사항으로 규정하고, 자금세탁 우려가 있는 경우에는 거래 목적과 자금의 원천을 확인하는 등 강화된 고객확인을 실시하도록 하였다. 나아가 고객이 정보제공을 거부하는 등으로 고객확인이 불가능한 경우 계좌 개설은 거절하고 기존 거래는 종료하도록 의무화하였다.

---

398) 시행 2014. 11. 29. 법률 제12716호.
399) 금융실명법(시행 2014. 11. 29. 법률 제12711호) 제3조 제3항.

사. 2019. 1. 15. 특정금융정보법 개정[400]

2019. 1. 15. 특정금융정보법 개정은 FATF 권고사항을 반영하여 위험기반접근법을 도입하고 자금세탁방지의무 위반에 대한 과태료 액수 상향을 주된 목적으로 하였다.

자금세탁 등의 위험을 식별·분석·평가하여 위험도에 따라 관리 수준을 차등화하는 업무체계의 구축 및 운영에 관한 사항을 업무지침에 포함하도록 하고, 기록보존기간 5년의 기산점을 기존의 보고 시에서 거래관계 종료 시로 연장하였다. 또한 자금세탁방지의무 위반에 대한 과태료 상한을 1억 원으로 대폭 인상하고 기록보존의무 위반 등에 대한 제재로 3,000만 원 이하의 과태료를 신설하였다.

이와 함께 2019. 2. 26. 개정된 특정금융정보법 시행령에서는 고액현금거래보고 기준금액을 1,000만 원으로 하향하였다.

아. 2020. 3. 24. 특정금융정보법 개정[401]

2020. 3. 24. 개정된 특정금융정보법에서는 가상자산사업자를 규제 대상에 포함하고, 금융기관 등에 대하여 가상자산사업자와의 거래와 관련하여 추가적인 고객확인의무를 부과하였다.

가상자산사업자는 정보보호 관리체계 인증 및 실명입출금계정을 갖추어 금융정보분석원장에게 신고하도록 하고 의심거래보고, 고액현금거래보고 및 고객별 거래내역 분리 관리 등의 의무를 이행하도록 하였다.

금융기관 등에 대해서는 가상자산사업자와 거래하는 경우 신고의무 이행 여부를 추가적으로 확인하고, 신고의무 미이행 사실이 확인된 경우 거래를 거절하도록 하였다.

---

400) 시행 2019. 7. 1. 법률 제16293호.
401) 시행 2021. 3. 25. 법률 제17113호.

자. 2021. 12. 28. 특정금융정보법 개정[402)]

2021. 12. 28. 개정된 특정금융정보법에서는 가상자산사업자의 자금세탁방지의무 이행 여부에 대하여 금융정보분석원장이 감독 및 검사를 할 수 있는 근거를 마련하였다.[403)]

---

402) 시행 2021. 12. 28. 법률 제18662호.
403) 특정금융정보법 제15조 제1항, 제8조.

제5절 소결

Ⅰ. 자금세탁방지의 역사와 지위

자금세탁은 현대적인 금융시스템이 생성되기 전부터 존재하였지만, 자금세탁방지는 금융시스템이 구축되고 이를 범죄세력이 활용하면서 시작되었다고 할 수 있다. 최초의 자금세탁방지 제도는 금융기관에 대한 고액현금거래보고의무 부과 등 예방적 규제에서 출발하였고, 그로부터 상당 기간이 경과한 후 자금세탁을 범죄로 구성하는 등 집행적 규제를 포함한 체계적인 자금세탁방지 제도가 도입되었다.

자금세탁방지는 미국에서 마약범죄에 대한 대응책의 일환으로 시작되었고, 미국이 주도한 비엔나 협약과 FATF의 출범도 같은 맥락이었다고 할 수 있다. 반면, 바젤위원회와 유럽에서의 자금세탁방지 출발점은 금융시스템의 보호를 목적으로 한 것이었다.

이와 같이 미국과 유럽의 자금세탁방지에 대한 접근법은 상이하였고, 이는 제2장에서 살펴본 바와 같은 자금세탁방지의 금융규제법상 지위에 관한 외국 학계의 논의에도 영향을 미쳤다고 할 수 있다. 미국의 시각에서는 자금세탁방지의 주된 목적을 범죄 예방과 범죄수익의 몰수로 파악하는 반면, 금융시스템의 보호를 목적으로 자금세탁방지 제도를 도입한 유럽에서는 이를 금융규제로 바라볼 수 있는 것이다.

자금세탁방지는 범죄의 방지를 위해 시작되었으나, 금융시스템이 자금세탁에 이용되면서 Sindona 사건과 BCCI 사건에서 본 것처럼 금융기관의 파탄을 초래할 수 있다는 사실이 확인되었고 이는 금융기관과 금융시스템의 건전성 문제로 연결되었다. 이러한 배경 그리고 미국과 유럽의 접근법은 각각 자금세탁방지 제도의 성격 일면을 반영하고 있다는 점 등을 고려할 때, 역사적 고찰을 통해서도 자금세탁방지의 금융규제법상 지위와 관련하여 절충설의 타당성이 뒷받침된다고 할 수 있다.

따라서 미국과 같이 범죄 방지의 목적에서 출발한 우리나라 자금세탁방지 제도도 유럽의 접근법을 참고하여 운용될 필요가 있다. 자금세탁방지가 금융기관과 금융시스템의 건전성을 위한 금융규제의 성격을 가진다는 점을 분명히 인식하고, 그 관점에서 규제를 강화해 나가야 할 것이다.

II. 자금세탁 기법의 변천이 미친 영향

자금세탁방지의 역사는 자금세탁 기법의 진화에 대응하여 발전해 온 과정이라고 할 수 있다.

현금거래조작과 현금밀수를 방지하기 위해 미국 마약남용방지법과 USA PATRIOT 법에서 위 행위를 범죄화하였고, 사업체와 국제적 상업거래를 자금세탁에 활용하는 것을 차단하기 위해 3차 AMLD와 미국 USA PATRIOT 법 등에서 법인의 실제소유자와 국제거래의 수익자를 확인하도록 하는 등 고객확인을 강화하였다.

금융기관의 활용을 통한 자금세탁을 막기 위해 FATF 2차 개정 권고사항, 미국 Annunzio-Wylie 법, 영국 자금세탁규정 및 우리 특정금융정보법 등에서 금융기관에 대한 제재 및 환거래계좌에 대한 규제를 강화하고, 증권·투자회사도 규제 대상에 포함하였다.

또한 비공식 송금시스템과 환전·송금업자, 비금융자산 거래, 도박장, 전문직, 온라인 상거래 및 가상자산거래를 통한 자금세탁의 방지를 위해 FATF 2차 개정 권고사항, 1, 2, 4, 5차 AMLD, 미국 자금세탁억제법, 영국 자금세탁규정, 일본 범죄수익이전방지법, 우리 특정금융정보법 등에서 위 영역을 규제 대상으로 추가해 왔다.

이상과 같은 자금세탁 기법의 변화와 이에 대응해 온 자금세탁방지 제도의 관계를 연혁적으로 정리하면 아래의 표와 같다.

[표 2] 자금세탁 기법과 자금세탁방지의 연혁적 관계

자금세탁 기법	자금세탁방지 제도의 대응
현금거래조작	·미국 마약남용방지법(1988) - 현금거래조작 범죄화
현금밀수	·미국 자금세탁억제법(1994) - 외국은행 수표·어음·우편환에 대한 CMIR 의무화 ·미국 USA PATRIOT 법(2001) - 현금밀수 범죄화
사업체 활용	·EC 3차 AMLD(2005) - 법인 고객확인 강화(25% 이상 지분 실제소유자 확인) ·영국 자금세탁규정(2007) - 신탁업자 규제 ·일본 범죄수익이전방지법(2014) - 법인 고객확인 강화(의결권 등을 통해 자연인 추적)
국제적 상업거래	·미국 자금세탁기소개선법(1988) - 외국정부의 고액달러거래 추적·통보 ·미국 USA PATRIOT 법(2001) - 국제거래 관련 외국고객·수익자 신원 확인
금융기관 활용	·미국 Annunzio-Wylie 법(1992) - 인가취소 등 금융기관 제재 강화 ·미국 USA PATRIOT 법(2001) - 환거래계좌 고객확인 강화 및 조사권한 부여 - 해외 명목상 은행과의 거래 금지 ·FATF 권고사항 2차 개정(2003) - 환거래 관련 고객확인 강화 ·영국 자금세탁규정(2007) - 명목상 은행과의 환거래계약 등 일체의 거래 금지 ·한국 특정금융정보법(2012) - 영업정지 등 금융기관 제재 강화 ·영국 자금세탁규정(2017) - 인가취소·영업정지·경영권박탈 등 금융기관 제재 강화

자금세탁 기법	자금세탁방지 제도의 대응
	·일본 범죄수익이전방지법(2014) - 외국환거래업자와의 환거래계약 관련 고객확인 강화 ·미국 자금세탁방지법(2020) - 환거래계좌 보유 외국은행의 모든 계좌 조사권한 부여
비공식 송금시스템	·미국 자금세탁억제법(1994) - 무등록 송금업 범죄화 ·미국 USA PATRIOT 법(2001) - 비공식 자금이전사업자 규제
환전·송금업자	·EC 1차 AMLD(1991) - 환전·송금업자 규제 ·미국 자금세탁억제법(1994) - 환전·송금업자 규제 ·FATF 권고사항 2차 개정(2003) - 자금이체업자·환전업자 규제 ·영국 자금세탁규정(2001) - 금전서비스사업자 규제 ·일본 범죄수익이전방지법(2011) - 전화전송서비스사업자 규제 ·한국 특정금융정보법(2013) - 전신송금 규제 강화(송금회사·수취회사 정보 공유)
금융자산 거래	·미국 USA PATRIOT 법(2001) - 증권브로커·딜러·투자회사 규제 ·한국 특정금융정보법(2001) - 증권회사·선물업자 규제 ·FATF 권고사항 2차 개정(2003) - 증권선물거래업자·증권인수발행업자 규제
비금융자산 거래	·미국 마약남용방지법(1988) - 부동산중개업자·자동차판매딜러 규제 ·미국 자금세탁기소개선법(1988) - 운송수단판매사업자로 규제 확대 ·EC 2차 AMLD(2001) - 부동산중개업자·귀금속상·미술품취급업자 규제 ·FATF 권고사항 2차 개정(2003) - 부동산중개업자·귀금속상 규제

자금세탁 기법	자금세탁방지 제도의 대응
	·영국 자금세탁규정(2003) - 부동산중개업자·고액상품딜러 규제 ·일본 범죄수익이전방지법(2007) - 보석상·귀금속상·부동산중개업자 규제 ·영국 자금세탁규정(2017) - 경매플랫폼 규제 및 고액상품취급거래 고객확인 강화 ·미국 자금세탁방지법(2020) - 골동품업자 규제
도박장 활용	·미국 자금세탁억제법(1994) - 카지노 규제 ·EC 2차 AMLD(2001) - 카지노 규제 ·FATF 권고사항 2차 개정(2003) - 카지노 규제 ·영국 자금세탁규정(2003) - 카지노 규제 ·한국 특정금융정보법(2007) - 카지노 규제 ·EU 4차 AMLD(2015) - 규제 대상을 도박서비스제공업자로 확대 - 2,000유로 이상 도박 우승·당첨금 지급 고객확인
전문직 활용	·EC 2차 AMLD(2001) - 법률전문직 및 회계감사인·세무고문·공증인 규제 ·FATF 권고사항 2차 개정(2003) - 변호사·회계사 등 전문직 규제 ·영국 자금세탁규정(2003) - 회계사·변호사 규제 ·일본 범죄수익이전방지법(2007) - 공인회계사·행정서사·변호사·사법서사·세무사 규제
온라인 상거래	·FATF 권고사항 2차 개정(2003) - 전자화폐발행업자 규제 ·EU 5차 AMLD(2018) - 선불카드 규제(발행·충전금액 제한) ·미국 자금세탁방지법(2020)

자금세탁 기법	자금세탁방지 제도의 대응
	- 전자자금이체망·청산결제시스템 규제
가상자산 거래	·미국 FinCEN 지침(2013) - 가상자산사업자 규제(금전서비스사업자 간주) ·일본 범죄수익이전방지법(2016) - 암호자산교환사업자 규제 ·FATF 권고사항 15 개정(2018) - 가상자산사업자 규제 ·EU 5차 AMLD(2018) - 가상자산사업자 규제 ·영국 자금세탁규정(2019) - 가상자산사업자 규제 ·한국 특정금융정보법(2020) - 가상자산사업자 규제

제4장
자금세탁방지와 관련된
금융기관의 책임

제1절 개요

Ⅰ. 책임의 소재

자금세탁방지의 역사에서 본 바와 같이 자금세탁방지는 금융시스템의 구축과 함께 시작되었고, 자금세탁 기법의 진화에 따라 금융시스템 외의 영역으로 규제가 확대되었다. 그러나 여전히 자금세탁방지의 핵심적인 대상은 금융기관으로서 이에 대한 규제는 지속적으로 강화되어 왔다. 금융기관에 대한 규제의 강화는 앞에서 살펴본 것처럼 충분히 정당성을 가지는 것이지만, 이로 인해 금융기관은 많은 부담을 안게 되었다.

금융기관의 자금세탁방지의무 이행은 고객의 금융비밀이나 금융상 권리와 충돌하는 것으로서 고객에 대한 민사책임 문제를 야기할 수 있다. 반면, 의무 불이행의 경우에는 행정책임은 물론 자금세탁의 공범책임이나 범죄수익 수수에 따른 형사책임 부담의 위험이 있다. 또한 자금세탁의 전제범죄 확대로 재산적 법익 침해범죄의 피해자로부터 피해회복 불능에 따른 민사책임을 추궁당할 가능성도 배제하기 어렵다. 나아가 금융기관이 위와 같은 책임을 부담하여 손해를 입은 경우 회사에 대한 경영진의 책임 문제도 발생할 수 있다. 실제로 미국 등 해외에서는 위와 같은 각종 책임과 관련하여 적지 않은 소송이 제기되어 왔다.

이와 같이 자금세탁방지 규제 하에서 금융기관은 다양한 책임 문제에 직면하게 되므로 이를 체계적으로 살펴볼 필요가 있다. 금융기관의 책임이론은 금융기관의 리스크에 대한 예측 가능성을 부여하는 동시에 자금세탁방지 규범의 실질적인 범위를 정립하는 것이라고 할 수 있다.

Ⅱ. 책임의 구조

자금세탁방지와 관련된 금융기관의 책임은 자금세탁방지의무를 이행한 경우와 그렇지 않은 경우로 대별될 수 있다.

전자는 고객에 대한 민사책임의 문제이다. 자금세탁 등 불법재산 관련 거래로 의심되어 의심거래보고를 실시하거나 고객확인의무의 이행 등으로 고객과의 거래를 단절하였는데, 사후적으로 자금세탁 혐의가 없는 것으로 판명된 경우 부당하게 금융비밀을 침해하였다거나 금융상 불이익을 주었다는 점을 근거로 손해배상책임 문제가 제기될 수 있다.

후자 즉 금융기관의 자금세탁방지의무 위반에 대한 책임은 자금세탁이 발생한 경우와 그렇지 않은 경우로 구분하여 살펴볼 필요가 있다.

자금세탁이 발생한 경우는 다시 금융기관 종사자가 자금세탁 실행에 직접 가담한 경우와 이를 고의로 방조한 경우 및 자금세탁 방지에 실패한 경우로 나눌 수 있다.[1] 어느 경우든 자금세탁방지의무의 위반이 수반된다고 할 수 있으므로 해당 금융기관과 유책 종사자는 행정적 제재를 받을 수 있고, 자금세탁이나 범죄수익의 수수에 따른 형사책임을 부담할 수 있다. 나아가 자금세탁의 전제범죄가 사기·횡령 등 재산적 법익의 침해범죄인 경우 자금세탁은 피해회복을 불능 내지 곤란하게 하는 손해를 야기하는 것이므로 범죄피해자로부터 손해배상책임 문제가 제기될 수 있다. 또한 위와 같은 제재나 책임 부담으로 인해 해당 금융기관이 손해를 입는 경우 회사에 대한 손해배상책임도 검토되어야 한다. 책임부담의 주체는 해당 금융기관과 유책 종사자는 물론 이사 등 경영진이 포함될 수 있다.

자금세탁범죄가 발생하지 않은 경우의 책임은 자금세탁방지의무 위반과 관련된 것으로, 행정책임이나 형사책임을 부담할 수 있고, 이와 같

---

1) Jeffrey R. Boles, "Financial Sector Executives as Targets for Money Laundering Liability", American Business Law Journal, vol. 52 (2015), p.398.

은 책임의 부담으로 인해 해당 금융기관이 손해를 입는 경우 이사 등 경영진의 회사에 대한 손해배상책임 문제가 발생할 수 있다.

　이상에서 살펴본 금융기관의 책임구조를 정리하면 아래의 표와 같다.

[표 3] 자금세탁방지와 관련된 금융기관의 책임구조

구분	유형	책임	상대방	책임주체
자금세탁방지의무 이행	① 의심거래보고 ② 고객확인(거래단절)	민사책임	고객	① 금융기관 ② 종사자 ③ 경영진 (이사)
자금세탁 발생	① 자금세탁 가담 ② 자금세탁 방조 ③ 자금세탁 방지 실패	민사책임	범죄피해자 회사	
		형사책임	국가	
		행정책임	국가	
자금세탁 미발생	자금세탁방지의무 위반	민사책임	회사	
		형사책임	국가	
		행정책임	국가	

　이하에서는 민사책임과 형사책임 및 행정책임의 순으로 금융기관의 책임 문제를 검토한다. 아울러 이와 같은 책임의 효율적인 통제를 위한 국내법의 개선방안을 제시하기로 한다.

제2절 민사책임

Ⅰ. 고객에 대한 책임

금융기관이 자금세탁방지의무를 이행한 경우의 고객에 대한 민사책임과 관련하여 국내에서는 판례를 찾아보기 어려우나, 미국 등 해외에서는 다수의 소송이 제기되어 상당한 판례가 축적되어 있다. 따라서 우선 해외의 사례를 살펴본 후 우리 법제에서의 책임 문제를 검토한다.

1. 의심거래보고를 이행한 경우

가. 미국

1) 금융거래정보 제공과 관련된 책임의 근거 및 면책

미국의 자금세탁방지 법제 하에서 금융기관이 고객의 금융거래정보를 정부당국에 제공하는 경우는 크게 ① 의심거래보고(SAR)와 고액현금거래보고(CTR) 등 자금세탁방지 법령에서 정한 보고의무를 이행하는 경우, ② 수사·조사와 관련하여 법령 또는 권한 있는 정부당국의 요구에 따라 금융거래정보를 제공하는 경우, ③ 위법의 개연성이 있다고 판단하여 자발적으로 의심거래보고 등을 통해 금융거래정보를 제공하는 경우 등 3가지로 구분될 수 있다.[2]

이와 같은 금융거래정보의 제공과 관련하여 고객이 주장할 소지가 있는 권리침해의 유형은 ① 정보 제공 자체로 인한 금융프라이버시 침해, ② 법률이 정한 절차와 범위를 위반한 정보 제공, ③ 정보 제공에 따

---

2) Stoutt v. Banco Popular de Puerto Rico, 320 F.3d 26 (1st Cir. 2003). Lopez v. First Union Nat. Bank of Florida, 129 F.3d 1186 (11th Cir. 1997).

라 수사나 조사가 진행되었으나 혐의가 없는 것으로 판명된 경우의 무고(malicious prosecution) 또는 명예훼손(defamation) 등이다. 그리고 손해의 유형은 ① 금융프라이버시 침해로 인한 정신적 손해, ② 수사·조사나 기소로 인한 명예침해 등 정신적 손해, ③ 수사·조사나 기소로 입게 된 영업상·금융상 불이익 등 재산적 손해로 구분될 수 있다.

손해배상책임의 법률상 근거로는 ① 금융비밀 유지의무 위반으로 인한 계약상 채무불이행책임,3) ② 수정헌법 제4조로부터 도출되는 금융프라이버시권의 침해에 따른 불법행위책임,4) ③ 무고나 명예훼손에 따른 불법행위책임,5) ④ 금융프라이버시권법(RFPA) 소정의 법정 손해배상책임6) 등을 들 수 있다. 이상의 내용을 표로 정리하면 다음과 같다.

---

3) Peterson v. Idaho First National Bank, 367 P.2d 284 (Idaho 1961). Suburban Trust Co. v. Waller, 408 A.2d 758 (Md. Ct. Spec. App. 1979). Indiana National Bank v. Chapman, 482 N.E.2d 474 (Ind. Ct. App. 1985).

4) U.S. v. Miller, 425 U.S. 435 (1976). California Bankers Assn. v. Shultz, 416 U.S. 21 (1974).

5) Lee v. Bankers Trust Co., 166 F.3d 540 (2d Cir. 1999). Stoutt v. Banco Popular de Puerto Rico, 158 F.Supp.2d 167 (D.Puerto Rico. 2001). Gibson v. Regions Financial Corp., U.S. District Court (E.D.Ark. 2008), 2008 WL 110917.

6) 12 U.S.C. § 3417(b).

[표 4] 미국법상 금융거래정보 제공 관련 손해배상책임의 근거

정보제공 유형	① 자금세탁방지 법령상 보고의무 이행(SAR·CTR) ② 법령 또는 정부 당국의 요구에 따른 정보 제공 ③ 위법 개연성에 따른 자발적인 정보 제공
권리침해 유형	① 정보 제공 자체로 인한 프라이버시 침해 ② 법률상 절차·범위를 위반한 정보 제공 ③ 정보 제공에 따른 수사·조사 결과 무혐의 판명
손해 유형	① 프라이버시 침해로 인한 정신적 손해 ② 수사·조사·기소로 인한 정신적 손해 ③ 수사·조사·기소로 인한 재산적 손해
책임 근거	① 채무불이행 ② 불법행위 ③ 법정책임 (RFPA)

자금세탁방지 규제법에 따른 금융거래정보의 제공은 법률에 의하여 금융프라이버시를 제한하는 것으로서 적법한 절차와 범위를 준수한다면 RFPA에 의하여 면책되므로,[7] 금융프라이버시 침해로 인한 책임 문제는 발생하지 않는다. 따라서 위 표의 권리침해 유형 중 ①, ②의 주장은 이유 없게 된다.

그러나 이와 같은 적법성과는 별개로 허위의 정보 제공이 이루어진 경우에는 RFPA의 면책 범위를 벗어나는 것으로서 이는 Annunzio-Wylie 법상 면책(safe harbor) 조항의 적용 문제이며,[8] 이 부분이 의심거래보고와 관련된 책임 논의의 핵심이라고 할 수 있다.

2) 면책이 인정된 사례

이하의 사례들은 잘못된 의심거래보고로 수사를 받거나 기소되었다가 범죄 혐의가 없는 것으로 밝혀진 고객이 금융기관을 상대로 손해배상을 청구하고, 이에 대하여 해당 금융기관은 Annunzio-Wylie 법의 safe

---

7) 12 U.S.C. § 3403(c).
8) 31 U.S.C. § 5318(g)(3).

harbor 조항에 따른 면책을 주장한 사안이다.

가) Stoutt v. Banco Popular de Puerto Rico

Stoutt v. Banco Popular de Puerto Rico 사건[9]에서 버진아일랜드 거주자로서 Rancal이라는 회사의 대표이사인 원고 Stoutt는 1995년 6월 주거래은행인 피고 Banco Popular de Puerto Rico에 150만 달러의 대출을 요청하였고, 피고 은행은 충분한 담보를 제공한다면 대출이 가능하다고 답변하였다. 이에 원고는 시카고 소재 Euro-Atlantic 증권사의 제의로 1,000만 달러 상당의 미국 국채를 빌려 그 중 일부를 위 대출의 담보로 제공하고, 나머지는 투자하여 그 수익으로 매월 30만 달러의 국채 임차료를 상환하기로 하였다. 그런데 위 증권사는 국채 임대를 위한 증거금으로 30만 달러를 요구하였다.

원고는 피고 은행 지점장 Guzmán에게 위와 같은 계획을 전달하여 위 증거금 30만 달러를 일시 대여받기로 하였다. 그 방식은 원고의 회사인 Rancal이 수표를 발행하여 이를 피고 은행에 예치하면 피고 은행이 30만 달러를 Euro-Atlantic 증권사로 전신송금하고, 그 증권사는 80만 달러를 Rancal 계좌에 입금하여 위 수표를 상환하는 동시에 약속된 국채를 대여해 주는 것이었다. 이에 따라 수표 발행과 예치 및 전신송금이 진행되었으나 80만 달러 입금과 국채 대여는 이루어지지 않았고, Rancal 계좌의 잔고 부족으로 수표는 상환되지 않았다.

그 후 위 증권사의 국채 임대거래 제의가 허위였음을 알게 된 원고는 위 30만 달러의 반환을 요구하면서도, 피고 은행에 대해서는 하루 내로 30만 달러를 상환할 수 있을 것이라고 설명하였다. 그러나 상환이 이루어지지 않음에 따라 피고 은행은 연방검찰과 FBI에 원고의 불법수표 사용 및 은행사기 혐의에 대한 의심거래보고를 하였다.

이에 FBI는 원고를 체포하면서 원고의 혐의를 언론에 발표하였으나

---

9) 158 F.Supp.2d 167 (D.Puerto Rico, 2001).

연방검찰은 원고에 대하여 증거 부족을 이유로 무혐의 결정을 하였다. 그 후 원고는 피고 은행을 상대로 불법체포감금, 무고, 명예훼손 및 이에 따른 영업상 손실을 이유로 손해배상을 구하는 소송을 제기하였다.

원고는 피고 은행이 위 30만 달러의 본질을 알면서도 상당한 근거도 없이 악의적으로 허위 의심거래보고를 한 것이라고 주장하였다. 그러나 연방법원은 Annunzio-Wylie 법에 따른 의심거래보고의 면책은 선의를 요구하지 않는 것이라고 전제하면서, 피고 은행의 선의 여부를 판단함이 없이 원고의 청구를 받아들이지 않았다.

특히 연방법원은 Annunzio-Wylie 법의 입법 배경을 설명하면서, "위 법률의 초안은 의심거래보고의 면책요건으로 선의(good faith)를 규정하였으나 이는 최종 입법 과정에서 삭제되었으므로 입법자의 의도는 선의 요건을 배제하겠다는 것임이 명백하다. 뿐만 아니라 의심거래보고에 상당한 근거(probable cause)를 요구하게 되면 이는 선의를 요구하는 것이 되어 입법자의 의도와 배치되므로 상당한 근거 역시 면책요건이 아니다" 라고 판시하였다.

나) Lee v. Bankers Trust Co.

Lee v. Bankers Trust Co. 사건[10]에서 원고 Lee는 1990년부터 신탁회사인 피고 Bankers Trust의 경영이사로 근무해 왔다. 원고는 1995년 피고 회사가 관리하는 휴면계좌의 담당직원을 통해 그 계좌들에 예치된 자금이 390만 달러임을 확인하였다. 그 직후 원고는 위 직원에게 적절한 서류작업을 통해 위 자금이 주정부에 귀속되지 않고 피고 회사의 준비금계정으로 이체될 수 있도록 조치할 것을 지시하였다.

이에 위 직원은 휴면계좌 자금을 피고 회사의 준비금계정으로 이체하였는데 이로 인해 피고 회사가 문제되자 피고 회사는 조사에 착수하였고, 위 직원이 원고의 지시에 따른 것이라고 진술함에 따라 원고를 조

---

10) 166 F.3d 540 (2d Cir. 1999).

사한 후 연방검찰에 원고의 혐의에 대한 의심거래보고를 하였다. 그 후 원고는 1996년 피고 회사의 권유로 사임하였고, 언론은 원고가 비리 혐의로 피고 회사를 떠났다고 보도하였다. 그러나 원고에 대한 기소는 이루어지지 않았고, 원고는 피고 회사를 상대로 악의적인 의심거래보고로 인한 명예훼손을 주장하면서 손해배상을 구하는 소송을 제기하였다.

연방법원은 "의심거래보고에 대한 Annunzio-Wylie 법의 면책조항은 문언 자체로 선의를 요구하지 않는 무조건적인 것임이 명백하고, 면책에 선의가 필요하다는 점을 암시하는 단서는 전혀 없으며, 따라서 의심거래보고에 어떠한 내용이 포함되더라도 모두 위 면책조항에 의해 보호받는 것"이라고 판시하면서, 피고 회사의 선의 여부를 판단함이 없이 원고의 주장을 배척하였다.

특히 연방법원은 "의심거래보고를 하였다는 사실 및 그 보고 내용의 공개는 금지되므로,[11] 의심거래보고와 관련한 손해배상청구소송에서도 금융기관은 위 사항을 공개할 수 없다. 그런데 만약 면책요건으로 선의를 요구한다면 금융기관은 약식판결(summary judgment)을 구하기 위해 선의를 진술하는 과정에서 의심거래보고 사실 및 내용을 공개할 수밖에 없게 되나 이는 법을 위반하는 것이 된다. 의회가 이와 같은 딜레마를 금융기관에 강요하였다고 볼 수는 없으며, 이러한 점에 비추어 보아도 의심거래보고의 면책을 위해 선의가 요구되지 않는다는 것은 명확하다"고 판시하고 있다.

다) Sow v. U.S.

Sow v. U.S. 사건[12]에서 원고 Sow는 2007년 10월 오하이오 주 소재 Eastland 우체국에서 2장의 우편환을 구입한 후 Fortville 우체국을 방문하여 위와 같이 구입한 우편환 중 1,000달러짜리 1장을 제시하면서 현금으

---

11) 31 U.S.C. § § 5318(g)(2), 5321, 5322.
12) U.S. District Court (S.D.Ind. 2008), 2008 WL 11502060.

로 교환해 줄 것을 요청하였다. 그런데 Fortville 우체국 직원 Rains는 원고가 제시한 우편환의 우편번호가 원고가 우편환을 구입하였다는 우체국의 우편번호와 일치하지 않을 뿐 아니라 워터마크도 진정한 것으로 보기 어려워 위조된 우편환으로 판단하고 이를 우체국장 Hertzer에게 보고하였다. Hertzer 역시 우편환이 위조된 것으로 결론내리고 Rains에게 보유 현금이 부족하다는 명분으로 우편환을 원고에게 돌려줄 것을 지시한 후 Fortville 경찰국에 의심거래보고를 하였다.

이에 따라 원고는 경찰에 체포되었으나 증거 부족으로 무혐의 결정을 받았고, 그 후 연방정부와 위 우체국 직원들 및 수사 경찰관을 상대로 손해배상을 구하는 소송을 제기하였다.

연방법원은 연방우체국(USPS)도 은행비밀법에 따라 의심거래보고를 이행하는 금융기관에 해당하므로 Annunzio-Wylie 법상 면책조항으로 보호받으며, "자발적 보고를 비롯하여 모든 의심거래보고는 사후에 오류가 있는 것으로 판명되더라도 면책되는 것으로, 근거가 없다거나 불완전·부주의한 것이라거나 악의적이라거나 위법하다는 등의 주장은 판단할 필요가 없다"고 판시하면서 원고의 청구를 배척하였다.

이상에서 살펴본 사건 외에도 은행의 의심거래보고로 인해 은행강도 혐의로 체포되었다가 무죄로 석방된 고객이 은행을 상대로 RFPA 및 계약 위반을 이유로 하여 손해배상을 청구한 사안에서 은행의 면책이 인정되었다.[13] 또한 은행직원이 FBI에 특정한 계좌의 범죄 연루 가능성을 자발적으로 제보한 경우,[14] 수표를 현금으로 교환해 줄 것을 요청한 고객이 신원 확인을 거부하자 경찰에 의심거래보고를 한 경우 면책이 인정되었다.[15] 정보제공과 관련해서는 정부당국의 서면에 의하지 않은 요청에 따라 정보를 제공한 경우,[16] 대배심에 금융거래정보를 제공한 경

---

13) Somberger v. First Midwest Bank, 278 F.Supp.2d 935 (C.D.Ill. 2002).
14) Bryant v. Plains National Bank of Lubbock, Tex., U.S. District Court (N.D.Tex. 2005), 2005 WL 39170.
15) Engler v. City of Bothell, U.S. District Court (W.D.Wash. 2016), 2016 WL 3453664.

우,[17] subpoena 없이 연방 수사기관에 금융거래정보를 자발적으로 제공한 경우[18] 면책 범위에 포함된다고 판단되었다.

이와 같이 연방법원의 주류는 의심거래보고에 오류나 허위가 있더라도 상당한 근거나 선의를 요하지 않는 절대적 면책(absolute immunity)이 부여된다는 입장을 취하고 있고, 주법원도 대체로 이와 같다.[19]

3) 면책이 부정된 사례

가) Lopez v. First Union Nat. Bank of Florida

Lopez v. First Union Nat. Bank of Florida 사건[20]에서 연방법원은 위에서 살펴본 판결들과 달리 Annunzio-Wylie 법상 면책조항의 적용을 위해서는 선의가 요구된다는 입장을 취하였다.[21]

이 사건에서 피고 First Union Bank에 계좌를 개설한 원고 Lopez는 1993년 9월과 10월 2회에 걸쳐 위 계좌로 전자자금이체를 받았는데, 그 직후 피고 은행은 연방 법집행기관의 구두지침(verbal instruction)에 따라 위 기관에 위 전자자금이체와 관련된 정보를 제공하였다.

그 후 피고 은행은 1994년 2월 법원이 발부한 압수수색영장에 따라 위 계좌를 동결하고 연방 법집행기관이 위 계좌와 관련된 정보에 접근할 수 있도록 하였다. 연방 법집행기관은 위 계좌의 잔고 270,887.20달러에 대하여 민사몰수를 청구하여 그 중 108,359달러는 몰수되고 나머지

---

16) Toader v. J.P. Morgan Chase Bank, 482 Fed.Appx. 18 (7th Cir. 2012).

17) Coronado v. Bank Atlantic Bancorp, 222 F.3d 1315 (11th Cir. 2000). Quiles-Gonzalez v. U.S., U.S. District Court (D.Puerto Rico. 2010), 2010 WL 1415993.

18) Coffman v. Central Bank & Trust Co., U.S. District Court (E.D.Ky. 2012), 2012 WL 4433293.

19) Marino v. Gulf Coast Bank and Trust Co., 184 So.3d 153 (5th Cir. 2015).

20) 129 F.3d 1186 (11th Cir. 1997).

21) 연방항소법원 중에서는 이 사건 판결법원인 11th Circuit가 유일하게 선의 필요설을 취하였고, 일부 주법원도 선의를 요구한 사례가 있다. Doughty v. Cummings, 28 So.3d 580 (2d Cir. 2009).

162,532.20달러는 원고에게 반환되었다.

원고는 피고 은행의 연방 법집행기관에 대한 금융거래정보 제공이 RFPA 등을 위반하였다고 주장하면서 피고 은행을 상대로 손해배상을 구하는 소송을 제기하였다. 피고 은행은 Annunzio-Wylie 법에 의한 면책을 주장하여 1심에서 승소하였으며,[22] 원고는 항소하였다.

연방항소법원은 Annuzio-Wylie 법의 면책조항은 금융기관의 일체의 금융거래정보 제공에 대하여 면책특권을 부여하는 것이 아니며, 의심거래보고 등 정보 제공은 위법의 '개연성(possible)'이 있는 경우에 허용되는 것이므로 면책을 위해서는 선의(good faith)가 요구된다고 판시하였다.

나아가 연방항소법원은 "압수수색영장에 따른 정보 제공은 권한 있는 법집행기관의 요구에 의한 것이므로 면책 범위에 포함되지만, 법집행기관의 구두지침에 따른 것은 이에 해당하지 않고 자발적 정보 제공으로서 선의가 요구된다. 그런데 피고 은행이 구두지침에 응하였다는 사실만으로는 선의로 보기에 부족하고 그 밖에 선의를 뒷받침할 사실관계가 없으므로 면책될 수 없다"고 판단하면서, 1심 판결을 파기 환송하였다.

나) Nevin v. Citibank

Nevin v. Citibank 사건[23]에서는 1999년 아프리카계 미국인인 원고 Nevin이 Lord & Taylor 백화점에서 신용카드로 다량의 물품을 구입하고 떠난 후 다시 위 백화점으로 돌아오자, 위 백화점 보안담당자는 원고의 행동을 수상하게 생각하여 신용카드회사인 Citibank에 연락하였다. Citibank는 당시 신용카드 도난·분실 신고가 접수된 바 없었음에도 일단 원고의 신용카드를 정지시킨 후 위 백화점 보안담당자에게 절취한 신용카드일 가능성이 있다고 통보하였으며, 위 백화점 보안담당자는 이를 경찰에 보고하였다.

---

22) Lopez v. First Union Nat. Bank, 931 F.Supp. 860 (S.D.Fla. 1996).
23) 107 F.Supp.2d 333 (S.D.N.Y. 2000).

경찰은 원고를 심문하였으나 혐의가 없는 것으로 판단하여 사건을 종결하였다. 이에 원고는 위 백화점, 신용카드회사 및 그 담당자들과 경찰관 등을 상대로 인종차별적 불법행위를 주장하며 손해배상을 청구하였고, 이에 대하여 위 신용카드회사는 Annunzio-Wylie 법에 의한 면책을 주장하였다.

연방법원은 Annunzio-Wylie 법상 면책조항의 보호를 받기 위해서는 금융기관이 의심거래보고 등을 통해 직접 법집행기관에 정보를 제공해야 하는데, 이 사건에서는 의심거래보고가 이루어진 바 없고 피고 신용카드회사가 민간인인 백화점 보안담당자에게 정보를 제공한 것일 뿐이므로 위 법률에 따른 면책은 인정될 수 없다고 판시하였다. 다만, 연방법원은 원고의 주장만으로는 불법행위를 구성하는 사실관계가 충분히 진술되지 않았다고 보아 결론적으로 원고의 청구를 배척하였다.

다) Greene v. Bank of America

Greene v. Bank of America 사건[24]에서 원고는 수표를 현금화하기 위해 은행을 방문하였다가 은행의 불친절에 불만을 품고 "은행을 날려버리겠다(going to blow shit up)"고 소리치며 소동을 피웠다. 은행은 원고가 은행 폭파 위협을 가하였다는 혐의를 경찰에 보고하였으며 이에 원고는 기소되었으나 무죄를 받은 후 은행과 지점장을 상대로 무고를 이유로 소송을 제기하였다.

캘리포니아 주법원은 위 보고는 금융거래와 관계가 없으므로 Annunzio-Wylie 법의 safe harbor 조항에 의한 면책을 받을 수 없으며 피고 측의 무고가 인정된다고 판시하였다.

이상에서 살펴본 사건 외에도 직원의 내부비리를 조사 중인 다른 은행의 요청에 따라 그 은행에 관련 금융거래정보를 제공한 경우,[25] 위조

---

24) 216 Cal.App.4th 454 (Cal.App. 2 Dist. 2013).
25) HV Associates LLC v. PNC Bank, N.A., U.S. District Court (D.N.J. 2018), 2018 WL 1243984.

수표의 사용 혐의를 기재한 고발진술서를 사법관(judicial officer)에게 제출한 경우[26] 면책이 부정되었다.

4) 민사소송에서 의심거래보고 자료의 공개 가부

의심거래보고의 면책요건으로 상당한 근거나 선의가 요구되지 않는다는 연방법원 주류의 입장에 따른다면 의심거래보고의 허위성이나 선의 여부를 심리할 필요가 없으므로, 금융기관의 책임을 묻는 민사소송에서 의심거래보고 자료가 공개되어야 할 이유가 없을 것이다. 또한 Lee v. Bankers Trust Co. 판결의 설시와 같이 의심거래보고 사실 및 그 내용의 공개는 금지되어 있고 민사소송도 예외가 될 수는 없다.

이에 따라 연방법원은 의심거래보고를 실시하였다는 사실과 그 보고 내용 및 보고서 초안 등 의심거래보고와 직접 관련된 문서는 증거개시나 문서제출명령의 대상이 아니라는 입장을 취하고 있다.[27]

반면, 연방법원은 의심거래보고의 근거가 된 금융기관의 내부조사 서류 및 금융기관의 일상적인 업무와 관련된 서류는 공개되어야 한다고 판시하고 있다.[28]

---

26) Stelling v. Regions Bank, U.S. District Court (M.D.Tenn. 2006), 2006 WL 8457578. 이 판결에서는 safe harbor 조항에 의한 보호 범위는 정부기관, 법집행기관 및 금융감독당국에 대한 정보 공개에 한정되며, 사법관에 대한 고발진술서 제출은 이에 해당하지 않는다고 판시하였다.

27) Wuliger v. Office of Comptroller of Currency, 394 F.Supp.2d 1009 (N.D.Ohio. 2005). Bizcapital Business & Indust. Development Corp. v. Office of Comptroller of Currency of U.S., 467 F.3d 871 (5th Cir. 2006). Weil v. Long Island Sav. BankEyeglasses, 195 F.Supp.2d (E.D.N.Y. 2001).

28) Freedman & Gersten, LLP v. Bank of America, N.A., U.S. District Court (D.N.J. 2010), 2010 WL 5139874. Ackner v. PNC Bank, National Association, U.S. District Court (S.D.Fla. 2017), 2017 WL 1383950. Markley v. U.S. Bank National Association, U.S. District Court (D.Colo. 2020), 2020 WL 12602882. Ian Li v. Walsh, U.S. District Court (S.D.Fla. 2020), 2020 WL 5887443.

나. 영국

1) 영국 법원의 기본 입장

영국은 제2장 제1절에서 살펴본 바와 같이 자금세탁 등 범죄재산 관련성이 있다고 의심되는 거래에 대해서는 의심거래보고를 하도록 하고 당국의 동의를 얻기 전까지는 거래의 진행이 금지되는 거래동의 제도를 두고 있다. 따라서 의심거래보고 관련 소송은 주로 잘못된 보고에 따른 거래의 보류로 손해가 발생하였다고 주장하며 그 배상을 구하는 것이고, 이와 관련한 영국 법원의 기본적인 입장은 아래와 같다.[29]

① 금융기관은 고객 계좌가 범죄재산과 관련이 있다고 의심되는 경우 의심거래보고와 함께 일체의 거래를 중단할 의무가 있으며, 법집행기관의 수사를 위해 관련 정보를 제공해야 한다.

② 법원은 금융기관에 대하여 고객 지시에 따라 의심거래를 진행할 것을 명령할 수 없다. 이는 범죄 실행을 요구하는 것이기 때문이다.

③ 의심거래와 관련된 계약상 의무의 이행은 일시적으로 불법화되고 계약의 효력은 불법성이 제거될 때까지 정지되며, 거래정지 기간 동안 고객은 거래와 관련한 어떠한 법률상 권리도 가지지 못한다.

④ 의심거래보고 요건인 '의심'은 단순한 추측 이상의 것으로서 관련 사실로 뒷받침되는 개연성을 의미한다.

⑤ 위 '의심'은 주관적 사실의 문제로서 진정한(genuine) 의심이라고 인정되는 이상 합리적인 근거가 없더라도 면책되며, 고객은 비합리성을 이유로

---

29) In Squirrell Ltd v National Westminster Bank Plc [2005] EWHC 664 (Ch); [2006] 1 W.L.R. 637. K Ltd v National Westminster Bank Plc [2006] EWCA Civ 1039; [2006] 4 All E.R. 907. R. (on the application of UMBS Online Ltd) v Serious Organised Crime Agency [2007] EWCA Civ 406; [2008] 1 All E.R. 465. Arun Srivastava, Ian Mason & Andrew Keltie, A Practitioner's Guide to the Law and Regulation of Financial Crime, Sweet & Maxwell (2010), pp.239-240.

의심거래보고가 잘못된 것이라고 주장할 수 없다.

⑥ 당국은 합리적 이유 없이 거래동의를 유보할 수 없고, 동의를 거절한 경우에는 그 타당성을 재검토해야 하며, 동의 유보 사유가 해소된 즉시 동의가 이루어져야 한다.

위와 같은 원칙에 따라 법원은 고객이 제기한 의심거래보고 관련 소송에서 금융기관의 면책을 인정해 왔고, 금융기관은 실질적으로 의심거래보고의 정당성을 입증할 필요가 없었다.[30] 그러나 아래에서 보는 Shar 사건을 통해 법원의 입장에 일부 변화가 있었다.

2) Shar v HSBC Private Bank (UK) Ltd

Shah v HSBC Private Bank (UK) Ltd 사건[31]은 의심거래보고 및 거래지시 거절과 관련된 고객과 은행의 분쟁으로서 고객이 청구한 손해배상금액은 미화 3억 달러가 넘는 막대한 규모이며, 4년여에 걸친 재판 끝에 결론이 난 사안이다.

이 사건에서 원고 Shar는 짐바브웨에 기반을 두고 주로 중앙아프리카 국가를 무대로 사업을 해 왔으며, 피고 HSBC 은행에 계좌를 개설해 둔 상태였다. 원고는 2006년 9월부터 2007년 3월까지 4회에 걸쳐 위 계좌의 보유자금을 다른 계좌로 이체할 것을 피고 은행에 요청하였는데, 피고 은행은 위 자금이 범죄수익과 관련이 있는 것으로 의심하여 중대조직범죄수사청(Serious Organised Crime Agency, SOCA)에 의심거래보고를 하고 원고의 이체지시에 응하지 않았다. 원고는 이체가 이루어지지 않은 이유를 설명해 줄 것을 요구하였으나, 피고 은행은 의심거래보고 누설(tipping-off)이 금지되어 있는 관계로 구체적인 설명 없이 법률상 의무에 따른 것이라고

---

30) 주 29 판결 및 Arun Srivastava et al.(주 29), p.240.
31) [2009] EWHC 79 (QB); [2009] 1 Lloyds Rep 328. [2010] EWCA Civ 31; [2010] 3 All E.R. 477. [2012] EWHC 1283.

만 답변하였다.

그 후 짐바브웨 준비은행은 피고 은행의 조치에 따라 원고가 자금세탁에 연루되어 있는 것으로 판단하여 원고의 자산을 동결하고 이를 압수하였다. 이에 원고는 피고 은행의 잘못된 조치로 3억 3,000만 달러의 손실을 입었다고 주장하면서 피고 은행을 상대로 계약 위반에 따른 손해배상을 구하는 소송을 제기하였다.

피고 은행은 자금세탁 등 범죄재산 관련성이 의심되는 고객의 거래 요청을 거절하고 그 조치와 관련된 정보를 고객에게 제공하지 않을 묵시적인 계약상 권한이 있다고 주장하였다. 1심 법원은 피고 은행의 주장을 받아들여 원고의 청구를 배척하였다.

그러나 항소법원은 1심 법원의 위와 같은 판단이 잘못되었다고 전제한 후 "금융기관은 고객이 자금세탁에 연루되어 있다고 의심한 근거를 정당화할 수 있어야 하며, 의심거래보고의 누설이 더 이상 문제되지 않는 시점에서는 고객에게 거래 거절 이유를 설명할 의무가 있다"고 판시하면서 1심 판결을 파기하였다.

환송 후 1심 법원에서는 피고 은행 측이 원고의 자금세탁 등 불법거래 혐의를 의심할 만한 충분한 근거를 제시하였고, 거래 거절과 관련된 정보의 제공은 의심거래보고 누설 금지 규정[32]과 충돌되므로 계약상 의무라고 할 수 없으며, 원고가 주장하는 손해는 짐바브웨 정부의 조치에 따른 것으로서 피고 은행의 예견 가능성이 없는 것이라고 판시하면서 원고의 청구를 기각하였다.

이 사건은 결론적으로는 금융기관이 의심거래보고에 대한 면책조항의 보호를 받았지만, 기존의 법원 입장과 달리 금융기관이 의심거래보고를 정당화할 근거를 제시해야 한다고 판시함으로써 금융기관은 큰 부담을 안게 되었다. 즉 의심거래보고를 이행한 금융기관은 보고의 정당성 및 선의를 입증할 필요가 있으며, 이는 민사소송에서 의심거래보고와 관

---

32) POCA § § 333, 333A.

련된 자료가 제시되어야 함을 의미하는 것이다.[33]

3) Lonsdale v National Westminster Bank Plc

Shar 판결은 그 이후의 사건에 영향을 미쳤는데, Lonsdale v National Westminster Bank Plc 사건이 대표적이라고 할 수 있다.[34]

이 사건에서 원고 Lonsdale은 재산법 전문 변호사로서 Magnificent Basement, Sekforde House Trust, Lonsdale Property Development 등 복수의 부동산 관련 회사 및 부동산을 소유하고 있었다. 또한 원고는 피고 National Westminster Bank에 개인 계좌와 위 회사들 임원과의 공동계좌 및 위 회사들 명의의 계좌 등 다수의 계좌를 개설하여 관리하고 있었다.

그런데 피고 은행은 2017년 위 계좌들과 관련하여 자금세탁 혐의를 의심하였고, 이에 국립범죄청(National Crime Agency, NCA)에 의심거래보고를 한 후 위 계좌들을 동결하였다. 원고는 피고 은행을 상대로 계좌 동결의 해제 명령을 구하는 소송을 제기하였으나, 피고 은행으로부터 계좌 동결 해제를 위한 조치를 진행 중이라는 답변을 듣고 위 소송을 취하하였다.

그러나 피고 은행이 계속하여 계좌의 동결을 유지하자 원고는 피고 은행을 상대로 계좌 동결의 해제 및 의심거래보고 관련 서류의 조사를 허용하는 법원의 명령을 구하는 소송을 제기하였다. 피고 은행은 위 의심거래보고가 진정한 의심에 기한 것이므로 면책되어야 한다고 주장하면서 원고 청구의 기각을 구하였다.

이에 대하여 법원은 Shar 판결을 언급하면서 의심거래보고를 한 금융기관은 고객이 자금세탁에 관여하였다고 의심할 만한 근거를 입증해야 한다고 전제한 후, 피고 은행은 자신의 의심거래보고가 진정한 의심에 따른 것이라는 추상적인 주장만 개진할 뿐 그 근거를 구체적으로 제시

---

33) Robin Booth et al., Money Laundering Law and Regulation: A Practical Guide, Oxford University Press (2011), pp.113-114. Arun Srivastava et al.(주 29), pp.237, 241-242.
34) [2018] EWHC 1843 (QB), 2018 WL 04865018.

하거나 입증하지 못하였다고 판시하면서, 의심거래보고 관련 서류를 조사할 수 있도록 허용해 달라는 원고의 청구를 인용하였다.

다. 시사점 및 우리 법제에서의 검토

1) 미국·영국 및 우리 법제의 특징

미국은 제2장에서 본 바와 같이 금융프라이버시보다 자금세탁방지의 효율성을 강조하는 법제로서, 위법의 개연성만 있으면 의심거래보고를 할 수 있도록 하고 자발적 보고 및 법집행기관에 대한 직접 보고도 허용함으로써 광범위한 보고가 이루어지게 하고 있다. 이와 동시에 보고와 관련된 책임을 면제하면서 그 요건으로 선의를 규정하고 있지 않으며, 이러한 입법태도가 판례에 반영되어 면책이 폭넓게 인정되고 있다.

따라서 미국에서는 의심거래보고가 적법한 방식으로 실행되기만 한다면 금융기관이 고객에 대하여 책임을 부담하는 경우는 사실상 없다고 할 수 있다.

반면, 영국은 법집행기관에 대한 의심거래보고를 허용하면서도 합리적 근거를 그 요건으로 규정하고 있고, Shar 판결 이후 금융기관은 위와 같은 보고의 근거를 정당화해야 하는 부담을 안게 되었는데, 이는 영국의 특수한 제도인 거래동의와 관련이 있다.

즉 의심거래보고는 거래동의와 직결되어 거래동의를 받기 전까지 고객에게 금융상 불이익을 주는 거래의 거절 내지 보류를 수반하게 되므로, 금융기관으로서는 고객의 불이익을 합리화할 근거를 제시해야 하는 것이다. 이러한 요구는 고객의 이익과 자금세탁방지의 효율성을 조화하는 것이라고 할 수 있다.

우리 특정금융정보법은 의심거래보고 요건으로 합당한 근거를 규정하고 고의·중과실에 의한 허위 보고에 대해서는 면책을 배제하고 있으므로 영국과 유사한 법제라고 할 수 있다.[35)]

그러나 영국과 달리 의심거래보고를 받는 기관을 금융정보분석원장에 한정하고 있어 의심거래보고가 곧바로 수사나 조사로 연결되는 것은 아닐 뿐 아니라, 거래동의 제도를 두고 있지 않아 직접적으로 고객의 금융상 불이익을 수반하는 것은 아니라는 점에서 영국보다는 면책의 범위를 넓게 파악하는 것이 타당하다.

2) 면책 요건의 해석

우선 의심거래보고 요건인 '합당한 근거'의 의미를 살펴볼 필요가 있다. 이와 관련하여 금융감독원은 "고객확인의무로 확인된 고객의 신원사항 또는 실제 당사자 여부 및 거래 목적과 금융거래 과정에서 취득한 고객의 직업, 주소, 소득, 평소 거래상황, 사업내용 등을 감안하여 금융기관 직원이 업무지식이나 전문성, 경험 등을 바탕으로 종합적으로 판단"해야 한다며 합당한 근거의 의미를 추상적으로 설명하고 있다.[36]

한편, 특정금융정보법은 고액현금거래보고 회피 목적의 분할거래 및 고객확인 불능이나 가상자산사업자의 미신고 사실이 확인됨에 따라 거래를 거절·종료하는 경우를 의심거래보고 유형으로 규정하고 있다.[37] 그리고 의심거래보고 서식은 의심거래 유형을 ① 거액 횡령·외화도피 등 금융사고나 뇌물, 조직범죄 연루 등이 의심되는 거래, ② 실명노출 기피, 거래에 대한 합당한 답변 불제공이나 자금출처 불분명 등 의심스러운 거래자의 태도, ③ 타인 명의 계좌, 복수 계좌개설 등 계좌정보, ④ 갑작스러운 거래패턴의 변화, 원격지거래, 분할거래, 현금집착거래 등 거래유형의 4개 항목으로 구분하여 선택하도록 하면서 의심거래의 개요 및 보고이유를 기술하도록 하고 있다.[38]

---

35) 특정금융정보법 제4조 제1항, 제3항, 제7항.
36) 금융감독원, "자금세탁방지업무 검사매뉴얼" (2011), 23면.
37) 특정금융정보법 제4조의2 제2항, 제5조의2 제5항.
38) 특정금융정보법 시행령 제7조 제1항, 특정 금융거래정보의 보고 및 감독규정 제6조 제1항, 별지 제1호.

따라서 적어도 위와 같은 법령상 유형에 해당한다면 의심의 합당한 근거는 인정될 수 있을 것이다. 그러나 구체적 상황에서 합당한 근거의 존부는 금융기관 종사자의 주관적 판단에 의존할 수밖에 없다.[39]

그런데 의심거래보고는 자금세탁방지 제도의 핵심사항으로 이를 이행하는 과정에서 오류가 있었다고 하여 쉽게 책임을 인정하게 되면 보고가 크게 위축될 우려가 있는 점, 앞에서 본 바와 같이 우리 법제상 의심거래보고가 수사·조사나 고객의 불이익으로 직접 연결되지는 않는 점, 의심거래보고는 보고자의 주관적 판단에 의존할 수밖에 없는 점 등을 종합할 때, 면책 배제 요건인 허위성 및 고의·중과실은 매우 제한적으로만 인정되어야 할 것이다.

따라서 의심거래의 주관적인 판단 근거에 오류가 있다거나 또는 일부 정보를 사실과 다르게 기재하거나 자료의 누락이 있다고 하더라도 그러한 사정만으로 허위성과 고의·중과실을 인정해서는 안 되고, 객관적으로는 사실관계와 관련 자료를 조작하는 정도에 이르고 주관적으로는 수사·조사 방해 또는 거래상대방에 대한 가해의 의사나 이에 준하는 주관적 상태가 있는 때에 한하여 면책이 배제된다고 해석함이 상당하다.

2. 금융거래를 단절한 경우

가. 미국

1) Ricci v. Key Bancshares of Maine, Inc.

Ricci v. Key Bancshares of Maine, Inc. 사건[40]은 수사기관의 잘못된 범죄정보에 기하여 고객과의 거래를 단절한 금융기관을 상대로 고객이 손

---

39) Fred Hobson, "Introduction: Banks and Money Laundering" in William Blair & Richard Brent (ed), Banks and financial crime : The International Law of Tainted Money, Oxford University Press (2008), p.10.

40) 662 F.Supp.1132 (D.Me. 1987).

해배상을 청구한 사안이다.

이 사건에서 원고 Joseph J. Ricci와 Gerald E. Davidson은 복수 회사를 소유하면서 Maine 주 남부 지역에서 경마 사업과 아파트 등 부동산 사업을 운영하고 있었다. 그 사업은 주로 피고 Key Bancshares 은행의 대출에 의존하고 있었고 대출 액수는 100만 달러를 상회하였다.

피고 은행은 1981년 10월 은행장이 연루된 의심스러운 대출거래를 적발하였고, 이로 인해 은행장은 사임하고 피고 은행의 감사는 연방검찰과 FBI를 접촉하여 10만 달러 이상 고액 대출에 대한 수사를 논의하였다. 이 과정에서 FBI 요원은 원고 Ricci가 경마 승부조작 및 Napolitano라는 자의 피살 등 조직범죄와 관련되어 있다는 정보가 있다고 말하였다.

이에 피고 은행은 원고들 및 그들 회사에 대한 기존 대출관계를 모두 종료하였고, 원고 Ricci는 조직범죄 연루 혐의를 강력히 부인하면서 대출 복원을 요청하였으나 피고 은행은 응하지 않았다. 그런데 원고 Ricci에 대한 수사는 이루어지지 않았고, Napolitano의 살인 용의자는 원고 Ricci가 아닌 매사추세츠 주에 거주하는 동명이인인 Joe Ricci로 밝혀지는 등 FBI의 정보는 잘못된 것임이 확인되었다.

이에 원고들은 피고 은행을 상대로 손해배상을 구하는 소송을 제기하였고, 배심원은 피고 은행의 책임을 인정하여 1,250만 달러의 징벌적 배상과 600만 달러의 전보배상을 제시하였으며, 연방법원은 징벌적 배상은 제외하고 전보배상청구는 인용하였다. 한편, 잘못된 정보를 준 FBI 요원에 대한 구상권 행사를 위해 그 요원을 이 사건 소송에 참가시켰으나, 연방법원은 FBI 요원은 고의·과실에 의한 불법행위책임을 면제받는다고 판시하였다.41)

2) Ricci 판결로 인한 딜레마

위 Ricci 판결의 영향으로 금융기관은 딜레마에 빠지게 되었다. 금융

---

41) Ricci v. Key Bancshares of Maine, Inc., 768 F.2d 456 (1th Cir. 1985).

기관은 자금세탁이 의심되는 고객과 거래할 경우 자금세탁통제법 제
1956조가 규정하는 자금세탁범죄의 공범이나 제1957조의 불법금전거래
범죄의 형사책임을 부담할 수 있는 반면, 이와 같은 책임을 피하기 위해
고객과의 거래를 단절하였는데 자금세탁 혐의가 없는 것으로 판명된 경
우 고객에 대하여 민사책임을 부담할 수 있게 되었기 때문이다.[42]

　이러한 딜레마를 해결하기 위해 의심거래보고를 한 후 고객과의 거
래를 진행하는 방안을 생각할 수 있다. 그러나 의심거래보고를 하였다고
하여 그 거래에 대한 형사책임이 면책되는 것은 아니며, 오히려 의심거
래보고는 그 후의 거래 진행에 대한 금융기관의 자금세탁 고의를 인정
하는 자료로 사용될 위험이 있다.[43] 거래 단절로 인한 민사책임이 거래
진행에 따른 형사책임보다 더 자주 문제될 수 있기 때문에 금융기관은
가급적 거래를 진행하려 할 것이고, 이때 의심거래보고를 하게 되면 향
후 자금세탁 고의가 인정될 위험이 따르므로 의심거래보고를 회피할 가
능성이 높으며, 이는 의심거래보고 제도를 위축시킬 수 있는 것이다.[44]

　반대로 고객과의 거래를 단절할 경우 이로 인해 발생할 수 있는 민사
책임에 대해서는 면책이 부여되지 않는다. Annunzio-Wylie 법의 safe
harbor 조항은 의심거래보고에 따른 민사책임만 면제하기 때문이다.[45]

　따라서 금융기관의 딜레마 해소를 위해 의심거래보고를 이행하면 그
후의 거래 진행에 대해서는 형사책임을 면제하거나 또는 의심거래의 단

---

42) John K. Villa, "A Critical View of Bank and the Money Laundering Statutes", Catholic
University Law Review, vol. 37, no. 2 (1988), p.507. Lara W. Short, Robert G.
Colvard & John T. Lee, "The Liability of Financial Institutions for Money Laundering",
Banking Law Journal, vol. 109, no. 1 (1992), p.56.

43) Philip J. Ruce, "The Bank Secrecy Act: Considerations Banking Relationships after the
Filing of a Suspicious Activity Report", Quinnipiac Law Review, vol. 30, no. 1 (2011),
pp.55-56. John K. Villa(주 42), p.508.

44) Lara W. Short et al.(주 43), p.56. Philip J. Ruce(주 43), pp.55-56. John K. Villa(주
42), p.508.

45) John K. Villa(주 42), p.507.

절에 따른 민사책임을 면제해야 한다는 주장이 제기되고 있다.[46] 이와 같은 맥락에서 의회는 Annunzio-Wyle 법의 개정을 검토한 바 있으나 개정은 이루어지지 않았다.[47] 그 대신 법원에서 거래를 진행한 금융기관에 대하여 책임을 묻기 위해서는 단순한 의심만으로는 부족하고 실질적 인식(actual knowledge)이 필요하다는 입장을 취함으로써 금융기관의 부담을 경감시켜 주고 있다.[48]

나. 영국

영국은 앞에서 본 바와 같이 거래동의 제도를 두고 있기 때문에 미국에서와 같은 딜레마는 발생하지 않는다. 즉 자금세탁이 의심되는 거래에 대해서는 의심거래보고를 한 후 당국의 동의를 받을 때까지 거래를 중단해야 하므로, 미국과 같이 금융기관이 형사책임과 고객에 대한 민사책임의 위험부담 수준을 비교하여 거래를 진행할지 아니면 단절할지 여부를 고민할 필요가 없다. 거래 단절에 따른 고객에 대한 민사책임의 인정 여부는 의심거래보고가 정당한지 여부에 따라 결정된다고 할 수 있다.

이에 따라 고객이 금융기관을 상대로 거래 중단에 따른 손해배상을 청구한 In Squirrell Ltd v National Westminster Bank Plc 사건,[49] K Ltd v National Westminster Bank Plc 사건,[50] R. v Da Silva 사건[51] 등에서 금융기관의 책임이 부정되었다. 앞에서 본 바와 같이 Shar 판결에서도 비록 금융기관에 의심거래보고의 정당성 근거에 대한 입증부담을 지우기는 하였지만, 그 정당성을 인정함으로써 거래 단절로 인한 금융기관의 책임을

---

46) Philip J. Ruce(주 43), pp.63. John K. Villa(주 42), p.508.
47) 137 Cong. Rec. S16640-01 (Nov. 13, 1991), 1991 WL 236009. Philip J. Ruce(주 43), p.63.
48) Casey v. U.S. Bank Nat. Assn., 127 Cal.App.4th 1138 (Cal.App. 4 Dist. 2015). Philip J. Ruce(주 43), pp.56, 58, 63.
49) [2005] EWHC 664 (Ch); [2006] 1 W.L.R. 637.
50) [2006] EWCA Civ 1039; [2006] 4 All E.R. 907.
51) [2006] EWCA Crim 1654; [2007] 1 WLR 303.

부정하였다.

다. 시사점 및 우리 법제에서의 검토

1) 거래 단절에 따른 책임 일반론

금융기관은 거래상대방에 대한 위험관리, 지역별·산업별 또는 그 밖의 위험집중에 따른 위험노출한도관리 등의 다양한 이유로 금융거래를 거절할 수 있다.[52] 그러나 금융기관은 이용자를 공평하게 취급할 의무를 부담하므로, 정당한 사유 없는 금융거래의 거절은 차별적 취급에 해당하여 이용자에 대한 손해배상책임을 부담할 수 있다.[53] 그 중 신규거래의 거절은 불법행위, 기존거래의 중단은 채무불이행과 동시에 불법행위에 해당할 수 있을 것이다.[54]

거래 단절의 정당성 판단은 금융거래의 단계별로 살펴볼 필요가 있다.[55] 먼저 예금계좌 개설 등 신규거래와 관련하여 그 기준을 수립하고 집행하는 것은 금융기관으로서의 당연한 업무에 속하므로, 그 거래가 불법적으로 악용되는 것을 막기 위해 거래를 거절하는 것은 정당하다고 할 수 있다.[56] 다만, 신규거래가 범죄에 이용될 것이라고 판단할 만한 충분한 합리성을 갖추어야 할 것이다.

다음으로 기존거래의 중단은 관련법규 위반에 따른 계약해지권을 규정한 금융거래약관에 기하여 이루어질 수 있다. 그러나 판결 등 공적인 판단 없이 금융기관이 임의로 관련법규 위반 여부를 판단하여 약관에 따라 기존 거래를 중단하는 것은 정당성을 인정받기 어려울 수 있다.[57]

---

52) 정순섭, 은행법, 지원출판사 (2017), 241면.
53) 정순섭(주 52), 241, 247면.
54) 이정수, "은행을 둘러싼 새로운 법률적 쟁점들: 핀테크를 중심으로", 은행법연구 제13권 제1호, 은행법학회 (2020), 148면.
55) 정순섭(주 52), 243면. 이정수(주 54), 140면.
56) 정순섭(주 52), 244면.
57) 이정수(주 54), 141-142면.

2) 자금세탁방지의무 이행과 관련된 책임의 기준

영국과 같은 거래동의 제도를 도입하고 있지 않은 우리나라는 미국과 마찬가지로 거래 단절과 관련하여 민·형사책임 간의 딜레마가 발생할 가능성이 있다.

특정금융정보법상 고객과의 거래를 단절할 수 있는 경우는 ① 고객이 신원확인 등을 위한 정보 제공을 거부하는 등 고객확인을 할 수 없는 경우, ② 가상자산사업자 고객의 미신고 사실이 확인된 경우, ③ 가상자산사업자 고객이 테러자금금지법에 따른 거래제한 대상자와 금융거래 등을 한 사실이 밝혀진 경우로 한정되어 있다.[58]

위 규정과는 별도로 해당 금융거래가 자금세탁 등 범죄를 위한 것임이 명백한 경우에는 위 1)항에서 본 법리에 따라 거래 단절의 정당성이 인정될 수 있다. 또한 위 특정금융정보법 규정에 따라 고객확인 불능 등의 경우 거래를 단절할 수 있다. 반면, 고객확인이 완료되고 자금세탁 등의 혐의가 명백하지 않은 경우에는 원칙적으로 거래의 단절은 허용되지 않는다고 할 수 있다.

그러나 고객확인이 이루어졌음에도 여전히 자금세탁의 의심이 드는 경우가 있을 수 있다. 강화된 고객확인을 실시하였더라도 고객이 거래 목적이나 자금 원천을 조작할 가능성이 있고 조사권한이 없는 금융기관으로서는 의심에도 불구하고 거래를 진행하게 될 것인데, 그 거래가 자금세탁과 관련된 것으로 밝혀질 경우 금융기관은 자금세탁의 공범 내지 범죄수익 수수의 형사책임 위험에 처하게 된다.

반면, 형사책임을 피하기 위해 거래를 단절하였는데 자금세탁 혐의가 없는 것으로 판명될 경우 고객에 대한 민사책임의 위험 부담이 있다. 단순한 의심에 기한 거래 단절은 정당성을 부여받지 못할 수 있기 때문이다. 또한 거래 목적이나 자금 원천 등이 제대로 확인되지 않았다고 판단하여 거래를 단절하였으나 사후적으로 그와 같은 조치가 부당하다고 판

---

58) 특정금융정보법 제5조의2 제4항, 같은 법 시행령 제10조의7.

단될 경우에도 민사책임 문제가 제기될 수 있다.

특정금융정보법은 의심거래보고에 대한 면책을 규정하고 있을 뿐 위와 같은 상황을 해결할 수 있는 방안을 제시하지 않고 있다. 따라서 금융기관의 딜레마를 해소해 줄 수 있는 합리적인 해석이 필요하다.

금융거래의 단절은 고객에게 중대한 불이익을 야기할 수 있으므로 신중해야 하겠지만, 거래를 지속할 경우 자금세탁 등 범죄 발생의 위험성 및 금융기관의 형사책임 부담 위험을 고려해야 한다.

따라서 의심되는 범죄 혐의가 중대하고 상당한 근거가 있으며 이에 따라 의심거래보고를 이행한 후 거래를 단절하였고 그 조치에 고의나 중과실이 없다면, 사후에 거래 단절이 부당하다고 판명되더라도 고객에 대한 민사책임은 인정되지 않는다고 해석함이 상당할 것이다. 이러한 법리는 고객확인 불능으로 판단하여 거래를 단절한 경우에도 동일하게 적용되어야 한다.

다만, 위와 같은 요건을 모두 갖추었더라도 의심거래의 단절이나 진행에 대한 면책 규정이 없는 우리 법제 하에서는 거래 단절로 인한 고객의 피해가 중대하거나, 반대로 거래 진행에 따른 자금세탁의 결과가 중대할 경우 금융기관의 민·형사책임 판단에 엄격한 기준이 적용될 가능성이 있으므로 딜레마는 여전히 남아 있다고 할 수 있다.

3) 가상자산사업자 고객과 관련된 문제

국내에서는 가상자산사업자에 대한 법률적 규제가 도입되기 이전에 소위 '벌집계좌'를 운영하는 가상자산거래소와의 거래 단절이 정당한지 여부가 문제된 바 있다.

시중은행이 가상자산거래의 위험성 때문에 가상계좌 신규 발급을 중단하자 후발 중소 가상자산거래소들이 일반 법인계좌를 발급받아 이 계좌 아래에 거래자의 계좌를 운영하는 편법을 사용하였는데, 이를 '벌집계좌'라고 한다. 이는 실명계좌 원칙에 위배되는 것으로, 장부가 주로 파일 형태로 저장되어 있어 거래자 수가 증가하면 거래 자금이 엉켜 오류가 날 가능성이 높고 해킹에도 취약하다고 한다.[59]

2018년 1월 금융감독원 및 금융정보분석원은 벌집계좌가 자금세탁에 악용될 위험성이 높다는 이유로, 은행에 대하여 벌집계좌와 관련된 신규 거래 거절 및 기존 거래 중단을 요구하는 행정지도를 실시하였다.[60] 또한 금융정보분석원은 같은 취지로 2018년 1월 금융회사 등은 가상통화 취급업소가 실명확인 입출금계정 서비스를 이용하지 않는 등 자금세탁 등의 위험이 특별히 높다고 판단되는 경우에는 금융거래를 거절하거나 종료할 수 있다는 내용의 '가상통화 관련 자금세탁방지 가이드라인'을 발표하였다.[61]

그러나 위와 같은 행정지도와 가이드라인에 대해서는 그 법적 효력에 대하여 논란이 있었고, 법원 역시 벌집계좌를 운영하는 가상자산거래소가 입금정지 조치를 취한 은행을 상대로 제기한 복수의 가처분 사건에서 상반된 결정을 내려 왔다.[62] 해당 가처분 사건은 입금정지의 금지를 구하는 것에 한정되었지만, 거래 단절에 따른 손해배상청구가 제기되었다면 동일한 문제를 야기할 수 있는 것이었다.

그 후 2020. 3. 24. 개정된 특정금융정보법에서 금융회사 등은 실명확인이 가능한 입출금계정을 이용하지 않는 가상자산거래소와의 금융거래를 단절하도록 의무화하였고, 이로써 벌집계좌와 관련된 거래 단절의 정당성 문제는 입법적으로 해결되어 일단락되었다고 할 수 있다.[63]

벌집계좌 사안은 법령상 근거 없이 단순히 자금세탁의 위험성이 높다거나 자금세탁의 의심이 있다는 이유만으로는 거래 단절의 정당성을

---

59) 이정수(주 54), 139면, 각주 67.

60) 이정수(주 54), 138-139면.

61) 금융정보분석원, "가상통화 관련 자금세탁방지 가이드라인" (2018), 제5절 제2항.

62) 이정수(주 54), 138-139면. 연합인포맥스 2019. 4. 1.자 보도.
http://news.einfomax.co.kr/news/articleView.html?idxno=4023572 (마지막 방문 2023. 5. 22.)

63) 특정금융정보법 제5조의2 제4항 제2호 나목, 제7조 제3항 제2호.

인정받기가 용이하지 않으며, 거래 단절이 고객에 대한 민사책임 문제를 초래할 수 있다는 것을 보여준다. 유사한 사례에서도 거래 단절에 따른 금융기관의 딜레마는 충분히 발생할 수 있으므로, 이 문제는 위 2)항에서 본 바와 같은 기준에 따라 해결되어야 할 것이다.

Ⅱ. 범죄피해자에 대한 책임

1. 책임의 이론적 근거

가. 개요

자금세탁의 전제범죄가 사기·횡령 등 재산적 법익의 침해범죄인 경우 자금세탁은 그 피해의 회복을 불능 내지 곤란하게 하는 손해를 야기한다고 볼 수 있으므로, 범죄피해자는 자금세탁거래에 관여된 금융기관을 상대로 손해배상책임을 추궁할 가능성이 있다.

3만 명 이상의 피해자와 수조원 대의 대규모 피해를 유발한 다단계 금융사기인 이른바 '조희팔' 사건에서는 금융기관에 대한 소송으로 이어지지는 않았지만 범죄수익의 자금세탁으로 피해 회복이 제대로 이루어지지 않아 사회적 논란이 된 바 있다.[64] 실제로 미국에서는 범죄피해자들이 금융기관을 상대로 손해배상청구소송을 제기하여 왔다.[65]

---

64) 아시아투데이 2015. 11. 8.자 보도 참조.
　　https://www.asiatoday.co.kr/view.php?key=20151108010004271 (마지막 방문 2023. 5. 23.)

65) Mansor v. JPMorgan Chase Bank, N.A., 183 F.Supp.3d 250 (D.Mass. 2016). Taylor & Co. v. Bank of America Corp., U.S. District Court (W.D.N.C. 2014), 2014 WL 3557672. Aguilar v. PNC Bank, N.A., 853 F.3d 390 (8th Cir. 2017). Rosner v. Bank of China, 528 F.Supp.2d 419 (S.D.N.Y. 2007).

다른 금융범죄의 경우에도 그 실행에 대하여 금융기관의 책임이 있다면 범죄피해자에 대한 손해배상책임이 문제될 수 있다. 그러나 특히 자금세탁과 관련해서는 그 예방과 적발을 위한 직접적인 의무가 금융기관에 부과되어 있다는 점에서 차별성이 있으므로, 위와 같은 책임 문제가 더욱 중요하다고 할 수 있다.

전제범죄의 피해자가 자금세탁을 이유로 전제범죄와는 관련이 없는 금융기관에 책임을 묻기 위해서는 선결문제로서 전제범죄에 가담하지 않은 자금세탁 행위자의 손해배상책임이 인정될 수 있는지 확인되어야 한다. 나아가 금융기관의 책임 근거와 관련해서는 금융기관은 범죄피해자와 계약관계가 없으므로 불법행위책임 및 회사법상 이사의 제3자에 대한 손해배상책임을 검토할 필요가 있다.

이하에서는 위와 같은 책임의 근거와 미국의 소송 사례를 살펴본 후 우리 법제에서의 책임 문제를 검토하기로 한다.

나. 선결문제

우리 대법원은 횡령한 회사자금의 세탁에 관여한 자들을 상대로 피해회사가 손해배상을 청구한 사안에서, "민법상 공동불법행위는 객관적으로 관련공동성이 있는 수인의 행위로 타인에게 손해를 가하면 성립하고, 행위자 상호 간에 공모는 물론 의사의 공통이나 공동의 인식을 필요로 하는 것이 아니다. 또한 공동의 행위는 불법행위 자체를 공동으로 하거나 교사·방조하는 경우는 물론 횡령행위로 인한 장물을 취득하는 등 피해의 발생에 공동으로 관련되어 있어도 인정될 수 있다. 그리고 이러한 법리는 범죄수익은닉의 규제 및 처벌 등에 관한 법률에서 정하는 특정범죄로 취득한 재산인 것을 인식하면서 은닉·보존 등에 협력하는 등으로 특정범죄로 인한 피해회복을 곤란 또는 불가능하게 함으로써 손해가 지속되도록 한 경우에도 마찬가지로 적용된다"고 판시하면서 자금세

탁 행위자의 전제범죄 피해자에 대한 불법행위책임을 인정하였다.[66]

자금세탁 행위자의 전제범죄 피해자에 대한 불법행위책임은 범죄수익은닉규제법상 자금세탁범죄의 보호법익과도 관련된 문제로서, 우리 대법원은 위 형벌법규의 보호범위에 전제범죄 피해자의 재산적 이해관계가 포함된다는 입장으로 이해할 수 있다. 스위스 대법원 역시 자금세탁범죄는 부수적으로 전제범죄 피해자의 금전적 이익을 보호하는 규범이라고 판시하면서 자금세탁 행위자의 불법행위책임을 인정한 바 있다.[67] 미국 연방법원도 동일한 전제 하에 자금세탁과 관련된 손해배상소송에서 금융기관의 책임 여부를 판단하고 있다고 할 수 있다.[68]

이와 같이 전제범죄와는 관련이 없더라도 자금세탁행위에 책임이 있다면 불법행위가 성립할 수 있으므로 자금세탁거래에 관여된 금융기관의 책임이 문제될 수 있다. 이에 따라 범죄피해자의 손해배상청구는 추적이 어려운 범죄자나 자금세탁의 직접행위자보다는 금융기관에 집중될 것이라는 지적이 있다.[69]

다. 불법행위책임

1) 불법행위의 성립 근거

금융기관 종사자가 자금세탁에 가담하거나 고의로 자금세탁을 방조한 경우에는 앞에서 본 불법행위의 법리에 따라 그 종사자의 불법행위책임이 인정됨은 물론, 해당 금융기관도 민법 제756조의 사용자책임을 부담할 수 있다. 대표기관이 자금세탁에 가담하거나 이를 방조한 경우에는 민법 제35조 소정의 불법행위책임이 인정될 수 있을 것이다.

---

66) 대법원 2016. 4. 12. 선고 2013다31137 판결.
67) Marco Niedermann & Robin Grand, "Bank Face Liability for Money Laundering", International Financial Law Review, vol. 24, no. 6 (2005), pp.68-70.
68) 주 65 판결.
69) Niedermann & Grand(주 67), p.71.

　그러나 고의적인 자금세탁의 가담·방조가 아니라 자금세탁방지의무
를 위반하여 자금세탁이 실행된 경우에도 그 의무 위반을 근거로 불법
행위가 성립될 수 있는지 여부가 검토되어야 하며 이 문제가 논의의 핵
심이라고 할 수 있다. 이는 공법상 의무인 자금세탁방지의무의 위반 자
체로 불법행위를 구성하는지 여부, 의무를 이행하지 않은 부작위가 불법
행위를 구성하는지 여부, 그리고 의무를 불이행한 과실로 인해 자금세탁
행위자와의 공동불법행위가 성립하는지 여부의 문제로 구분될 수 있다.

2) negligence per se

　공법상 의무의 위반이 불법행위를 구성하는지 여부와 관련하여 영미
법에서는 일정한 공법적 규제 법규를 위반하여 그 법규의 보호 대상에
속하는 타인에게 손해를 가한 경우 그 자체를 주의의무 위반으로 평가
하여 불법행위를 인정하는 negligence per se의 법리를 발달시켜 왔다.[70]
이와 유사하게 독일민법 제823조 제2항도 타인을 보호하기 위한 법규를
위반한 경우 그로부터 발생한 손해에 대한 불법행위책임을 인정하는 규
정을 두고 있다.[71]

　이와 같은 negligence per se의 법리에 따라 불법행위가 성립되기 위해
서는 피해자 및 침해된 법익이 해당 법규의 보호범위에 포함되어야 한
다. 그런데 그 법규는 주로 환경·보건·교통 등과 관련된 것으로 신체나
생명 등 개인적 법익을 직접적으로 보호하기 위한 것이다.[72] 독일민법
제823조 제2항에서의 보호법규 역시 피해자 개인의 사적 이익의 보호를
목적으로 하는 것에 한정되고 일반적인 공적 이익의 보호를 목적으로

---

70) Ariel Porat, "Expanding Liability for Negligence Per Se", Wake Forest Law Review,
　　vol. 44, no. 4 (2009), pp.979-981. McGill Guide 9th ed., "A Rationale of Negligence
　　Per Se", Indiana Law Journal, vol. 26, no. 3 (1951), p.422.
71) 윤형렬, "독일 불법행위법에서의 위법성", 재산법연구 제29권 제3호, 한국재산
　　법학회 (2012), 142면.
72) Ariel Porat(주 70), pp.981-987.

하는 법규는 해당되지 않는다.[73]

반면, 자금세탁방지의무는 범죄의 적발과 범죄수익의 환수 및 금융시스템 보호라는 국가적·사회적 법익의 보호를 위한 것으로서 negligence per se가 상정하는 보호법규의 범주에 포함된다고 보기는 어려운 면이 있다. 따라서 자금세탁방지의무 위반이 있다고 하여 negligence per se의 법리에 따라 불법행위가 성립한다는 결론을 바로 도출하기는 곤란하다.

미국 연방법원도 은행비밀보호법상 금융기관의 자금세탁방지의무는 국가에 대한 것으로, 그 의무 위반으로 인해 피해를 입은 개인이 있다고 하더라도 negligence per se에 의한 민사적 소권은 인정되지 않는다는 입장을 취하고 있다.[74]

우리 대법원은 공법상 의무를 위반하여 손해가 발생한 경우 불법행위에 의한 손해배상책임을 인정하기 위해서는 "주의의무 위반과 제3자의 손해 발생 사이에 상당인과관계가 있음이 인정되어야 한다. 그리고 상당인과관계의 유무를 판단할 때는 일반적인 결과 발생의 개연성은 물론 주의의무를 부과하는 법령 기타 행동규범의 목적과 보호법익, 가해행위의 태양, 피침해이익의 성질, 피해의 정도 등을 종합적으로 고려하여야 한다"고 판시함으로써, 공법상 의무 위반을 주의의무 위반으로 파악하되, 책임의 존부는 상당인과관계로 제한하면서 의무를 부과한 법규의 목적과 보호법익도 고려하고 있다.[75]

3) 부작위에 의한 불법행위

금융기관이 자금세탁방지의무를 이행하지 않은 부작위를 불법행위의

---

73) 윤형렬(주 71), 142면.
74) Taylor & Co. v. Bank of America Corp., U.S. District Court (W.D.N.C. 2014), 2014 WL 3557672. Venture General Agency, LLC v. Wells Fargo Bank, N.A., U.S. District Court (N.D.Cal. 2019), 2019 WL 3503109.
75) 대법원 2016. 12. 15. 선고 2016다237264 판결, 대법원 2007. 7. 13. 선고 2005다21821 판결 등.

위법성으로 평가할 수 있는지 여부와 관련해서는, 우선 부작위에 의한 불법행위의 성립 요건을 살펴볼 필요가 있다. 이는 손해 발생을 방지하기 위한 작위의무가 있는 자의 부작위가 인정되어야 하며, 법령에서 정한 의무를 다하지 않은 것이 위법하게 평가되기 위해서는 그 법령의 당해 규정이 전적으로 또는 부수적으로 개개 시민의 특정한 권리 또는 이익의 보호를 목적으로 하고 있어야 한다고 설명된다.[76]

앞에서 본 바와 같이 특정금융정보법상 자금세탁방지의무는 개인적 법익이 아닌 국가적·사회적 법익의 보호를 위한 것으로 그 의무를 이행하지 않은 부작위만으로 불법행위의 위법성을 도출하기는 어려운 면이 있는 것은 사실이다. 그러나 앞에서 본 바와 같이 범죄수익은닉규제법상 자금세탁범죄의 보호법익은 전제범죄 피해자의 재산적 법익도 포함하며 금융기관의 자금세탁방지의무는 위와 같은 자금세탁범죄의 예방을 위한 것이라는 점에서, 그 의무 불이행의 부작위는 불법행위의 위법성에 포섭되어야 한다는 논리도 충분히 가능하다.

그러나 미국 연방법원은 negligence per se의 경우와 마찬가지로 자금세탁방지의무를 이행하지 않은 부작위만으로는 불법행위를 인정하지 않으며,[77] 이에 따라 범죄피해자들은 뒤에서 보는 바와 같이 청구원인을 주로 방조에 의한 불법행위로 구성하고 있다.

반면, 우리 대법원은 범죄 실행과 관련된 작위의무의 위반에 대해서는 이를 부작위에 의한 방조 문제로 접근하면서 "민법 제760조 제3항에서의 방조란 불법행위를 용이하게 하는 직접·간접의 모든 행위를 가리키는 것으로서 작위에 의한 경우뿐만 아니라 작위의무 있는 자가 그것을 방지하여야 할 여러 조치를 취하지 아니하는 부작위로 인하여 불법행위자의 실행행위를 용이하게 하는 경우도 포함한다"고 판시하고 있다.[78]

---

76) 김용담 편, 주석 민법: 채권각칙(6), 한국사법행정학회 (2016), 140-142면.
77) 주 74 판결.
78) 대법원 2012. 4. 26. 선고 2010다8709 판결, 대법원 2010. 3. 11. 선고 2009다4343 판결 등.

4) 공동불법행위

　금융기관이 자금세탁방지의무를 위반한 경우 그 자체로는 불법행위의 위법성이 인정되기 어렵다면 자금세탁 행위자와의 공동불법행위의 성립 가능성을 검토할 필요가 있으며, 이는 특히 과실방조와 관련된 것이다.

　미국에서는 방조에 의한 불법행위의 성립요건으로 위법행위에 대한 실질적 인식(actual knowledge)과 상당한 지원(substantial assistance)이 요구된다.[79] 이와 같은 방조책임의 요건은 매우 엄격한 것으로, 금융기관을 상대로 제기되는 자금세탁 관련 손해배상소송에서도 동일하게 적용되고 있으며, 이에 따라 많은 소송에서 금융기관의 책임을 부정하는 경향을 보이고 있다.[80]

　따라서 미국에서는 금융기관의 자금세탁방지의무 위반과 관련된 과실방조책임은 인정되지 않는다고 할 수 있으며, 특히 연방법원은 자금세탁방지를 위한 은행비밀보호법 규정을 준수하지 않았다는 사정만으로는 방조에서 요구되는 상당한 지원이 될 수 없다는 입장을 취하고 있다.[81]

　반면, 우리 대법원은 "불법행위의 방조는 형법과 달리 손해의 전보를 목적으로 하여 과실을 원칙적으로 고의와 동일시하는 민법의 해석으로서는 과실에 의한 방조도 가능하다고 할 것이며, 이 경우의 과실의 내용은 불법행위에 도움을 주지 않아야 할 주의의무가 있음을 전제로 하여 이 의무에 위반하는 것을 말하고, 방조자에게 공동불법행위자로서의 책임을 지우기 위하여는 방조행위와 피방조자의 불법행위 사이에 상당인과관계가 있어야 한다"고 판시함으로써 과실방조에 의한 공동불법행위

79) Sally Totten Gilmore & William H. McBride, "Liability of Financial Institutions for Aiding and Abetting Violations of Securities Laws", Washington and Lee Law Review, vol. 42, no. 3 (1985), p.811. Philip J. Ruce(주 43), pp.58-60.
80) El Camino Resources, LTD. v. Huntington Nat. Bank, 722 F.Supp.2d 875 (W.D.Mich. 2010). de Abreu v. Bank of America Corp., 812 F.Supp.2d 316 (S.D.N.Y. 2011). Rosner v. Bank of China, 528 F.Supp.2d 419 (S.D.N.Y. 2007).
81) Rosner v. Bank of China, 528 F.Supp.2d 419 (S.D.N.Y. 2007).

를 인정하고 있다.[82)]

다만, 대법원은 "타인의 불법행위에 대하여 과실에 의한 방조로서 공동불법행위의 책임을 지우기 위해서는 방조행위와 불법행위에 의한 피해자의 손해 발생 사이에 상당인과관계가 인정되어야 하며, 상당인과관계를 판단할 때에는 과실에 의한 행위로 인하여 불법행위를 용이하게 한다는 사정에 관한 예견가능성과 아울러 과실에 의한 행위가 피해 발생에 끼친 영향, 피해자의 신뢰 형성에 기여한 정도, 피해자 스스로 쉽게 피해를 방지할 수 있었는지 등을 종합적으로 고려하여 책임이 지나치게 확대되지 않도록 신중을 기하여야 한다"고 판시하여 과실방조책임의 존부를 상당인과관계의 법리로 제한하고 있다.[83)]

이에 따라 자산운용회사의 판매보조자료에만 의존하여 수익증권을 판매한 판매회사[84)] 및 유사수신행위를 통한 투자금 편취행위와 관련된 투자를 적극 권유한 투자매개자[85)]에 대하여 공동불법행위책임이 인정되었다. 반면, 가장납입한 주금의 회수를 방지하지 못한 주금납입은행[86)] 및 추심명령을 기화로 위법한 채권추심을 실행하는데도 추심금 지급을 거절하지 않은 은행[87)]에 대해서는 불법행위를 용이하게 한다는 사정에 대한 예견가능성이나 이를 방지할 의무를 인정하기 어렵다는 이유로 공동불법행위책임이 부정되었다.

또한 명의 모용계좌 개설로 손해를 입은 피해자가 은행을 상대로 제기한 손해배상소송에서, 피해자가 모용계좌의 존재로 인해 잘못된 신뢰

---

82) 대법원 2014. 1. 29. 선고 2011다107627 판결, 대법원 2012. 11. 15. 선고 2010다 92346 판결, 대법원 2007. 6. 14. 선고 2005다32999 판결, 대법원 1998. 12. 23. 선고 98다31264 판결 등.

83) 대법원 2018. 10. 25. 선고 2016다223067 판결, 대법원 2016. 5. 12. 선고 2015다 234985 판결, 대법원 2014. 3. 27. 선고 2013다91597 판결 등.

84) 대법원 2014. 2. 27. 선고 2012다7199 판결.

85) 대법원 2007. 6. 14. 선고 2005다32999 판결.

86) 대법원 2012. 11. 15. 선고 2010다92346 판결.

87) 대법원 2018. 10. 25. 선고 2016다223067 판결.

를 형성하여 원인계약을 체결하기에 이르렀다거나 가해자가 그 모용계
좌의 존재로 인해 피해자의 재산권에 대한 접근 및 침해가 가능하게 된
경우에는 상당인과관계가 인정될 수 있다. 반면, 모용계좌가 사기적 거
래관계에서 이미 기망당한 피해자에 의하여 단순히 원인계약상의 채무의
이행을 위하여 입금하는데 이용되거나 다른 방법이나 경로로 피해자의
재산권을 침해하여 얻은 이득금 등을 입금·보관하는데 이용된 것에 불과
한 경우에는 상당인과관계가 부정된다.[88] 판례는 상당인과관계를 엄격하
게 판단함으로써 은행의 책임을 점차 제한하는 경향을 보이고 있다.[89]

　이상의 법리에 따라 금융기관이 자금세탁방지의무를 위반한 경우에
도 그 의무 위반과 자금세탁 실행으로 인한 전제범죄 피해자의 손해 발
생 사이에 상당인과관계가 인정된다면 과실방조에 의한 불법행위책임이
성립할 수 있다고 할 것이다. 다만, 상당인과관계의 존부는 자금세탁방
지의무의 유형별로 검토할 필요가 있으며 이는 뒤에서 다시 논하기로
한다.

라. 회사법상 이사의 손해배상책임

　상법 제401조에 따라 주식회사의 이사가 고의·중과실로 그 임무를 게
을리한 때에는 제3자에 대하여 손해를 배상할 책임이 있다. 이 조항은
1950년 개정된 일본상법 제266조의3을 계수한 것으로 우리나라와 일본
외에는 이사의 제3자에 대한 책임을 이처럼 포괄적으로 인정하는 예를

---

88) 박준, 한민, 금융거래와 법, 박영사 (2019), 52면. 대법원 2007. 7. 13. 선고 2005
　　다23599 판결, 대법원 2006. 1. 13. 선고 2003다54599 판결 등에서는 은행의 손해
　　배상책임이 인정된 반면, 대법원 2015. 6. 24. 선고 2014다231224 판결, 대법원
　　2016. 5. 12. 선고 2015다234985 판결 등에서는 책임이 부정되었다.
89) 이에 대한 비판적 검토로는 임정윤, "과실에 의한 방조로 인한 공동불법행위의
　　성립과 그 손해배상책임의 제한 - 대법원 2015. 6. 24. 선고 2014다231224", 민사
　　판례연구 제40권, 민사판례연구회 (2018) 725-774면.

찾기 어렵다고 한다.[90)]

그 책임의 법적 성질에 관해서는 ① 제3자 보호를 위해 상법이 특별히 인정한 법정책임으로서 불법행위책임과는 무관하므로 제3자에 대한 관계에서 위법성이 인정될 필요는 없고 불법행위책임과 경합한다는 주장(법정책임설), ② 이사를 보호하기 위해 경과실에 대한 책임을 면제한 것으로 그 외에는 일반불법행위책임과 동일하다는 주장(불법행위특칙설), ③ 상법이 특별히 인정한 불법행위책임으로서 위법성의 징표가 제3자에 대한 가해행위가 아닌 고의·중과실로 인한 임무해태에 있다는 주장(특수불법행위설) 등이 대립하고 있으며, 국내와 일본의 통설은 법정책임설을 취하고 있다.[91)] 그러나 어느 학설에 의하더라도 제3자의 손해에 관한 고의·중과실 및 위법성의 충족 없이 책임이 성립한다고 볼 수는 없으므로 실질적인 차이가 있다고 보기는 어렵다고 설명된다.[92)]

위와 같은 이사의 손해배상책임 상대방인 제3자는 회사나 이사와의 법률관계를 요하지 않으므로,[93)] 자금세탁 전제범죄의 피해자도 포함될 수 있다. 나아가 금융기관의 이사회는 경영진이 자금세탁방지를 설계·운영하는 내부통제 정책에 대한 감독책임을 지고, 경영진은 자금세탁방지 등을 위한 내부통제 정책의 설계·운영·평가 및 취약점에 대한 개선조치 사항의 이사회 보고 의무가 있다.[94)]

---

90) 김건식, "주주의 직접손해와 간접손해 - 이사의 제3자에 대한 책임을 중심으로", 법학 제34권 제2호, 서울대학교 법학연구소 (1993), 297면. 황남석, "상법상 이사의 제3자에 대한 책임 규정의 법제사적·비교법적 고찰", 상사법연구 제39권 제2호, 한국상사법학회 (2020), 217-218면.

91) 김건식(주 90), 298-299면.

92) 김순석, "이사의 제3자에 대한 손해배상책임과 주주의 간접손해 - 대법원 2012. 12. 13. 선고 2010다77743 판결", 상사법연구 제33권 제1호, 한국상사법학회 (2014), 191면. 이성우, "이사의 제3자에 대한 손해배상책임에 관한 소고", 법학논총 제27권 제3호, 국민대학교 법학연구소 (2015), 302면.

93) 김건식 외 6인, 회사법, 박영사 (2014), 236면.

94) 특정금융정보법 제5조 제3항 제3호, 같은 법 시행령 제9조 제2항 제6호, 자금세탁방지 및 공중협박자금조달금지에 관한 업무규정(금융정보분석원고시 제

따라서 금융기관의 이사가 고의·중과실로 위와 같은 자금세탁방지의무를 위반하였고 그 의무 위반과 전제범죄 피해자의 손해 발생 사이에 상당인과관계가 인정된다면 상법 제401조에 의한 손해배상책임을 부담할 수 있다. 다만, 이사의 의무는 원칙적으로 내부통제에 관한 것이므로 손해 발생과의 상당인과관계가 인정되기 어려운 경우가 많을 것이다.

2. 미국 판례의 검토

가. 책임이 부정된 사례

1) Mansor v. JPMorgan Chase Bank, N.A.

Mansor v. JPMorgan Chase Bank, N.A. 사건[95]은 폰지사기 피해를 입은 투자자들이 은행을 상대로 사기·자금세탁 방조 및 신인의무 위반 등을 이유로 손해배상을 청구한 사안이다.

이 사건에서 Wise와 Hogel 등은 'Millennium Bank'로 알려진 폰지사기를 계획하고 3개의 유령회사를 설립한 후 그 회사들 명의로 피고 은행에 계좌를 개설하였고, 고율의 이자를 지급한다고 기망하여 위조 CD를 판매하는 수법으로 투자자들로부터 약 1억 5,000만 달러를 편취하였다. 그들은 위 범죄수익을 세탁하기 위해 투자자들로부터 받은 수표를 위 계좌에 입금한 후 출금하는 행위를 반복하였는데, 그 수표에는 CD 이자율이 메모되어 있었다.

원고들은 위와 같이 대량의 수표가 지속적으로 입금되었고 그 수표에 이자율이 적혀 있어 해당 거래가 범죄와 관련되어 있다는 것을 충분히 의심할 수 있는 상황이었음에도, 피고 은행 직원들은 의심거래보고를 하거나 신속하게 계좌를 폐쇄하는 조치를 취하지 않고 거래를 진행하였

2019-2호) 제4조, 제5조.

95) 183 F.Supp.3d 250 (D.Mass. 2016).

으므로 사기와 자금세탁 방조 및 신인의무 위반에 해당한다고 주장하였다.

그러나 연방법원은 의심거래보고의 불이행만으로는 손해배상의 청구원인이 될 수 없고, 투자자들과 은행 사이에는 신인관계가 없으므로 은행이 계좌폐쇄조치를 취할 의무가 없다며 위 주장을 배척하였다. 다만, 연방법원은 위와 같은 수표 입금 행태를 의심하여 피고 은행 측이 수취를 제한하였는데 피고 은행 지점장이 그 제한을 철회하였다는 원고들의 주장에 대해서는 사기방조의 요건을 충족한다고 판단하였다.

2) Taylor & Co. v. Bank of America Corp.

Taylor & Co. v. Bank of America Corp. 사건[96]에서 피고 은행의 고객인 원고는 자신의 회계사가 원고의 승인 없이 피고 은행에 원고 명의의 계좌를 개설한 후 이를 이용하여 자금을 횡령함에 따라 피고 은행을 상대로 손해배상을 청구하면서, 피고 은행의 선관주의의무 위반과 함께 고객확인과 내부통제 등 은행비밀법상 자금세탁방지의무를 위반한 데 따른 negligence per se를 주장하였다.

연방법원은 원고의 승인 없는 계좌 개설과 관련해서는 피고 은행의 선관주의의무 위반에 따른 과실을 인정하였으나, 은행비밀법상 자금세탁방지의무 위반은 negligence per se에 따른 민사적 소권이 인정되지 않는다고 판시하면서 이 부분 주장은 배척하였다.

3) El Camino Resources, LTD. v. Huntington Nat. Bank

El Camino Resources, LTD. v. Huntington Nat. Bank 사건[97]은 컴퓨터리스업체가 은행을 상대로 사기 및 자금세탁 방조 책임을 주장하며 손해배상을 청구한 사안이다.

이 사건에서 Cyberco라는 회사는 컴퓨터리스업체인 원고 회사와 은행

---

96) U.S. District Court (W.D.N.C. 2014), 2014 WL 3557672.

97) 722 F.Supp.2d 875 (W.D.Mich. 2010).

등을 기망하여 1억 7,000만 달러 상당을 편취하였고, 그 사기와 범죄수익의 자금세탁 과정에 피고 은행에 개설된 계좌가 이용되었다.

원고 회사는 피고 은행이 위 계좌에 입금되는 자금이 범죄와 관련된 것임을 알았고, 범행에 이용된 자금을 Cyeberco에게 대출해 주었을 뿐 아니라 고객확인이나 내부통제 등 자금세탁방지의무를 제대로 이행하지 않았으므로 피고 은행은 방조책임이 있다고 주장하였다.

연방법원은 위 주장 외에는 피고 은행이 자금세탁 등 범죄를 실질적으로 인식하였다는 구체적인 근거의 제시가 없고, 원고 회사가 주장하는 사실관계만으로는 방조에서 요구하는 상당한 지원이 될 수 없다고 판시하며 피고 은행의 책임을 부정하였다.

4) de Abreu v. Bank of America Corp.

de Abreu v. Bank of America Corp. 사건[98])에서는 폰지사기로 인해 해외의 명목상 회사에 투자금을 입금한 브라질 투자자가 해외 은행에 환거래계좌를 제공한 미국 은행을 상대로 사기 및 자금세탁 방조 등을 주장하며 손해배상을 청구하였다.

이 사건에서도 연방법원은 자금세탁 등에 대한 피고 은행의 실질적인 인식을 뒷받침할 구체적인 근거의 제시가 부족할 뿐 아니라 환거래계좌를 제공한 것만으로는 상당한 지원이 될 수 없다며 원고의 주장을 배척하였고, 특히 방조 요건인 실질적 인식에 대한 원고의 입증책임은 극복 불가능한 것은 아닐지라도 매우 무거운 것이라고 판시하였다.

5) In re Bayou Hedge Fund Investment Litigation

In re Bayou Hedge Fund Investment Litigation 사건[99])에서는 헤지펀드 도산 후 투자자들이 그 펀드가 사기적으로 운용됨으로써 피해를 입었다

---

98) 812 F.Supp.2d 316 (S.D.N.Y. 2011).

99) U.S. District Court (S.D.N.Y. 2006), 2006 WL 8462703.

면서, 펀드 관련 계좌 개설 및 그 계좌에 있던 자금 1억 6,100만 달러를 이스라엘에 있는 펀드 운영자 개인의 계좌로 이체하는데 관여된 Citibank를 상대로 신인의무 위반 및 자금세탁 방조 등을 주장하며 집단소송을 제기하였다.

그러나 연방법원은 은행은 고객이 아닌 자에 대하여 그를 은행고객의 불법행위로부터 보호할 의무를 부담하지 않으며, 주장된 사실관계만으로는 은행의 책임을 인정할 수 없다고 판시하였다.

6) Rosner v. Bank of China

Rosner v. Bank of China 사건[100]에서는 부적절한 외화선물거래에 관여하였다가 사기 피해를 입은 기업의 투자자가 그 거래에 관여한 은행을 상대로 사기·자금세탁 방조 및 RICO법 위반 등을 주장하며 손해배상을 청구하였다.

이 사건에서 Siu Lap은 IFS라는 회사를 이용하여 투자사기를 벌였다. 그는 Citibank에 개설된 위 회사 계좌를 통해 피해자들로부터 투자금을 받은 후 이를 위 은행에 개설된 피고 Bank of China의 환거래계좌를 경유하여 피고 은행 마카오지점에 개설된 Siu Lap의 달러계좌로 송금하고, 다시 위 지점에서 송금받은 자금을 홍콩달러로 교환하여 인출하는 방식으로 범죄수익을 세탁하였다. 이와 같은 거래는 2002년 1월부터 6월까지 총 38회에 걸쳐 매회 10만 달러 이상 규모로 이루어졌다.

원고는 피고 은행이 위와 같은 사기와 자금세탁 계획을 알고 있으면서도 송금에 조력하였고, 특히 고객확인을 비롯한 자금세탁방지의무를 준수하지 않았으므로 방조책임이 성립한다고 주장하였다.

그러나 연방법원은 위와 같은 사실관계만으로는 피고 은행의 자금세탁 등에 대한 실질적 인식이나 상당한 지원이 있다고 보기에 부족하며, 특히 고객확인 등 자금세탁방지의무를 이행하지 않았다는 것만으로는

---

100) 528 F.Supp.2d 419 (S.D.N.Y. 2007).

방조에서 요구하는 상당한 지원이 될 수 없다고 판시하면서 원고의 주장을 배척하였다.

7) Casey v. U.S. Bank Nat. Assn.

Casey v. U.S. Bank Nat. Assn. 사건[101]에서는 파산관재인이 복수의 은행을 상대로 파산회사 수탁자들의 회사자금 횡령 및 자금세탁에 방조하였다는 이유로 손해배상을 청구하였다.

원고는 피고 은행들이 위 수탁자들의 허무인 명의 계좌 개설을 허용하였을 뿐 아니라, 그들이 그 계좌로부터 자금을 빼내기 위해 위조수표나 부도수표를 사용하고, 다량의 현금을 가방에 담아 은행 밖으로 나간다는 사실을 알고 있었다고 주장하였다.

그러나 캘리포니아 주법원은 피고 은행들이 위 수탁자들의 행동을 이상하게 생각하였을지라도, 원고 주장의 사실관계만으로는 횡령이나 자금세탁에 대한 실질적인 인식이 있었다고 보기는 어렵다고 판시하며 원고의 주장을 배척하였다.

나. 책임이 인정된 사례

1) Evans v. ZB, N.A.

Evans v. ZB, N.A. 사건은 폰지사기 피해자들이 복수의 은행을 상대로 사기와 자금세탁을 방조하였다고 주장하면서 손해배상을 구하는 집단소송을 제기한 사안이다.

이 사건의 1심 법원[102]은 "원고들은 피고 은행들의 고객이 아니므로 피고 은행들은 특별한 사정이 없는 한 원고들에 대하여 선관주의의무를 부담하지 않을 뿐 아니라, 은행은 거래상대방의 계좌를 조사할 의무가

---

101) 127 Cal.App.4th 1138 (Cal.App. 4 Dist. 2015).
102) U.S. District Court (E.D.Cal. 2017), 2017 WL 6513219.

없으므로 자금세탁 등 의심스러운 거래를 조사하지 않았더라도 불법행위를 구성하지 않는다. 유일한 책임 근거는 피고 은행들이 거래상대방의 불법행위를 실질적으로 인식하였다는 것이나 이를 인정할 증거가 없을 뿐 아니라, 불법을 인식하였더라도 은행은 거래상대방과의 금융거래관계를 단절할 의무가 없다"고 판시하면서 원고들의 주장을 배척하였다.

그러나 연방항소법원[103]은 "은행고객이 아닌 피해자에 대하여 은행의 책임이 없다는 원칙에 대해서는 예외가 존재하는데, 이는 고객이 불법행위를 저지른다는 사실을 알게 되었을 때 은행은 그 불법행위의 완성을 돕지 말아야 할 의무가 있다는 것이다. 따라서 이와 같은 의무를 이행하지 않은 이상 은행의 책임은 인정될 수 있는 것"이라고 판시하면서 1심 판결을 파기환송하였다.

2) Gonzales v. Lloyds TSB Bank, PLC

Gonzales v. Lloyds TSB Bank, PLC 사건[104]에서도 폰지사기 피해자들이 은행을 상대로 사기 및 자금세탁 방조를 주장하며 손해배상을 청구하였다.

캘리포니아 주법원은 피고 은행이 범죄수단인 회사의 설립과 그 회사로부터 자금을 인출하여 세탁한다는 것을 알고 있었다는 사실관계가 충분히 주장되었으므로, 방조 요건인 실질적 인식과 상당한 지원이 인정될 수 있다고 판시하였다.

3. 시사점 및 우리 법제에서의 검토

미국에서는 자금세탁방지의무 위반 자체로는 불법행위의 성립이 인정되지 않고 방조가 불법행위의 근거가 된다. 그러나 원칙적으로 자금세탁행위에 대한 실질적 인식과 자금세탁방지의무 위반 외의 상당한 지원

---

103) 779 Fed.Appx. 443 (9th Cir. 2019).
104) 532 F.Supp.2d 1200 (C.D.Cal. 2006).

을 요구하면서 그 요건을 엄격하게 적용하여 금융기관의 책임을 매우 제한적으로만 인정하고 있다.

이와 같은 미국 법원의 태도는 금융기관의 입장에 치우친 것이라고 볼 수 있겠으나, 한편으로는 앞에서 살펴본 금융기관의 딜레마를 해소해주기 위한 측면으로 이해할 수 있다. 의심거래를 진행하였다고 하여 불법행위책임을 쉽게 인정하게 되면 금융기관으로서는 가급적 거래를 단절해야 하겠지만 이는 다시 고객에 대한 책임을 초래할 수 있기 때문이다.

미국과 같은 딜레마에 놓여 있는 우리나라도 위와 같은 점을 충분히 참고할 필요가 있다. 그러나 미국과 달리 과실방조에 의한 불법행위가 인정되는 이상 그 법리에 따라 금융기관의 책임 유무를 판단해야 할 것이다. 이때 가장 중요한 기준은 상당인과관계로서 이는 자금세탁방지의무 유형별로 검토되어야 한다.

먼저 고객확인은 자금세탁의 예방을 위한 사전적 조치로서 이를 충실히 이행한다면 범죄수익의 금융시스템 진입을 차단하여 자금세탁의 실행을 막을 수 있고 이와 같은 역할은 금융기관만이 수행할 수 있는 것이다. 고객확인을 제대로 하지 않는다면 자금세탁의 성공으로 직결될 수 있는 것이므로, 고객확인의무를 이행하지 않은 과실은 자금세탁으로 인해 발생한 전제범죄 피해자의 피해회복 불능 내지 곤란이라는 손해와 상당인과관계가 인정될 수 있다고 보아야 할 것이다.

대법원이 명의 모용계좌 개설과 관련하여 실명확인을 하지 않은 금융기관의 불법행위책임을 인정하면서, '금융기관이 대리인의 신원 확인 등 최소한도의 조치만 취하더라도 금원을 편취하는 범죄의 잠재적 위험을 상당 부분 제거할 수 있고 예금계좌의 개설에 임하는 금융기관 이외에는 위와 같은 역할을 수행할 주체가 전혀 존재하지 않는 점 등에 비추어 그러한 조치를 전혀 취하지 않은 결과 개설된 모용계좌가 범죄에 이용되어 제3자에게 손해를 가하였다면 금융기관의 주의의무 위반은 그 손해와 사이에 상당인과관계가 있다'고 판시한 것도 같은 취지라고 할

수 있다.[105]

반면, 의심거래보고나 고액현금거래보고는 사후적 조치로서 자금세탁의 예방보다는 범죄의 적발과 범죄수익의 환수를 위한 것일 뿐 아니라, 그 보고가 이루어진다고 하여 반드시 수사로 이어지거나 범죄 적발 및 범죄수익이 환수되는 관계가 성립하는 것은 아니다. 따라서 보고의무 불이행과 범죄피해자의 손해 사이에 상당인과관계를 인정하기는 어려울 것이다. 다만, 거래보고를 하지 않음으로써 안심하고 자금세탁을 할 수 있도록 해 주는 경우가 있을 수 있으나, 이는 자금세탁에 가담하거나 고객확인의무를 불이행하는 경우에 해당할 가능성이 높다.

내부통제체계의 구축의무를 위반한 경우에도 이는 금융거래와 직접 관련된 것은 아니므로 범죄피해자의 손해와 상당인과관계를 인정하기는 어려울 것이다. 다만, 내부통제체계가 완전히 형해화되어 있다면 고객확인도 제대로 이루어지지 않는 경우에 해당할 수 있을 것이다.

나아가 금융기관의 이사는 자금세탁방지의무의 주체이기는 하나 개별 금융거래가 아니라 내부통제와 관련된 책임을 지고 있으므로, 자금세탁과 관련된 해당 거래를 보고받고 승인하는 등으로 직접 관여하지 않은 이상 내부통제체계 구축의무 위반만으로는 중과실이나 범죄피해자의 손해와의 상당인과관계가 인정되기는 어려울 것이다. 그러나 내부통제체계가 완전히 형해화되어 있고 이로 인해 고객확인이 이루어지지 않음으로써 자금세탁이 실행되었다면 이사의 범죄피해자에 대한 손해배상책임이 인정될 가능성을 배제할 수 없다.

대법원도 "대표이사가 타인에게 회사업무 일체를 맡긴 채 자신의 업무집행에 아무런 관심도 두지 아니하여 급기야 부정행위 내지 임무해태를 간과함에 이른 경우에는 악의 또는 중대한 과실에 의하여 그 임무를 소홀히 한 것이라고 봄이 상당하다"고 판시하면서 상법 제401조의 손해배상책임을 인정하고 있는 점을 유의할 필요가 있다.[106]

---

105) 대법원 2006. 1. 13. 선고 2003다54599 판결.

Ⅲ. 회사에 대한 책임

1. 책임의 근거

금융기관의 이사는 주식회사 이사로서의 선관주의의무와 충실의무를 부담하며, 특히 금융기관의 공공적 성격에 걸맞은 고도의 주의의무를 다할 것이 요구된다.[107] 이는 법령에 따른 자금세탁방지의무를 충실히 이행함으로써 해당 금융기관에 손해를 끼치지 말아야 할 의무를 포함하는 것이다.

따라서 고의·과실로 그 의무를 위반하여 해당 금융기관이 제재를 받거나 손해배상책임을 부담하는 등으로 손해를 입은 경우에는 상법 제399조에 따라 그 금융기관에 대하여 손해배상책임을 부담할 수 있다.

2. 미국 연방법원 판례

가. City of Cambridge Retirement System v. Ersek

City of Cambridge Retirement System v. Ersek 사건[108]은 자금세탁방지 프로그램 구축·운영의무 위반으로 정부의 제재를 받은 전자송금서비스 회사의 주주들이 위 회사의 임원들을 상대로 선관주의의무 위반을 주장하며 주주대표소송을 제기한 사안이다.

이 사건에서 West Union은 200여개 국가에 소재한 55만여 중개인과 제휴하여 국제적 네트워크를 구축하고 이를 통해 전자송금서비스를 제

---

106) 대법원 2010. 2. 11. 선고 2009다95981 판결. 대법원 2003. 4. 11. 선고 2002다70044 판결.

107) 대법원 2002. 3. 15. 선고 2000다9086 판결.

108) 921 F.3d 912 (10th Cir. 2019).

공해 온 미국 회사이다. 2002년부터 2006년 사이에 연방과 주 감독당국
은 위 회사의 자금세탁방지의무 위반을 조사하였고, 위 회사는 보고·기
록보존·감시체계의 결함을 개선하기로 당국과 합의하였다. 그러나 이는
제대로 이행되지 않았고 2008년과 2010년 다시 당국과의 합의가 이루어
졌는데, 특히 2010년 합의에서는 인신매매와 관련된 자금세탁 패턴이 있
었음을 알 수 있었다는 이유로 위 회사에 9,400만 달러의 벌금이 부과되
었다.

그럼에도 위 회사는 자금세탁 감시체계를 개선하지 않았고 캘리포니
아 송금중개인이 6,570만 달러의 거래조작 혐의로 체포되자 연방당국은
위 회사에 대한 수사에 착수하였으며, 2017년 위 회사의 자금세탁방지
프로그램 구축의무 위반을 인정하는 기소유예합의(DPA)가 이루어졌다.

연방법원은 Caremark 판결109)의 법리에 따라 이사의 선관주의의무 위
반이 성립되기 위해서는 ① 보고·정보공유·내부통제 등 자금세탁방지
프로그램 구축의무를 일체 이행하지 않거나, ② 그와 같은 프로그램이
구축되어 있음에도 그 운영에 대한 감독을 의식적으로 해태하여 위험을
감지하지 못하게 되었다는 점이 인정되어야 하며, 어느 경우든 의식적으
로 그리고 악의로 신인의무를 불이행하였다는 점이 인정되어야 한다고
전제하였다. 나아가 연방법원은 원고들은 위 ② 유형의 신인의무 위반을
주장하고 있는데, 그 주장이 성립되기 위해서는 피고들이 위험을 감지할
만한 신호(red flags)가 있었어야 할 것이나 이를 인정할 근거가 없고, 그
외에 피고들이 의식적으로 위와 같은 감독의무를 해태하였다는 사실관
계가 주장되지 않았다고 판시하면서 원고들의 청구를 배척하였다.

나. Nahl v. Jaoude

Nahl v. Jaoude 사건110)은 자금세탁 및 테러방조 혐의로 미국 정부로

---

109) In re Caremark Int'l Inc. Deriv. Litig., 698 A.2d 959 (Del. Ch. 1996).

부터 민사몰수를 당한 레바논계 은행의 주주들이 해외불법행위법(Alien Tort Statute, ATS)[111]을 근거로 하여 위 은행과 그 이사들 및 지배주주를 상대로 주주대표소송을 제기한 사안이다.

이 사건에서 피고 Jaoude는 Lebanese Canadian Bank(LCB)의 회장 겸 자금세탁방지위원회 의장, 피고 Hamdoun은 위 은행 부회장 겸 자금세탁방지위원회 부의장으로서 피고들은 위 은행 지분 76%를 보유하였고, 나머지 24% 지분은 요르단 사업가와 레바논 지주회사인 원고들이 보유하고 있었다.

LCB는 레바논 무장테러단체 Hizballah의 국제적 마약거래와 자금세탁 통로로 활용되었다. 위 단체는 남미에서 생산된 대량의 코카인을 남아프리카로 밀수하여 판매한 후 그 수익을 미국 뉴욕에 소재한 New York Mellon, Standard Chartered, Wells Fargo, JPMorgan Chase, Mashreq 등 5개 환거래은행을 통해 미국 소재 중고차업자에게 송금하였다. 그 중고차업자가 그 자금으로 12개 주에서 중고차를 구입한 후 이를 남아프리카로 수출하면, 위 단체는 위 중고차를 되팔아 현금화한 후 그 현금을 배달원을 통해 레바논으로 밀수하여 LCB에 예치하였다. 그 규모는 연 2억 달러에 달하였고 Hizballah는 이 자금을 시리아 내전 등과 관련된 테러자금으로 사용하였다. 피고들은 LCB에 예치된 자금이 Hizballah와 연계된 것이라는 사실을 알고 있었을 뿐 아니라, 레바논중앙은행이 위 사실을 조사하지 못하도록 영향력을 행사하기도 하였다.

이에 미국 정부는 LCB에 대한 수사를 개시하여 1억 5,000만 달러를 압수한 후 민사몰수를 청구하였고, 그 중 1억 200만 달러의 민사몰수를 수용하기로 합의되었으며, 이와 같은 제재로 인해 LCB는 자산이 50억 달러에서 4억 달러로 감소하는 등 부실화되어 파산하였다.

연방법원은 피고들의 행위는 자금세탁 및 테러를 방조한 것으로 이

---

110) Nahl v. Jaoude, 354 F.Supp.3d 489 (S.D.N.Y. 2018)
111) 28 U.S.C. § 1350.

를 금지하는 국제규범에 따라 ATS상의 불법행위를 구성하는 동시에 신인의무 위반 및 지배권 남용에 해당하므로 손해를 배상할 의무가 있다고 판시하였다.[112)]

3. 시사점 및 우리 법제에서의 검토

미국에서는 내부통제체계 구축·운영 등 자금세탁방지의무의 해태에 따른 금융기관 이사의 책임 인정 요건으로 고의 내지 악의를 요구하고 있어 신인의무 위반에 매우 엄격한 기준을 적용하고 있다고 할 수 있다. 다만, 자금세탁 발생에 대한 위험 신호가 존재하는 경우에는 위와 같은 주관적 요건이 충족될 수 있다는 점을 시사하고 있다.

우리 상법 제399조는 고의 뿐 아니라 과실로 법령에 위반한 행위를 하거나 그 임무를 게을리한 경우 회사에 대한 손해배상책임을 인정하고 있고, 앞에서 본 바와 같이 금융기관의 이사는 자금세탁방지를 위한 내부통제 설계·운영의 감독과 개선에 대한 책임을 부담하고 있다.

따라서 위와 같은 법령상의 의무를 충실히 이행하지 않은 경우로서 임직원이 자금세탁에 가담하거나 고객확인·거래보고 등이 제대로 이루어지지 않고 있다는 등 업무 집행이 위법하다고 의심할 만한 사정이 있었다면 임무의 해태에 과실이 인정될 수 있고, 그로 인해 금융기관이 제재 등 책임 부담으로 손해를 입은 경우에는 그 손해를 배상할 책임이 있다고 할 것이다.

이와 같은 취지에서 대법원도 입찰담합으로 인해 공정거래위원회로부터 과징금을 부과받은 대우건설의 주주들이 이사들을 상대로 제기한 대표소송에서, "주식회사의 이사는 담당업무는 물론 대표이사나 업무담

---

112) 다만, 위 사건의 항소심에서는 테러자금조달행위를 금지하는 국제규범은 ATS 하에서 소송의 근거가 될 수 있지만, 원고가 주장하는 손해는 이에 해당하지 않는다는 이유로 1심 판결을 파기환송하였다. Nahl v. Jaoude, 968 F.3d 173 (2d Cir. 2020).

당이사의 업무집행을 감시할 의무가 있으므로 스스로 법령을 준수해야 할 뿐 아니라 대표이사나 다른 업무담당이사도 법령을 준수하여 업무를 수행하도록 감시·감독하여야 할 의무를 부담한다. … 따라서 주식회사의 이사가 대표이사나 업무담당이사의 업무집행이 위법하다고 의심할 만한 사유가 있음에도 고의 또는 과실로 인하여 감시의무를 위반하여 이를 방치한 때에는 이로 말미암아 회사가 입은 손해에 대하여 상법 제399조 제1항에 따른 배상책임을 진다. … 모든 이사는 적어도 회사의 목적이나 규모, 영업의 성격 및 법령의 규제 등에 비추어 높은 법적 위험이 예상되는 업무와 관련해서는 제반 법규를 체계적으로 파악하여 그 준수 여부를 관리하고 위반사실을 발견한 경우 즉시 신고 또는 보고하여 시정조치를 강구할 수 있는 형태의 내부통제시스템을 구축하여 작동되도록 하는 방식으로 감시의무를 이행하여야 한다"고 판시하여 이사의 회사에 대한 손해배상책임을 인정한 바 있다.[113]

---

113) 대법원 2022. 5. 12. 선고 2021다279347 판결.

제3절 형사책임

I. 현행법상 처벌규정

자금세탁방지 규제법상 금융기관 종사자와 관련된 직접적인 형사처벌 규정은 모두 보고·신고 의무와 관련된 것으로, 허위의 의심거래보고나 고액현금거래보고 및 의심거래보고 사실의 누설,[114] 금융거래 등과 관련하여 수수한 재산이 범죄수익 등이라는 사실 또는 상대방이 자금세탁을 하고 있다는 사실의 미신고 및 신고 사실의 누설[115]이 처벌 대상이다. 위 신고는 의심거래보고와 달리 범죄수익 등이나 자금세탁행위를 실제로 인식하였음을 요한다.[116]

그 외에도 금융기관 종사자가 자금세탁에 가담하거나 이를 방조하였다면 해당 범죄의 공범책임을 부담할 수 있고, 범죄수익이라는 정황을 알면서 이를 수취하는 거래를 진행한 경우 범죄수익수수죄로 처벌받을 수 있다.[117]

이상의 범죄는 모두 양벌규정이 적용되므로 금융기관도 형사책임을 부담할 수 있다.[118] 이하에서는 자금세탁의 공범책임을 먼저 살펴본 후 범죄수익수수죄 등 금융기관의 형사책임 관련 문제를 검토하기로 한다.

---

114) 특정금융정보법 제17조 제3항.
115) 범죄수익은닉규제법 제5조, 마약거래방지법 제11조, 제5조.
116) 범죄수익은닉규제법 제5조 제1항, 마약거래방지법 제5조 제1항.
117) 범죄수익은닉규제법 제4조, 마약거래방지법 제8조.
118) 특정금융정보법 제19조, 범죄수익은닉규제법 제7조, 마약거래방지법 제18조.

II. 자금세탁범죄의 공범책임

1. 책임의 근거

금융거래 종사자가 거래상대방과 공모하여 자금세탁의 실행을 돕는 등으로 자금세탁범죄에 가담하거나 이를 방조한 경우 공범책임을 지게 될 것이다. 그러나 한편 금융기관은 자금세탁방지의무와 함께 일반 대중에게 금융서비스를 제공할 의무를 부담하므로, 자금세탁을 시도하려는 상대방의 거래 요청을 거절하지 않고 그대로 거래를 진행한 경우 형법상 방조에 해당할 수 있는지 여부는 신중하게 검토할 필요가 있다.

형법상 방조행위는 정범이 범행을 한다는 정을 알면서 그 실행행위를 용이하게 하는 직접·간접의 모든 행위를 가리키는 것으로서 유형적, 물질적인 방조 뿐 아니라 정범에게 범행의 결의를 강화하도록 하는 것과 같은 무형적, 정신적 방조행위까지도 이에 해당하며, 방조범은 정범의 실행을 방조한다는 방조의 고의와 정범의 행위가 구성요건에 해당하는 행위인 점에 대한 정범의 고의가 있어야 하나, 정범의 고의는 정범에 의하여 실현되는 범죄의 구체적 내용을 인식할 것을 요하는 것은 아니고 미필적 인식이나 예견으로 족하다.[119)]

또한 형법상 방조는 직무상 의무가 있는 자가 정범의 범죄행위를 인식하면서도 그것을 방지해야 할 제반 조치를 취하지 않는 부작위로 인해 정범의 실행행위를 용이하게 하는 경우에도 성립되는 것으로, 형법이 금지하고 있는 법익침해의 결과 발생을 방지할 법적인 작위의무를 지고 있는 자가 그 의무를 이행함으로써 결과 발생을 쉽게 방지할 수 있었음에도 불구하고 그 결과의 발생을 용인하고 이를 방관한 채 그 의무를 이

---

119) 대법원 2018. 9. 13. 선고 2018도7658 판결, 대법원 2011. 10. 27. 선고 2011도8109 판결, 대법원 2010. 3. 25. 선고 2008도4228 판결, 대법원 2010. 2. 25. 선고 2008도4844 판결 등.

행하지 않은 경우 그 부작위가 작위에 의한 법익침해와 동등한 형법적 가치가 있는 것이어서 그 범죄의 실행행위로 평가될 만한 것이라면 작위에 의한 행위와 동일하게 부작위범으로 처벌할 수 있다.[120]

이와 같이 형법상 방조는 주관적 요소인 고의와 객관적 요소인 방조 행위의 범위가 매우 넓고, 금융기관 종사자는 직무상 자금세탁을 방지할 법적인 작위의무를 부담하고 있다. 따라서 단순한 의심만으로는 자금세탁의 방조죄가 성립되지 않겠지만, 자금세탁 가능성을 미필적으로라도 인식하거나 예견하였고, 자금세탁방지의무를 이행하였다면 자금세탁을 쉽게 방지할 수 있었을 것임에도 이를 방관한 채 의무를 이행하지 않음으로써 자금세탁이 실행되게 하였다면 부작위에 의한 자금세탁 방조죄가 성립할 가능성이 있다고 할 수 있다.

2. 자금세탁방지의무 위반에 따른 방조죄 성립 여부

자금세탁방지의무를 위반한 경우의 자금세탁 방조죄 성립 여부는 앞에서 살펴본 법리에 따라 의무 유형별로 검토할 필요가 있다. 민사책임에서의 과실방조는 의무 위반과 손해 발생 사이의 상당인과관계가 요구되지만, 형법상 방조는 위와 같은 상당인과관계를 요건으로 하지 않을 뿐 아니라 유형적·물질적 방조는 물론 무형적·정신적 방조도 포함한다는 점에서 차이가 있다.

먼저 고객확인의무와 관련해서는, 민사책임의 논의에서 본 바와 같이 고객확인은 자금세탁의 예방을 위한 사전적 조치로서 이를 충실히 이행한다면 범죄수익의 금융시스템 진입을 차단하여 자금세탁의 실행을 막을 수 있는 것으로, 자금세탁 가능성을 인식한 금융기관 종사자가 이러한 의무 이행을 포기하는 것은 자금세탁의 완성에 조력하는 것과 동일

---

120) 대법원 2012. 4. 26. 선고 2010다8709 판결, 대법원 1997. 3. 14. 선고 96도1639 판결, 대법원 1996. 9. 6. 선고 95도2551 판결 등.

하게 평가할 수 있으므로 방조죄가 성립할 수 있다고 할 것이다.

　다음으로 의심거래보고나 고액현금거래보고는 금융거래 이후의 사후적 조치로서 이를 이행하지 않은 것만으로는 방조행위에 해당한다고 보기 어려울 것이다. 그러나 거래보고를 하지 않겠다는 의사를 표시하여 자금세탁 행위자가 안심하고 자금세탁을 실행하도록 한 경우에는 정범에게 범행의 결의를 강화하도록 하는 무형적·정신적 방조행위에 해당하여 방조죄가 성립할 수 있을 것이다.

　내부통제체계의 심각한 형해화로 인해 고객확인 등 자금세탁방지의무 이행이 제대로 이루어지지 않아 자금세탁범죄가 실행된 경우 경영진이 방조죄의 책임을 질 것인지 여부도 문제될 수 있다. 그러나 자금세탁행위와 관련된 거래를 보고받고 이를 묵인하는 등 범죄에 대한 인식이 있었다고 볼 특별한 사정이 없는 한 내부통제체계 구축의무 위반만으로 형사책임을 부담한다고 보기는 어려울 것이다. 다만, 앞에서 본 바와 같이 민사책임까지 면할 수 있는 것은 아니다.

Ⅲ. 그 외 쟁점별 검토

1. 범죄수익수수죄

　범죄수익은닉규제법 제4조와 마약거래방지법 제8조는 그 정황을 알면서 범죄수익과 그 유래재산 및 혼화재산을 수수하는 행위를 처벌하고 있다. 이는 자금세탁과는 무관하게 범죄수익을 수취하는 거래 자체로 성립할 수 있는 범죄로서 미국 자금세탁통제법 제1957조의 불법금전거래범죄, 영국 범죄수익법 제329조의 범죄재산취득죄 및 일본 조직적범죄처벌법 제11조, 마약특례법 제7조의 범죄수익수수죄와 같은 것이다.[121] 다

---

121) 18 U.S.C. § 1957(a). POCA §§ 339A(1), 329(2C).

만, 앞에서 본 바와 같이 미국 자금세탁통제법 제1957조의 불법금전거래 범죄는 거래가액이 10,000달러 이상일 것을 요건으로 하고, 영국 범죄수익법은 예금계좌 거래와 관련하여 범죄재산의 가치가 £250 미만인 경우는 형사책임 대상에서 제외하고 있다.

범죄수익수수죄는 금융기관도 예외가 될 수 없으며, 금융기관 종사자가 자금세탁 가능성을 인식하고 범죄수익을 수수한 경우 자금세탁방조죄 외에 범죄수익수수죄도 성립할 수 있다.

자금세탁의 정황을 인식하였다면 해당 금융기관 종사자로서는 고객의 신원과 실제소유자는 물론 거래 목적과 자금의 원천을 확인하는 등 강화된 고객확인을 실시하고 그 확인이 불가능한 경우 신규거래의 거절 및 기존 거래의 종료 의무가 있다. 따라서 이러한 의무를 이행하지 않음에 따라 범죄수익과 관련된 자금이 금융기관에 입고된 경우에는 범죄수익수수죄가 성립할 수 있을 것이다.

특히 앞에서 본 바와 같이 미국의 불법금전거래범죄는 거래 목적물이 범죄와 관련된 것이라는 점에 대한 일반적 인식이나 의도적 무관심만 있으면 성립되는 것으로 그 인정 범위가 매우 넓다. 영국도 이와 다르지 않으며 금융기관이 범죄재산취득죄의 책임을 면하기 위해서는 의심거래보고와 거래동의가 유일한 방어수단이 된다.

우리 법상 범죄수익수수죄 역시 수수 재산이 범죄수익 등이라는 '정황'에 대한 인식만 있으면 성립한다는 점에서, 금융기관이 아직 문제된 사례는 없지만 그 위험은 매우 크다고 할 수 있다. 대법원은 범죄수익수수죄의 고의에 관하여 "범죄수익 등이라는 정의 인식은 반드시 확정적인 것을 요하지 않고, 범죄수익 등일지도 모른다는 의심을 가지는 정도의 미필적 인식으로도 족하다"는 입장을 취하고 있다.[122]

다만, 고객확인 과정에서 법령상 의무를 모두 이행하였음에도 범죄수익 여부를 확인하지 못하여 거래가 이루어진 경우에는 비록 의심이 남

---

122) 대법원 2007. 2. 9. 선고 2005도2709 판결.

아 있다고 하더라도 범죄수익수수죄의 고의를 인정하기는 어려울 것이다. 이때에도 형사책임을 인정한다면 그 책임을 면하기 위해 거래를 단절해야 할 것이나 이는 고객에 대한 책임 문제를 유발할 수 있기 때문이다.

한편, 계약 시에 그 계약에 관련된 채무의 이행이 범죄수익 등에 의하여 행하여지는 것이라는 정황을 알지 못하고 그 계약과 관련된 채무의 이행으로서 제공된 것을 수수한 경우에는 범죄수익수수죄가 성립하지 않는다.[123] 따라서 범죄수익인 정황을 알면서 대출금채권을 변제받는 경우라도 대출 당시에 그 사정을 알지 못하였다면 범죄수익수수죄는 성립하지 않는다.[124]

2. 허위거래보고죄

고액현금거래보고의 대상은 거래자 정보, 지급·영수액과 거래수단 등 현금거래내역 및 수취인 정보이므로,[125] 허위 고액현금거래보고죄는 이와 같은 보고 대상을 허위로 기재하는 것을 의미한다. 다만, 객관적으로 확인이 가능한 거래내역을 허위 기재하는 경우는 상정하기 어려우므로 주로 차명거래나 입금자가 계좌명의인과 다른 경우 등에서 거래자정보를 허위로 보고하는 경우가 문제될 수 있을 것이다.

고액현금거래보고를 회피하기 위해 1,000만 원 미만의 분할거래를 한다는 사정을 알면서도 보고하지 않은 경우, 우리 법상으로는 1,000만 원 이상 지급·영수한 경우에 한하여 보고 대상이고 현금거래조작을 처벌하지 않으므로 형사책임은 부과되지 않는다. 다만, 이는 의심거래보고 대상일 뿐 아니라,[126] 뒤에서 보는 것처럼 거래상대방과 공모하여 고액현

---

123) 범죄수익은닉규제법 제4조 단서, 마약거래방지법 제8조 단서.
124) 박철우, 김중, 조아라, 양재영, 범죄수익환수 실무 연구, 서울중앙지방검찰청 (2019), 428면.
125) 특정금융정보법 제4조의2 제4항, 같은 법 시행령 제8조의6 제1항, 특정 금융거래정보 보고 및 감독규정 제11조 제1항, 별지 제2호.

금거래보고를 회피한 경우 해당 금융기관에 대한 영업정지가 가능하다.[127]

허위의심거래보고죄의 성립 범위와 관련해서는 우선 그 보호법익이 무엇인지 살펴볼 필요가 있다.

의심거래보고는 범죄혐의 적발 및 범죄수익의 환수를 위한 당국의 수사나 조사에 협력하기 위한 것이므로 허위의심거래보고죄는 이와 같은 국가적 법익을 보호하기 위한 범죄라고 할 것이다. 그러나 한편 허위의심거래보고로 인해 거래상대방은 무고하게 수사나 조사를 받는 피해를 입을 수 있으므로 위 범죄는 무고죄와 유사한 성격도 가진다고 할 수 있다. 무고죄는 국가의 형사사법권 등의 적정한 행사를 주된 보호법익으로 하지만 부수적으로 개인이 부당하게 처벌받지 않을 이익도 보호한다.[128] 따라서 허위의심거래보고죄의 성립 여부는 위와 같은 두 가지 측면에서 접근할 필요가 있다.

국가 기능 침해의 관점에서는 의심거래보고에 기재된 정보는 금융정보분석원의 분석을 통해 수사나 조사 당국에 제공되는 것으로서 이와 같은 정보의 제공은 행정청의 작용으로 볼 수 있으므로, 행정청의 작용을 구하는 행위와 관련된 위계공무집행방해의 법리를 참고할 수 있다. 즉 출원에 의한 행정관청의 처분은 출원사유가 사실과 부합하지 않는 경우가 있음을 전제하여 심사 결정하는 것이므로 출원자가 허위의 출원사유를 기재하였더라도 행정관청이 이를 진실한 것으로 받아들였다면 이는 행정관청의 불충분한 심사에 기인한 것으로 위계공무집행방해죄를 구성하지 않는다.[129] 반면, 당사자가 허위 소명자료를 첨부하여 제출한 경우 행정관청이 충분히 심사하였으나 거짓임을 발견하지 못하였다면

---

126) 특정금융정보법 제4조의2 제2항.
127) 특정금융정보법 제15조 제4항 제3호, 같은 법 시행령 제15조 제1항.
128) 대법원 2017. 5. 30. 선고 2015도15398 판결, 대법원 2005. 9. 30. 선고 2005도2712 판결.
129) 대법원 1997. 2. 28. 선고 96도2825 판결, 대법원 1982. 12. 14. 선고 82도2207 판결.

위계공무집행방해죄가 성립할 수 있다.[130]

무고와 관련해서는 신고사실의 정황을 과장하는 데 불과하거나 허위
인 일부 사실의 존부가 전체적으로 보아 범죄사실의 성립 여부에 직접
영향을 줄 정도에 이르지 않는 내용에 관계되는 것이라면 무고죄가 성
립하지 않는다.[131]

허위의심거래보고죄는 이상의 법리와 함께 의심거래보고에 오류가
있었다고 하여 쉽게 형사책임을 인정한다면 보고가 크게 위축될 우려가
있는 점, 의심거래보고는 기본적으로 보고자의 주관적 판단에 의존할 수
밖에 없다는 점을 종합적으로 고려해야 한다.

따라서 의심거래보고와 관련된 민사책임 면책의 배제요건에서 논한
바와 마찬가지로, 의심거래의 주관적인 판단 근거에 오류가 있다거나 또
는 일부 정보를 사실과 다르게 기재하거나 자료의 누락이 있다고 하더
라도 그러한 사정만으로 허위의심거래보고죄를 인정해서는 안 되며, 객
관적으로는 사실관계와 관련 자료를 조작하는 등으로 금융정보분석원의
분석을 통해서도 허위임을 발견하지 못할 정도에 이르고, 주관적으로는
수사나 조사의 방해 또는 거래상대방에 대한 가해의 의사가 있는 때에
한하여 범죄가 성립될 수 있다고 보아야 할 것이다.

3. 금융기관 수수자금의 몰수·추징 가능성

범죄수익 등 자금세탁 목적의 자금이 금융기관에 예치된 경우 해당
금융기관이 그 자금을 몰수 또는 추징당할 수 있다면 금융기관에 상당
한 부담이 될 수 있으므로 이를 검토할 필요가 있다. 특히 거액의 자금
을 예치받은 후 이를 고객의 지시에 따라 송금함으로써 해당 금융기관

---

130) 대법원 2011. 5. 26. 선고 2011도1484 판결, 대법원 2011. 4. 28. 선고 2010도
14696 판결, 대법원 2002. 9. 10. 선고 2002도2131 판결.
131) 대법원 2010. 2. 25. 선고 2009도1302 판결, 대법원 2008. 8. 21. 선고 2008도3754
판결.

에는 그 자금이 남아있지 않은데, 위 예치나 송금에 대하여 범죄수익수수죄 또는 자금세탁범죄의 형사책임을 부담하고 이에 따라 예치받은 자금 상당액을 추징당한다면 해당 금융기관은 큰 손실을 입게 되는 것이다.

우리나라는 영미법과 같은 민사몰수 제도가 없으므로 몰수·추징을 위해서는 그 대상자에 대한 형사판결이 선고되어야 하고, 몰수대상재산이 자금세탁범죄의 정범 또는 공범 소유물이거나,[132] 그 외의 자가 범죄수익수수죄를 저지른 경우에 해당해야 한다.[133] 또한 양벌규정이 적용되는 법인에 대해서도 몰수·추징이 가능하다.[134]

따라서 금융기관 종사자에게 자금세탁범죄의 공범 또는 범죄수익수수죄가 성립하고 양벌규정의 적용으로 해당 금융기관이 유죄판결을 선고받을 경우 그 금융기관에 대한 몰수·추징의 가능성이 있다. 이하에서 경우를 나누어 살펴본다.

금융기관이 자금세탁의 공범책임을 부담할 경우와 관련해서는, 정범만 기소된 경우에는 몰수대상자금이 정범 소유이든 금융기관 소유이든 정범으로부터 몰수·추징할 수 있고, 금융기관만 기소된 경우에는 그 금융기관으로부터 몰수·추징할 수 있다.[135] 정범 소유는 예금·증권, 금융기관 소유는 신탁이나 증권 매수대금, 보험료 등을 예로 들 수 있다. 정범과 금융기관이 함께 기소된 경우에는 귀속관계를 따져 해당 재산이 귀속된 자로부터 몰수·추징한다. 다만, 자금세탁의 전제범죄가 재산적 법익 침해범죄로서 피해자가 있는 경우에는 몰수할 수 없다.[136]

금융기관이 범죄수익수수죄로 기소될 경우에는 그 범죄의 본범이므로 해당 금융기관에 대하여 몰수·추징이 가능하다고 할 것이다.[137]

---

132) 대법원 2013. 5. 23. 선고 2012도11586 판결.
133) 범죄수익은닉규제법 제9조 제1항.
134) 대법원 1980. 12. 9. 선고 80도584 판결.
135) 주 132 대법원 판결. 박철우 등(주 124), 83면.
136) 범죄수익은닉규제법 제8조 제3항.
137) 범죄수익은닉규제법 제9조 제1항 단서, 제10조 제1항.

제4절 행정책임

I. 책임의 근거 및 유형

국내 규제법상 자금세탁방지의무를 위반한 금융기관의 행정적 책임은 특정금융정보법과 금융사지배구조법 및 금융업권법에서 중복적으로 규정하고 있다.

특정금융정보법상 제재는 관계행정기관장에 대한 영업정지요구 및 시정명령·기관경고·기관주의 등 기관제재와 함께 임직원 징계요구와 과태료로 구성된다. 구체적 양정기준은 특정 금융거래정보 보고 등에 관한 검사 및 제재규정(이하 '검사제재규정')138)에서 자세히 규정하고 있다.

특히 특정금융정보법 시행령 제15조 제4항 제3호, 같은 법 시행령 제15조 제1항은 거래상대방과 공모하여 거래보고를 하지 않거나 거짓으로 하여 금융거래 질서를 해치거나 해칠만한 상당한 우려가 있다고 인정되는 경우 영업정지를 할 수 있도록 규정하고 있다. 이때 '거래보고를 하지 않은 경우'는 분할거래를 하여 고액현금거래보고를 회피함으로써 보고를 하지 않게 된 경우도 포함한다고 해석함이 상당하다.

특정정보금융법상 제재와는 별도로 내부통제기준과 관련하여 금융사지배구조법은 자금세탁방지를 위한 내부통제체계의 구축의무를 규정하고 이를 위반한 경우 시정명령 등 기관 제재 및 임직원 제재와 함께 1억 원 이하의 과태료 부과를 규정하고 있다.139) 또한 은행법과 자본시장법 등은 위와 같은 내부통제체계 구축의무 위반에 대하여 과태료를 제외하고 금융사지배구조법과 유사한 수준의 제재를 규정하고 있다.140)

---

138) 시행 2021. 4. 23. 금융정보분석원고시 제2021-2호.
139) 금융사지배구조법 제24조, 제34조, 제35조, 제43조 제1항 제16호, 같은 법 시행령 제19조 제1항 제13호, 금융회사 지배구조 감독규정 제11조 제2항 제6호.
140) 은행법 제53조, 자본시장법 제420조.

한편, 자금세탁 혐의가 밝혀진 금융기관에 대하여 인가를 취소할 수 있는 영미법과 달리 국내법상으로는 영업정지명령을 불이행한 가상자산 사업자의 신고 직권말소 외에는 자금세탁방지 규제와 관련한 인가·등록 취소는 규정하고 있지 않다.

II. 쟁점별 검토

1. 내부통제기준의 법규성

가. 개요

자금세탁방지를 위한 내부통제체계의 핵심요소는 위험평가체계의 구축·운영, 독립감사체계의 마련·운영 및 임직원 신원확인·교육으로서, 앞에서 본 바와 같이 특정금융정보법 뿐 아니라 금융사지배구조법에서도 위 사항을 내부통제기준의 세부사항으로 규정하고 있다.

나아가 금융사지배구조법은 내부통제기준 마련의무를 위반한 경우의 제재를 규정하고 있다.[141] 그 위임을 받은 금융회사 지배구조 감독규정은 위와 같은 세부사항 외에도, 제11조 제1항 별표 2에서 이사회·경영진·준법감시인의 역할 구분, 준법감시인의 기록접근 및 대표이사·감사에 대한 제한 없는 보고 권한, 모든 업무활동을 포괄하는 내부통제기준 설계, 법규 준수 여부의 주기적 점검 등 내부통제기준의 설정·운영기준을 제시하면서 이를 준수할 의무를 규정하고 있다.

위 세부사항과는 별도로 위와 같이 별표 2가 규정하는 내부통제기준의 설정·운영기준을 위반한 것으로 평가할 수 있는 경우 내부통제기준

---

141) 금융사지배구조법 제34조, 제35조, 별표 제25호(금융회사 및 임직원 제재), 제43조 제1항 제16호(과태료).

마련의무 위반에 따른 제재가 가능한지 여부에 관하여 논란이 있다. 이는 별표 2의 법규성에 관한 문제로서 해외금리연계 파생결합펀드(DLF)의 불완전판매 관련 제재처분 취소소송에서 위 쟁점이 다루어졌다.

나. 관련 판결

1) 우리은행 사건[142]

이 사건은 우리은행이 투자중개업 영위 과정에서 금융사지배구조법 제24조에 따른 내부통제기준을 마련할 의무가 있음에도, 경영진이 과도하게 DLF 상품 출시 및 판매를 독려하는 가운데, 상품선정위원회 운영 관련 기준 등 내부통제기준을 실효성 있게 마련하지 않았다는 이유로, 금융감독원장이 위 은행의 대표이사 등에게 문책경고 등 제재처분을 하자 이에 대하여 불복소송이 제기된 사안이다.

1심인 서울행정법원 행정11부는 "금융회사가 금융사지배구조법 제24조에 따라 마련하여야 할 내부통제기준에 포함되어야 하는 개별적 법정사항이 흠결된 것인지 여부는 단순히 형식적 기준만으로 판단할 것은 아니고, 법정사항의 중핵이 되는 핵심적 주요 부분이 무엇인지를 분명히 한 후, 그 기준에 따라 해당 법정사항이 실질적으로 흠결된 것으로 볼 수 있는지 여부 및 예측 가능성의 한계를 개별적·구체적으로 판단해야 하는데, 우리은행의 '집합투자상품위탁판매업무지침'이 상품선정위원회의 운용에 관하여 규정하면서, 위원회 의사결정 절차의 핵심인 심의 및 의결에 관하여는 정족수 외에 아무런 절차를 규정하지 않았고, 심의 및 의결에 참여한 상품선정위원들에게 다른 위원들의 의견이나 최종적인 의결 결과를 전달, 통지하는 절차조차도 마련하지 않았던 점 등을 종합하면, 우리은행의 내부통제기준은 견제적 기능과 관련한 정보가 해당 상품 선정 및 판매를 최종적으로 결정하는 의사결정과정에 반영되도록 하

---

142) 서울행정법원 2021. 8. 27. 선고 2020구합57615 판결.

기 위하여 '최소한 갖추어야 할 정보유통과정이나 절차'를 마련하지 않음으로써 새로운 금융상품 선정 및 판매 과정에서 '금융소비자 보호 및 시장질서 유지 등을 위하여 준수하여야 할 업무절차'의 중핵이 되는 핵심적 사항이 흠결되었다고 보아야 하나, 다른 처분사유들이 인정되지 않은 이상 위 처분사유만으로 문책경고 등 중징계를 부과할 만큼 내부통제기준 마련의무를 중대하게 위반하였다고 보기는 어려우므로, 이 사건 처분에는 재량권 일탈·남용의 위법이 있다"고 판시하였다.

나아가 금융회사 지배구조 감독규정 제11조 제1항 별표 2의 '내부통제기준의 설정·운영기준'의 법규성과 관련해서는 "위 [별표 2]는 법정사항을 추가로 규정한 것이라기보다는 '그 밖의 필요한 사항'으로서 내부통제기준을 설정하고 운영함에 있어서 유의하여야 할 원칙이나 세부 사항을 전반적으로 규정한 것으로 봄이 타당하다. 법정사항은 구 금융회사 지배구조 감독규정 제11조가 제2항에서 명시적으로 따로 정하고 있고, 법정사항 미포함은 제재사유로서 제재처분의 근거가 되므로 엄격해석 원칙이 적용되기 때문이다. 따라서 금융회사로서는 내부통제가 실효성 있게 이루어질 수 있도록 법정사항을 포함하여 내부통제기준을 마련한 이상, 내부통제기준 마련의무는 이행한 것이고, 내부통제기준이 위 [별표 2]에 일부 부합하지 않는다 하여 곧바로 내부통제기준 자체를 마련하지 않은 것이라고 평가할 수는 없다"고 판시하여 별표 2의 법규성을 부정하였다.

항소심과 상고심 법원은 모두 위와 같은 판단을 정당한 것으로 인정하였다.[143]

2) 하나은행 사건[144]

반면, 유사한 사안으로 하나은행 사건을 심리한 서울행정법원 행정5

143) 서울고등법원 2022. 7. 22. 선고 2021누60238 판결. 대법원 2022. 12. 15. 선고 2022두54047 판결.
144) 서울행정법원 2022. 3. 14. 선고 2020구합65654 판결.

부는 우리은행 사건과 다른 입장을 취하였다.

즉 "금융회사 지배구조 감독규정 [별표 2]는 내부통제의 설정 및 운영기준으로 규정되어 있고 [별표 3]과 같이 '포함되어야 할 사항'을 규정하고 있는 것은 아니나, 내부통제기능은 '환경·평가·활동·정보전달·모니터링'으로 순환하며 작동하는 것으로, 이러한 내부통제시스템의 원활한 작동 여부는 곧 내부통제기준의 실효성과 연관되고, [별표 3]에 따라 내부통제기준에 포함해야 하는 사항에 관한 내부통제기준을 마련하지 않았거나, 실질적으로 이와 배치되는 내용의 내부통제기준을 규정해 두고 있거나, 형식적으로는 마련해 두었더라도 위 [별표 2] 각호 소정의 '설정·운영기준'을 위반하여 사실상 법정사항이 의도하는 내부통제기능을 실질적으로 구현할 수 없는 껍데기만 남게 되어 '실효성'이 없다면, 이는 결국 내부통제시스템의 원활한 작동을 위하여 규정된 지배구조법령 소정의 '내부통제기준 마련의무'를 위반한 것으로 봄이 상당하다"고 판시하면서, 별표 2가 내부통제기준 마련의무에 관한 법적 근거가 될 수 없다는 원고 주장을 배척함으로써 그 법규성을 인정하였다.[145]

다. 검토

내부통제는 감독당국이 상세한 규제 내용을 사전 강제하는 전통적 규제(conventional regulation)나 순수한 자율규제(self-regulation)와 달리 규제의 원칙을 제시하고 내부통제기준을 통해 그 이행을 강제하는 메타규제(meta-regulation)의 일환이다. 이는 금융시스템을 가장 잘 이해하고 있는 금융기관으로 하여금 규제의 원칙에 따라 위법 방지를 위한 최적의 조치를 취할 수 있는 내부통제기준을 마련하게 하고, 부정적인 결과가 발생한 경우 해당 금융기관에 책임을 지우는 구조라고 할 수 있다.[146]

---

145) 현재 이 사건은 서울고등법원 2022누38955호로 항소심 계속 중이다.

146) Cary Coglianese & Evan Mendelson, "Meta-Regulation and Self-Regulation" in Robert Baldwin, Martin Cave & Martin Lodge (ed), The Oxford Handbook of Regulation,

따라서 금융규제의 관점에서 내부통제와 관련한 규제의 핵심은 세부 사항의 규정보다는 '규제 원칙'의 제시라고 할 수 있고, 이에 따라 금융 기관은 스스로 실효성을 담보할 수 있는 내부통제기준을 마련할 의무를 부담하게 된다. 별표 2는 이와 같은 규제 원칙을 규정한 것이므로 구속 력이 있다고 보아야 할 것이다.

별표 2의 법규성을 부정한 우리은행 사건의 판결은 위와 같은 내부통 제의 원리와 구조에 부합하지 않는 것으로서 그 타당성에 의문이 있다. 자금세탁방지와 관련된 내부통제체계의 개별적 사항은 이행되었다고 하 더라도 별표 2가 규정하는 설정·운영기준을 위반하여 실효적인 내부통 제체계가 구축되지 않았다면 해당 금융기관은 내부통제기준 마련의무 위반으로 제재를 받을 수 있다고 해석함이 상당하다.

2. 과태료 부과기준

금융기관의 자금세탁방지의무 위반과 관련한 과태료는 ① 내부통제 체계 구축의무 위반 및 강화된 고객확인 불이행의 경우 1억 원 이하,[147] ② 거래보고, 일반적 고객확인 및 기록보존 불이행의 경우 3,000만 원 이 하[148]로 각각 규정되어 있다.

과태료와 관련해서는 동일 유형의 위반행위가 다수 발생한 경우 과 태료 상한액을 어떻게 정할 것인지, 그리고 과태료 양정기준을 정한 검 사제재규정에 법규성이 인정되는지 여부를 살펴볼 필요가 있다.

과태료에도 형법상 경합범의 법리가 적용되어 동일 유형의 위반행위 가 복수로 발생한 경우 법정 상한액의 1.5배까지만 가중이 가능하다는 견해가 있을 수 있으나, 질서위반행위규제법에서는 과태료에 대하여 경 합범 적용을 명시적으로 배제하였고,[149] 검사제재규정도 이와 동일하다.

Oxford University Press (2010), pp.147-151.
147) 특정금융정보법 제20조 제1항, 금융사지배구조법 제43조 제1항 제16호.
148) 특정금융정보법 제20조 제2항.

다만, 2개 이상의 동일한 종류의 위반행위에 대한 과태료 상한액이 법률상 최고한도액의 10배 또는 자본금의 10%를 초과하는 경우 초과부분 이내에서 감경할 수 있으므로 실제 과태료 액수는 달라질 수 있다.[150]

위반행위의 개수는 의무의 유형별로 다르다고 할 수 있다. 즉 고액현금거래보고나 고객확인 및 기록보존을 이행하지 않은 경우에는 해당 거래마다 1건의 위반행위가 성립할 수 있는 반면, 의심거래보고는 일련의 거래를 종합하여 보고 여부를 판단하는 것이므로 보고 대상이 되어야 할 관련 거래 일체에 대하여 1건의 위반행위가 성립한다고 봄이 상당하다.[151] 그러나 의심거래 사이에 시간적·장소적 근접성이 결여된 경우에는 별개의 위반행위로 보아야 할 것이다.[152] 내부통제체계 구축의무의 위반 여부는 개별 사항이 아니라 전체 체계를 기준으로 해야 하므로 위 의무 위반은 원칙적으로 1건의 위반행위로 보아야 할 것이다.

나아가 검사제재규정 별표의 과태료 부과기준이 법규성을 가지는지 여부와 관련해서는, 위 기준은 행정기관의 재량준칙으로서 원칙적으로는 법규성이 없으나 평등의 원칙을 매개로 하여 행정청 자신에 대한 구속력을 발생시킨다.[153]

즉 과태료 부과처분이 위 기준에 위반하였다고 하여 곧바로 위법하게 되는 것은 아니며, 다만 위 기준에 따른 처분이 계속 시행되어 행정관행이 이루어지게 되면 평등의 원칙이나 신뢰보호의 원칙에 따라 행정기관은 그 상대방에 대한 관계에서 그 규칙에 따라야 할 자기구속을 받게 되므로, 이를 위반한 처분은 평등의 원칙이나 신뢰보호의 원칙에 위배되어 재량권을 일탈·남용한 위법한 처분이 된다.[154]

---

149) 질서위반행위규제법 제13조 제2항.
150) 검사제재규정 별표 3. 나. (3), (4).
151) 차정현, 자금세탁방지법 강의, 박영사 (2021), 828면.
152) 법무부, 질서위반행위규제법 해설집 (2015), 206-208면.
153) 김동희, 행정법 I , 박영사 (2018), 176-177면.
154) 대법원 2009. 12. 24. 선고 2009두7967 판결, 대법원 1993. 6. 29. 선고 93누5635 판결, 헌법재판소 1990. 9. 3. 선고 90헌마13 결정.

따라서 검사제재규정 별표의 과태료 부과기준은 위와 같은 의미에서 법규성을 가질 수 있다. 그러나 이는 처분권자인 감독당국에 대한 것일 뿐이므로, 법원이 위반행위의 경위나 중대성 등 제반 사정을 참작하여 감액할 수 있음은 물론이다.

3. 인가 취소의 가능성

자금세탁방지의무를 불이행하는 정도를 넘어 BCCI 사건과 같이 금융기관이 조직적으로 자금세탁에 적극 가담한 경우, 영미법과 마찬가지로 현행법 하에서도 인가 취소가 가능한지 여부를 검토할 필요가 있다.

위와 같은 경우 인가 취소를 할 수 있는 명시적 규정은 없다. 인가 취소는 적법하게 성립한 행정행위를 행정청이 후발적 사유에 기하여 장래에 향하여 그 효력을 상실시키는 별개의 행정행위로서 수익적 행정행위의 철회에 해당한다.[155]

수익적 행정행위의 철회는 원칙적으로 법령에 명시적 규정이 있는 경우에 허용되는 것이지만, 법정의무 위반의 경우 그 위반이 공익에 중대한 지장을 초래하고 이를 다른 방법으로 시정할 수 없는 경우에는 명시적 규정이 없는 경우에도 허용된다는 견해가 있다.[156]

그러나 법령 위반에 따른 인가 취소는 금융기관의 강제적 퇴출에 해당하고,[157] 이는 예금자와 투자자 등 이해관계자에게 막대한 피해를 초래할 뿐 아니라 금융시스템의 혼란을 야기할 수 있으므로, 명시적 규정 없이 금융기관의 인가 취소가 가능하다고 보기에는 어려운 면이 있다.

나아가 은행법상 인가 취소 규정을 준용하여 자금세탁에 가담한 은행의 인가를 취소할 수 있는지 여부를 살펴볼 필요가 있다.

---

155) 정순섭(주 52), 753면. 김동희(주 151), 364면.
156) 김동희(주 151), 365-367면.
157) 인가 취소는 은행의 해산사유가 된다(은행법 제56조 제2항, 제53조). 정순섭 (주 52), 612, 614면.

은행법 제53조 제2항 제5호는 '이 법 또는 이 법에 따른 명령이나 처분을 위반하여 예금자 또는 투자자의 이익을 크게 해칠 우려가 있는 경우' 인가를 취소할 수 있다고 규정하고 있고, 은행법에 따라 은행은 임직원의 범죄 등 금융사고 방지대책을 마련하여 내부통제기준에 반영하고 이를 준수할 의무가 있다.[158] 따라서 위와 같은 의무를 위반하여 자금세탁방지를 위한 내부통제기준이 형해화되어 있고, 이에 따라 은행 임직원이 자금세탁에 적극 가담함으로써 신뢰의 저하 등으로 해당 은행이 부실화될 우려가 있다면 인가를 취소할 수 있다는 해석도 가능하다.

다만, 위와 같은 인가 취소의 요건은 구체성과 명확성 및 예측가능성이 부족하므로,[159] 법원에서 인가 취소처분이 최종적으로 관철될 수 있을지 여부를 단정하기는 어렵다.

---

158) 은행법 제34조의3, 은행법 시행령 제20조의3.
159) 정순섭(주 52), 754면.

제5절 금융기관의 책임통제를 위한 개선방안

Ⅰ. 의심거래보고 면책범위 확장

금융기관의 의심거래보고와 관련하여 고의·중과실에 의한 허위 보고에 대해서는 고객에 대한 민사책임의 면책을 배제하는 우리 법제는 고객의 금융프라이버시와 자금세탁방지의 효율성을 조화하는 입장이라고 볼 수 있지만, 이는 실질적으로는 여러 문제를 야기할 수 있다.

금융기관은 거래의 실체에 대한 조사권한이 없을 뿐 아니라 의심거래보고는 주관적 판단에 의존하기 때문에 오류의 가능성이 상존하며, 의심거래보고에 따른 수사 진행 결과 혐의가 없는 것으로 판명되는 경우가 그 반대의 경우보다 더 많을 수도 있다. 이와 같은 상황에서 아직까지 우리나라에서 잘못된 의심거래보고의 책임을 묻는 민사소송이 제기된 사례는 없지만, 민사소송 1심 본안사건만 연간 100만 건에 달하는 현실에서,[160] 금융기관의 고의·중과실을 주장하며 책임을 묻는 소송이 일단 제기될 경우 유사한 소송이 잇따를 가능성이 높다.

그렇게 되면 금융기관은 크게 위축될 수밖에 없으며 가급적 의심거래보고를 하지 않는 방향으로 선회할 수 있다. 의심거래보고를 하면 민사소송에 휘말릴 수 있는 반면, 보고의무를 불이행할 경우 과태료만 부담하면 될 뿐 아니라 보고 여부는 주관적 판단에 의존하는 관계로 경우에 따라 행정제재를 피할 수도 있기 때문이다. 이와 같이 민사책임 면책의 제한은 자금세탁방지의 효율성을 저해하는 결과를 낳을 수 있다. 미국에서 절대적 면책 조항을 도입한 이유도 의심거래보고에 불만을 가진 고객(disgruntled customers)에 의한 민사소송 남용을 막아 자금세탁방지의 효율성을 유지하기 위한 것이었다.[161]

---

160) 법원행정처, 사법연감 (2021), 684면.

　더 큰 문제는 실제로 민사소송이 제기될 경우 이를 방어해야 할 금융기관이 딜레마에 빠진다는 것이다. 면책규정의 문언상 고객이 금융기관의 고의·중과실에 대한 입증책임을 부담한다고 할 수 있지만, 고객의 혐의 부존재가 확인된 상황에서는 영국의 Shar 판결에서 본 것처럼 금융기관은 적어도 의심거래보고가 정당했다는 근거를 제시해야 할 것이다.

　그러나 이는 Lee v. Bankers Trust Co. 판결에서 지적한 바와 같이 거래상대방에 대한 의심거래보고 누설을 금지하는 법률을 위반하는 결과가 된다.162) 이러한 비밀유지의무로 인해 의심거래보고 내용은 문서제출명령이나 문서송부촉탁의 대상도 되지 않는다고 보아야 하므로,163) 금융기관으로서는 방어할 방법이 없게 된다.

　따라서 미국과 같이 면책 배제 요건을 삭제하고 절대적 면책을 부여하는 방향으로 아래와 같이 특정금융정보법 제4조 제7항을 개정할 필요가 있다.

[표 5] 특정금융정보법 개정안 신·구조문대비표

현행	개정안
제4조(불법재산 등으로 의심되는 거래의 보고 등) 　⑦ 제1항에 따른 보고를 한 금융회사등(금융회사등의 종사자를 포함한다)은 고의 또는 중대한 과실로 인하여 거짓 보고를 한 경우 외에는 그 보고와 관련된 금융거래등의 상대방 및 그의 관계자에 대하여 손해배상책임을 지지 아니한다.	제4조(불법재산 등으로 의심되는 거래의 보고 등) 　⑦ _____ _____ 그 보고와 관련된 _____ _____ _____.

---

161) Coronado v. Bank Atlantic Bancorp, 222 F.3d 1315 (11th Cir. 2000).

162) 특정금융정보법 제17조 제3항 제2호, 제4조 제6항.

163) 민사소송법 제344조 제2항 제1호, 제1항 제3호 다목, 제315조 제1항. 민일영, 김능환 편, 주석 민사소송법(V), 한국사법행정학회 (2012), 426-427, 453-454면.

금융기관의 고의·중과실에 의한 허위 의심거래보고에 대해서는 형사 처벌과 행정제재를 통해 충분히 책임을 물을 수 있을 것이다. 그 절차에 서는 고객이 당사자가 되지 않으므로 의심거래보고를 검토하는데 문제 가 없고 금융기관도 자신의 입장을 적극적으로 개진할 수 있다.

II. 거래동의 제도 도입

금융기관 종사자가 금융거래를 진행한 경우 거래 목적물이 자금세탁 과 관련되어 있다는 점에 대한 미필적 인식만 있더라도 자금세탁의 공 범이 될 수 있고, 특히 범죄수익수수죄의 책임을 부담할 위험이 크다. 또한 경우에 따라 금융기관은 전제범죄 피해자에 대한 불법행위책임을 부담할 수도 있다.

그러나 이와 같은 민·형사책임을 피하기 위해 고객과의 거래를 단절 할 경우 그 의심이 잘못된 것으로 밝혀지면 고객이 입은 불이익에 대하 여 민사책임을 부담할 수 있다. 이에 대해서는 의심거래보고와 달리 면 책이 부여되지 않는다.

Ricci 판결의 딜레마에서 본 것처럼 금융기관의 입장에서는 고객으로 부터 민사소송을 당하는 것보다는 차라리 고객확인의무를 포기하고 거 래를 진행하는 것이 낫다고 생각할 수 있다. 그리고 그 과정에서 자금세 탁에 대한 고의가 인정될 위험을 피하기 위해 의심거래보고도 하지 않 을 가능성을 배제할 수 없다. 이러한 결과는 자금세탁방지 제도의 근간 을 흔드는 것이다.

물론 금융기관이 주의의무를 다한 경우에는 결과적으로는 거래 진행 이나 거래 단절에 과오가 있더라도, 혐의를 발견하지 못한 데 정당한 사 유가 있었다거나(거래 진행의 경우) 법령상 고객확인의무의 이행에 따른 정당행위였다는 등(거래 단절의 경우)의 주장을 통해 방어할 수 있을 것이다. 그렇지만 그 부담을 금융기관에게만 지우는 것은 합리적이라고 하기 어려우며 자금세탁방지의무의 충실한 이행에도 장애가 될 수 있다.

따라서 위와 같은 딜레마에 처한 금융기관의 부담을 해소하는 동시에 자금세탁방지 제도가 효율적으로 작동할 수 있게 하기 위해서는 영국과 같은 거래동의 제도의 도입을 검토할 필요가 있다. 즉 금융기관이 의심거래보고를 한 경우에는 감독당국의 동의를 받은 경우에 한하여 거래를 진행하도록 함으로써, 거래 진행이나 단절과 관련된 책임을 금융기관과 감독당국이 나누어 가지는 것이다.

다만, 한 해에 수십만 건의 의심거래보고가 이루어지고 있는 현실에서,[164] 주관적 판단에 의한 의심거래보고를 이유로 모든 의심거래에 대하여 거래동의를 받게 하는 것은 사실상 불가능할 뿐 아니라 고객의 이익을 과도하게 침해하는 것이 될 수 있다. 그러므로 일정한 기준금액 이상의 거래로 제한하고 동의 여부를 신속하게 결정하도록 하는 방안이 필요할 것이다. 참고로 영국은 의심거래보고일로부터 7영업일 내에 거래에 대한 동의 여부를 금융기관에 통보하도록 규정하고 있다.[165]

Ⅲ. 퇴출규제의 도입

의심거래보고의 면책범위 확대 및 거래동의 제도의 도입 등 금융기관이 자금세탁방지의무를 안심하고 이행할 수 있도록 하는 방안과 함께, 금융기관이 자금세탁에 적극 가담하는 경우를 방지하기 위한 강력한 제재수단도 도입할 필요가 있다.

자금세탁의 역사에서 증명된 바와 같이 금융기관은 수익을 위해 자금세탁을 시도하는 범죄세력과 결탁하여 온 사실이 있고 현재에도 그

---

164) 금융정보분석원, 2021 자금세탁방지 연차보고서 (2022), 72면.
165) POCA § 336A.

가능성은 충분히 존재한다. 금전적 제재나 임직원의 징계 또는 형사처벌만으로는 자금세탁을 영리행위로 여기는 금융기관의 행태를 근절하기 어려우며,[166] 퇴출규제를 통한 강력한 예방과 대응이 필요하다고 할 수 있다.

그러나 앞에서 본 바와 같이 우리 법제는 미국·영국과 달리 자금세탁에 가담한 금융기관의 인가를 취소할 수 있는 명시적 규정을 두고 있지 않고, 은행법의 규정만으로는 자금세탁에 가담하였다는 사유로 은행의 인가 취소가 가능한지 여부에 대하여 논란이 있을 수 있다.

따라서 금융기관이 자금세탁에 가담하고 그 위법성 및 결과가 중대한 경우에는 인가를 취소할 수 있도록 그 근거를 특정금융정보법 등에 명시적으로 규정할 필요가 있다.

Ⅳ. 레그테크(RegTech)의 활용

핀테크(fintech)의 등장은 금융규제의 패러다임을 변화시키고 있을 뿐 아니라,[167] 막대한 규모의 복잡한 금융거래가 이루어지고 자금세탁 기법도 고도화하고 있는 현실에서, 규제의 준수와 그에 수반하는 책임을 대면확인과 주관적 판단 등 전통적 방식에만 의존하는 것은 한계가 있을 수밖에 없다.

인공지능이나 빅데이터와 같은 기술변화는 금융행위 위험의 측정·평가를 어렵게 하며, 특정한 행위의 주체를 파악하고 행위의 결과를 정확히 산정하는데 난점을 발생시킨다.[168] 데이터베이스 중심으로 설계되어

---

166) Patrick Hardouin, "Too Big to Fail, Too big to Jail: Restoring Liability a Lesson from HSBC Case", Journal of Financial Crime, vol. 24, no. 4 (2017), pp.514-515.
167) 정순섭, "기술발전과 금융규제법의 전망", BFL 제107호, 서울대학교 금융법센터 (2021), 6면.
168) 이정수, "제4차 산업혁명과 금융법의 과제", 상사법연구 제40권 제3호, 한국상

있는 금융기관의 현행 준법감시체계로는 실시간 대응이 쉽지 않으며,[169] 이는 금융기관으로 하여금 자금세탁방지의무의 이행을 곤란하게 만들고 책임의 리스크를 가중시키는 것이다.

이와 관련하여 레그테크(RegTech)의 활용이 논의되고 있다. 레그테크는 규제(regulation)와 기술(technology)의 결합어로 빅데이터, 클라우드, 머신러닝 등의 신기술을 활용해 금융 관련 법규 준수 규제에 대한 대응 보고를 유효하게 하는 기술을 의미한다.[170] 이는 금융규제의 수범주체의 관점에서 금융규제의 내용을 확인하고 그 준수 여부를 점검하는 기술적 장치라고 할 수 있다.[171]

레그테크는 첨단 기술을 활용하여 각종 규제의 내용과 그 변화를 확인하거나 규제준수를 위하여 요구되는 각종 원시 데이터를 수집하는 1단계, 시장참여자의 규제준수와 규제자의 감시 및 감독 단계에서 인공지능 등 첨단 기술을 활용하는 2단계, 첨단 기술을 활용하여 실시간으로 리스크를 감지하고 이를 적발하며 관계 기관이나 당국과 대응책을 논의하는 3단계, 사전에 리스크를 예측하고 이를 예방하는 활동에 첨단 기술을 활용하는 4단계로 이루어진다고 설명된다.[172]

자금세탁방지 분야에서도 금융기관의 효율적인 의무 이행과 책임의 통제를 위해서는 레그테크를 적극적으로 도입하고, 이를 활용하는 금융기관에 대하여 인센티브를 제공할 필요가 있다. 특히 인공지능 기반의 자금세탁 적발보고시스템은 매우 유용한 수단이 될 수 있다. 금융감독당

사법학회 (2021), 237면.

169) 장일석, 자금세탁 방지제도의 이해, 박영사 (2021), 477면.

170) 이정수(주 167), 243면. 장일석(주 168), 476면. 국제금융협회(Institute of International Finance, IIF) 웹페이지.
https://www.iif.com/Publications/ID/1686/Regtech-in-Financial-Services-Solutions-for-Compliance-and-Reporting (마지막 방문 2023. 5. 23.)

171) 정순섭(주 166), 23면.

172) 유제민, "레그테크(RegTech)의 도입과 규제법학의 과제", 경제규제와 법 제12권 제1호, 서울대학교 공익산업법센터 (2019), 14-15면.

국이 일정한 기준을 제시하고, 그에 따라 금융기관이 인공지능 기반 자금세탁 적발보고시스템을 설계하여 적절하게 운용한다면, 비록 특정한 자금세탁 거래를 적출하지 못하였다고 하더라도 해당 금융기관을 면책하는 제도의 도입을 검토할 수 있을 것이다.[173]

다만, 고객확인과 의심거래보고는 종국적으로는 주관적 평가와 판단을 요하는 사항으로서, 현재의 정보통신기술 수준이 인간의 관여를 완벽히 대체할 수 있는 단계에 이르지는 못하였으므로,[174] 위와 같은 제도의 기준과 구체적인 책임의 유무 및 범위에 대해서는 향후의 논의 과제로 남겨두기로 한다.

---

173) Fred Hobson(주 39), p.10.
174) Fred Hobson(주 39), p.11-12.

제5장

결론

금융규제법의 관점에서 볼 때 자금세탁방지는 독특한 제도라고 할 수 있다. 규제의 영역에 금융시스템과는 직접 관련이 없는 이질적인 요소가 포함되어 있을 뿐 아니라, 전통적 금융규제의 목적인 고객의 보호 대신 진입장벽을 세우고 고객의 범죄혐의를 적발하여 당국에 보고하는 역할을 금융기관에 맡기는 것이기 때문이다.

이러한 특수성으로 인해 자금세탁방지의 법적 성격과 규제의 이론적 근거에 관하여 다양한 견해가 주장되고 있고, 역사적으로도 제도의 출발점이 미국은 범죄의 대응책인 반면, 유럽은 금융시스템의 보호로서 서로 다르다는 점을 확인하였다. 자금세탁방지에 관한 각국의 입법과 이론적 논의 및 제도의 연혁을 종합하면, 자금세탁의 개념과 자금세탁방지 제도에 대하여 다음과 같은 결론을 도출할 수 있다.

첫째, 자금세탁의 핵심적 요소는 금융시스템의 활용이므로 자금세탁의 개념은 금융거래를 기준으로 설정되어야 한다. 자금세탁은 기본적으로 범죄수익의 은닉·가장을 위해 금융기관을 이용하는 금융거래로 정의할 수 있다. 그러나 자금세탁이 금융거래 외의 분야로 확대됨에 따라 자금세탁의 개념도 가치의 이전을 수반하는 거래, 나아가 자금을 이동하는 일체의 행위로 확장된다. 이를 통해 금융시스템 외부 영역 특히 새로운 기법의 자금세탁을 규제 대상으로 포섭할 수 있다.

둘째, 자금세탁방지는 범죄의 방지를 주된 목적으로 하되, 금융규제의 성격도 포함한다고 보아야 한다. 금융기관에 부과되는 고객확인과 의심거래보고 등 자금세탁방지의무는 기본적으로는 자금세탁을 차단하고 범죄수익의 몰수를 용이하게 함으로써 범죄를 예방하기 위한 것이다. 이와 동시에 불법재산의 금융시스템 유입은 건전성 리스크로 연결될 수 있기 때문에 자금세탁방지는 건전성 규제의 일환으로도 파악할 수 있다.

셋째, 금융기관에 대한 자금세탁방지 규제는 범죄의 방지와 건전성의 관점에서 충분히 정당성을 가질 수 있다. 금융기관은 가장 효율적으로 자금세탁을 막을 수 있는 지위에 있을 뿐 아니라, 수익을 목적으로 자금세탁에 조력할 가능성이 있고 이는 금융시스템의 건전성을 훼손하는 것이기 때문이다. 자금세탁 기법은 복잡한 금융거래를 설계하는 등 전문적인 방식으로 진화하여 왔고, 비금융사업자와 전문직 및 가상자산 등으로 확대되었다. 따라서 금융기관에 대한 규제의 강화는 물론이고, 위와 같은 금융시스템 외부 영역에 대한 규제의 확대는 정당화될 수 있다.

이상과 같이 자금세탁방지는 정당성이 인정될 수 있는 규제이므로 이에 따른 금융기관의 부담은 불가피한 것이라고 할 수 있다. 문제는 금융기관이 자금세탁방지의무를 이행한 경우에도 책임 문제가 발생할 수 있다는 것이다. 특히 Shar 판결에서 의심거래보고의 면책을 위한 정당성 근거의 제시를 요구하고, Ricci 판결이 거래의 단절에 따른 금융기관의 책임을 인정함에 따라, 금융기관은 고객에 대한 민사책임과 자금세탁의 형사책임 사이에서 딜레마에 빠질 수 있다.

이러한 문제는 자금세탁방지 제도 자체가 모순적 성격을 내포하고 있음을 말해주는 것이라고 할 수 있다. 따라서 자금세탁방지의무를 이행한 경우 고객에 대한 민사책임의 성립요건은 제한적으로 해석되어야 하며, 의심거래보고에 대한 절대적 면책과 영국의 거래동의 제도의 도입 등을 통해 입법적으로 해결하는 것이 바람직하다.

그 외에도 자금세탁방지와 관련하여 다양한 책임 문제가 제기될 수 있으므로 금융기관은 이를 유의할 필요가 있다. 금융기관의 민·형사책임 문제는 아직 국내에서 현실화되지는 않았지만, 미국 등 해외 사례를 볼 때 향후 실제로 발생할 가능성을 배제할 수 없다. 최근 문제된 바 있는 가상자산거래소의 은행을 경유한 수조 원대 해외송금과 관련한 자금세탁 의혹은 이를 시사하고 있다.

참고문헌

Ⅰ. 국내문헌

1. 단행본

고철수, 최규진, 글로벌 자금세탁방지론, 지코사이언스 (2021)

김건식, 정순섭, 자본시장법, 두성사 (2013)

김건식 외 6인, 회사법, 박영사 (2014)

김동희, 행정법Ⅰ, 박영사 (2018)

김용담 편, 주석 민법: 채권각칙(6), 한국사법행정학회 (2016)

김종민, 정순섭, 금융규제와 시장원리에 관한 연구, 한국금융연구원 (2009)

민일영, 김능환 편, 주석 민사소송법(V), 한국사법행정학회 (2012)

박세일, 법경제학, 박영사 (2013)

박준, 한민, 금융거래와 법, 박영사 (2019)

박철우, 김중, 조아라, 양재영, 범죄수익환수 실무 연구, 서울중앙지방검찰청 (2019)

이병기, 이경재, 돈세탁행위의 범죄화에 관한 연구, 한국형사정책연구원 (1994)

성낙인, 권건보, 자금세탁방지법제론, 경인문화사 (2007)

안형도, 김종혁, 전문직 및 비금융업의 자금세탁방지의무: 주요국 운영사례와 제도 도입방안, 대외경제정책연구원 (2005)

안형도, 윤덕룡, 국제금융거래를 통한 자금세탁의 사례분석과 대응방안, 대외경제정책연구원 (2003)

장일석, 자금세탁 방지제도의 이해, 박영사 (2021)

정순섭(ⓐ), 은행법, 지원출판사 (2017)

전수영, 韓·中·日 東北아시아 資金洗濯에 관한 硏究, 한국학술정보 (2008)

한석훈, 비즈니스범죄와 기업법, 성균관대학교 출판부 (2019)

차정현, 자금세탁방지법 강의, 박영사 (2021)

2. 논문

김순석, "이사의 제3자에 대한 손해배상책임과 주주의 간접손해 - 대법원 2012. 12. 13. 선고 2010다77743 판결", 상사법연구 제33권 제1호, 한국상사법학회 (2014)

김건식, "주주의 직접손해와 간접손해 - 이사의 제3자에 대한 책임을 중심으로", 법학 제34권 제2호, 서울대학교 법학연구소 (1993)

김성규, "자금세탁의 형법적 규제에 관한 문제점과 전망", 비교형사법연구 제5권 제1호, 한국비교형사법학회 (2003)

김양곤, "자금세탁방지법상의 위험기반접근법에 관한 소고", 은행법연구 제8권 제2호, 은행법학회 (2015)

김현태, "탈중앙화금융 관련 자금세탁 예방을 위한 향후 과제", 주간금융브리프 제31권 제8호, 한국금융연구원 (2022)

김협, 권혁준, "디파이(De-Fi) 기술의 이해와 활용 - 금융 서비스를 중심으로", 지급결제학회지 제12권 제2호, 한국지급결제학회 (2020)

노혁준, "변호사의 비밀유지의무와 의심거래보고에 관한 연구", 법제연구 제56호, 한국법제연구원 (2019)

도중진(a), "일본의 해외은닉 부패재산 회복제도에 관한 고찰", 형사법의 신동향 제50호, 대검찰청 (2016)

_____(b), "일본 범죄수익몰수체계의 신동향", 형사정책연구 제19권 제1호, 한국형사정책연구원 (2008)

박상기, "돈세탁행위의 유형과 특정금융정보법 종사자의 책임", 형사법연구 제9권, 한국형사법학회 (1998)

박세준, "개정된 특정금융거래정보의 보고 및 이용 등에 관한 법률의 한계와 가상자산사업 업권법 제정에 관한 논의", 일감법학 제50호, 건국대학교 법학연구소 (2021)

유제민, "레그테크(RegTech)의 도입과 규제법학의 과제", 경제규제와 법 제12권 제1호, 서울대학교 공익산업법센터 (2019)

윤형렬, "독일 불법행위법에서의 위법성", 재산법연구 제29권 제3호, 한국재산법학회 (2012)

이보영, "자금세탁방지법제에 대한 형법적 검토", 형사법연구 제21권 제1호, 한국형사법학회 (2009)

이성우, "이사의 제3자에 대한 손해배상책임에 관한 소고", 법학논총 제27권 제3

호, 국민대학교 법학연구소 (2015)

이정수(a), "은행을 둘러싼 새로운 법률적 쟁점들: 핀테크를 중심으로", 은행법연구 제13권 제1호, 은행법학회 (2020)

_____(b), "제4차 산업혁명과 금융법의 과제", 상사법연구 제40권 제3호, 한국상사법학회 (2021)

이진국, "자금세탁과 형법적 대응방안", 비교형사법연구 제12권 제2호, 한국비교형사법학회 (2010)

임병화, "디파이(DeFi)의 이해와 시사점", 글로벌금융리뷰 제2권 제1호, 글로벌금융학회 (2021)

임정윤, "과실에 의한 방조로 인한 공동불법행위의 성립과 그 손해배상책임의 제한 - 대법원 2015. 6. 24. 선고 2014다231224", 민사판례연구 제40권, 민사판례연구회 (2018)

전한덕, "자금세탁방지제도 상의 실제소유자 확인의무에 관한 연구", 법학논문집 제40집 제1호, 중앙대학교 법학연구원 (2016)

정순섭(b), "금융회사의 조직규제: 금융회사 지배구조의 금융규제법상 의미를 중심으로", 상사판례연구 제24집 제2권, 한국상사판례학회 (2011)

_____(c), "금융회사의 지배구조와 금융규제", BFL 제79호, 서울대학교 금융법센터 (2016)

_____(d), "기술발전과 금융규제법의 전망", BFL 제107호, 서울대학교 금융법센터 (2021)

조균석(a), "일본의 조직폭력규제법으로서의 폭력단대책법 연구", 형사정책연구 제3권 제1호, 한국형사정책연구원 (1992)

_____(b), "日本에 있어서의 資金洗淨規制", 법조 제40권 제12호, 법조협회 (1991)

진경준, "금융프라이버시권에 관한 연구 - 자금세탁방지제도를 중심으로", 서울대학교 법과대학원 박사학위논문 (2004)

최승렬, 송봉규 "범죄조직의 대체송금시스템(환치기)에 관한 연구", 한국공안행정학회보 제18권 제4호, 한국공안행정학회 (2009)

최승필, "자금세탁방지제도에 대한 법적 검토", 중앙법학 제13집 제1호, 중앙법학회 (2011)

최혜선, "일본의 범죄수익이전방지법 개정 동향과 과제", 형사정책연구 제28권 제3호, 한국형사정책연구원 (2017)

한병규, "일본보험법상 '폭력단면책' 법제의 최근 동향 - 약관의 효력을 중심으로", 안암법학 제51권, 안암법학회 (2016)

함정호, 김두환, "우리나라의 자금세탁 방지제도와 정책과제 - 금융기관의 역할

강화 방안을 중심으로", 한국부패학회보 제17권 제3호, 한국부패학회
(2012)
황남석, "상법상 이사의 제3자에 대한 책임 규정의 법제사적·비교법적 고찰", 상
사법연구 제39권 제2호, 한국상사법학회 (2020)

Ⅱ. 외국문헌

1. 단행본

Armor, John et al., Principles of Financial Regulation, Oxford University Press
(2016)
Azinge-Egbiri, Nkechikwu Valerie, Regulating and Combating Money Laundering and
Terrorist Financing : The Law in Emerging Economies, Routledge (2021)
Baldwin, Robert, Martin Cave & Martin Lodge (ed), The Oxford Handbook of
Regulation, Oxford University Press (2010)
Birks, Peter (ed), Laundering and Tracing, Oxford University Press (1995)
Blair, William & Richard Brent (ed), Banks and financial crime : The International Law
of Tainted Money, Oxford University Press (2008)
Booth, Robin et al., Money Laundering Law and Regulation: A Practical Guide, Oxford
University Press (2011)
Chaikin, David & Jason C. Sharman, Corruption and Money Laundering: A Symbiotic
Relationship, Palgrave (2009)
Cox, Dennis, Handbook of Anti-Money Laundering, Wiley (2014)
Gilmore, William C.(a), Dirty Money: The Evolution of Money Laundering Counter-Measure,
Council of Europe Press (1995)
_____.(b), International Efforts to Combat Money Laundering, Cambridge
University Press (1992)
Goodhart, Charles et al., Financial regulation: why, how, and where now?, Routledge
(1998)
Idzikowski, Lisa (ed), Money Laundering, Greenhaven Publishing LLC (2020)
Kirk, Jonathan & James Ross, Modern Financial Regulation, Jordans Publishing Limited
(2013)

MacQueen, Hector L. (ed), Money Laundering, Edinburgh University Press (2008)

McClean, David, International Judicial Assistance, Oxford University Press (1992)

Parlour, Richard (ed), International Guide to Money Laundering: Law and Practice, Butterworths (1995)

Pieth, Mark & Gemma Aiolfi (ed), A Comparative Guide to Anti-Money Laundering : A Critical Analysis of Systems in Singapore, Switzerland, the UK and the USA, Edward Elgar Publishing (2004)

Reuter, Peter & Edwin M. Truman, Chasing Dirty Money : The Fight Against Money Laundering, Institute for International Economics (2004)

Sharman, Jason C., The Money Laundry: Regulating Criminal Finance in the Global Economy, Cornell University Press (2011)

Short, Martin, Crime Inc: The Story of Organized Crime, Thames Methuen (1984)

Srivastava, Arun, Ian Mason & Andrew Keltie, A Practitioner's Guide to the Law and Regulation of Financial Crime, Sweet & Maxwell (2010)

Srivastava, Arun, Mark Simpson & Richard Powell (ed), International Guide to Money Laundering Law and Practice, Bloomsbury Professional (2019)

Stessens, Guy(a), Money Laundering: A New International Law Enforcement Model, Cambridge University Press (2000)

Unger, Brigitte & Daan Van Der Linde (ed), Research Handbook on Money Laundering, Edward Elgar Publishing (2013)

三浦守ほか共著, 組織的犯罪対策関連三法の解説, 法曹会 (2001)

2. 논문

Alford, Duncan E., "Anti-Money Laundering Regulations: A Burden on Financial Institutions", North Carolina Journal of International Law, vol. 19, No. 3 (1993)

Alldridge, Peter, "Money Laundering and Globalization" , Journal of Law and Society, vol. 35, no. 4 (2008)

April, Daniel H. & Angelo M. Grasso, "Money Laundering", American Criminal Law Review, vol. 38, no. 3 (2001)

Baker, Elizabeth & Paul Napper, "UK Part I: UK money laundering - typological considerations" in Arun Srivastava, Mark Simpson & Richard Powell (ed), International Guide to Money Laundering Law and Practice, Bloomsbury

Professional (2019)

Bednarczyk, Michael, "Money Laundering", American Criminal Law Review, vol. 59, no. 3 (2022)

Bergstrom, Maria, "The Many Uses of Anti-Money Laundering Regulation - Over Time and into the Future", German Law Journal, vol. 19, no. 5 (2018)

Boles, Jeffrey R., "Financial Sector Executives as Targets for Money Laundering Liability", American Business Law Journal, vol. 52 (2015)

Bowers, Charles B., "Hawala, Money Laundering, and Terrorism Finance: Micro-Lending as an End to Illicit Remittance", Denver Journal of International Law and Policy, vol. 37, no. 3 (2009)

Brody, Kathleen E. & Grace C. Rebling, "Show Me the Money: Casino's Anti-Money-Laundering Obligations and Enforcement", Federal Lawyer, vol. 62 (2015)

Carpenter, Kelly Neal, "Money Laundering", American Criminal Law Review, vol. 30, no. 3 (1993)

Chaikin, David A.(a), "Money Laundering: An Investigatory Perspective", Criminal Law Forum, vol. 2, no. 3 (1991)

_____(b), "The Rise of Virtual Currencies, Tax Evasion and Money Laundering", Journal of Financial Crime, vol. 20, no. 4 (2013)

Chang, Aileen & Andrew M. Herscowitz, "Money Laundering", American Criminal Law Review, vol. 32, no. 2 (1995)

Coglianese, Cary & Evan Mendelson, "Meta-Regulation and Self-Regulation" in Robert Baldwin, Martin Caven & Martin Lodge (ed), The Oxford Handbook of Regulation, Oxford University Press (2010)

Comolli, Alexandra D. & Michele R. Korver, "Surfing the First Wave of Cryptocurrency Money Laundering", Department of Justice Journal of Federal Law and Practice, vol. 69, no. 3 (2021)

Cuellar, Mariano-Florentino, "The Tenuous Relationship between the Fight against Money Laundering and the Disruption of Criminal Finance", Journal of Criminal Law and Criminology, vol. 93, no. 2 (2003)

Dagirmanjian, Alessandra, "Laundering the Art Market: A Proposal for Regulating Money Laundering through Art in the United States", Fordham Intellectual Property, Media & Entertainment Law Journal, vol. 29, no. 2 (2019)

Dale, Richard, "Reflections on the BCCI Affair: A United Kingdom Perspective", International Lawyer (ABA), vol. 26, no. 4 (1992)

Egbert, Alexander & Lizet Steele, "Money Laundering", American Criminal Law Review, vol. 53, no. 4 (2016)

Fornaris, Carl A. et. al., "The Anti-Money Laundering Act of 2020: Congress Enacts the Most Sweeping AML Legislation Since Passage of the USA PATRIOT Act", National Law Review, vol. 11, no. 19 (2021)

Fortson, Rudi, "Money Laundering Offenses Under POCA 2002" in William Blair & Richard Brent (ed), Banks and financial crime : The International Law of Tainted Money, Oxford University Press (2008)

Gelemerova, Liliya, "On the frontline against money-laundering: the regulatory minefield", Crime, Law and Social Change, vol. 52, no. 1 (2008)

Gilmore, Sally Totten & William H. McBride, "Liability of Financial Institutions for Aiding and Abetting Violations of Securities Laws", Washington and Lee Law Review, vol. 42, no. 3 (1985)

Gilmore, William C.(c), "International Efforts to Combat Money Laundering", Commonwealth Law Bulletin, vol. 18, no. 3 (1992)

_____(d), "International Initiatives" in Richard Parlour (ed), International Guide to Money Laundering: Law and Practice, Butterworths (1995)

_____(e), "Money Laundering: The International Aspect" in Hector L. MacQueen (ed), Money Laundering, Edinburgh University Press (2008)

Grant, Thomas D., "Towards a Swiss Solution for an American Problem: An Alternative Approach for Banks in the War on Drugs", Annual Review of Banking Law, vol. 14 (1995)

Groot, Loek, "Money Laundering, Drugs and Prostitution as Victimless Crimes" in Brigitte Unger & Daan Van Der Linde (ed), Research Handbook on Money Laundering, Edward Elgar Publishing (2013)

Gurule, Jimmy, "The Money Laundering Control Act of 1986: Creating a New Federal Offense or Merely Affording Federal Prosecutors an Alternative Means of Punishing Specified Unlawful Activity?", American Criminal Law Review, vol. 32, no. 3 (1995)

Hancock, Michael, "Money Laundering in England and Wales", Journal of Financial Crime, vol. 2, no. 3 (1994)

Hardouin, Patrick, "Too Big to Fail, Too big to Jail: Restoring Liability a Lesson from HSBC Case", Journal of Financial Crime, vol. 24, no. 4 (2017)

Harmon, James D., "United States Money Laundering Laws: International Implications",

New York Law School Journal of International and Comparative Law, vol. 9, no. 1 (1998)

Hetzer, Wolfgang, "Money Laundering and Financial Markets", European Journal of Crime, Criminal Law and Criminal Justice, vol. 11, no. 3 (2003)

Hill, Charles, "Money laundering methodology" in Richard Parlour (ed), International Guide to Money Laundering : Law and Practice, Butterworths (1995)

Hobson, Fred, "Introduction: Banks and Money Laundering" in William Blair & Richard Brent (ed), Banks and financial crime : The International Law of Tainted Money, Oxford University Press (2008)

Kane, Ronald P., "Improper Corporate Payments: The Second Half of Watergate", Loyola University of Chicago Law Journal, vol. 8, no. 1 (1976)

Kishima, Koji, "Japan's efforts in the global fight against money laundering and terrorist financing", Journal of Money Laundering Control, vol. 7, no. 3 (2004)

Laszlo, Gal Istvan, "The Techniques of Money Laundering", Studia Iuridica Auctoritate Universitatis Pecs Publicata, vol. 138 (2005)

Levi, Michael(a), "Regulating Money Laundering - The Death of Bank Secrecy in the UK", British Journal of Criminology, vol. 31, no. 2 (1991)

_____(b), "Money Laundering and Its Regulations", Annals of the American Academy of Political and Social Science, vol. 582 (2002)

Levi, Michael & Peter Reuter, "Money Laundering", Crime and Justice, vol. 34 (2006)

Li, Jianjun, Yinglin Liu & Shuang Ge, "China's alternative remittance system: channels and size of "hot money" flows", Crime, Law and Social Change, vol. 57, no. 3 (2012)

MacDonald, Scott B., "Frontiers for International Money Regulation after BCCI: International Cooperation or Fragmentation", American Society of International Law, vol. 86 (1992)

Marshall, Paul(a), "Part 7 of the Proceeds of Crime Act 2002: Double Criminality, Legal Certainty, Proportionality and Trouble Ahead", Journal of Financial Crime, vol. 11, no. 2 (2004)

_____(b), "Risk and Legal Uncertainty under the Proceeds of Crime Act 2002 - the Result of Legislative Oversight", Company Lawyer, vol. 25, no. 12 (2004)

Mbiyavanga, Stefan, "Cryptolaundering: Anti-Money Laundering Regulation of Virtual Currency Exchanges", Journal of Anti-Corruption Law, vol. 3, no. 1 (2019)

McBride, Mitchell, "Money Laundering", American Criminal Law Review, vol. 57, no.

3 (2020)

McCarthy, Michael T., "USA Patriot Act", Harvard Journal on Legislation, vol. 39, no. 2 (2002)

McGill Guide 9th ed., "A Rationale of Negligence Per Se", Indiana Law Journal, vol. 26, no. 3 (1951)

Morgan, Jesse S., "Dirty Names, Dangerous Money: Alleged Unilateralism in U.S. Policy on Money Laundering", Berkeley Journal of International Law, vol. 21, no. 3 (2003)

Nappert, Sophie & Emma Velkova, "Bowman v Fels - Money Laundering and Dispute Resolution", International Arbitration Law Review, vol. 8, no. 5 (2005)

Niedermann, Marco & Robin Grand, "Bank Face Liability for Money Laundering", International Financial Law Review, vol. 24, no. 6 (2005)

Norman, Hellen, "Tracing the Proceeds of Crime: an Inequitable Solution?" in Peter Birks (ed), Laundering and Tracing, Oxford University Press (1995)

Oda, Hiroshi & Masabumi Yamane, "Japan" in Richard Parlour (ed), International Guide to Money Laundering : law and practice, Butterworths (1995)

Parlour, Richard, "United Kingdom" in Richard Parlour (ed), International Guide to Money Laundering : law and practice, Butterworths (1995)

Passas, Nikos, "The Genesis of the BCCI Scandal", Journal of Law and Society, vol. 23, no. 1 (1996)

Phelps, William G. "Validity, construction, and application of 18 U.S.C.A. § 1956, which criminalizes money laundering", American Law Reports Federal, vol. 121 (2022)

Pieth, Mark, "The Harmonization of Law against Economic Crime", European Journal of Law Reform, vol. 1, no. 4 (1999)

Plombeck, Charles Thelen, "Confidentiality and Disclosure: The Money Laundering Control Act of 1986 and Banking Secrecy", International Lawyer (ABA), vol. 22, no. 1 (1988)

Porat, Ariel, "Expanding Liability for Negligence Per Se", Wake Forest Law Review, vol. 44, no. 4 (2009)

Psilakis, Alex & Bruce Zagaris, "Economic Sanctions", International Enforcement Law Reporter, vol. 35, no. 4 (2019)

Purkey, Hannah, "The Art of Money Laundering", Florida Journal of International Law, vol. 22, no. 1 (2010)

Rizkalla, Ayman, "Money Laundering: The European Approach", Tulane European & Civil Law Forum, vol. 13 (1998)

Rosenthal, Jon, "Stopping Domestic Sources of International Terrorist Financing: Amending the Anti-Money Laundering Act of 2020", Suffolk Transnational Law Review, vol. 44, no. 1 (2021)

Ruce, Philip J., "The Bank Secrecy Act: Considerations Banking Relationships after the Filing of a Suspicious Activity Report", Quinnipiac Law Review, vol. 30, no. 1 (2011)

Schneider, Friedrich & Ursula Windischbauer, "Money laundering: some facts", European Journal of Law and Economics, vol. 26, no. 3 (2008)

Schopper, Mark D., "Internet Gambling, Electronic Cash & Money Laundering: The Unintended Consequences of a Monetary Control Scheme", Chapman Law Review, vol. 5 (2002)

Schuck, Jason & Matthew E. Unterlack, "Money Laundering", American Criminal Law Review, vol. 33, no. 3 (1996)

Scura, Kevin, "Money Laundering", American Criminal Law Review, vol. 50, no. 4 (2013)

Shapiro, Michael, "The USA Patriot Act and Money Laundering", Banking Law Journal, vol. 123, no. 7 (2006)

Short, Lara W., Robert G. Colvard & John T. Lee, "The Liability of Financial Institutions for Money Laundering", Banking Law Journal, vol. 109, no. 1 (1992)

Soudjin, Melvin, "Hawala and Money Laundering: Potential Use of Red flags for Persons Offering Hawala Services", European Journal on Criminal Policy and Research, vol. 21, no. 2 (2015)

Stessens, Guy(b), "The FATF Black List of Non-Cooperative Countries or Territories", Leiden Journal of International Law, vol. 14, no. 1 (2001)

Strafer, G. Richard, "Money Laundering: The Crime of the '90s", American Criminal Law Review, vol. 27, no. 1 (1989)

Sykes, Jay B. & Nicole Vanatko, "Virtual Currencies and Money Laundering: Legal Background, Enforcement Actions, and Legislative Proposals", Congressional Research Service, R45664 (2019)

Tan, Siong Thye, "Money Laundering and E-Commerce", Journal of Financial Crime, vol. 9, no. 3 (2002)

Teichann, Fabian, "Recent trends in money laundering", Crime, Law and Social Change, vol. 73, no. 2 (2020)

Tu, Kevin V. & Michael W. Meredith, "Rethinking Virtual Currency Regulation in the Bitcoin Age", Washington Law Review, vol. 90, no. 1 (2015)

Unger, Brigitte, "Money laundering regulation: from Al Capone to Al Qaeda" in Brigitte Unger & Daan Van Der Linde (ed), Research Handbook on Money Laundering, Edward Elgar Publishing (2013)

Urziceanu, Ramona-Mihaela, "Money Laundering", AGORA International Journal of Juridical Sciences, 2008 (2008)

Velkes, Gabrielle Chasin, "International Anti-Money Laundering Regulation of Virtual Currencies and Assets", New York University Journal of International Law and Politics, vol. 52, no. 3 (2020)

Villa, John K., "A Critical View of Bank and the Money Laundering Statutes", Catholic University Law Review, vol. 37, no. 2 (1988)

Welling, Sarah N.(a), "Money Laundering: The Anti-Structuring Laws", Alabama Law Review, vol. 44, no. 3 (1993)

_____(b), "Smurfs, Money Laundering, and the Federal Criminal Law: The Crime of Structuring Transactions", Florida Law Review, vol. 41, no. 2 (1989)

Wood, Emily, "Money Laundering", American Criminal Law Review, vol. 58, no. 3 (2021)

Zdanowicz, John S., "Trade-Based Money Laundering and Terrorist Financing", Review of Law and Economics, vol. 5, no. 2 (2009)

広大橋本, "改正組織的犯罪処罰法における「犯罪収益」概念とその前提犯罪に関する考察", 法學政治學論究: 法律·政治·社会 vol. 119 (2018)

찾아보기

■ 이명신

김·장 법률사무소 변호사

서울대학교 외교학과 졸업
한국방송통신대학교 컴퓨터과학과 졸업
미국 밴더빌트 로스쿨 석사(LL.M.)
서울대학교 법학박사(금융규제법 전공)
미국 뉴욕주 변호사

前 서울지방법원 판사
前 서울서부지방법원 판사
前 법무부 형사기획과 검사
前 서울중앙지방검찰청 부장검사
前 대검찰청 특별감찰팀장
前 대통령비서실 반부패비서관
現 대한상사중재원 중재인

자금세탁방지의 법적 구조

초판 1쇄 인쇄 ┃ 2023년 7월 17일
초판 1쇄 발행 ┃ 2023년 7월 24일

지 은 이   이명신

발 행 인   한정희
발 행 처   경인문화사
편   집   이다빈 김지선 유지혜 한주연 김윤진
마 케 팅   전병관 하재일 유인순
출판번호   제406-1973-000003호
주   소   경기도 파주시 회동길 445-1 경인빌딩 B동 4층
전   화   031-955-9300 팩   스   031-955-9310
홈페이지   www.kyunginp.co.kr
이 메 일   kyungin@kyunginp.co.kr

ISBN   978-89-499-6729-5   93360
값 29,000원

서울대학교 법학연구소 법학 연구총서

● 학술원 우수학술 도서
▲ 문화체육관광부 우수학술 도서